Tous Droits Réservés. Aucune partie de ce livre ne peut être reproduite ou transmise sous quelque forme ou par quelque moyen que ce soit, électronique ou mécanique, y compris la photocopie, l'enregistrement ou tout système de stockage et de récupération d'informations sans l'autorisation écrite de l'éditeur, à l'exception des brèves citations utilisées dans les critiques, écrites spécifiquement pour inclusion dans un journal, un blog, un magazine ou un article universitaire.

Krystal Lee Entreprises (KLE Publishing) Prestataire de services d'autoédition Copyright © 2022 par Patrick ARIS. Tous les droits sont réservés.

Couverture et mise en pages par Père Ricardo AMAZAN

Cette édition a bénéficié de la coordination technique du P. Pierre Mike PETIT-HOMME.

Veuillez envoyer vos commentaires et questions :
pataris@hotmail.com

Krystal Lee Entreprises LLC
www.KLEPub.com 770-240-0089 Ext. 1
services@klepub.com ou sales@klepub.com

Imprimé aux États-Unis d'Amérique.
ISBN : 978-1-945066-12-2

CET OUVRAGE PEUT ÊTRE UTILISÉ COMME UN VADEMECUM OU UN COMPENDIUM EN DISCUSSION AVEC LE DICTIONNAIRE.

Patrick ARIS

EUCHARISTIE, SPLENDEUR ET JOIE

Table des matières

LIMINAIRE 8
A. UN ORDONNANCEMENT PROTOCOLAIRE 9
   LITURGIE ET DIMENSION ULTIME 10
   DE LA DERNIÈRE CÈNE 23
   DU PROCÈS DE NOMINATION 35
   QU'EST-CE QUE L'EUCHARISTIE ? 43
   EUCHARISTIE ET EKKLESIA 58
   EUCHARISTIE ET DIES DOMINI 68
   DU CALENDRIER ET DU RITUEL 79
   DU PROTOCOLE ET DES RUBRIQUES 91
   DES CHANTS DANS LA CÉLÉBRATION EUCHARISTIQUE 102
   QUI CHANTE ? 111
B. CÉLÉBRER DIEU COMME PAROLE 116
   OUVRIR NOTRE CÉLÉBRATION 117
   LES MONITIONS DANS LA CÉLÉBRATION DE LA MESSE 121
   LE CHANT D´ENTRÉE 125
   LE SIGNE DE LA CROIX 127
   AMEN, TOUT, TROP ET TROP PEU 132
   LE SALUT LITURGIQUE 134
   LA DÉMARCHE PÉNITENTIELLE 142
   LA PRÉPARATION PÉNITENTIELLE 143
   LE CONFITEOR 145
   LE KYRIE 150
   LA BÉNÉDICTION DE L'EAU ET L'ASPERSION 156
   LE GLORIA 159
   L'UTILISATION LITURGIQUE DU GLORIA 164
   PREMIÈRE PRIÈRE PRÉSIDENTIELLE : LA COLLECTE 165
   DIEU CÉLÉBRÉ COMME PAROLE 168
   DIMANCHE DE LA PAROLE 173
   COMMENT LE FAIRE ? 175
   ENCHAÎNEMENT OU ENCHEVÊTREMENT ? 182
   PREMIÈRE LECTURE 184
   LE PSAUME RESPONSORIAL 187
   LE GRADUEL 193

PROCLAMER QUE DIEU EST VERBUM 195
LES SÉQUENCES 203
L'HOMÉLIE 205
LE SYMBOLE DU CREDO 210
LA PRIÈRE UNIVERSELLE 219
C. LA CÉLÉBRATION DU MYSTÈRE DIEU NOURRITURE 226
   L'OFFERTOIRE 227
   LA PRIÈRE EUCHARISTIQUE 239
   DE LA PRÉFACE 250
   LE SANCTUS 253
   L'ÉPICLÈSE EUCHARISTIQUE 256
   DU RÉCIT DE L'INSTITUTION 258
   L'ANAMNÈSE 263
   DE LA GRANDE DOXOLOGIE 276
   SE PRÉPARER À PASSER À TABLE 278
   LE PATER 280
   LE BAISER DE PAIX 285
   L'AGNUS DEI 291
   LA FRACTION DU PAIN 295
   DE LA COMMUNION 298
   DE LA COMMUNION DU PRÉSIDENT DE LA CÉLÉBRATION ... 299
   DE LA COMMUNION DES FIDÈLES 303
   LA CONSERVATION DES ESPÈCES 310
   L'ACTION DE GRÂCE 313
   RITE DE CONCLUSION 315
   ITE MISSA EST 317
   LE DERNIER ÉVANGILE 321
   VERS LA LITURGIE ÉTERNELLE 322
CONCLUSION 327

LIMINAIRE

« *Oseriez-vous nier votre idolâtrie, vous qui adorez du culte de dulie dans mille églises le lait de la Vierge, le prépuce et le nombril de son fils, les épines dont vous dites qu'on lui fit une couronne, le bois pourri sur lequel vous prétendez que l'être éternel est mort ? vous enfin qui adorez d'un culte de latrie un morceau de pâte que vous enfermez dans une boîte, de peur des souris ? Vos catholiques romains ont poussé leur catholique extravagance jusqu'à dire qu'ils changent ce morceau de pâte en Dieu par la vertu de quelques mots latins, et que toutes les miettes de cette pâte deviennent autant de dieux créateurs de l'univers. Un gueux qu'on aura fait prêtre, un moine sortant des bras d'une prostituée, vient pour douze sous, revêtu d'un habit de comédien, me marmotter en une langue étrangère ce que vous appelez une messe, fendre l'air en quatre avec trois doigts, se courber, se redresser ...* »

Ce texte saisissant tiré de *Le Dîner du Comte de Boulainvilliers* (1767), dont l'auteur présumé, probable serait Voltaire, intrigue. Deux siècles et demi après il continue à choquer les catholiques et surtout les vrais dévots et adorateurs de l'eucharistie. Cette critique aurait suffi à justifier le présent ouvrage ; mais cette justification est réactionnaire. Aussi tiré-je la raison de ce livre dans une recommandation du concile de Trente vieille de 450 ans : « tout en gardant partout le rite antique propre à chaque Église et approuvé par la sainte Eglise romaine, Mère et maîtresse de toutes les Eglises, pour que les brebis du Christ ne meurent pas de faim et que les petits ne demandent pas du pain et que personne ne leur en donne (*Lm 4,4*), le saint concile ordonne aux pasteurs et à tous ceux qui ont charge d'âme de donner quelques explications fréquemment, pendant la célébration des messes, par eux-mêmes ou par d'autres, à partir des textes lus à la messe, et, entre autres, d'éclairer le mystère de ce sacrifice, surtout les dimanches et les jours de fête[1] ». Je joins à cet ordre ce credo : la liturgie est « une profession des vérités célestes, soumises au magistère suprême de l'Eglise, elle peut fournir des preuves et des témoignages de grande valeur pour décider de quelque point particulier de la doctrine[2] ».

Chercher à *éclairer le mystère du sacrifice eucharistique* est une tâche redoutable. J'ai entrepris la rédaction de cet ouvrage pour stimuler la recherche au sein de notre Église locale décadente et suggérer ou indiquer des pistes sur la passionnante et édifiante matière qu'est la liturgie où tant de compétences manquent ici. Ce livre est aussi le produit d'une catéchèse sur l'eucharistie. Mais de la prédication vive au travail de rédaction, il y a un hiatus inévitable inné au métier d'écrivain : impossible d'occulter un apparat critique, impensable de consulter toutes les sources ; et celles retenues ne furent pas traitées avec l'acribie nécessaire. J'ai couru ce risque à cause des fidèles qui ont été assidus aux catéchèses que je donnais sur le saint mystère et qui ont choisi de devenir mes exigeants *Amis lecteurs*[3] pour le profit qu'ils en ont déjà tiré. J'ai eu bruit de leurs témoignages de gratitude. Et cela m'a été d'une belle et grande consolation. Foi de lecteur... et d'écrivain !

A. UN ORDONNANCEMENT PROTOCOLAIRE

Ainsi l'auditoire de Radio Télé *Pitit Manman Mari* a attesté des bienfaits doctrinaux et spirituels de ces enseignements. Il fallait continuer ce ministère sur d'autres réseaux et agoras via ce livre

---

[1] Heinrich DENZINGER, *Symboles et définitions de la foi catholique*, n. 1749, édité par Peter Hünermann pour l'édition originale et par Joseph Hoffmann pour l'édition française, Paris, Cerf, 1997, n. 1749, p. 469.
[2] Pie XII, Lettre encyclique *Mediator Dei*, n. 48 ; Id., Constitution Apostolique *Munificentissimus Deus*, n. 16.
[3] Loin de moi d'être aussi acide, décapant ou séduisant que Beaumarchais dans sa lettre-préface à son *Le barbier de Séville*, lorsqu'il parle *d'amis lecteurs*. Je suis et reste au niveau de l'interlocution simple et familière.

disponible pour rappels et émotions. L'eucharistie n'est-elle pas *toujours déjà* anamnèse et commencement du ciel sur la terre ? Pourquoi ne serait-elle pas plénitude de joie et sainte gratitude de la créature envers son Dieu, Créateur et Sauveur ? Si cela n'est pas perçu, les fils de l'Église doivent le révéler. Car il faut éloigner de notre pensée et comportement tout élan qui ne nous fait pas reconnaitre « dans nos vies l'initiative gratuite d'un être infini qui ne nous doit rien et à qui nous devons tout [4] ».

Ce livre aurait dû être divisé en deux parties et quatre chapitres ; ce découpage usuel est classique pour la messe. Mais cette étude nécessite-t-elle une telle disposition ? Il suffit de faire les clarifications indispensables avant de suivre le rituel de la messe de cap en pied. J'ouvre la partie A avec la juste entente de la liturgie, célébration du culte, beauté sensible et admirable. La partie B sera naturellement la célébration de la Parole parce que la partie C est simplement la liturgie eucharistique. Maintenant, place à vous lecteurs.

LITURGIE ET DIMENSION ULTIME

Toute vie humaine est rythmée par des passages dont quatre sont ordinaires et familiers : passage de la vie intra-utérine à la vie extérieure ; de l'enfance à l'adolescence ; passage à l'âge adulte, l'entrée dans la mort. L'Église est toujours aux lieux de ces passages pour accompagner l'humain, croyant ou non. Ses sacrements et sacramentaux qui enveloppent la totalité de la vie par leurs rites, ne laissent rien au hasard. La liturgie catholique rend l'Église vraiment universelle. L'homme étant un être qui meurt, l'Église, peuple sacerdotal, l'aide à briser ce carcan fatal par

---

[4] Françoise GUILLAUMIN, « Qu'est-ce que la prière eucharistique ? », in En Collaboration, *Des chrétiens découvrent les nouvelles prières eucharistiques*, Paris, Centurion, 1968, p. 21.

l'ouverture à la transcendance, dimension de son ultime accomplissement. A cet être social qui a toujours besoin d'être communautaire, l'Église fait contempler la vie comme promesse de bonheur éternel en lui apprenant à dompter ou à apprivoiser l'existence toujours pesante. Elle nous prépare à la béatitude/vie bienheureuse qui, par essence consiste à connaitre et aimer Dieu sans mesure, sans fin, tel qu'Il est[5].

« Une société où le sacerdoce accomplit mal sa fonction est gravement menacée [6]». Que cette société soit un État laïque ou non. L'Église locale d'Haïti est-elle déjà à ce point critique ? La réponse est incertaine ; c'est pourquoi nous devons tout risquer pour le meilleur et non chercher à conserver la médiocrité. C'est l'impératif et l'obole de notre sollicitude envers le monde pour Dieu. Notre intransférable responsabilité devient incontournable : transformer toute la création, notre habitat, en un temple où les adorateurs parfument l'existence de chants de louange à l'unique Seigneur. Qui nous excuserait d'échouer à le faire par négligence et par paresse ? Celui qui veut faire de sa vie un vil remake du déjà vu, déjà connu, déjà prévu est à plaindre ; il est incapable d'accueillir les surprises de Dieu et de jouir de ses grâces que le culte public peut avoir charge de médiatiser.

Dès qu'il est question de liturgie, l'Église de Dieu se retrouve en face du culte qui est en soi une orientation et un positionnement de la créature pour parer la création en tenue de service. Du latin colere = cultiver, soigner, le culte est l'ensemble des actes par lesquels une communauté humaine honore ses dieux, entretient des relations avec eux[7]. Il poursuit une double finalité : glorifier Dieu et sanctifier les humains ; ce qui en fait un élément à la fois latreutique et didactique

---

[5] Pierre LE BRUN, *Explication littérale, historique et dogmatique des prières et cérémonies de la messe*, Paris, Cerf, Collection Lex Orandi n. 9, 1949, p. 252.
[6] Joseph AUNEAU, « Le sacerdoce dans la bible », *Cahiers Évangile*, n. 70 (1990), p. 20.
[7] Dom Robert LE GALL, *Dictionnaire de liturgie*, Éditions C.L.D., 1983, p. 83.

produisant la grâce par les sacrements[8]. Toute créature consciente et sensée se met dans cette posture. La liturgie déroule le culte par les rituels. Dans l'Église catholique, tous, du pape à l'enfant au catéchisme, vivent la même liturgie, participent aux mêmes fêtes, sont entrainés dans le même cycle[9]. Certes, les dispositions de chacun diffèrent, mais l'acte cultuel personnel alimente toujours l'action cultuelle qui est celle d'une assemblée. Ainsi le culte unifie en singularisant ; là est la qualité de l'adoration. Dieu n'a pas voulu une collection d'adorateurs individuels cherchant chacun de manière égoïste son salut. L'individualisme religieux est opposé au catholicisme[10]. Le culte comme part humaine de la liturgie, comme oui de l'homme dans sa quête de Dieu, recèle toujours le risque de dévier en magie[11].

La liturgie a une dimension cultuelle ascendante indéniable. Elle est portée par le liturge et par la communauté en prière convertie en autel sacrificiel à cause des péchés personnels et du désir du sacrifice d'action de grâce. Toute vie ouverte au Créateur baigne dans la dimension ultime et est aimantée par la sainteté de l'Éternel. La sanctification permet « d'offrir à Dieu un sacrifice spirituel qui lui soit agréable[12] ». Comment la liturgie permet-elle à l'homme de pénétrer les replis de la sanctification ? En en faisant un être habillé de désir, de bonheur et d'éternité, un explorateur de cimes et de sources intimes. Explorons cela.

Dans le grec classique *Leiturgia* signifie œuvre, action en faveur du peuple. Il ne s'agit pas d'une action du peuple mais de fonction

---

[8] François WERNERT, « Dom Lambert Beauduin et sa vision de la 'pastorale liturgique' », *La Maison-Dieu*, n. 260, (2009), p. 25.
[9] François WERNERT, « Dom Lambert Beauduin et sa vision de la 'pastorale liturgique' », *La Maison-Dieu*, n. 260, (2009), p. 30.
[10] Cf. ibid., p. 27.
[11] Cf. Dom Robert LE GALL, *Dictionnaire de liturgie*, p. 83.
[12] Louis-Marie CHAUVET, « L'eucharistie, sacrement de la louange », *La Maison-Dieu*, n. 270, (2012), p. 106.

publique[13]. Organiser des jeux publics aux dieux dans la cité est une *leiturgia*. Le mot est décomposable en *laos* = peuple et *ergon* = œuvre, travail. Car à l'origine la *leiturgia* fut un service public dans les cités de la Grèce antique pour permettre aux plus riches (citoyens ou métèques) de financer des travaux publics avec leur fortune personnelle. Ces services non rétribués ou largesses de citoyens aisés à la communauté, surtout à Athènes (5-4e siècle), pouvaient être comme un impôt levé pour la cité. Cette vision évolua au milieu du 3e siècle A. C. : on passa de *dépense imposée par la cité* à *toute part prise dans une dépense d'intérêt public*. D'où la proximité avec l'évergétisme, le mécénat. L'œuvre accomplie dépasse ses exécuteurs : l'individu relationnel est encerclé par une vision commune. Ce service public comme traducteur social, légitime la justice distributive, consolide l'idée que *la richesse personnelle du citoyen est* comme une cession que *la cité lui fait, une possession par délégation*.

L'Église n'a point oublié cette vision civile de la liturgie, elle y a pris appui pour broder les notions de *Bien Commun*, d'œuvre de la collectivité ecclésiale et de la fonction sociale de la propriété privée. Le *Compendium de l'enseignement social de l'Église* le rappelle utilement : « *la tradition chrétienne n'a jamais reconnu le droit à la propriété privée comme absolu ni intouchable :* 'Au contraire, elle l'a toujours entendu dans le contexte plus vaste du droit commun de tous à utiliser les biens de la création entière : *le droit à la propriété privée est subordonné à celui de l'usage commun,* à la destination universelle des biens'[14]. Le principe de la destination universelle des biens affirme à la fois la seigneurie pleine et entière de Dieu sur toute réalité et l'exigence que les biens de la création demeurent finalisés et destinés

---

[13] Centre National de Pastorale Liturgique (CNPL), « Du bon usage de la liturgie », in *Guides Célébrer*, Paris, Cerf/CNPL, 1999, p. 10.
[14] Jean-Paul II, Encycl. *Laborem exercens*, n. 14. (Citation du Compendium).

au développement de tout l'homme et de l'humanité tout entière[15]. Ce principe ne s'oppose pas au droit de propriété[16], mais indique la nécessité de le réglementer[17] ». C'est comme affirmer que la liturgie est un bien commun social et spirituel qui apprend à subordonner le particulier à l'universel. L'universel est un terrain toujours déjà partagé ; n'y sont point étrangers liturgie et folk-lore[18]. Le mystère c'est que la liturgie est devenue rituelle et non folklorique, l'eucharistie y est sacrement et non rite de la table.

Dans cet ordre d'idées j'ajoute un constat banal. Nous Haïtiens sommes un grand peuple, mais nous avions tordu notre rapport au *Bien Commun*. Ces dernières années les politiques de l'État ont plongé beaucoup de parents haïtiens dans une misère noire. Ces derniers ont vu sous leurs yeux leurs enfants devenir chefs de gangs et/ou kidnappeurs, avec des complicités puissantes et le concours du commerce d'armes et de munitions. Ces bandits font la loi dans la cité et ont même réussi jusqu'ici à anesthésier la population et à la retenir dans le bourbier d'un sol marécageux et mouvant. Les responsables publics semblent promener une belle allégresse face à cette situation de peur globale. En une décennie nous avons converti nos enfants et petits-enfants en une génération de gangsters et inauguré une ère de barbarie innommable en Haïti. Cela nous éclata au visage avec fracas vers 2018. Dans un cauchemar apocalyptique nous réalisons alors, l'effritement total de nos valeurs humaines et sociales. Comme ces architectes qui avaient tout pour édifier un palais et qui ont choisi de

---

[15] Cf. Concile Œcuménique Vatican II, *Gaudium et spes*, n. 69 ; *Catéchisme de l'Église Catholique*, 2402-2406. (Citation du Compendium).
[16] Cf. Léon XIII, Encycl. *Rerum novarum*, n. 11. (Citation du Compendium).
[17] *Compendium de la doctrine sociale de l'Église*, 2004, n. 177. Cf. aussi Paul VI, *Populorum progressio*, n. 22-23.
[18] Le Folklore, de l'anglais *folk*, peuple et *lore*, savoir, science, est l'ensemble des productions collectives d'un peuple de génération en génération et qui sont transmises par voie orale et par imitation. Ces traditions issues de la matrice du peuple comprennent littérature, musiques, croyances, mais aussi art et pratiques sociales.

rapiécer une masure, nous n'avons point de temps pour le futur ; nous avons laissé l'égoïsme tuer le *Bien Commun* dans notre chère Haïti. Comment expliquer la passivité de la société face à l'intolérable ? Une telle énormité serait-elle possible dans le patrimoine liturgique de l'Église ? Courrions-nous le risque de ne plus reconnaitre notre pays jusque dans les Églises ? On n'est jamais trop prudent (Atansyon pa kapon[19]).

Dans la tradition grecque de l'Ancien Testament (AT), *Leiturgia* signifie service religieux de la caste sacerdotale (13 fois en Ex ; 16 fois en Ez). C'est le service du temple de Jérusalem[20]. Servir dans le sens cultuel c'est adorer (*latrein*)[21]. L'hébreu *aboda* est presque toujours rendu par *leitourgia* par correspondance lexicale tandis que *leitourgeo* traduit le verbe *sheret*. *Leitourgos* désigne les liturges en Is 61,6 et Si 7,30, et le plus souvent les servants. Les Septante rendent par *Latria* et *Doulia* les gestes cultuels du peuple. La première célébration liturgique dans la Bible eut lieu au Sinaï (Ex 19 ; 24 ; 34). Dieu convoqua ; le peuple écouta et adhéra à la Parole de Dieu ; puis ils scellèrent l'alliance dans un sacrifice.

Pour parler du culte vétérotestamentaire le Nouveau Testament (NT) utilise *leitourgia* (Lc 1,23 ; 2 Co 9,12 ; Ph 2,17, 30 ; He 8,6 ; 9, 21). Le terme est attesté en Ph 2,25.30 dans le sens général de service ; en He 1,7 les anges sont appelés les liturges de Dieu, en He 1,14, ils sont voués à la *diakonia* en faveur des fidèles. Le meilleur exemple d'actualisation liturgique dans NT est Jésus. Sa vie avait une forte signification rituelle : circoncision le 8e jour (Lc 2, 21), sacrifice de purification dans le temple (Lc 2, 2), pèlerinage annuel pour la Pâque (Lc 2, 41), baptême au début de la vie publique (Lc 13, 21 et 11), part active à la synagogue (Lc 4, 17-21). Jésus passa des nuits en prière (Lc

---

[19] Traduction en créole haïtien de l'adage.
[20] Bernard BOTTE, « Introduction », in En Collaboration, *La Parole dans la liturgie*, Paris, Cerf, Collection Lex Orandi, n. 48, 1970, p. 7.
[21] Cf. Michel QUENEL, « Le sacrifice chez Paul », in *Cahiers Évangile*, n. 118 (2002), p. 13.

6, 12), enseigna aux disciples à prier (Lc 11, 1-4). Il pria le *Shemah Israël*, la prière du matin des Juifs (Mc 12, 29), utilisa les louanges (Mc 6, 41 ; 8, 7 ; 14, 22-23), prôna la pureté et la vérité du culte, proclama la Bonne Nouvelle, expulsa les marchands du temple (Mc 11, 15), fit advenir l'heure des vrais adorateurs du Père (Jn 4,23). Par son discours et son comportement il prépara le sacrifice parfait, le culte agréable. Dans cette disposition de serviteur il fit de la volonté du Père sa nourriture (Jn 4, 34) ; éclairant, illuminant, complétant par des signes et prodiges sa prédication, il combla l'attente du peuple. Tout culmine dans l'offrande de sa vie en oblation pour le monde sur une croix (Ph 2, 8). Le Père, en le ressuscitant réaccrédita sa prédication et son ministère.

La liturgie est le mystère d'une rencontre, celle de Dieu et de son peuple pour la célébration de leur Alliance[22]. Comme au Sinaï le Seigneur a toujours l'initiative par son agir sauveur en faveur de la création. Depuis l'Incarnation cet agir s'accomplit en Jésus Christ qui par sa mort sur la croix laisse à l'Église les trésors du salut par les sacrements. La liturgie pour lui est un complexe charriant enseignement, prédication, signes, oblation dans une stricte fidélité à sa mission et à la volonté du Père sur le monde. Par son action et sa vie de liturgie (He 8,2. 6), il remplaça le sacerdoce cultuel de l'AT (He 9,21 ; 10,11). Depuis, la liturgie n'est plus seulement manifeste en symboles, paroles, images ; elle devient action salvatrice ; même si chez les Orientaux aujourd'hui, elle « est ce que les Latins appellent messe [23] ».

Pour entrer dans l'Église et faire communauté, nul besoin de parrain ; la croix est un lieu où l'on peut être précipité à chaque instant par et pour crime de confession de foi et profession de charité. Si elle le pouvait, la croix aurait néantisé Dieu, étant le lieu où le renoncement suprême s'opère. Mais Dieu s'y néantise en s'anéantissant pour

---

[22] Dom Robert LE GALL, *Dictionnaire de liturgie*, p. 83.
[23] Bernard BOTTE, « Introduction », in *La Parole dans la liturgie*, op. cit., p. 7.

anéantir la distance infranchissable entre ciel et terre ; la croix germa pour faire pendre le fruit du salut par grâce. On ne l'escalade pas, on y est précipité ; folie pour les païens et scandale pour les juifs (1 Co 1, 23). La croix révèle par l'issue pascale le mystère de l'union, hisse la nature humaine au-dessus d'elle-même. Elle devient mystère, kénose, le grand signe de l'amour de Dieu pour son Christ et pour nous[24]. L'eucharistie nous en fait une actualisation particulière en déployant non la logique d'un Père inflexible qui livrerait son Fils mais le mémorial du calvaire révélant que devenir grand c'est se faire petit et se réaliser c'est se donner. L'eucharistie fait de la croix *la gloire de Dieu dans le monde* et devient la structure maitresse de la communauté chrétienne[25]. Mieux, ce banquet-sacrifice proclame que le salut se trouve dans l'édification d'une communauté où le contrat social est dépassé dans la seule voie pour atteindre le sommet de l'affirmation de soi : le plus grand don de soi au prochain[26]. Cette communauté dépasse la logique de souffrance expiatrice de la croix pour entrer par anticipation dans l'eschatologie qui anéantira morts, pleurs, souffrance.

La liturgie unifie ce transport humain vers son accomplissement dans un transfert ineffable dont la messe seule a l'inattaquable secret : nous apportons à l'autel notre trésor de pauvreté sous forme de don, il nous est rendu comme richesse impérissable pour le présent et pour l'éternité, grâce à une conversion dite substantielle ou transsubstantiation des oblats. Ce que nous donnions n'a changé ni d'aspect ni de goût, mais il devient autre réellement par un mystère transcendant. Cet exploit plus haut, plus grand, plus simple qu'un miracle met en route notre transformation personnelle et celle du

---

[24] Élisée RUFFINI, Article « Eucharistie », in Stefano de FLORES et Tullo GOFFI, (dir.) *Dictionnaire de la vie spirituelle*, Adaptation française par François VIAL, Paris, Cerf, 1983, p. 340.
[25] Cf. Élisée RUFFINI, Article « Eucharistie », in *Dictionnaire de la vie spirituelle*, p. 340.
[26] Cf. Ibid., p. 341.

cosmos dans le Christ[27]. Condensée de l'histoire du salut, sommet de l'action de l'Église instrument, l'eucharistie vit des pulsations du cœur du créé. Israël aboutit dans l'Église, les anciens dans la hiérarchie et la Torah dans l'Évangile. L'irruption permanente de la finalité invisible (eschatologie) dans l'*initium* (protologie) est une re-création surprenante. « L'entrée de la plénitude du temps dans notre histoire confère à tout événement sa densité éternelle et parce que tout est assumé, sauvé et récapitulé dans le Christ ressuscité, tout événement humain est désormais entrainé dans l'histoire[28] ». Désormais c'est l'heure de la grâce et cette heure est sans couchant car la grâce c'est la gloire commencée et jointe à la splendeur de la beauté ; la liturgie en constitue une sorte d'isotopie. Elle nous introduit dans le *magistère de sainteté* des orientaux, exprimé dans la communauté. Dieu ne visite plus son peuple, Il demeure avec lui (Jn 1, 14). Merveille !

Ainsi en régime chrétien et dans le développement de la théologie catholique, l'Église récupère le fond social de cette *œuvre du peuple* (passé au creuset de Jésus) qui devient œuvre du peuple de Dieu. La liturgie civile place le citoyen devant la magnificence de la reconnaissance sociale et la liturgie religieuse décline le respect infini de l'individu à la divinité dans la célébration cultuelle pour intégrer l'éternité dans le présent, le ciel sur la terre. *L'homo celebrans* peut se tenir debout ou prendre la posture de l'orant adorant pour glorifier la majesté de son Créateur Rédempteur. L'Église, en relexicalisant le terme *leiturgia* néologisé, permit à l'homme cultuel de s'introduire, sanctifié dans la demeure de Dieu. La liturgie est désormais « l'exercice de la fonction sacerdotale de Jésus-Christ, exercice dans lequel la sanctification de l'homme est signifiée par des signes

---

[27] Michel SALAMOLARD, « Eucharistie et transsubstantiation : du bon usage d'un concept », *Nouvelle Revue Théologique*, tome 129/n. 3 (2007), p. 397.
[28] Jean CORBON, « L'économie du Verbe et la liturgie de la Parole », in *La Parole dans la liturgie*, op. cit., p. 161.

sensibles et est réalisée d'une manière propre à chacun d'eux[29]». Le président de l'assemblée l'effectue en intercédant pour ses péchés et pour ceux du peuple de Dieu (He 7, 27). Car la liturgie est aussi inséparablement un acte du Christ et de l'Église, les fidèles rendent à Dieu le culte véritable en y étant immergés profondément[30].

Quel mode opératoire rend cela possible et efficace ? L'Esprit Saint. Il permet un agrément légitime des signes performatifs, rend la dignité au culte de l'Église. Par lui et en lui le culte devient merveille, l'autre nom de la beauté, valeur commune aux êtres conscients. L'espace d'expression de la beauté est l'œuvre lustrale où le monde reconnait son visage. Le commerce de et sur la beauté dépasse aujourd'hui les valeurs esthétiques et les défie. Des fleurs qui ornent les jardins publics aux éblouissantes salles de spectacle en passant par les gadgets électroniques *high tech*, l'industrie de la beauté soumet le monde à ses caprices. Tout se joue dans l'image et sur la perception. La beauté subjugue tout, l'être humain en premier devenu produit consommable ; elle est le dénominateur commun du commerce depuis toujours mais avec un mordant et un piquant particulier dans la postmodernité. Si l'Église n'y intervient pas pour recadrer, le monde deviendra un magasin de *prêt-à-porter* même dans le domaine religieux. La réaction par la liturgie et l'art sacré *bien entendu* devient d'une indispensable nécessité.

Donc pour que nos célébrations soient dignes du ciel et préface de l'éternité, la splendeur du sublime doit submerger la monotonie du quotidien dans une féérie de fastueuse solennité. La beauté est un attribut de la bonté originelle de la création. Elle est un majestueux poème de la Providence. Y porter atteinte c'est vouloir détruire la

---

[29] Sacrosanctum Concilium, n. 7, in Vatican II, *Les seize documents conciliaires*, Montréal/Paris, Fides, 1967, p. 131.
[30] Cf. Jean-Louis SOULETIE, « La liturgie, célébration du mystère du Christ, source et sommet de la vie spirituelle », in Commission Francophone Cistercienne, *Liturgie et vie spirituelle, l'apport du monachisme à la vie liturgique de l'Église*, Saint-Léger Éditions, (2014), p. 20.

création. Or depuis l'incarnation nous en avons fini avec la fatalité de *l'antique serpent* (Ap 12, 9) qui induit au péché. L'Église ne doit pas alimenter le culte de la beauté ; mais si celle-ci n'entre pas en constituée dans la liturgie, le ciel n'habitera pas nos cultes. La beauté voisine la bonté. Encore que l'homme ne se penche jamais sur celle-là en maitre mais en serviteur mendiant une utilité de nécessité, de service offert, dû, en courtisan zélé en quête de gratitude. Une histoire peut naître et l'aventure de la beauté peut jaillir des profondeurs de l'âme humaine ; Dieu vit que cela est bon, très bon (Gn 1). La beauté comme joie est déjà grâce ; le terme *charis* qui entre dans la composition de l'eu-charistie est grâce, beauté[31].

Du reste il s'agit de savoir entrer dans l'éternelle épiphanie de Dieu. La liturgie en tant qu'espace d'accueil du divin et de la beauté de la création, plonge l'orant-adorateur dans le mystère comme dans un *biotope spirituel*[32]. Mais il lui faut nidifier une batterie de convictions pour alimenter son contenu de foi en célébrant sacrements et sacramentaux avec dignité et gravité. « Heureuse la communauté qui a la joie comme rubrique principale de sa liturgie[33] !». La beauté nous coûte tellement de sacrifice, au propre comme au figuré ! C'est devenu un rituel. Le sacrifice siège dans la liturgie sans permis requis et se cache dans la beauté pour demeurer obligatoire et inviolable. L'homme qui veut accomplir une action qualifiée pour aimanter son destin ultime, se tourne vers la liturgie, et en se transportant dans une dimension autre de l'existence et de son être, il devient cultuel. Il prend la route d'une plus grande perfection pour ainsi défier toute évanescence et décrépitude.

La liturgie est communauté d'agir, seule la société des humains

---

[31] Cf. Ceslas SPICQ, *Lexique théologique du Nouveau Testament*, Cerf/Éditions Universitaire Fribourg, 1991, p. 1643.
[32] Expression empruntée de Jean-Louis SOULETIE, « La liturgie, célébration du mystère du Christ, source et sommet de la vie spirituelle », in op. cit., p. 30.
[33] Lucien DEISS, *La messe*, Sa célébration expliquée, Paris, Desclée de Brouwer, Collection Petite Encyclopédie Moderne du Christianisme, 1989, p. 145.

permet l'action comme origine, dette et interrelation. « Pour qu'il y eut commencement, fut créé l'homme, avant qui il n'y avait personne[34] ». La liturgie-action établit un dialogue continu et permanent de Dieu avec son peuple assemblé par le Christ médiateur dans l'actualisation de l'Alliance en déploiement continu dans l'espace ecclésial. Le signe, évocation appelant un déchiffrement, implique une consigne. Et le peuple désigné pour désigner, c'est l'Assemblée liturgique convoquée par le Seigneur. L'assemblée c'est le rassemblement du peuple par Dieu et face à Dieu pour la célébration de l'Alliance[35]. Le peuple a toujours besoin de signes, i.e. de réalités visibles le conduisant vers d'autres, visibles ou non. Etant fait de chair et de sang, il ne peut rien sans le sensible, véritable orientateur de ses actions. En percevant ce qui est attendu de lui en tant que destinataire des bénédictions et peuple de louange, il bondit vers sa fin ultime dans chaque action qui le provoque sans cesse au dé-signement et au déchiffrement. La liturgie, sommet auquel tend toute l'action de l'Église (*liturgia culmen ad quod actio Ecclesiae tendit*) est source (*fons*) d'où coule toute grâce. La transparence opaline des eaux livre le secret de la soif désaltérée. La source est-elle faite pour devenir estuaire ? La poésie de la louange connait la réponse. Dire le bien que l'on sait de quelqu'un, c'est reconnaitre et publier ses vertus et qualités[36], c'est cela louer. S'émerveiller de quelqu'un devant lui c'est permettre à la louange répandue de convertir le donneur en être de louange.

La liturgie comme fonction sanctifiante de l'Église est par essence pastorale. Par l'ensemble de ses actes, symboles et paroles, elle permet à l'Église de conduire les humains à rendre un culte à Dieu tout en transmettant la connaissance de Dieu aux humains ; la liturgie met

---

[34] Hannah ARENDT, *Condition de l'homme moderne*, Calmann-Levy POCKET 1997², p. 234.
[35] Dom Robert LE GALL, *Dictionnaire de liturgie*, p. 34.
[36] Pierre LE BRUN, *Explication de la messe*, op. cit., p. 167.

Dieu dans l'humain. Elle est ce qu'elle est en donnant ce qu'elle promet tout en laissant désirer le meilleur à venir qu'elle n'est pas encore. Elle fait irruption dans nos vies tel un grand fleuve qui déracine les bornes illégitimes que nous établissons entre la célébration et la vie.

Si la liturgie n'est pas source de vie humaine et chrétienne, elle n'est que célébration de rites et cesse d'être une liturgie[37]. Dieu est au service de son peuple en Jésus, homme parmi les hommes et Dieu avec Dieu. La liturgie, école 'où nous apprenons à nous laisser prendre par quelqu'un qui est plus grand que nous'[38], est le premier lieu où la grâce de l'Incarnation agit en plénitude. Le Christ médiateur, parfait liturge, rend le peuple apte au service. Sans lui pas d'assemblée sainte, tout comme pas de liturgie sans assemblée, communauté porteuse de la même charge, de la même fonction ; pas de vraie assemblée sans parole échangée. Le Verbe, Parole parlée dans la liturgie, est la chair livrée pour le salut du monde. Le Verbe fait chair que nous abritons sous nos tentes (Jn 1, 14), est le Grand Prêtre qui purifie et intercède. Le Verbe conçoit par le verbe. L'écrit, c'est ce qui résiste toujours aux tentatives d'épuisement de sens[39]. Ce médiateur parfait fait de la liturgie la gardienne (coffre-fort) de la dimension ultime en nous laissant le mémorial fondateur du culte de la nouvelle Alliance au cours de son dernier repas avant sa mort. La suprême rencontre est toujours dans la communion. « Le Dieu du Christ affirme sa transcendance non pas en prenant ses distances par rapport aux hommes mais en leur offrant son alliance[40] ». La source du salut

---

[37] Enzo BIANCHI, « Une liturgie pour la vie », in Commission Francophone Cistercienne, *Liturgie et vie spirituelle, l'apport du monachisme à la vie liturgique de l'Église*, Saint-Léger Éditions, (2014), p. 186.
[38] Jean LEBON, « 59 questions sur l'eucharistie », Repères pour les pratiques eucharistiques, in Commission épiscopale de liturgie et de pastorale sacramentelle, *Guides Célébrer*, Paris, Cerf/CNPL, 1999², p. 30.
[39] Jean-Pierre WINTER, « Étrange sainte famille », in Joseph DORÉ (dir.) *Jésus, L'encyclopédie*, coordination Christine PEDOTTI, Albin Michel, 2017, p. 163.
[40] Élisée RUFFINI, art. cit. in *Dictionnaire de la vie spirituelle*, p. 337.

devient service et nourriture. Cette dernière cène devenue racine vive par le génie de l'Église conduite par l'Esprit Saint, va être transformée en eucharistie et en sacrement.

DE LA DERNIÈRE CÈNE

La cène de Jésus avec les siens avant sa mort devenu la *cène du Seigneur*, est un repas frontière. Il n'est plus repas 'de l'exclusion de l'impur, de la séparation ou de la non-contamination'[41] ; ni celui célébré en mémorial. Cette cène annonciatrice d'une nouveauté inouïe, l'Église en fit une *rupture instauratrice*. Mais il faut avoir compris le sens, la portée des repas juifs pour entrer dans l'intelligence du dernier repas de Jésus.

Au 1er siècle pourquoi les Juifs (diaspora comprise) mangèrent-ils ensemble ? On se fit commensal pour l'unité et la reconnaissance mutuelle, pour tisser et renforcer l'appartenance des membres d'un même groupe. Ce désir fut encore plus important dans la diaspora où l'on pouvait être comme perdu en *terre païenne*[42]. Dans des groupes religieux grecs tels thiases, éranie, orgéon fonctionnant comme des confréries, le repas avec ses rites et tabous fut un des lieux d'unité. On imitait cela en Palestine. Le repas juif festif était marqué par la bénédiction sur le pain et par celle sur la coupe vers la fin du repas. L'eulogie (*beraka*) ou l'eucharistie (action de grâce) sur le pain et le vin, en marquait les limites[43]. Dans la diaspora juive, le repas pur (*coena pura*) mit en valeur du pain bénit de la vie, de la coupe bénite d'immortalité et de l'onction (d'huile) bénite d'incorruptibilité[44]. Au cours de ce *coena pura*, on pouvait utiliser des coupes d'or à

---

[41] Charles PERROT, « L'eucharistie comme fondement de l'identité de l'Église dans le Nouveau Testament », *La Maison-Dieu*, n. 137, (1979), p. 110.
[42] Cf. Ibid., p. 111.
[43] Charles PERROT, « L'eucharistie comme fondement de l'identité de l'Église dans le Nouveau Testament », *La Maison-Dieu*, n. 137, (1979), p. 114.
[44] Ibid., p. 111.

l'inscription *bibas cum eulogia*[45]. Tels la circoncision, le mariage, la mort, le sabbat, ces repas étaient importants dans le quotidien de la vie familiale. Le plus pauvre en Israël mangeait allongé à table et il devait avoir au moins quatre coupes de vin à boire selon la Mishna[46]. Maison de prière, table commune s'appellent.

Après le 1er siècle ces genres de repas se passèrent dans une salle à manger annexe de la synagogue. Les pharisiens veillaient à la pureté de la nourriture ; la table commune avec les pécheurs devenait impossible[47]. C'était comme un sacrilège de s'attabler sans prononcer la *beraka*, sans bénir Dieu, « le louer comme notre bienfaiteur avec un cœur plein de reconnaissance[48] », avec *effusions de cœur et de grâces* (Augustin). La bénédiction tint le milieu entre la louange et l'action de grâce. Mais il y a plus, le repas de groupe au 1er siècle était lié au service d'entraide. De la dîme des pèlerins pour les pauvres à l'auberge pour les pèlerins étrangers en passant par la chambre des secrets du temple et des villes d'Israël, on déposait les fonds de charité pour les pauvres de bonne famille. Chaque jour on distribuait l'écuelle des pauvres (*tamhuy*) ; dans les synagogues à la veille du sabbat, le panier des pauvres et des veuves du pays, était distribué pour la subsistance de la semaine[49]. Rappel et mise en application du décalogue (Ex 20) repris dans le Deutéronome. Ce repas eut une table, une unique réalité socio-religieuse du groupe dans une participation plurielle au pain unique. Mais les différences culturelles et cultuelles doivent être gardées avec les repas grecs et même chrétiens du 1er siècle de notre ère.

---

[45] Cf. Charles PERROT, « Le repas du Seigneur », *La Maison-Dieu*, n. 123, (1975), p. 32.
[46] Cité par Régis BURNET, « Qui était présent à la Cène », in Joseph DORÉ (dir.) *Jésus, L'encyclopédie*, p. 607.
[47] Cf. Charles PERROT, « Le repas du Seigneur », *La Maison-Dieu*, n. 123, (1975), p. 33-34.
[48] Pierre LE BRUN, *Explication de la messe*, op. cit., p. 167.
[49] Cf. Charles PERROT, « L'eucharistie comme fondement de l'identité de l'Église dans le Nouveau Testament », *La Maison-Dieu*, n. 137, (1979), p. 114-115.

Lors du *seder* (repas festif), tous les mets, tous les mots portent une charge symbolique pour célébrer la sortie des hébreux d'Egypte sous la conduite de Moïse. Cela se fait par l'évocation du récit épique en réponse à la question du fils sur l'importance et les coutumes de cette nuit de Pâque (Ex 13, 14 ; Dt 6, 20-25). Ce rituel de *pessah* indique les gestes à accomplir, l'ordre de consommation des aliments et leurs bénédictions, les chants et les prières. Le pain est sans levain pour se souvenir qu'au moment de la libération d'Egypte il n'a pas eu le temps de lever, les herbes sont amères en rappel de l'esclavage, des quatre coupes de vin consommés pendant le seder on fait tomber quelques gouttes sur son assiette pour se rappeler les larmes de Dieu se lamentant sur la mort des nouveau-nés d'Égypte. Israël dut comprendre très tôt que si son Dieu est le vrai, il devait être le Dieu de tous les peuples et de tous les vivants.

Jésus étant Nazôréen dans la ligne des mouvements baptistes opposés aux sacrifices sanglants, la prière d'action de rendre grâce (*beraka*) était central dans son dernier repas[50]. La formule de bénédiction qu'il priait non les yeux baissés comme on devait l'attendre mais les yeux levés au ciel, était dite sur le pain avant le repas et épousait le plan suivant : « béni es-tu Dieu ; puis le rappel des bienfaits divins ou anamnèse et l'assistance répond Amen[51] ». Après le repas venait la bénédiction sur la coupe. À cette cène la coupe signifie que ceux qui la partagent auront à participer un jour à la souffrance et à la joie de l'Agneau[52]. Selon 1 Co 11,20 ce repas du soir fut un dîner désignant la joie dont la célébration eucharistique est l'annonce et la promesse[53].

---

[50] Le mouvement de Qumrân était opposé aussi aux sacrifices sanglants mais pour cause de souillure du temple et des prêtres de Jérusalem Cf. Charles PERROT, « Le repas du Seigneur », *La Maison-Dieu*, n. 123, (1975), p. 42-43.
[51] Charles PERROT, « Le repas du Seigneur », *La Maison-Dieu*, n. 123, (1975), p. 32-33.
[52] Cf. Édouard COTHENET, « Le sacrifice dans les évangiles synoptiques », in *Cahiers Évangile*, n. 118 (2002), p. 28.
[53] Cf. Pierre GRELOT, « Du sabbat juif au dimanche chrétien » (2e partie), La Maison-Dieu, n. 124, (1975), p. 36.

La dernière cène fut le théâtre du sacrifice de réconciliation et de propitiation que fit Jésus pour le salut du genre humain[54]. S'y offrit le sacrifice où s'accomplit la prophétie de Malachie : « du levant au couchant, mon Nom est grand chez les nations, et en tout lieu un sacrifice d'encens est présenté à mon Nom ainsi qu'une offrande pure. Car grand est mon Nom chez les nations ! dit Yahvé Sabaot » (Ml 1,11). C'est la raison du rappel.

Ainsi le repas du Seigneur eut quelque rapport « avec les repas juifs, *mishqeh* de Qumrân, *qiddush* ou *habourot* pharisiennes[55] ». Ce fut un vrai repas en souvenir de la Pâque. Mais il ne sembla pas qu'il fût un repas avec le rituel mosaïque de la manducation de l'agneau, des herbes amères et trois ou quatre coupes du Seder ou de Pâque[56]. Tout en puisant à ces réalités, ce repas était autre. Jésus fit sa dernière cène en sept actions : 1) prendre le pain ; 2) rendre grâce ; 3) rompre le pain ; 4) le distribuer aux siens ; 5) prendre la coupe ; 6) rendre grâce ; et 7) passer la coupe. Ce fut un repas de groupe (les douze) et non un repas familial avec la porte ouverte aux pauvres. Pas de certitude que le cénacle du dernier repas de Jésus avec les siens eut des lits de table[57] selon la culture gréco-romaine. L'Église des Apôtres va styliser tout cela en quatre moments : offertoire ; prière d'actions de grâce ; fraction du pain et communion[58].

---

[54] Joseph-André JUNGMANN, *Missarum Sollemnia*, Explication génétique de la messe romaine, tome I, Paris Aubier, Collection Théologie, 1950, p. 225.
[55] Henri CAZELLES, « Eucharistie, bénédiction et sacrifice dans l'Ancien Testament », *La Maison-Dieu*, n. 123, (1975), p. 18.
[56] Charles PERROT, « Le repas du Seigneur », *La Maison-Dieu*, n. 123, (1975), p. 41.
[57] Dans la culture gréco-romaine les repas où il y avait des convives nécessitaient ces lits de table qu'on nommait *triclinium*, *sigma* ou *stibadium*. Ces lits, disposés en fer à cheval, entouraient une table centrale où étaient posés des plats. Un côté restait ouvert pour le service. Les convives étaient allongés en transversale sur les lits. Le *stibadium* pouvait accueillir 12 convives. Le *sigma* était un divan en forme de demi-lune pouvant accommoder sept convives.
[58] Cf. Joseph-André JUNGMANN, *La liturgie des premiers siècles jusqu'à l'époque de Grégoire le Grand*, Paris, Cerf, Collection Lex Orandi n. 33, 1962, p. 59.

Les disciples immédiats du Seigneur ont commencé par mettre l'emphase sur la *fraction du pain*, leurs successeurs l'ont mis de préférence sur l'action de grâce. Le judaïsme du temple et de la synagogue fut l'imaginaire, le paradigme des premiers disciples. Coïncidences et correspondances furent inévitables. Lorsque la fraction du pain se mua en eucharistie au 2e siècle, elle était encore un vrai banquet où le Christ s'offre au présent en vraie nourriture et vraie boisson (Jn 6, 55). Quand l'eucharistie se sépara-t-elle de l'agape de la dernière cène ? Lorsque l'ordre de faire mémoire se transforma, dilué dans la conscience de la génération suivante (postapostolique). Ce ne fut pas une rupture cassante mais une saisie par fragments jusqu'à ce que bondissent les différences. Cette séparation conduit aussi à la célébration de la fraction du pain le matin et non le soir[59]. La cène conduit à une réévaluation de la notion de sacrifice pratiqué dans le temple ; elle devient herméneute de la théologie postérieure sur la matière grâce à la Tradition et au Magistère. Ce repas structurant fait être une communauté, la garde dans une permanence à l'épreuve du temps. La dimension conviviale devient l'aspect déterminant du mémorial eucharistique[60].

Le repas chrétien, fleur de la dernière cène, est en transit entre la fraction du pain et l'agape. Avec son service d'entraide, ce repas de groupe était servi sur la *trapeza* de la distribution. Comme une *koinonia*, communion de table en relation avec la *diakonia* désignant le service de table et la collecte de l'entraide[61]. La quête du dimanche vient de là et s'inscrit dans cette dynamique. Elle serait une imitation de l'assiette du pauvre distribué chaque jour, du panier du pauvre

---

[59] Adalbert HAMMAN, article « Agape », in Angelo Di BERARDINO (dir.), *Dictionnaire encyclopédique du catholicisme ancien*, volume I, adaptation française sous la direction de François VIAL, Cerf, 1990, p. 48.
[60] Cf. Élisée RUFFINI, Article « Eucharistie », in *Dictionnaire de la vie spirituelle*, p. 339.
[61] Charles PERROT, « L'eucharistie comme fondement de l'identité de l'Église dans le Nouveau Testament », *La Maison-Dieu*, n. 137, (1979), p. 116.

donné le vendredi avant le sabbat. Ce repas chrétien était « servi sur la *trapeza*, la table-comptoir d'Ac 6, 2 ; c'était la *diakonia*, le service des tables et de bienfaisance à la fois[62] ». Au cours de ce repas on rassemblait les biens collectés, on les partageait[63]. Ce partage manifestait l'entraide et l'union fraternelle dans la communauté car ce pain est communion au corps du Christ (1 Co 10, 16-17). Ainsi ce repas ne fut pas « le lieu d'une séparation purifiante de ses membres dans la protection de la pureté rituelle, mais bien au contraire, le lieu essentiel de l'union entre les membres du groupe[64] ».

Le repas chrétien devait enfanter l'agape, haut lieu de l'unité et de la charité chrétienne où le Seigneur continue à distribuer ce que l'assemblée collecte, rassemble[65]. L'agape était un repas du soir procuré par un membre aisé de la communauté à l'usage des pauvres et des veuves, elle était présidée par le clergé, évêque, prêtre ou diacre[66]. Entre le repas chrétien et l'agape, s'interpose la *fractio panis*, le plus proche ancêtre de l'eucharistie qui, selon la *Didakè*, était liée dans les communautés judéo-chrétiennes à un véritable repas[67]. On y

---

[62] Charles PERROT, « Le repas du Seigneur », *La Maison-Dieu*, n. 123, (1975), p. 35.
[63] Cf. Charles PERROT, « L'eucharistie comme fondement de l'identité de l'Église dans le Nouveau Testament », *La Maison-Dieu*, n. 137, (1979), p. 115.
[64] Charles PERROT, « L'eucharistie comme fondement de l'identité de l'Église dans le Nouveau Testament », *La Maison-Dieu*, n. 137, (1979), p. 114.
[65] Ibid., p. 117.
[66] Joseph-André JUNGMANN, *La liturgie des premiers siècles jusqu'à l'époque de Grégoire le Grand*, op. cit., p. 168.
[67] Cf. La Didakè ch. 9, surtout note n. 19, in *Les écrits des Pères apostoliques*, Paris, Cerf, Collection Foi Vivante, 1991, p. 54-57 ; cf aussi Adalbert HAMMAN, article « Agape », in *Dictionnaire encyclopédique du catholicisme ancien*, volume I, p. 48. La Didakè ou Didachè, ou même *Doctrine des douze apôtres* est un document d'enseignement catéchétique et moral avec une section liturgique ; des consignes de discipline et des propos sur l'eschatologie. Son noyau date de la fin du 1er siècle mais plusieurs rédacteurs y ont travaillé en finale. Cf. Marcel METZGER, « Introduction » in *Les Constitutions apostoliques*, tome I, Livres I et II, introduction, texte critique, traduction et notes par M. Metzger, Cerf, Collection Sources Chrétiennes n. 320, Paris, 1985, p. 16-17. Ce document redécouvert en 1873 à Constantinople fut publié par le métropolite Philotée Bryennios en 1883. Cf. Pierre

évite de manger et boire, comme à Corinthe, sa condamnation (1 Co 11, 29) en acceptant la vie fraternelle instaurée par le Père donnant le Christ Jésus comme frère aîné. L'*eucharistia* prononcée à l'agape prit place après l'enseignement (Ac 20, 7). De proche en proche un protocole règle la célébration du mémorial du Seigneur le premier jour de la semaine : les problèmes d'où, quand, comment, pourquoi faire le mémorial, ont été résolus entre l'an 50 et 250, malgré les persécutions. L'Esprit Saint n'est jamais loin ; Il fit l'Église capable de faire l'eucharistie qui fait l'Église aussi. Ainsi l'Église institua une grande nouveauté dans l'histoire.

L'Église a le talent de se dire dans le déploiement du temps[68]. Le repas du premier jour de la semaine était lié à la répartition des dons aux pauvres dans l'Église du 2ᵉ siècle. La table du partage et du service y avait une place considérable ; diviser les tables c'était diviser l'Église, contrefaire la table c'était déchirer l'Église fondée sur le mémorial de la table du Seigneur. Les chrétiens attiraient l'attention par leurs repas en commun. Certes, d'autres groupes célébraient des repas communs, mais ceux des chrétiens étaient originaux par la confession d'une présence continue et continuée du Maître absent dont ils attendaient la venue. Ce repas les constituait en communauté de salut et de joie, fit leur unité. Ce *repas* devint *cena Domini* défiant les trois dimensions du temps. L'assemblée convoquée par le Seigneur en vue de son mémorial était principe d'unité et de joie et joignait l'entraide au repas. Elle donna son nom au groupe et non celui-ci son nom à l'assemblée[69]. L'autel remplaçant la table (*trapeza*) devint le centre de l'église-édifice. Du latin altus = élevé, l'autel est le haut-lieu servant de

---

LORET, *La messe du Christ à Jean Paul II, brève histoire de la liturgie eucharistique*, Salvator/Novalis, Mulhouse/Ottawa 1980/1982, p. 40.

[68] Charles PERROT, « L'eucharistie comme fondement de l'identité de l'Église dans le Nouveau Testament », *La Maison-Dieu*, n. 137, (1979), p. 119.

[69] Cf. Pierre GRELOT, « Du sabbat juif au dimanche chrétien » (2ᵉ partie), *La Maison-Dieu*, n. 124, (1975), p. 17.

point de jonction entre Dieu et le monde[70]. Les montagnes et les collines sont comme des autels naturels.

Dans le judaïsme, le repas n'avait pas de puissance structurante ; ce pouvoir fut le privilège de la Torah qui portait le principe de l'unité en elle[71]. À Qumrâm où la communauté fermée, ramassée était principe d'unité, le *Maître de justice* ne fut point principe et raison ; seule la méditation de la *Torah* gardait dans la pureté. Le baptiste, le prophète n'étaient pas principe de convocation, ils indiquaient simplement le chemin de purification et de salut. Seuls les chrétiens se rassemblaient autour d'un défunt dont ils célébraient la résurrection, pour faire ce qu'il avait commandé. Toujours agissant au milieu d'eux, personne ne remplace le Christ. Son absence ne l'empêche pas de présider le repas par sa parole-anamnèse. Donc malgré cette absence, les chrétiens ne jeûnaient pas, car ce repas était le mémorial rassemblant en communauté, lieu où l'absence même leur faisait nommer le Seigneur[72]. D'ailleurs l'eucharistie va devenir la célébration d'une présence coïncidant avec la mise à mort de la possession de Jésus dans son immédiateté[73]. Ce repas rompait la logique d'avoir plus pour être plus, pour instituer celle du donner pour être[74].

Un autre étonnement dans le repas chrétien : sa présidence. Le repas juif est présidé par le chef de famille ou maître de maison qui dit l'eulogie, rompt le pain et bénit la coupe ; si le prêtre est là, il dit les bénédictions. Ce repas a des serveurs attitrés : domestiques, femmes (*shamash*, *diakonos*). Or excepté le groupe des Thérapeutes, seuls les chrétiens prenaient les serveurs parmi les hommes libres[75]. Le chef devient serveur comme le Seigneur qui prit la tenue de service au

---

[70] Cf. Dom Robert LE GALL, *Dictionnaire de liturgie*, p. 38.
[71] Cf. Charles PERROT, art. cit., *La Maison-Dieu*, n. 137, (1979), p. 117.
[72] Cf. Charles PERROT, art. cit., *La Maison-Dieu*, n. 137, (1979), p. 119.
[73] Claude GEFFRÉ, « L'Eucharistie, lieu de la gracieuseté de Dieu et de l'homme », *La Maison-Dieu*, n. 137, (1979), p. 154.
[74] Élisée RUFFINI, Article « Eucharistie », in *Dictionnaire de la vie spirituelle*, p. 340.
[75] Cf. Charles PERROT, « L'eucharistie comme fondement de l'identité de l'Église dans le Nouveau Testament », *La Maison-Dieu*, n. 137, (1979), p. 122.

dernier repas (Jn 13) mais aussi qui prit le pain, le bénit, le rompit et le distribua au siens. Il fut le Maître-servant, serveur et serviteur. Inouïe irruption ! Ce repas devint un geste à trois pôles : un repas où la Parole du Seigneur est prononcée entre le pain et la coupe finale ; un repas de groupe avec présidence ; un repas d'entraide. Le travail de la Parole fut un élément fondant, construisant, structurant l'Église communauté qui existe par la Parole du Seigneur, laquelle Parole lui fait découvrir sa plus profonde identité[76]. Le fond du mémorial fut la cène. Celle-ci devint eucharistie qui fut tout et fait tout : paix, unité, joie, sacrifice, norme. Pour le chrétien le sacrifice à Jérusalem et son temple pouvaient mourir sans regret.

Ce repas étant anamnèse, il mettait devant les yeux le spectacle de la souffrance et de la mort du Maître, dépassées il est vrai, dans la foi des croyants en sa résurrection. Cependant le souvenir de sa mort les hantait ; ils devaient en tirer une vision consolante qu'ils pouvaient exhiber avec fierté : la mort de Jésus fut une mort pour, en vue de, mort pour le salut. Cette mort devient ainsi sacrifice d'expiation. Sur la croix Jésus a sacrifié tous les sacrifices compris comme transfert rituel. Il est victime d'expiation en 1 Jn 2, 1-2 : si quelqu'un vient à pécher, Jésus Christ le juste auprès du Père fait l'avocat en victime de propitiation[77]. Son sang purifie de tout péché (1 Jn 1, 7). Là où il y a eu pardon, on ne fait plus d'offrande pour les péchés (He 10, 18). Paul fit même de lui l'agneau pascal (1 Co 5, 7) victime d'un sacrifice. Les sacrifices de l'AT parviennent à leur achèvement dans sa mort[78]. Le sacrifice de Jésus fut anti-sacrifice. Cela donne la théologie du mystère

---

[76] Cf. Charles PERROT, « L'eucharistie comme fondement de l'identité de l'Église dans le Nouveau Testament », *La Maison-Dieu*, n. 137, (1979), p. 124-125.

[77] Cf. Yves-Marie BLANCHARD, « Le sacrifice dans l'évangile et les épîtres de Jean », in *Cahiers Évangile*, n. 118 (2002), p. 45. 1 Jn pourrait être une façon pour la communauté johannique d'assurer le rééquilibrage de sa propre théologie en rapprochement d'autres communautés : corriger un déficit éthique du 4ᵉ évangile. Ibid. p. 44. 47.

[78] Michel QUENEL, « Le sacrifice chez Paul », in *Cahiers Évangile*, n. 118 (2002), p. 16.

pascal. 'La théologie est la vie même dont l'Esprit anime l'Église, vie qui est connaissance du Père dans son Verbe incarné'[79].

Dans la liturgie du premier temple le grand prêtre faisait « une cérémonie sacrificielle complexe, confessant successivement ses péchés, les péchés des prêtres et les péchés d'Israël. Vêtu de lin blanc, il entrait ensuite dans le saint des saints (possible une fois l'année) pour y faire des aspersions avec le sang du sacrifice et offrir de l'encens. À la fin de la cérémonie, on conduisait au désert, où il était voué à la mort, un bouc émissaire qui portait symboliquement les péchés de la nation [80] ». Le grec *hilasmos* qui traduit le pardon, la miséricorde divine, le sacrifice dans les Septante, s'applique au rituel du grand Pardon[81].

Cette « solennelle des fêtes religieuses juives, Yom Kippūr, est célébrée le 10 du mois de tishri[82]. On restaure la relation d'amitié du fidèle avec Dieu au cours de cette fête d'Expiation. C'est le *Shabbat Shabbaton* (*sabbat des sabbats, sabbat du repos solennel*) car il est de rigueur de « solenniser ce jour et de cesser alors tout travail, même si la fête tombe en semaine et non le jour du sabbat[83] ». Le Christ est la réédition, la réécriture parfaite et définitive du *yom kippour*. Il est paraclet intercédant pour nous auprès du Père au titre de sa propre justice. Par métaphore il fut instrument d'expiation ; par sa mort il

---

[79] Jean CORBON, « L'économie du Verbe et la liturgie de la Parole », in *La Parole dans la liturgie*, p. 156.
[80] Richard GOULET, « YOM KIPPŪR ou YOM KIPPOUR », *Encyclopædia Universalis*. Cf. https://www.universalis.fr/encyclopedie/yom-kippur/ consulté en ligne, le 24 août 2021.
[81] Cf. Yves-Marie BLANCHARD, « Le sacrifice dans l'évangile et les épitres de Jean », in *Cahiers Évangile*, n. 118 (2002), p. 46.
[82] Tishri (hébreu), *tishrei* ou *tisseri*, est le 1er mois de l'année civile et le 7e mois de l'année ecclésiastique du calendrier hébraïque. C'est un mois automnal de trente jours.
[83] Richard GOULET, art. cit., in *Encyclopædia Universalis*. Consultation en ligne, le 24 août 2021.

accomplit et parfait les sacrifices offerts dans le temple[84]. Cette expiation conduit *une fois pour toutes* à la rédemption (*apolutrosis*)[85]. Il paya par son sang la rançon qui délivre et rachète (*lutrosis*)[86]. Ainsi on lui donne le titre et le rôle du Grand Prêtre dans le rite du kippour[87]. Il est le Grand Pardon de Dieu, la réconciliation accomplie et la rédemption définitive[88]. Or sa mort (paradoxe !) ne fut point une rançon payée pour rétablir l'équilibre entre Dieu et l'homme[89]. Sa mort-expiation devint anti-rançon.

En souvenir de l'ordre du Seigneur de faire *ceci* en mémoire, les chrétiens ont commencé par célébrer *Sa cène* comme signe de *l'agapè*. Les agapes fraternelles vont supplanter la cène, selon 1 Co 11, 20-22. Cette cène conduit à l'institution de l'eucharistie comme rite mémorial ; c'est devenu la célébration quotidienne du catholique[90]. En donnant l'ordre de faire le mémorial en son nom, le Christ Jésus indiquait les pistes à explorer pour permettre à la cène de devenir la source d'où la fraction du pain, la messe sortiront bruts avec les traits caractérisant la rudesse et la souplesse des débuts incertains. Mais l'agape et la cène sont de la même mère ; et quand l'eucharistie s'est affranchie comme par mutilation de la matrice de l'agape, elle s'est éloignée *ipso facto* de la dernière cène. Or l'agape fut toujours

---

[84] Michel QUENEL, « Le sacrifice chez Paul », in *Cahiers Évangile*, n. 118 (2002), p. 17.
[85] Sans négliger le sens précis du terme : rançon versée par l'État romain pour racheter des citoyens romains devenus esclaves chez l'ennemi par suite d'une guerre. Cf. Ibid., p. 18. Christ nous acheta un bon prix (1 Co 6, 20 ; 7, 23).
[86] Cf. Élian CUVILLIER, « L'immolation du Christ, de la bête et des croyants dans l'apocalypse : sacrifice ou séduction trompeuse », in *Cahiers Évangile*, n. 118 (2002), p. 51.
[87] Cf. Yves-Marie BLANCHARD, « Le sacrifice dans l'évangile et les épitres de Jean », in *Cahiers Évangile*, n. 118 (2002), p. 46.
[88] Yves-Marie BLANCHARD, « Le sacrifice dans l'évangile et les épitres de Jean », in *Cahiers Évangile*, n. 118 (2002), p. 47.
[89] Cf. Claude GEFFRÉ, « L'Eucharistie, lieu de la gracieuseté de Dieu et de l'homme », *La Maison-Dieu*, n. 137, (1979), p. 152.
[90] Cf. Régis BURNET, « La Cène », in Joseph DORÉ (dir.) *Jésus, L'encyclopédie*, p. 581.

l'espérance eschatologique *in se* de la réconciliation totale du monde avec le Père. Dans les communautés pagano-chrétiennes elle était un repas pour personnes assistées, signe de bienveillance et d'affection[91]. Elle fit place à d'autres formes d'assistance au 4ᵉ siècle[92]. Aux temps de la *Didakè* la fraction du pain était encore un véritable repas, ce qui explique l'ambivalence des prières (ch. 9-10). Dans les lettres d'Ignace, l'eucharistie est une prière liturgique commune et officielle présidée par l'évêque qui unit son oraison à celle de l'Église ; elle s'achève par la communion aux dons eucharistiés[93]. La cène demeure la racine vive de la fraction du pain et de l'eucharistie.

Comment l'ordre collectif de Jésus aux siens à la cène allait-il se réaliser ? Les Apôtres durent-ils être ensemble pour le faire ou bien chacun avec sa maisonnée ? Nous lisons en Ac 27, 35 « il (Paul) prit du pain, rendit grâces à Dieu devant tous, le rompit et se mit à manger » ? Fut-ce le repas mémorial du Seigneur ? Paul fut *leiturgos* du Christ, agent sanctificateur de l'Église (Rm 15,16). Mais ce qu'il fit est inclassable ; ce ne fut pas la fraction du pain ni la messe, qui n'existait pas. Le repas chrétien est eucharistie par les prières d'action de grâce et à cause de sa nature même d'ancienne *tôdah* juive faite par le Christ[94].

Tôdah vient du verbe *yadah* qui signifie « proclamer ouvertement quelque chose qu'on serait capable de cacher » ; confesser ses péchés ou la bonté du Seigneur[95]. La *tôdah* est une confession de l'intervention de Yahvé. C'est plus que remercier, c'est proclamer que de Yahvé seul vient tout don. Quand la cène devint peu à peu fraction du pain et celle-ci eucharistie au 2ᵉ siècle, aucun code, aucun rituel

---

[91] Cf. Adalbert HAMMAN, article « Agape », in Dictionnaire encyclopédique du catholicisme ancien, volume I, p. 48.
[92] Ibid., p. 48.
[93] Adalbert HAMMAN, article « Eucharistie », in *Dictionnaire encyclopédique du catholicisme ancien*, volume I, p. 895.
[94] Charles PERROT, « Le repas du Seigneur », *La Maison-Dieu*, n. 123, (1975), p. 44.
[95] Gilles-Dominique MAILHIOT, *Les Psaumes, Prier Dieu avec les paroles de Dieu*, Montréal, Mediaspaul, 2003, p. 168.

n'était encore établi sinon le noyau central : rendre grâce sur le pain unique, le fractionner en chantant les psaumes. Ces éléments furent la racine originaire de laquelle poussa le sacrement. L'action de grâce est un cri, une confession devenue louange et gratitude pour ce que Dieu fait en notre faveur[96]. Ce n'est pas tout. En rendant grâce et en communiant à ce repas, les chrétiens entraient dans une vie d'offrande à Dieu, un sacrifice spirituel, un don de charité envers leurs semblables. En absence de passeurs de modèles, ils inventaient d'autres formes de la Tradition. D'où le besoin constant de nomination correspondante aux dépôts du trésor et aux expériences toujours plus riches qu'ils faisaient. « L'eucharistie chrétienne accomplit l'eucharistie juive dans un mouvement de continuité et de discontinuité à la fois, dans la ligne théologique de la lettre aux Hébreux[97] ».

DU PROCÈS DE NOMINATION

« La liturgie ne se vit pas dans les pages d'un livre liturgique. C'est un événement et un événement saisit la particularité du temps et de l'espace. Il a lieu quand l'Église se rassemble pour écouter la Parole, pour rompre et manger, verser et boire, oindre avec de l'huile ou pour laver avec de l'eau[98] ». L'Église mit du temps à asseoir son système doctrinal. Pourtant elle a toujours vécu dans les préceptes de Dieu dont les deux premiers accomplissent toute la loi (Mt 22, 38-39) dont l'essence « consiste à empêcher le travail de se détruire lui-même[99] ». Préserver du chaos ; « celui qui obéit à la loi de Dieu naît à un désir vraiment humain et devient capable d'un travail qui ne détruit pas la

---

[96] Gilles-Dominique MAILHIOT, Les Psaumes, Prier Dieu avec les paroles de Dieu, Montréal, Mediaspaul, 2003, p. 169.
[97] Charles PERROT, « Le repas du Seigneur », La Maison-Dieu, n. 123, (1975), p. 45.
[98] Tom ELICH, « L'invincible soleil de l'été : Liturgie et temps, une vue des antipodes », La Maison-Dieu, n. 263, (2010), p. 89.
[99] Paul BEAUCHAMP, Psaumes nuit et jour, Paris, Seuil, 1980, p. 215.

paix[100] ». Tout se tient dans l'*agapè*, tendresse efficace de Dieu que les chrétiens se partagent avec la grâce produite en eux par les sacrements dont le plus sublime provient d'un repas fraternel. La cène du Seigneur fait de l'Église un mystère-événement.

Quel début pour le mystère central de la foi, l'eucharistie ? Les noms divers proposés, donnés, utilisés puis tombés en désuétude en disent long déjà. Paul, premier hagiographe du NT, comprend la cène comme le repas du Seigneur (*Kurikon deipnon* 1 Co 11, 20). Dans leurs pratiques les Apôtres en firent la *fractio panis* (fraction du pain, Ac 2, 42). Ne pouvant prétendre convoquer comme le Seigneur à la dernière la cène, ils avaient néanmoins le devoir de *rompre le pain* en mémorial. La fraction du pain est un geste typique de la liturgie familiale juive ; le Seigneur la fit à la dernière cène sur le pain pour partager sa vie en prélude de son corps rompu sur la croix de façon physique et sanglante[101]. Les apôtres s'autorisaient, selon cette double filiation, à consacrer la tradition de rompre le pain ; d'où l'importance de l'expression *fraction du pain*, la plus originaire des appellations nominatives de cet acte. Donc dans le monde des disciples, le repas d'origine devient l'acte. Génial et sublime changement grâce à l'Esprit qui commençait l'introduction des disciples dans la vérité entière (Jn 16, 13). Inculturation fine pour le passage culturel du temps de Jésus à celui de ses disciples.

La *fractio panis* devint témoin, passerelle pour charrier un monde déjà autre sous les yeux et dans les mains des disciples. Inscrite dans l'élan pascal, marquée par la joie, elle devint le premier mémorial des repas pris par le Ressuscité avec les siens en relation avec son dernier repas et son retour en gloire[102]. C'était et c'est le signe que même absent il séjourne avec eux chaque jour jusqu'à la fin (Mt 28, 20). A Emmaüs la

---

[100] Paul BEAUCHAMP, Psaumes nuit et jour, Paris, Seuil, 1980, p. 215.
[101] Centre National de Pastorale Liturgique (CNPL), « Du bon usage de la liturgie », in *Guides Célébrer*, p. 63.
[102] Cf. Adalbert HAMMAN, article « Eucharistie », in *Dictionnaire encyclopédique du catholicisme ancien*, volume I, p. 895.

fraction du pain fut ce signe. Mais le rite de la fraction du pain était aussi le symbole du Christ serviteur donnant sa vie pour nous. Aujourd'hui dans nos vies malaxées par tant d'incertitudes et de déboires, ce signe est l'eucharistie de reconnaissance. Nous le voyons, le mangeons et l'adorons. Le terme *eucharistie* qui vint plus tard pour le dire, a été supplanté au 3ᵉ siècle par *oblatio* et *sacrificium* ; d'où *sacrificium Dei, novum sacrificium*. Ce dernier mot fut si courant que la liturgie gallicane nommait l'hostie consacrée *sacrificium*[103]. Ce pain des forts nous garantit du salut, de la santé du corps. Nommer n'est pas un processus sans effets. C'est un procès.

On nomme aussi ce mystère *sacrifice* dans l'Afrique de Cyprien et d'Augustin. Ce repas a pour nom *dominicum* au 3ᵉ et au 4ᵉ siècle en Afrique et à Rome. Les martyrs d'Abitène, en Tunisie, trainés à la mort le 12 février 304, pouvaient proclamer avec fierté : nous ne pouvons pas vivre sans le *dominicum* (*sine dominico non possumus*)[104]. Le terme *messe*, apparu au 4ᵉ siècle, signifie renvoi de l'assemblée (*missa* = mission et *dimissio* = congé à la fin d'une audience). Il tranche avec les autres termes. Si l'assemblée agit et réalise le mystère d'offrande, comment la disperser signifierait-il la rassembler (*sunagein*) pour célébrer ? Depuis le 5ᵉ siècle toute célébration prend fin avec une bénédiction. *Missa* était une bénédiction donnée n'importe quand selon l'heure de la tenue de la célébration, d'où les expressions de *missa vespertina, missa matutinae, missa nocturna*[105]. Son sens s'est approché du grec *agiasmos*, destiné à la sanctification du monde. La formule *ite missa est* d'où l'Église tire *missa*, devint canonique pour le renvoi de toute célébration liturgique ou cultuelle de l'Église[106]. Le

---

[103] Cf. Joseph-André JUNGMANN, *La liturgie des premiers siècles jusqu'à l'époque de Grégoire le Grand*, op. cit., p. 184.
[104] Cf. Centre National de Pastorale Liturgique (CNPL), « Du bon usage de la liturgie », in *Guides Célébrer*, p. 82. Sur *Dominicum* comme nomenclature de la messe cf. Joseph-André JUNGMANN, *Missarum Sollemnia*, tome I, p. 213-220.
[105] Joseph-André JUNGMANN, *Missarum Sollemnia*, tome I, p. 219.
[106] Ibid., p. 218-219.

terme messe allait poursuivre son aventure sans supplanter celui d'eucharistie. Au Moyen Âge, les dévotions à l'eucharistie allaient permettre d'enrichir le panorama de la nomination du repas originaire : Oblation, sacrement de l'autel, saint sacrement, saint sacrifice. Sont en usage en Orient surtout et jusqu'à aujourd'hui : eulogie, synaxe, liturgie divine. L'expression saint sacrifice a entrainé tout un pan de la doctrine dans son sillon, à cause de la polyvalence du terme sacrifice et sa présence dans nombre de religions du monde. J'entre dans l'entente de ce terme à enjeu multiples pour dissiper un peu d'ombre. Je vais à la tradition catholique où le mot sacrifice a connu une certaine résurgence dans la théologie sacramentaire. Je l'explore à partir de la tradition juive qui lui fut une grande référence. Dans la tradition cultuelle universelle le sacrifice est un genre commun aux rites religieux. L'humain se prive de quelque chose pour l'offrir aux dieux, aux esprits, aux ancêtres ; l'offrande peut être des produits de la terre, des congénères, des objets, des lieux[107]. Le latin *sacrificium* décomposable en *sacrum* et *facere*, veut dire faire le sacré. Il y a un sacré immanent ou descendant, comme le toucher divin sur les êtres et un sacré transcendant, ascendant permettant à l'homme d'atteindre l'ordre divin[108]. On offre pour faire plaisir, pour apaiser, pour obtenir des faveurs.

Dans le judaïsme le sacrifice avait deux fonctions : purifier et expier[109]. On a deux principaux sacrifices : a) l'holocauste (*'olah*), don total de l'individu ou de la communauté en reconnaissance de l'absolue souveraineté de Dieu ; b) le sacrifice de communion (*shelahim*) exprimant la communion avec Dieu et entre les convives ; la joie accompagne cette démarche sacrificielle[110]. Le livre du Lévitique (1-5)

---

[107] Cf. Louis-Marie CHAUVET, « La dimension sacrificielle de l'eucharistie », *La Maison-Dieu*, n. 123, (1975), p. 49.
[108] Cf. Dom Robert LE GALL, *Dictionnaire de liturgie*, p. 230.
[109] Jean MASSONNET, « Le sacrifice dans le judaïsme », in *Cahiers Évangile*, n. 118 (2002), p. 6.
[110] Ibid., p. 5-6.

listait un plus grand nombre de sacrifices : la *minhah* ou oblation d'offrande végétale sans levain, le *zebah shelâmin*, les sacrifices expiatoires (kipper), les *shelâmin* avec *tôdah*[111]. Les juifs pratiquaient le *zevach* (sacrifice de paix, de louange) où une partie de la victime était brûlée sur l'autel, une autre consommée par les fidèles. Dans les sacrifices pour le péché (*Chattah* ou *Asham*[112]), seuls les prêtres mangeaient une partie de la victime. L'holocauste était le grand sacrifice à Yahvé, la forme la plus solennelle de l'hommage, de la supplication et de la propitiation[113]. On brûlait tout sur l'autel sans rien garder[114]. On brûlait la victime pour que la fumée s'élevât jusqu'au trône de Dieu et attirât des bénédictions sur l'offrant[115]. Or « l'holocauste peut aussi bien exprimer la notion magique de l'homme qui croit tenir Dieu à sa merci, parce qu'il le nourrit, ou la conception d'une religion particulièrement épurée où l'homme reconnaît que tout ce qu'il peut avoir, ce dont il peut jouir, n'appartient en définitive qu'à Dieu[116] ». L'AT connut des offrants quasi parfaits : Abel, Abraham, Melchisédech. Ce dernier offrit des choses tels le pain, le vin et éloigna du sacrifice toute ostentation, il offrait pour la seule gloire de Dieu[117]. Ces trois personnages sont cités dans le *canon romain* pour ce degré de perfection.

Où donc étaient offerts ces sacrifices ? Quand Israël prit la terre promise en possession, il se fit un honneur de bâtir un temple à Yahvé pour l'accueil de son adoration et de ses sacrifices. Ce temple qui fut

---

[111] Cf. Henri CAZELLES, « Eucharistie, bénédiction et sacrifice dans l'Ancien Testament », *La Maison-Dieu*, n. 123, (1975), p. 10.
[112] Ces sacrifices sont liés au *Yom kippour*.
[113] Cité par Henri CAZELLES, « Eucharistie, bénédiction et sacrifice dans l'Ancien Testament », *La Maison-Dieu*, n. 123, (1975), p. 7.
[114] Cf. Louis BOUYER, *Le rite et l'homme, sacralité naturelle et liturgie*, Paris, Cerf, Collection Lex Orandi n. 32, 1962, p. 122. Il existe d'autres types de sacrifices : la Minehah, sacrifice de céréales, la Nesèk, libation de vin sur l'autel. P. 123.
[115] Pierre LE BRUN, *Explication de la messe*, p. 466.
[116] Louis BOUYER, *Le rite et l'homme, sacralité naturelle et liturgie*, op. cit., p. 127. L'auteur s'autorise d'Alfred Loisy.
[117] Cf. Pierre LE BRUN, *Explication de la messe*, p. 459.

une institution centrale[118], eut pour vertu de faire entrer dans l'obéissance au Dieu de l'Alliance du Sinaï[119]. Ainsi matin et soir il recevait les deux holocaustes appelés *tamid* ou sacrifice perpétuel[120]. Pendant le *tamid* du matin on entretenait la lampe du chandelier à sept branches et l'offrande de l'encens ; le peuple se tenait en prière prosterné et silencieux (Lc 1, 10). Le *tamid* du soir sans la bénédiction des prêtres se faisait à la 9e heure (Ac 3, 1)[121]. Ces sacrifices publics au temple n'excluaient pas les sacrifices privés. Or même dans le temple la piété pouvait être impie, manipulatrice surtout si, quand on voulait enchaîner Yahvé, banaliser l'observance de la Loi, momifier l'amour du prochain, remplacer la fidélité par le sacrifice. On pouvait y offrir des sacrifices expiatoires et propitiatoires non purifiés qui ne façonnent pas le cœur. Ces risques permanents firent remettre en question l'exclusivité du temple et le psalmiste les saisit avec clairvoyance. Aussi chanta-t-il : tu n'as voulu Seigneur ni sacrifice, ni oblation, ni holocauste mais ta loi au fond du cœur (Ps 39, 7-9). Seul « un culte ardent pour le nom de Yahvé donne à la prière d'Israël une pureté et une élévation sans égales[122] ».

Qu'y a-t-il du sacrifice dans le temple au culte du NT ? Un flou et un intermédiaire. Le flou c'est la confusion entre le culte nouveau inauguré par la résurrection du Christ et le temple, la synagogue est l'intermédiaire. Celle-ci n'était pas chargée du sacrifice (*thusia*), n'avait pas d'autel (*thusiasterion*), d'autel de *prosphora* ou offrande[123]. La synagogue ne pouvait porter les prétentions et les

---

[118] Joseph AUNEAU, « Le sacerdoce dans la bible », *Cahiers Évangile*, n. 70 (1990), p. 41.
[119] Cf. Jean MASSONNET, « Le sacrifice dans le judaïsme », in *Cahiers Évangile*, n. 118 (2002), p. 6.
[120] Ibid., p. 6.
[121] Ibidem, p. 7.
[122] Evode BEAUCAMP, *Israël en prière, Des psaumes au Notre Père*, Paris, Cerf, Collection Lire la Bible, 1985, p. 77.
[123] Michel QUENEL, « Le sacrifice chez Paul », in *Cahiers Évangile*, n. 118 (2002), p. 13.

propositions cultuelles des chrétiens. Au contraire, le temple avait encore une portée indéniable sans qu'il fût immédiatement perçu par les chrétiens ce qu'il fallait en faire ; d'où le flou. Ainsi Ceux-ci continuèrent à monter au temple jusqu'à ce qu'éclata le conflit entre les deux pratiques religieuses. Le Christ Jésus lui-même fut la cause de l'éclatement. Son Esprit en travail et introduisant dans l'entière vérité, fit comprendre la relation portée au cœur de la Tradition selon l'étymon, par le terme grec *thusia* signifiant sacrifice ou victime sacrificielle et qui fut transfinalisé dans le culte chrétien pour former un couple assorti avec *thusiasterion* dont il est la racine lexicale. Je clarifie.

Jésus fit de son corps un sacrement efficace pour actualiser la rédemption totale et universelle de l'humanité. Ainsi celle-ci qui était *pas-mon-peuple* devient réellement le peuple de Dieu (1P 2, 10 ; Os 2, 25)[124]. Dans cette vision « l'essence de l'acte sacrificiel n'est pas expiation ou purification des péchés. Elle n'est que la préface nécessaire à l'entrée dans le sanctuaire où le prêtre pénètre non comme le substitut, mais comme l'introducteur de tout le peuple[125] ». Jésus changea la vision de l'AT sur le sacrifice : la créature n'a plus à s'anéantir devant Dieu comme Jephté qui sacrifia sa fille (Jg 11, 39)[126]. « Dieu ne réclame pas le sang de l'innocent comme compensation, il justifie l'innocent en pardonnant à ceux qui le tuent[127] ». Jésus révèle en sa personne le mécanisme émissaire en place depuis l'*homo sapiens*. Il renverse la scène du sacrifice pour faire passer d'une victime active avec une foule passive à une victime passive avec une

---

[124] Jean CORBON, « L'économie du Verbe et la liturgie de la Parole », in *La Parole dans la liturgie*, p. 158.
[125] Louis BOUYER, *Le rite et l'homme, sacralité naturelle et liturgie*, p. 124.
[126] Aujourd'hui aucune grande religion ne pratique le rite du sacrifice humain. En revanche, la peine de mort dans certaines sociétés est comme sacrifices humains pour préserver la santé sociale.
[127] Christian DUQUOC, « Christologie et Eucharistie », *La Maison-Dieu*, n. 137, (1979), p. 45.

foule active[128]. Ce renversement introduit dans le mémorial de sa *Passion*. Depuis Golgotha, Jésus, victime et expiation, est à la fois le prêtre-sacrificateur, l'autel et le sacrifice. Quand il s'endormit sur la croix, de son côté ouvert par le coup de lance il fit naître l'Église pour continuer son œuvre d'ouvrir le monde à la sagesse de Dieu et à son amour recréateur. Cette Église a vocation et mission d'élever partout, en tout temps une table/autel pour célébrer le saint sacrifice où aucun sang, pas même celui du bourreau ne doit être versé. Le sang du Christ l'en dispensa. Car le vrai sacrifice oriente l'offrande à Dieu vers l'unique sacrifice rédempteur universel de la création.

En définitive, il n'y a pas de termes propres mais des mots reçus pour dire le mémorial ordonné par le Seigneur et ce qui en est sorti. Il y a un procès et un processus de nomination que j'ai approchés à travers les hésitations têtues qui ont scandé le parcours du sacrement. Cet échec actif dans l'acte de nomination touche aussi les représentations iconographiques. Le mémorial désormais sacrement du corps et du sang de notre Rédempteur reste en attente de sa pleine expression. Protester qu'on est en présence d'un grand mystère ne masque que la confusion. Il n'y a pas à dire, il faut se remettre sur le métier et avoir le courage du labeur rebutant. Ceci admis, le parcours que j'ai retracé a remis sous nos yeux les étapes et les états d'expressions différentes en faveur pendant un temps. Dans l'Église latine, les mots messe et eucharistie si utilisés, restent des traducteurs imparfaits. Messe réfère au renvoi de l'assemblée et eucharistie traduit la prière centrale sur les oblats. Dans les deux cas la célébration de la Parole est invisible. Vingt siècles après, malgré la réception de ces deux termes, les incertitudes sur les mots propres pour nommer ce mystère en Occident, demeurent. Il faut encore triturer. Qui sait ce que l'avenir de la recherche nous réserve ? Le caractère officiel du terme oblige, je m'arrête à l'eucharistie maintenant pour ne pas le faire pour les autres

---

[128] Il s'agit du rôle de l'Église dans le sacrifice non sanglant de l'eucharistie. Ce qui n'était pas repérable dans l'AT.

termes qui tous tirent sève et racine de la cène du Seigneur.

QU'EST-CE QUE L'EUCHARISTIE ?

Le terme eucharistie apparait au 2ᵉ siècle ; il est un composé de *charis* préfixé de *eu* = bien, bon. Le terme *charis* est une merveille sémantique. Le considérant comme grâce et beauté il est ce qui produit la séduction et la joie sinon le charme d'une personne ou d'un chef-d'œuvre[129]. *Charis* est aussi faveur-amour dans le grec classique, l'amour gratuit qui presse l'action du puissant envers un ami ou un solliciteur. *Charis* c'est encore le bienfait comme don, concession, pardon ou libéralités de la grâce divine. Enfin *charis* est gratitude ; quand un bienfaiteur agit par pure bonté, on ne peut s'empêcher de devenir son obligé. En ce sens *charis* est remerciement, action de grâce, reconnaissance[130].

Ignace d'Antioche connaissait le mot eucharistie, Cyprien eut en affection le *Dominicum celebrare* (célébrer le Seigneur)[131]. Justin, le premier fit du sème eucharistie synonyme de *fraction du pain*, tout en lui préférant le mot *anamnesis*. La *Tradition apostolique* emploie l'eucharistie en panacée ; on jeûne pour. « Tout fidèle s'empressera, avant de prendre quelque chose, de recevoir l'eucharistie. Si en effet il (la) reçoit avec foi, même si on lui donne quelque poison mortel, alors cela ne pourra rien contre lui[132] ». Voilà pour l'entente par l'étymologie.

Le pain et le vin sont transfinalisés en devenant sacrement c'est-à-dire une chose (*res*) habile à porter, transporter des réalités autres. Le

---

[129] Cf. Ceslas SPICQ, *Lexique théologique du Nouveau Testament*, p. 1643.
[130] Cf. ibid., p. 1643-1647.
[131] Adalbert HAMMAN, article « Eucharistie », in *Dictionnaire encyclopédique du catholicisme ancien*, volume I, p. 895.
[132] Hippolyte de Rome, *La Tradition apostolique d'après les anciennes versions*, introduction, traduction et notes par Bernard Botte, ch. 36, Paris, Cerf, Collection Sources Chrétiennes n. 11 bis, 1968², p. 119.

sacrement de l'histoire du salut vient du pain tiré du grain[133]. Le catéchisme, gloire issue du concile de Trente codifia : « l'eucharistie est un sacrement qui contient en vérité, réellement et substantiellement, le corps et le sang, l'âme et la divinité de notre Seigneur Jésus-Christ, sous les espèces ou apparences du pain et du vin[134] ». C'est un sacrement échappé et échappant à toute catégorie où le Dieu fait-homme réellement absent et indisponible dans notre quotidien est réellement présent dans notre réel par le pain et le vin. Y a-t-il un endroit sur terre où on ne trouve pas du pain et du vin ? L'eucharistie est nourriture du corps, pain réclamant le partage des richesses du Créateur entre les humains. Elle devient le « geste suprême de fidélité à une économie salvifique émanant d'un Dieu qui n'agit pas selon la logique du pouvoir et de la domination mais du service et du dévouement[135] ». C'est le renversement total. La liturgie qui ordonne la célébration de ce sacrement, tête des autres, est sacrement au lieu même où elle fait célébrer.

Il est toujours besoin d'être présentés à l'eucharistie pour se préparer à accueillir le plus haut et le plus profond mystère de l'Église ; car sous les dehors de la popularité, l'eucharistie est comme une reine que nous côtoyons par l'image sans jamais une rencontre personnelle ; en ce sens elle est une inconnue pour nous. Et parce qu'elle est prise en otage par notre quotidien, nous croyons la connaitre et la comprendre, d'où nos méprises. Le repas pris comme nourriture provenant de Dieu, communique à l'homme sa propre vie[136]. Depuis toujours le repas sacré est la hiérophanie en acte la plus riche qui soit[137]. L'homme est humain en plein dans le partage, autour du pain

---

[133] Les grains rassemblés fut un thème classique depuis la *Didakè* jusqu'au Moyen Âge.
[134] Définition rapportée in Jean EVENOU (dir.), « Les Ateliers », *La Maison-Dieu*, n. 137, (197), p. 137.
[135] Élisée RUFFINI, Article « Eucharistie », in *Dictionnaire de la vie spirituelle*, p. 337.
[136] Cf. Louis BOUYER, *Le rite et l'homme, sacralité naturelle et liturgie*, p. 122.
[137] ibid., p. 121.

rompu en communion et pour la paix. Et le grand exemple vient d'Emmaüs dans l'auberge où Jésus prit le pain, rendit grâce et le partagea. A l'instant même les yeux des deux disciples s'ouvrirent (Lc 24, 30-31). Le partage ouvre les yeux, les portes et le chemin de la fraternité. Il est la clé du nouveau monde, le monde à-venir. Car « le récit archétypal de notre eucharistie ce n'est pas seulement le récit de la cène mais celui de la multiplication des pains. Le repas construit une communauté où le geste de la fraction du pain, comme à Emmaüs, permet la reconnaissance du Seigneur[138] ». Si tu ne partages pas, tu es déjà ankylosé ; ton passé t'asphyxie. Une célébration totale pour un mystère de plénitude et événement salvifique qui nous entraine dans son sillon. La problématique de l'eucharistie inclut l'analyse économique de la marchandise, de sa distribution et de la répartition de la richesse entre humains et pays[139]. Alors ne faudrait-il pas se redemander à d'autres frais : Qu'est-ce que l'eucharistie ? C'est un faire ordonné selon un rituel en vue d'une fin spirituelle qui touche l'humanité entière sans distinction d'âge, de rang, de sexe, de situation personnelle. Petits, grands, majestés, héros sont tous petits devant elle.

Le faire eucharistique. Pour aborder l'eucharistie sur le plan théologique on peut emprunter le langage culturaliste, militant ou pastoral comme Geffré l'a proposé[140]. Objet de réflexion, elle est un reconstruit donnant lieu à une pluralité de discours[141]. En associant le dernier repas à la fête de Pâque juive, les évangiles liaient la mort de Jésus au grand récit de la sortie d'Egypte, donc au salut du peuple. *Tôdah* ou confession du don sublime de Dieu en Christ à son peuple, elle est une récapitulation heureuse et un prolongement merveilleux

---

[138] Claude GEFFRÉ, « L'Eucharistie, lieu de la gracieuseté de Dieu et de l'homme », *La Maison-Dieu*, n. 137, (1979), p. 157.
[139] Antoine DELZANT, « L'Eucharistie considérée à partir d'une théologie fondamentale », *La Maison-Dieu*, n. 137, (1979), p. 11.
[140] Cf. Claude GEFFRÉ, art. cit., p. 148-150.
[141] Ibid., p. 147.

de l'odyssée de l'Exode que l'histoire d'Israël a déplié en dix points : 1) la libération de la servitude d'Égypte ; 2) la Pâque ou célébration du salut du peuple de Dieu ; 3) la traversée miraculeuse de la mer rouge ; 4) la manne, viatique des pèlerins en route vers la terre promise ; 5) le désert ou épreuve de la fidélité du peuple à son Dieu libérateur ; 6) la nuée, signe de la présence efficace de Dieu ; 7) le péché de l'idolâtrie au désert, la confection du veau d'or ; 8) la profession du culte du Dieu saint et le service cultuel parfait du peuple ; 9) la loi écrite, programme de fidélité inscrit dans le cœur du peuple ; 10) l'Alliance ou gage d'amour de Dieu pour son peuple[142]. L'eucharistie n'est pas la répétition du sacrifice de la croix, mais geste sacrificiel et communion coïncidant avec un consentement à la finitude, une désappropriation de l'homme. Elle montre toujours un Dieu en route avec son peuple, prêt à modifier son plan pour l'accompagner. Une touchante illustration c'est Jésus avec les deux disciples d'Emmaüs (Lc 24, 13-35). L'eucharistie s'impose à nous, nous précède ; nous la célébrons sans avoir de pouvoir sur elle. C'est le sens de l'adage *l'Église fait l'Eucharistie, l'Eucharistie fait l'Église* réveillé par le Père de Lubac.

Au 3e siècle, alors que l'Église est en butte à l'hostilité impériale, cinquante chrétiens sont arrêtés à la sortie d'une eucharistie à Abilène, près de Carthage. A l'interrogatoire, l'un d'eux, le lecteur *Emeritus*, pressé de renier l'eucharistie répondit la renier « c'est renier le Christ ». Dans des circonstances similaires le questeur Félix attesta : « les chrétiens font la messe, la messe fait les chrétiens ». C'est là la genèse de ce vénérable adage apparenté au *lex orandi lex credendi*. « Le fait que la communauté célèbre authentiquement la cène du Seigneur peut être signifié non pas uniquement par des paroles (celles de l'Institution que l'on récite) mais par l'action liturgique elle-même ». Le 'faire' est plus important que le 'dire' ; une communauté « est eucharistique non pas tant parce qu'elle dit qu'elle célèbre

---

[142] Cf. Gilles-Dominique MAILHIOT, *Les Psaumes, Prier Dieu avec les paroles de Dieu*, p. 181.

l'eucharistie, mais par le fait qu'elle la vit[143] ». Le canon romain n'a pas d'épiclèse, mais qui voudrait croire que depuis seize siècles les messes célébrées avec ce canon ne sont pas valides ? Qui croirait l'évangile de Jean sans dernière cène faute d'un récit d'institution de l'eucharistie ? Le faire eucharistique fait d'un rassemblement une communauté, le peuple de Dieu, disponible pour continuer l'œuvre de recréation du monde par la fraternité retrouvée après le meurtre d'Abel par Caïn. Le faire en mémoire est substitution de l'ancien mémorial de l'Exode[144]. Tout ce qui est chrétien vient de l'eucharistie et converge vers elle ; les chrétiens en tirent leur oxygène. Et à mesure que « se constitue la théologie sacrificielle de l'eucharistie dans le Nouveau Testament, on s'éloigne du vocabulaire de bénédiction des repas des sectes juives[145] ».

L'eucharistie est sacrifice parce qu'elle est sacrement et non l'inverse[146]. Ce sacrifice sacramentel s'inscrit dans celui de l'Église qui reçoit son identité quand elle rend grâce[147]. Dans cette noétique, architecture promise à un avenir irréfragable, Paul put écrire : Christ mourut pour nos péchés selon les Écritures ; il fut enseveli ; il a été réveillé le troisième jour selon les Écritures[148]. La mort sanglante du Christ fut son don total de lui-même ; geste ou moment sacrificiel relié aux autres dons que Dieu nous faits en permanence en son Fils[149]. Le Christ est notre Pâque immolé, agneau pascal que Dieu fit passer de

---

[143] Lucien DEISS, *La messe*, Sa célébration expliquée, Paris, Desclée de Brouwer, Collection Petite Encyclopédie Moderne du Christianisme, 1989, p. 112.
[144] Régis BURNET, « La Cène », in Joseph DORÉ (dir.) *Jésus, L'encyclopédie*, p. 586.
[145] Henri CAZELLES, « Eucharistie, bénédiction et sacrifice dans l'Ancien Testament », *La Maison-Dieu*, n. 123, (1975), p. 26.
[146] Claude GEFFRÉ, art. cit., p. 153.
[147] Ibid., p. 154.
[148] Selon le targoum et Osée 6, 2 c'est de la 'consolation des morts'. Cf. Pierre GRELOT, « Du sabbat juif au dimanche chrétien » (2ᵉ partie), La Maison-Dieu, n. 124, (1975), p. 28.
[149] Cf. Michel QUENEL, « Le sacrifice chez Paul », in *Cahiers Évangile*, n. 118 (2002), p. 19.

la mort à la vie[150]. Chez Paul sacrifice (culte) n'est point « utilisé pour parler des célébrations chrétiennes. Le sacrifice du Christ accomplit tous les rites[151] ». Spécialement dans la célébration du repas du Seigneur (1 Co 11, 26), le sacré a perdu toute portée rituelle ou géographique pour s'inscrire dans le quotidien et se laisser animer par l'Esprit. Jésus-Christ n'est pas un héros mais le diacre du Père commis à faire sa volonté, sommet du don de Dieu et sommet du don à Dieu[152]. Augustin a raison d'affirmer que l'homme consacré par le nom de Dieu et vivant pour Dieu est un sacrifice. Mais « qui serait assez fou pour croire que Dieu a besoin des sacrifices qu'on lui offre ? Le culte qu'on rend à Dieu profite à l'homme et non à Dieu, ce n'est pas à la source que cela profite si on y boit, ni à la lumière si on la voit [153] ». La grande révolution dans la théologie du sacrifice est le fait d'avoir en Jésus Christ l'autel, le prêtre et la victime n'importe où et quand on célèbre l'eucharistie.

Le faire sur l'Autel. Ainsi il fallait penser l'autel, à la fois lieu et endroit où se conjoignent le temple, siège du sacrifice et la maison réceptacle du repas sacrificiel de communion[154]. Le rapprochement lexical entre autel (*thusiasterion*) et sacrifice (*thusia*) dans la langue grecque existe aussi en hébreu où *Zabah* (sacrifier) a la même racine que *mizbeah* (autel). Les deux termes sont signes de la présence divine[155]. Vrai réengendrement. L'homme bâtit un autel pour répondre à Dieu qui vient le visiter (Gn 12 ; 13 ; 26). Dans l'AT, l'autel était sanctuaire et lieu saint appartenant à l'Éternel. Les offrandes placées sur lui

---

[150] Michel QUENEL, « Le sacrifice chez Paul », in Cahiers Évangile, n. 118 (2002), p. 15.
[151] Ibid., p. 20.
[152] Cf. Joseph CAILLOT, « Conclusion : Du sacrifice du Christ à celui des chrétiens », in *Cahiers Évangile*, n. 118 (2002), p. 62.
[153] Cité in Michel QUENEL, art. cit., p. 21.
[154] Centre National de Pastorale Liturgique (CNPL), « Du bon usage de la liturgie », in *Guides Célébrer*, p. 85.
[155] Daniel SESBOÜÉ, article « Autel », in Xavier LÉON-DUFOUR (dir.), *Vocabulaire de théologie biblique*, Paris, Cerf, 1988[6], col. 98.

devenaient la propriété de Dieu. « Le sanctuaire participe à la sainteté du dieu qui l'habite[156] ». Avant d'être un lieu de sacrifice, l'autel est mémorial de la faveur divine[157]. Mais il peut être aussi signe de la dégradation de la religion ; Achaz et Manassé ont introduit des autels à la mode païenne dans le temple (2 R 16, 10-16 ; 21, 5) qui a cristallisé la foi d'Israël. Or l'importance de l'autel fut telle que le premier acte significatif des exilés de retour sur leur terre fut l'érection d'un autel sur le site du temple pour réinaugurer le service du culte (Esd 3, 1-6)[158]. Un progrès sémantique s'ouvre.

Pour Jésus l'autel est saint par ce qu'il signifie, et s'approcher de l'autel pour sacrifier, c'est s'approcher de Dieu[159]. En Ac 6, 2, l'autel est une table comptoir (*trapeza*) pour déposer le pain et la coupe. En 1 Co 11, 20, c'est la *table du repas du Seigneur*, meuble ordinaire devenu autel sans cesser d'être ustensile. Dans le cadre du NT le passé de l'AT devient un type et son sacerdoce quoique dépassé offrit un imaginaire à contempler, à exploiter. Car « la présence divine n'est pleinement efficiente que dans un sanctuaire pourvu d'un sacerdoce équipé pour son service[160] ». Le corollaire fut : l'autel fait de la communauté une assemblée-temple orientée vers le Christ prêtre, autel, victime. Les prêtres devinrent ministres de l'autel. Le sacrifice spirituel (*logikè thusia, rationale sacrificium*) devint un sacrifice réel.

Au début du christianisme l'autel fut déprécié à cause des autels païens. Municius Felix affirmait fièrement au 3ᵉ siècle : *aras non habemus* : nous ne possédons pas d'autels[161]. Les premiers autels chrétiens étaient en bois, le matériau le plus courant. Mais à partir du

---

[156] Joseph AUNEAU, « Le sacerdoce dans la bible », Cahiers Évangile, n. 70 (1990), p. 20
[157] Daniel SESBOÜÉ, art. cit., col. 99.
[158] Joseph AUNEAU, cit., p. 32.
[159] Daniel SESBOÜÉ, art. cit., col. 100.
[160] Joseph AUNEAU, « Le sacerdoce dans la bible », Cahiers Évangile, n. 70 (1990), p. 30.
[161] Cité par Joseph-André JUNGMANN, *La liturgie des premiers siècles jusqu'à l'époque de Grégoire le Grand*, p. 186-187.

4e siècle lorsque la liturgie initia son plein essor, on eut des autels en pierre, incrustés d'or et de joyaux. Le simple autel primitif se trouva élevé sur des degrés et des plates-formes avec grilles et baldaquins, retable en arrière. Jungmann put écrire : « l'histoire glorieuse de l'autel chrétien avait commencé[162] ». La vénération des martyrs et de leurs reliques a contribué fort à élever des autels dans les chapelles latérales des églises. Au 6e siècle commença à Rome l'augmentation du nombre des autels dans les cathédrales et églises d'importance. Au 9e siècle les autels latéraux firent partie de l'aménagement de l'église[163].

Pendant l'antiquité chrétienne, en Afrique jusqu'au 7e siècle, mais jusqu'à présent en Orient, l'église-bâtiment n'avait qu'un seul autel lié à son patron. Mais à côté du maître-autel on érigea des autels latéraux ; ainsi un prêtre pouvait célébrer plusieurs fois par jour sur des autels différents dans une même église alors qu'il était auparavant interdit de célébrer une autre messe sur le même autel ou sur l'autel où l'évêque a célébré. Du 13e au 16e siècle le nombre des messes privées augmenta avec le nombre de prêtres, ce qui accrut le nombre d'autels ; une église pouvait en avoir plus de quarante-cinq[164]. Des prescriptions épiscopales ou de synodes les limitaient à trois messes par jour, puis fut édictée l'interdiction de biner sans autorisation. Il fallait réguler ces trop fréquentes célébrations. Ceci diminua le nombre des autels dans les églises. Cette prolifération indigne d'autels et de messes allait porter la crise au sein de l'Église. Au 16e siècle des passionnés bien et mal intentionnés ont enfanté un schisme et le protestantisme naquit. Je n'en dis pas plus.

Pour les vivants et les morts. L'eucharistie fait être l'Église comme réceptacle du salut de Dieu à l'œuvre dans l'histoire pour les vivants

---

[162] Joseph-André JUNGMANN, La liturgie des premiers siècles jusqu'à l'époque de Grégoire le Grand, p. 188.
[163] Joseph-André JUNGMANN, *Missarum Sollemnia*, tome I, p. 274.
[164] Joseph-André JUNGMANN, *Missarum Sollemnia*, tome I, p. 274-275.

et pour les morts. Elle est autant action de grâce que suffrages ; dès le 2e siècle la messe pour les défunts s'établit dans l'Église. Cette célébration traduit la solidarité des humains par-delà la mort et affirme comme par jeu de l'étymon (de-functus) que quelqu'un s'est acquitté de ses fonctions et qu'il se retire pour une autre place ailleurs. A cause de cela même, le reste des vivants lui doit des services afin qu'il atteigne plus facilement le domaine du divin[165]. On célèbre en mémoire des défunts le 3e jour du décès, le plus souvent sur leur tombe ; cela peut avoir un *refrigerium*. Au 7e siècle naissent des confraternités de prières qui passent d'église en église, de monastère en monastère, faire des suffrages pour les morts. Des évêques et abbés s'engagent à célébrer cent messes pour des participants qui viendront à mourir. Les messes pour les défunts chaque mois, les trentains et neuvaines de messes naitraient de ces pratiques. Une coutume a été instituée de dire la messe pour les défunts (prêtres, les bienfaiteurs et autres) chaque premier jour du mois, si la liturgie ne l'empêchait[166]. Au 8e siècle à la commémoration de tous les défunts le 14 novembre, le prêtre pouvait célébrer trois messes, après la messe communautaire. Le faire eucharistique est au service des vivants et des morts de toute condition.

Ordo. Quand le faire liturgique a acquis la sagesse pratique de la répétition ordonnée, il peut devenir un livre qui livre le rituel qui donna du tonus à la routine. Ce passage de l'évanescent qui doit son bonheur d'exister grâce à la mémoire, à l'écrit convertit le célébrant en hagiographe liturge. Le document qui conserve ce prodige est le sacramentaire, premier témoin de stabilisation de la messe, premier livre à conserver la pratique, la vision, la doctrine, l'ordo du faire de cette action de grâce. La naissance des sacramentaires fit de la messe

---

[165] Cf. Dom Robert LE GALL, *Dictionnaire de liturgie*, op. cit., p. 89.
[166] M. DURAND, *Études historiques, dogmatiques et pratiques sur la Sainte Messe, avec les rubriques du missel et du bréviaire romains*, Toulouse, Imprimerie Charles Douladoure, 1861, p. 5.

un rite précis ; plusieurs gestes vont être symbolisés, sans perdre le côté pratique des choses ritualisées. Or le sacramentaire n'est pas né universel mais local comme l'Église qui est toujours en un lieu. Les pratiques fixées sont celles de communautés particulières qui ont eu les moyens, la sagesse et la science pour élaborer un *vade-mecum* ou précis de célébration. Bref un compendium. Quand les rites prirent corps et consistance, le rituel est né. Non sans des excentricités comme le rite de la sustentation, le flabellum, éventail liturgique contre les moustiques, le brasero pour le froid.

Cet ordo fixa aussi des éléments branlants dans le quotidien de l'Église qui est toujours en célébration. Par exemple la doctrine s'affirmit, le culte se diversifie avec méthode et art. La hiérarchie née dans les communautés pauliniennes avec des degrés poreux, va connaitre la spécificité du rôle de chaque ordo ; la confusion entre épiscope et presbytre des temps apostoliques et sub-apostoliques s'évanouit. Du 1e au 4e siècle, l'eucharistie est une réunion-agape présidée par l'évêque avec son presbyterium. Celui-ci con-célébrait-il ou assistait-il ? L'augmentation au Moyen Age des suffrages pour les défunts, la quasi-disparition de la communion fréquente, ont raréfié la *missa solemnis* ; on passa de la *missa cantata* à la *missa lecta* sans façon. Dans les monastères on interdit même des *missae publicae cantare* pour garder la clôture et ne pas enlever le peuple aux paroisses[167]. Le chœur de ces églises conventuelles pouvait occuper les 4/5 de l'édifice. La vocation de l'architecture du vaisseau sacré c'est de toujours permettre que *mens et corpus concordent voci*[168]. L'ordo joue vraiment son rôle, il fait mourir et ressusciter.

Missa typica ? L'ordo enfanta-t-il la messe type ? D'où viennent les différences entre messe basse, messe pontificale, messe solennelle, messe pour les défunts ? La messe dite basse est une invention du Moyen Âge avec la multiplication des autels dans les églises

---

[167] Joseph-André JUNGMANN, *Missarum Sollemnia*, tome I, p. 255.
[168] C'est-à-dire permettre une parfaite symbiose entre l'esprit, le corps et la voix.

cathédrales et conventuelles. La messe pontificale est un avatar de la messe du pape à la station aux temps de la gestation des paroisses[169]. La messe solennelle est plus difficile à cerner ; il faut une véritable archéologie pour l'exhumer, sans oublier au passage le prêtre qui en devient le ministre ordinaire. La messe des défunts sort tout droit du culte des martyrs. La victime est l'offrant même[170] ; par elle nous pouvons obtenir des suffrages pour le salut des vivants et des morts. La Réforme protestante aura rejeté cela et l'Église en profitait pour introduire des changements importants dans l'organisation du sacrement. Nonobstant cela le prêtre pouvait célébrer ad *intentionem dantis* ou *pro seipso sacerdote*, i.e à l'intention du donateur ou pour lui-même. Des sacramentaires ont les formules appropriées. A partir du 9e siècle, nombre de prêtres célébraient la messe deux ou trois fois par jour ; le pape Léon III en célébra jusqu'à neuf en un seul jour[171]. Pour éviter de formaliser les abus on concéda que les fidèles se rendissent à l'église épiscopale ou paroissiale pour toutes les grandes fêtes ; pour le reste on s'en accommodait jusqu'à ce que le concile de Trente à la 22e session interdît toute messe dans les demeures privées[172].

Puis la messe devient un acte public de l'Église ; quand on célèbre en stricte intimité, ce n'est pas privé ; la *missa solitaria* (le prêtre tout seul) fut abolie avec la disparition de la messe privée[173]. Nous gardons un souvenir poétique du Moyen Âge avec ses *missae privatae, missae*

---

[169] Avant l'institution des paroisses la station était un lieu choisi pour le rassemblement des fidèles qui n'étaient pas dans la proximité de l'église épiscopale ou cathédrale. L'évêque envoyait un membre de son clergé rencontrer ces fidèles pour leur exprimer sa proximité et célébrer l'eucharistie avec eux. La station pouvait être aussi le temps consacré au jeûne et aux prières liturgiques et serait une adaptation d'une tradition juive du 2e siècle. Ce mahamad juif deviendrait le grec *stasis* et le latin *statio*.

[170] Édouard COTHENET, « Le sacrifice dans les évangiles synoptiques », in *Cahiers Évangile*, n. 118 (2002), p. 30.

[171] Cf. Joseph-André JUNGMANN, *Missarum Sollemnia*, tome I, p. 273.

[172] Ibid., p. 265.

[173] ibidem, p. 265.

spéciales, missae paculiares à côté des messes conventuelles et paroissiales. Mais le saint sacrement n'est pas uniquement la présence réelle pendant la consécration pour faire du reste ornement ou fioriture[174]. Le Christ historique et le Christ ecclésial ne sont point séparés du christ sacramentel de la présence réelle ; le don de Dieu est toujours actuel pour réconcilier l'homme avec sa finitude[175]. Ainsi du NT à aujourd'hui par le Moyen Âge, l'eucharistie comme sacrifice n'a cessé de guider notre vision et notre parcours de la cène du Seigneur. « La beauté de chaque messe c'est la beauté du Christ en notre vie[176] ».

J'ai parlé de différents types de messes, n'y en a-t-il pas une typique ? La messe unique du Seigneur unique pour l'unique Église qui serait typique n'a pas pu disparaitre : elle n'a jamais existé. Chaque rite, chaque liturgie croit à sa messe type. Le missel romain a le droit de s'en estimer le dépositaire. La cène du Seigneur comme origine radicale n'est pas musée et archéologie. L'Église, interprétant dans le sens d'une richesse expansive l'ordre du Seigneur de *faire ceci en mémoire*, en a fait une matrice et non un moule. Le *ceci* n'est pas devenu la messe d'aujourd'hui. L'herméneutique immédiate de ce *ceci* ne pouvait pas être chrétienne au moment de l'ordre car le christianisme et les chrétiens n'existaient pas encore. Il n'y avait que les Apôtres du Seigneur en passe de devenir orphelins par la mort brutale du maître. Mais l'Église va prendre conscience presque sans délai de la présence réelle du Seigneur par le pain et le vin ; il resta au Moyen Âge à inventer la transsubstantiation[177] (pain et vin devenus

---

[174] Si on avait conscience que l'eucharistie fut un vrai repas on n'aurait jamais négligé tout le reste au profit de deux minutes pour la consécration.
[175] Cf. Claude GEFFRÉ, « L'Eucharistie, lieu de la gracieuseté de Dieu et de l'homme », *La Maison-Dieu*, n. 137, (1979), p. 152.
[176] Lucien DEISS, *La messe, Sa célébration expliquée*, op. cit., p. 145.
[177] La transsubstantiation, *transsubstantiatio*, en latin (grec *metousiosis*) est un phénomène surnaturel, qui signifie conversion d'une substance en une autre. C'est la modification des qualités premières seules sans celles des qualité secondes. Au cours de la treizième session (11 octobre 1551), particulièrement solennelle du

ou convertis en corps et sang de Jésus avec les paroles consécratoires) ainsi que les notions de matière et forme du sacrement. Ainsi pas de vraie transfinalisation ni de vraie transsignification sans réelle transsubstantiation car il est impossible de changer la finalité ou la signification du pain et du vin sans changer leur réalité ontologique. La transsubstantiation fait la présence réelle par la *conversion sacramentelle*[178].

Surprenante eucharistie. Comme célébration l'eucharistie peut paraitre étonnante à plus d'un. Si tout va vers le Père par le Fils dans l'Esprit, le Kyrie est adressé au seul Fils, l'épiclèse est l'œuvre de l'Esprit Saint seul, le Pater s'adresse au Père seul. La communauté trinitaire se fait uniquement dans les doxologies. La grande doxologie du *Gloria* quoique non trinitaire, nomme les trois personnes, mais la petite doxologie du *Par Lui* est réellement trinitaire. Alors il est vain de se demander pourquoi dans le Pater le Fils ou l'Esprit Saint sont absents, car il faudrait savoir pourquoi le Kyrie n'associe pas les deux autres personnes trinitaires et ainsi de suite. Retenons que toute la création et tout le culte sont *in Christo et per Christum*. C'est par prétérition réponse à toute question en transit ou en séjour dans nos réflexes d'égoïstes. L'ordonnancement rituel de l'eucharistie tributaire de la cène du Seigneur obéit à une logique cultuelle dans laquelle il ne faut pas chercher à sortir. C'est pourquoi répondre à *qu'est-ce que l'eucharistie* débouche sur une question sensible : pourquoi l'Église ? Ainsi ce n'est pas seulement l'eucharistie qui est étonnante c'est toute l'Église qui l'est comme instrument de salut et comme fabricatrice de l'eucharistie.

---

concile de Trente, fut rédigé le décret *De sanctissima eucharistia*, qui consacre le terme *transsubstantiation*. Ce terme aurait été utilisé pour la première fois par Tertullien.

[178] Selon Chauvet cette expression eut pu faire un miracle au concile de Trente en emportant l'adhésion des protestants naissants. Mais la sensibilité n'était pas forte pour les réformateurs. C'est que réellement la distance demeure entre la chose et le sacrement. Cf. intervention de Louis-Marie CHAUVET dans « Seconde table ronde », *La Maison-Dieu*, n. 137, (1979), p. 106.

En répondant à la question qu'est-ce que l'eucharistie j'ai dû clarifier maintes relations : l'église et le temple, le sacrifice et l'autel, le *tôdah* et l'action de grâce. Ce n'est pas tout ; il y a une plus redoutable préoccupation : le rituel, discipline qui impose l'ordonnancement pour les lieux, les gestes, les paroles et ceux qui les disent. Tout cela fut, est ordonné à une fin qu'on me pardonnera difficilement de passer sous silence, sans toutefois entrer dans le vif de ce passionnant sujet.

Finalité. L'eucharistie est le repas de la communauté chrétienne depuis l'antiquité ; c'est le sacrifice des chrétiens[179]. Ce sacrifice « a quatre fins : adoration, action de grâces, impétration, propitiation ; le sacrement de son côté a divers fruits qu'on énumère selon la tradition : remettre les péchés véniels, renforcer l'unité des membres de l'Eglise, accroître la charité, nous donner un gage de la résurrection [180]». Ces fins ne sont pas dépassées et dépassables si on n'oublie pas la fin principale du sacrifice : la gloire de Dieu en reconnaissance de sa souveraineté sur tout[181]. La messe est offerte pour la gloire de Dieu, pour le remercier, pour le pardon des péchés et pour obtenir les grâces nécessaires[182]. La gloire est le renom, la réputation ; c'est encore l'opinion que l'on se fait de quelqu'un, c'est juger, estimer ; c'est l'estime portée à une personne de réputation. Le grec *doxa* associe l'estime à l'honneur. Ce qui va permettre de glisser vers le latin *gloria*. Dans les Septante *doxa* traduit l'hébreu *kabod*, ce qui est lourd, qui donne du poids, du respect, de la gloire[183]. D'où la corrélation avec éclat et diffusion de la renommée[184]. Il y a, en continu, échange de gloire au sein de la Trinité. Or la gloire de Dieu

---

[179] Louis BOUYER, Le rite et l'homme, sacralité naturelle et liturgie, p. 119.
[180] Paul TIHON, « De la concélébration eucharistique », *Nouvelle Revue Théologique*, n. 86/6, (1964), p. 602.
[181] Cf. Pierre LE BRUN, Explication de la messe, p. 342.
[182] Ibid., p. 342-343.
[183] Cf. Ceslas SPICQ, *Lexique théologique du Nouveau Testament*, p. 374.
[184] Dom Robert LE GALL, *Dictionnaire de liturgie*, p. 122.

procure paix et bonheur aux humains comme le manifeste l'hymne du *Gloria*. « Selon la théologie rabbinique, le premier homme créé rayonnant de splendeur, participait à la *kabod* divine, privilège dont il fut dépouillé par le péché[185] ».

Si l'eucharistie est toujours pour nous objet d'adoration et vertige de l'esprit, on parle encore à bon droit d'*agnosticisme eucharistique*[186]. Souvent nous abusons du terme adorer, pour trainer dans l'oubli l'adoration, privilège réservé à la souveraine majesté, donc à Celui qui est notre fin dernière[187]. Adorer c'est d'abord une prière adressée à quelqu'un (*ad* et *oratio*) ; mettre la main à la bouche pour envoyer un baiser à quelqu'un (*ad* et *os*). On pratiquait ces gestes pour honorer l'empereur et ses statues. Les chrétiens réservent ces marques d'honneur à Dieu et au Christ[188]. Dans ce contexte, que signifie la multiplication de nos eucharisties ? Déni obsessionnel de la mort de Jésus ou désir nostalgique de son retour ? L'eucharistie est « révélation de l'Église dans son unité, aussi bien idéale qu'historique[189] ».

Au demeurant la messe c'est à la fois l'action de grâce, la cène du Seigneur, la bénédiction consécratoire et l'action eucharistique. C'est l'action de rendre grâce à quelqu'un, cri de gratitude au Seigneur parce que tout ce que nous sommes vient de lui ; c'est lui rendre la grâce qui vient de lui, reconnaitre que tout vient de lui[190]. La résurrection cause l'eucharistie ; le corps pneumatique de Jésus

---

[185] Ceslas SPICQ, *Lexique théologique du Nouveau Testament*, note 2 de la p. 380.
[186] Cf. Pierre-Marie GY, « L'eucharistie dans la tradition de la prière et de la doctrine », *La Maison-Dieu*, n. 137, (1979), p. 100-101. ; Claude GEFFRÉ, « L'Eucharistie, lieu de la gracieuseté de Dieu et de l'homme », *La Maison-Dieu*, n. 137, (1979), p. 152.
[187] Pierre LE BRUN, *Explication de la messe*, p. 168.
[188] Cf. Dom Robert LE GALL, *Dictionnaire de liturgie*, p. 20.
[189] Jean ZIZIOULAS, *L'Eucharistie, l'évêque et l'église durant les trois premiers siècles*, traduit du grec par Jean-Louis Palierne, Paris, Desclée de Brouwer, collection Théophanie, 1994, p. 24.
[190] Jean LEBON, « 59 questions sur l'eucharistie », Repères pour les pratiques eucharistiques, in *Guides Célébrer*, p. 58.

ressuscité devient le fondement du sacrement, le rend disponible n'importe où et quand on célèbre ce mystère. Elle est dans le *une-fois-pour-toute* du sacrifice pascal ; l'organisation rituelle de l'action de grâce vient après et est secondaire. Ce sacrement est un acte solennel d'engagement communautaire par une prise en charge rituelle permettant la communion eucharistique et empêchant celle-ci d'être une plate idolâtrie. Sur le plan noétique ou de l'exercice de la réflexion, c'est « une opération qui coupe le souffle à toute pensée, d'un commerce qui s'effectue avant présence et absence[191] ». L'eucharistie résume, accomplit et achève la longue histoire de toutes les offrandes de la terre, et dans le Christ en gloire, anticipe le mystère de tout l'engrangement[192]. Voilà.

Mais *Amis Lecteurs*, il faut encore disposer d'autres préliminaires pour dérouler une célébration dans son concret. Cela passe par les relations indispensables entre eucharistie et l'Église ou même avec le *jour du Seigneur*. Ces nervures internes ouvriront le séjour aux agencements dans le temps, au secret de la méthode qui introduit au rituel et au protocole qui met ceci avant cela.

EUCHARISTIE ET EKKLESIA

Pas de progrès dans la théologie de l'eucharistie sans progrès dans l'ecclésiologie, postulait Geffré[193]. Le progrès dans ces deux champs de la doctrine institue l'Église comme foi et liturgie en constante évolution. L'histoire défile devant nous des périodes où l'Église semble

---

[191] Antoine DELZANT, « L'Eucharistie considérée à partir d'une théologie fondamentale », *La Maison-Dieu*, n. 137, (1979), p. 21.
[192] Cité par Adalbert HAMMAN, article « Eucharistie », in *Dictionnaire encyclopédique du catholicisme ancien*, volume I, p. 895.
[193] Claude GEFFRÉ, « L'Eucharistie, lieu de la gracieuseté de Dieu et de l'homme », *La Maison-Dieu*, n. 137, (1979), p. 154.

trotter sur des béquilles, et d'autres temps où elle veut décoller de la terre. Tout est grâce positivement par la vertu et les mérites de Jésus-Christ, Fils rédempteur. C'est lui qui suscite au sein de son Église des instruments humains zélés pour porter sur leurs épaules les problèmes du monde et de l'Église. Dom Lambert Beauduin (1873-1960) eut des intuitions en ecclésiologie, en liturgie, sur l'œcuménisme, qui ont contribué de manière décisive aux évolutions de l'Église catholique au 20ᵉ siècle[194]. Il fit de la *participation active* un principe ecclésial s'opposant au cléricalisme et à l'individualisme. Dom Guéranger, O. Casel, Y. Congar, J. Gélineau (pour ce qui concerne notre sujet) ont conduit l'Église sur des sommets lumineux à la rencontre de l'Esprit du Christ. Comme médiateur, celui-ci est la clé de toute connaissance dans l'ordre du créé. Il a promis : *tout ce que vous demanderez au Père en mon nom, il vous le donne.* (Jn 15,16 ; 16, 23). En lui et avec lui Dieu nous a donné toutes choses (Rm 8, 32). C'est pourquoi le NT enseigne : « Remerciez constamment Dieu le Père pour tout, au nom de notre Seigneur Jésus-Christ » (Ep 5, 20) qui présente à Dieu nos suffrages.

L'usage des quatre premiers siècles, c'est d'adresser les prières de l'Église à Dieu le Père ; un concile de Carthage l'a établi en vue de combattre l'erreur païenne de la pluralité de dieux[195]. L'Église n'a jamais occulté la médiation du Fils, ni la providence de la sainte Trinité. Dieu est à la fois dans la profondeur immédiate de chaque instant de l'existence et en même temps en avant de nous, pense Tillich[196]. L'Église, instrument du salut, est partout avec son agir symbolique et sacramentel. L'espace, le temple, le bâtiment église sont les premières

---

[194] Cf. Patrick PRÉTOT, « L'apport du monachisme à la vie liturgique de l'Église : quelques réflexions pour le temps présent », in Commission Francophone Cistercienne, *Liturgie et vie spirituelle, l'apport du monachisme à la vie liturgique de l'Église*, Saint-Léger Éditions, (2014), p. 103-104.
[195] Pierre LE BRUN, *Explication de la messe*, p. 326.
[196] Vision présentée par Jean ONIMUS, « Paul Tillich et l'unidimensionnel », in Paul TILLICH, *La dimension oubliée*, traduction de l'allemand par Henri Rochais, Desclée de Brouwer, 1969, p. 26.

médiations de l'agir liturgique. Le bâtiment fait le pont entre le fidèle et l'assemblée en sa qualité de confluent de l'invisible ; c'est le lieu où l'assemblée se constitue et devient Église. Qu'un membre de la communauté s'absente, l'Église est diminuée. L'espace et le bâtiment sont une médiation de notre corporéité qui a toujours besoin d'un socle, ils sont au service de la communauté célébrant et usant de l'agir caritatif pour rapprocher la terre du ciel. Cet agir nait de l'Eglise-sujet qui confectionne l'eucharistie[197]. Celle-ci a le pouvoir de réconcilier les humains avec Dieu sans médiation sacrificielle. Plus besoin de béquilles rituelles[198]. La solitude et la médiation de la Parole de Dieu dans laquelle l'homme cherche à tâtons son Dieu, est comblée par cette alliance nouvelle où l'Esprit et l'Église agissent dans une synergie 'mystérieuse[199]. L'eucharistie rend l'Église présente partout sans coquetterie, l'espace sacré devient porteur de la présence du Christ qui est à jamais le dénominateur commun de toutes médiations et ponts entre ciel et terre.

Quand le peuple de Dieu pérégrinait au désert, la *tente de la rencontre* lui fut l'Alliance visible entre son Dieu et lui avant la présence permanente de l'Arche d'Alliance guidant la marche du désert, la conquête et l'installation dans la terre promise. Au temps des Juges, l'Arche fut au sanctuaire de Silo, elle passa dans la tente que David lui fit construire avant d'habiter dans le *Saint des Saints* du temple de Jérusalem sous le règne de Salomon. L'Arche est le témoin silencieux de tous les sacrifices offerts au temple. Le peuple d'Israël croyait comme pèlerin avec Yahvé que l'Arche d'Alliance devait presser l'heure d'une demeure digne et fixe où son Seigneur déverserait avec abondance le pardon sur lui. Ce pardon était déjà signifié, symbolisé

---

[197] Cf. Louis-Marie CHAUVET, « Le sacramentologue aux prises avec l'eucharistie », *La Maison-Dieu*, n. 137, (1979), p. 50-51.
[198] Claude GEFFRÉ, « L'Eucharistie, lieu de la gracieuseté de Dieu et de l'homme », *La Maison-Dieu*, n. 137, (1979), p. 153.
[199] Jean CORBON, « L'économie du Verbe et la liturgie de la Parole », in *La Parole dans la liturgie*, p. 158.

par le couvercle de l'Arche, le propitiatoire (en grec *hilasterion*). Ce couvercle en hébreu *kapporèt*, du verbe kipper= absoudre, couvrir, était en soi le point de concentration de la présence de Yahvé qui siège au-dessus des chérubins. Le grand prêtre au jour du *kippour* fit des aspersions sur le couvercle de l'Arche avec le sang des victimes sacrifiées pour le Grand pardon (Lv 16, 14-15)[200]. Il devait dire huit bénédictions : une sur la Torah, une sur le service sacré, une sur le tôdah, une sur le sacrifice d'expiation, etc[201]. Depuis le 3e siècle av. J.C. le nom de Dieu était entouré d'un si grand respect qu'on ne le citait plus[202]. Sauf une fois l'an quand le Grand Prêtre entre dans le *Saint des Saints*. Sa voix devait être étouffée par les cymbales. Le temple était un précis d'Alliance et de médiation entre Yahvé et son peuple. L'Arche fut médiatrice dans le temple entre Dieu et son peuple, mais la médiation a changé de port et de portée avec la nouvelle alliance sans Arche et sans temple.

Entre Église et eucharistie un enfantement mutuel assez original prend corps dès l'origine ; la réciprocité entre elles n'est possible que si l'on conçoit l'Église comme *communio*, peuple tout entier sacerdotal, agissant sous l'action de l'Esprit[203]. L'eucharistie est le lieu natif de la communauté chrétienne toujours ordonnée au service de la louange de Dieu[204]. Depuis la croix elle connait l'abîme d'une désappropriation tout en se reconnaissant dans le Seigneur absent qui préside le repas et qui la construit comme communauté[205]. Loin de

---

[200] Cf. Michel QUENEL, « Le sacrifice chez Paul », in *Cahiers Évangile*, n. 118 (2002), p. 17.
[201] Charles PERROT, « Le repas du Seigneur », *La Maison-Dieu*, n. 123, (1975), p. 43.
[202] Cf. Jean-Pierre PRÉVOST, « Petit dictionnaire des psaumes », *Cahiers Évangile*, n. 71 (1990), p. 21.
[203] Claude GEFFRÉ, « L'Eucharistie, lieu de la gracieuseté de Dieu et de l'homme », *La Maison-Dieu*, n. 137, (1979), p. 154.
[204] Jean-Louis SOULETIE, « La liturgie, célébration du mystère du Christ, source et sommet de la vie spirituelle », in op. cit., p. 25.
[205] Claude GEFFRÉ, « L'Eucharistie, lieu de la gracieuseté de Dieu et de l'homme », *La Maison-Dieu*, n. 137, (1979), p. 156.

pleurer tristement une absence sans arriver à en faire le deuil, l'Église vit de mémoire, de souvenirs, d'attente patiente, d'espérance alors que le corps du Christ est en train de passer de ce monde au Père. Pendant ce temps, elle construit les cieux nouveaux sur la terre nouvelle, elle évangélise, devient charité en célébrant le mystère qui la fait être. Ainsi dans l'eucharistie, le fidèle est toujours provoqué à la décision pour ou contre la foi en la résurrection du Christ. Conformer sa vie à la logique de cette décision peut le conduire à la croix, donc à l'échec à vue humaine. Car malgré les évangiles nous n'avons pas toujours la veine du centurion et du bon larron au Golgotha qui pouvaient discerner en Jésus crucifié le *Fils de Dieu*. Ils furent les premiers à ouvrir à l'humanité une voie nouvelle en croyant que « Dieu dans la mort de son Fils commence déjà en lui une vie nouvelle [206] ». Il leur fallut le bon courage de la foi pour ce saut. Il n'est pas naturel à l'humain de voir l'invisible.

Où, alors, célébraient-ils leurs actes cultuels, ceux qui ont pris le nom de chrétiens à Antioche (Ac 11, 26) ? Ce ne fut pas dans le temple de Jérusalem où ils allaient être rejetés. Et les distances théologiques entre le judaïsme et la foi au Christ rendaient caduc l'intérêt pour le temple[207]. Ce ne fut pas en un lieu propre à eux, le contexte global ne leur offrait pas le loisir d'en avoir un. Il restait deux possibilités : les lieux publics et les maisons privées. S'il était possible de célébrer le baptême auprès d'une rivière (Ac 8, 36-39), la Fraction du pain requérait une autre logistique. Donc la solution fut la *domus ecclesiae*, maison-Église, un logis privé qui devint *de facto ecclesia ad hoc* ; la communauté se réunit là autour d'un Apôtre, de son représentant ou de son successeur ; on écoutait la Parole de Dieu et on priait. La *domus ecclesiae* est le premier modèle d'édifice chrétien pour le culte centré

---

[206] Jean-Louis SOULETIE, « La liturgie, célébration du mystère du Christ, source et sommet de la vie spirituelle », in op. cit., p. 36.
[207] Centre National de Pastorale Liturgique (CNPL), « Du bon usage de la liturgie », in *Guides Célébrer*, p. 84.

autour de la *cathedra*, siège de présidence et symbole de l'autorité de l'évêque[208]. En attendant que l'autel supplante la *cathedra* et devienne le premier point de convergence dans le bâtiment de l'église. Dans leur maison-église, les disciples construisaient le corps du Christ dont ils étaient l'unique temple et l'unique lieu de la présence efficace de Dieu. On admire Jean affirmant 'il parlait du temple de son corps' (Jn 2, 21) et Paul 'vous êtes le temple de l'Esprit Saint' (1 Co 6, 19).

Le mémorial de la cène du Seigneur fut le principal motif réunissant l'Église chez quelqu'un en absence de lieu de culte officiel avant et après la rupture avec le temple de Jérusalem. La première cène eut lieu dans une maison privée ; le domicile privé du chrétien devint le premier lieu de célébration. L'aventure de l'eucharistie y débuta. Selon Paul, l'Église qui se réunit dans une ville quelconque chez quelqu'un, était en même temps la preuve de l'existence de *l'una sancta ekklesia* en un lieu. Car l'Église qui se réunit chez Aquila et Priscille (Rm 16, 3-5) par exemple, ne s'assemblait point ailleurs pour la fraction du pain. Ac 2, 46 affirme : « les croyants rompaient le pain dans leurs maisons et prenaient leur nourriture avec allégresse et simplicité de cœur ». La maison de Marie, mère de Marc (Ac 12, 12), celle de Philémon (Phil 2) accueillaient ces assemblées en mémoire du Seigneur (1 Cor 16, 19). Le premier bâtiment construit pour les activités et les réunions des fidèles de la Voie fut celui du *Doura-Europos* qui devint maison de l'assemblée (*oikos tes ekklesias*)[209]. L'Église locale 'unique Église réunie chez quelqu'un, était toute l'Église de Dieu de cette ville'[210]. « L'eucharistie était célébrée non pas dans

---

[208] Cf. Joseph-André JUNGMANN, *La liturgie des premiers siècles jusqu'à l'époque de Grégoire le Grand*, p. 184.
[209] Cf. Centre National de Pastorale Liturgique (CNPL), « Du bon usage de la liturgie », in *Guides Célébrer*, p. 83.
[210] Cf. Jean ZIZIOULAS, *L'Eucharistie, l'évêque et l'église durant les trois premiers siècles*, op. cit., p. 95.

plusieurs maisons simultanément mais dans une seule[211] ». Elle n'allait pas de maison en maison. Là où elle était reçue devenait sa maison, maison de l'Église, l'Église.

La tradition subséquente le confirma ; Clément, Ignace, Justin laissent des éléments d'importance sur le statut de l'eucharistie et de l'Église durant ces temps d'*initium* après le surgissement de l'Église à Jérusalem. Ignace d'Antioche, le premier à préciser le rôle de l'évêque président et régulateur de l'assemblée, passa sous silence la charge liturgique des prêtres et des diacres. Il ne considéra pas la réunion des chrétiens en *ekklesia* dans des cercles privés. Tous les dimanches, l'Église s'assemble de la ville, de la campagne sans oublier les absents qui peuvent recevoir les dons eucharistiés grâce aux diacres[212]. L'assemblée s'alourdit de tout ce qui fait la vie, les joies, les épreuves, les doutes de ses membres[213]. Et même dispersés dans la diaspora et *l'oikoumenè*, les chrétiens furent unis, un seul corps. Cela favorisa l'adoption du terme *Ekklèsia* pour désigner la communauté d'une cité construisant l'unité interne malgré une évidente mobilité[214]. Au 2e siècle s'établit la coutume de rassembler la communauté le jour du Seigneur[215]. L'Église est catholique par l'universalité de communion des fidèles de toute la terre, par l'universalité des temps, par l'universalité de doctrine, par son union incassable avec les membres présents, passés et futurs[216]. « Il y a une seule Église, il y a aussi une seule eucharistie sous un évêque unique qui présidait l'une et

---

[211] Cf. Jean ZIZIOULAS, L'Eucharistie, l'évêque et l'église durant les trois premiers siècles, op. cit., p. 96.
[212] Cf. Adalbert HAMMAN, article « Assemblée », in *Dictionnaire encyclopédique du catholicisme ancien*, volume I, op. cit., p. 279.
[213] Cf. Jean LEBON, « 59 questions sur l'eucharistie », Repères pour les pratiques eucharistiques, in *Guides Célébrer*, p. 13.
[214] Adalbert HAMMAN, art. cit., p. 279.
[215] JUSTIN martyr, « Grande Apologie », III, 67 in *Œuvres complètes*, Paris, Migne, Collection Bibliothèque, Diffusion Brepols, 1994, p. 90.
[216] Pierre LE BRUN, *Explication de la messe*, p. 248-249.

l'autre[217] ». Dans l'*Ekklèsia*, il n'y a plus ni Juif, ni Grec, ni esclave, ni homme libre (Ga 3, 27-28). Si ces différences s'imposaient l'Église deviendrait une multinationale.

L'eucharistie continue la tradition du cénacle : Tertullien rapporte une célébration de *dominica sollemnia* de trois personnes[218]. Cyprien suppose que le prêtre accompagné d'un diacre, visitant les chrétiens en prison, célèbre l'eucharistie avec eux[219]. Il atteste aussi d'une eucharistie en cercle restreint célébrée le soir. Et les prêtres qui ne pouvaient célébrer en public à cause d'une faute le faisaient en privé. La persistance de ces pratiques devenues de mauvaises habitudes permit au concile de Laodicée (363/364) d'interdire toute eucharistie à domicile[220]. Le 2ᵉ concile de Carthage (390) exigeait l'autorisation épiscopale pour célébrer à domicile[221]. Persistance ou survivance, cela donna naissance aux chapelles privées ou domestiques. A Rome au 3ᵉ siècle les oratoires privés pour honorer les martyrs étaient courants ; l'eucharistie y était célébrée ordinairement. Au Moyen Âge dans les châteaux et dans les fiefs, le chapelain était attaché au service du seigneur châtelain ; les chapelles servaient surtout pour les messes commémoratives des défunts[222]. La messe privée naquit de la requête de sacrifice propitiatoire que voulait offrir un absent (comme dans l'ancienne Alliance), du désir personnel de dévotion de l'évêque ou du prêtre aux jours sans célébrations publiques avec le peuple de Dieu. Grégoire le Grand autorise à le comprendre ainsi en rapportant le sacrifice quotidien à Dieu de Cassius, évêque de Narni[223]. Ainsi « la messe devient de plus en plus la chose du prêtre, à laquelle

---

[217] Jean ZIZIOULAS, op. cit., p. 98.
[218] Cité par Joseph-André JUNGMANN, *Missarum Sollemnia*, tome I, p. 263.
[219] Cf. Ibid., p. 257.
[220] Cf. https://fr.wikipedia.org/wiki/Concile_de_Laodic%C3%A9e Consultation en ligne le 4 avril 2020.
[221] Joseph-André JUNGMANN, *Missarum Sollemnia*, tome I, p. 264.
[222] Joseph-André JUNGMANN, *Missarum Sollemnia*, tome I, p. 264.
[223] Ibid., p. 267.

l'assemblée assiste sans comprendre. [...] On voit s'affirmer dans chaque prêtre le désir d'exercer le pouvoir qu'il a reçu à l'ordination, et cela, le plus souvent possible[224] ».

« C'est *l'Ekklesia* qui fait l'espace, et l'espace n'est saint que parce que *l'Ekklesia* est sainte ; cette dernière n'étant sainte à son tour que par celui qui la convoque, par le nom dans lequel nous convenons de nous réunir en Un[225] ». *L'Ekklèsia* c'est d'abord une capacité à introduire dans la réalité une exaltante nouveauté : Dieu ne se répète pas. Le sacrement est le canevas que le Seigneur nous laisse pour pénétrer chaque jour en avant dans la nouveauté comme mode et modèle quotidien du vivre en Dieu et pour Dieu. Sous ce prisme l'eucharistie-sacrement se donne tel un jeu des substitutions, des échanges et des partages de paroles et de biens auquel rien ne manque[226]. Elle est même la plénitude et l'accomplissement de tous les autres sacrements, signe de perfection du monde. Elle est « la grande pédagogie où nous faisons jour après jour, par l'offrande de la liberté filiale et par l'expérience de la gratuité, l'apprentissage laborieux de ce que veut dire 'servir Dieu' [227]». Elle apprend à tous comment devenir et rester diacres, à l'Église comment s'abîmer dans sa vocation, la *diakonia* ; « la pratique éthique de l'amour fraternel n'est pas une simple conséquence extrinsèque mais un élément constitutif intrinsèque du culte eucharistique[228] ».

Le prêtre est au service de la communauté de *l'ekklèsia* pour offrir les dons de celle-ci et au nom de celle-ci au Seigneur. Au début du 3ᵉ siècle il n'y avait pas de tradition bien implantée de l'offrande des

---

[224] Paul TIHON, « De la concélébration eucharistique », *Nouvelle Revue Théologique*, n. 86/6, (1964), p. 583.
[225] François CASSINGENA-TRÉVEDY, « Quand la Parole donne lieu ou De l'espace liturgique », *La Maison-Dieu*, n. 239, (2004), p. 131.
[226] Antoine DELZANT, « L'Eucharistie considérée à partir d'une théologie fondamentale », *La Maison-Dieu*, n. 137, (1979), p. 18.
[227] Louis-Marie CHAUVET, « Le sacramentologue aux prises avec l'eucharistie », *La Maison-Dieu*, n. 137, (1979), p. 55.
[228] Ibid., p. 57.

fidèles à l'eucharistie. Il y en avait peut-être lors du baptême[229]. En revanche dès le 4e siècle l'offertoire prit une importance particulière avec le changement de statut social du clergé. Mais les fidèles pouvaient apporter des aliments à bénir en dehors de l'eucharistie[230]. Celle-ci est le pain quotidien de l'Église, de l'Église pour le monde. Elle appartient, avec le baptême et la confirmation, au processus initiatique de 'fabrication' de l'Église, et du chrétien[231]. Thomas d'Aquin déjà comprenait qu'en vertu des trésors dont la Mère Église est la dispensatrice, on est ordonné à l'eucharistie par le baptême[232]. La classe sacerdotale chrétienne s'est institutionnalisée à partir du 4e siècle quand des hommes ont abandonné toute occupation professionnelle (dite profane) pour se consacrer à leur ministère de prêtre. Du même élan aussi les fidèles ont senti le besoin d'apporter des offrandes pour la subsistance du clergé. Paul VI a rappelé cela dans son Motu Proprio *Firma in traditione*. Une inextricable conjonction unissait assemblée/Église/dimanche /eucharistie[233]. Sans oublier le rôle indispensable du clergé et de la théologie qui allaient au long de la Tradition, remodeler le visage de l'Église et des fidèles. Cela n'ira pas sans casuistiques et sans poussées de scrupules. L'Église en sort avec une batterie doctrinale étoffée et des contraintes spirituelles pas toujours avenantes. Notre intérêt commun *Amis lecteurs*, ne va pas prendre ce chemin. Nous aimante de préférence comment notre quotidien en est affecté dans l'acte cultuel qui trouva un site et un séjour de majesté dans un jour dit jour du soleil.

---

[229] Cf. Joseph-André JUNGMANN, *La liturgie des premiers siècles jusqu'à l'époque de Grégoire le Grand*, p. 109.
[230] Cf. Ibid., p. 110.
[231] Louis-Marie CHAUVET, « Le sacramentologue aux prises avec l'eucharistie », La Maison-Dieu, n. 137, (1979), p. 71.
[232] Saint Thomas d'Aquin, *Somme théologique*, IIIa, q. 73, a 3 r.
[233] Jean LEBON, « 59 questions sur l'eucharistie », Repères pour les pratiques eucharistiques, in *Guides Célébrer*, p. 27.

EUCHARISTIE ET DIES DOMINI

Le jour est la force de la lumière ; il chasse les ténèbres pour inventer l'histoire par la succession possible des événements qui tissent nos vies. Nous devenons capables d'avoir un passé et un avenir parce que le premier jour déploie sa lumière sur tout le reste. Le premier jour est celui où le Seigneur dit : *que la lumière soit et la lumière fut* ; les autres jours furent tirés de la lumière jaillie et resplendie sur eux à partir du tout premier. Le mémorial de la dernière cène inaugure le premier jour de la semaine en *jour du Seigneur* pour l'allégresse (Ps 117, 24). Ce jour, toute la terre offre par l'Église au Dieu créateur un repas d'action de grâce, sacrifice pour le salut des vivants et des morts. Ce n'est pas un jour-surprise mais un jour qui devient *le jour*. Voilà pourquoi les anniversaires sont si importants dans nos vies ; ils brisent la dictature de la monotonie, nous raconte un conte inattendu et inouï, plus inespéré que les mythes : dans nos vies de mortels la réalité peut dépasser le rêve.

La première communauté chrétienne a choisi le premier jour de la semaine pour l'assemblée en Église à cause de la résurrection, mais aussi parce que le Ressuscité est la lumière qui vient dans le monde pour l'éclairer. En ce sens la première communauté de Jérusalem demeure le prototype de l'Église eschatologique. Elle fut la première à vivre le passage de la Parole de Dieu au Christ Ressuscité[234]. Fut-ce le même réflexe qui institua le samedi vigile pour célébrer le jour du Seigneur ? Les Juifs comme les Grecs commençaient la journée au coucher du soleil, deux milieux qui ont fort influencé l'Église naissante. L'assemblée de Troas a-t-elle eu lieu du samedi soir au dimanche ou du dimanche au lundi soir ? (Ac 20, 7-11). On eut des célébrations du mémorial de la cène du Seigneur au soir du samedi durant le 1ᵉʳ siècle. Au siècle suivant la communauté la célébrait à l'aube du dimanche qui

---

[234] Cf. Jean CORBON, « L'économie du Verbe et la liturgie de la Parole », in *La Parole dans la liturgie*, p. 157.

n'était pas chômé comme le sabbat juif qui faisait tiquer sur le nombre de pas permis[235]. Au tout début le petit groupe de chrétiens n'avait pas ce privilège. Le *jour du Seigneur* devint jour festif chômé seulement au 4ᵉ siècle.

Mais à la différence du Sabbat, fait pour l'homme (Mc 2, 27) et non pour Dieu et qui ne fut point *jour de Yahvé*, le premier jour de la semaine, depuis Paul est *jour du Seigneur*. Cela marqua un tournant décisif dans le christianisme et l'éloigna du judaïsme. Celui-ci put produire une théocratie et un lieu de théurgie, le temple ; le christianisme ne devient pas christurgie. Les fidèles étant le temple de l'Esprit Saint, l'appellation officielle du lieu de culte n'est pas temple mais église[236]. Le christianisme est une religion de la sortie de la religion.

La messe dominicale est devenue souvent le seul lien visible, assez ténu d'ailleurs, entre l'Église et le fidèle pratiquant. Le dimanche a-t-il encore un sens et une portée pour les chrétiens du 21ᵉ siècle ? Notre civilisation peut-elle être dominicale ? Quand on est infirmière, médecin, agent de sécurité, cuisinier dans une maison pour personnes âgées, peut-on consacrer son dimanche au repos et à la prière sans les redéfinir ? Questions plus que pertinentes car naguère la pratique religieuse fut le critère d'appartenance à l'Église et celui de la vie chrétienne[237].

Hier les chrétiens ne pouvaient pas vivre sans dimanche, ils doivent aujourd'hui trouver les ressources pour vivre le *jour du Seigneur* avec et sans dimanche. Une partie de l'ambiguïté vient de Constantin 1ᵉʳ déclarant en 321 chômé le dimanche, assimilant ce dernier au sabbat juif. Une méprise va prendre en otage la routine de notre quotidien

---

[235] Cf. Pierre GRELOT, « Du sabbat juif au dimanche chrétien » (2ᵉ partie), *La Maison-Dieu*, n. 124, (1975), p. 34.
[236] Cf. Centre National de Pastorale Liturgique (CNPL), « Du bon usage de la liturgie », in *Guides Célébrer*, p. 83.
[237] Cf. Louis MOUGEOT, « Recherches actuelles sur le dimanche », La Maison-Dieu, n. 124, (1975), p. 60.

hebdomadaire. Le dimanche a perdu son identité de premier jour de la semaine pour en devenir le dernier alors que la liturgie en fait le huitième. Est-il le jour où tout commence ou bien celui où tout finit ? La réponse pourrait changer notre quotidien. Avant tout le dimanche est une fête du Dieu créateur, le premier jour qui eut un soir et un matin, le premier à réparer l'échec du péché qui mit la mort sur le trône de la vie. Il est l'annonce du jour futur sans déclin qui entrera étincelant dans l'éternité. Le dimanche n'est pas une fin mais un commencement perpétuel. C'est pourquoi beaucoup de langues l'ont conservé comme jour du soleil (Sonntag, sunday) et d'autres en jour du Seigneur, (dominica, domingo). Pour nous il est le jour que fit le Seigneur pour la joie (Ps 118, 24). Il fut *jour du Seigneur* avant la célébration annuelle de la Pâques[238].

Le NT fit du premier jour de la semaine le *kuriakè hèmera* (jour du Seigneur). Le dimanche est le seul élément de l'année liturgique d'origine apostolique (Ac 20, 7 ; Ap 1, 10). C'était la Pâques hebdomadaire. L'Église a toujours célébré Pâques parce qu'elle en est née. Mais il fallait aussi trouver quand, comment célébrer l'anniversaire de la passion et de la résurrection du Seigneur. Au 2e siècle l'Église décida de célébrer Pâques le premier jour de la semaine et le fixa plus tard le premier dimanche qui suit la pleine lune du printemps[239]. A partir du 3e siècle elle imite les Juifs qui font suivre leur Pâque d'une cinquantaine pour célébrer le don de la loi au Sinaï par une semaine de semaines[240]. La Pentecôte chrétienne en célébrant l'événement du don de l'Esprit sur les disciples du Christ, nait enracinée dans la Pentecôte juive.

---

[238] Centre National de Pastorale Liturgique (CNPL), « Du bon usage de la liturgie », in *Guides Célébrer*, p. 108.
[239] Centre National de Pastorale Liturgique (CNPL), « Du bon usage de la liturgie », in *Guides Célébrer*, p. 77.
[240] Cf. Ibid., p. 70.

Du *dominicus dies* latin sort le mot français dimanche, premier jour de la semaine[241]. Selon Ignace d'Antioche (*aux Magnésiens*) le passage de la célébration du sabbat au *jour du Seigneur* se fit par ceux qui suivaient l'ordre ancien afin de devenir de véritables disciples du Seigneur sans qui la vie est impossible[242]. Ce passage consomma la rupture entre Juifs et chrétiens. Le dimanche a reçu plusieurs noms dans la tradition : a) le jour du Seigneur (Ap 1, 10) rappelant la célébration de la cène du Seigneur ; b) le huitième jour qui exprime que la réalité du dimanche transcende la semaine et est comme une fenêtre sur l'éternité ; c'est l'œuvre de la création continuée atteignant sa plénitude comme création nouvelle avec tout le symbolisme qu'un Ambroise y attachait[243] ; c) le premier jour, expression en faveur dans la tradition juive et dans les évangiles (Mc 16, 2 ; Jn 20, 19), la semaine chrétienne s'ouvre avec le dimanche comme jour de fête, jour de la création de la lumière (Gn 1, 3), jour du soleil. Des langues germaniques et anglo-saxonnes en témoignent ; d) le sabbat chrétien, par suite de la proclamation d'une loi civile en 321 par Constantin 1er du dimanche comme jour de repos obligatoire[244]. Le repos n'est pas essentiel au dimanche. Le *jour du Seigneur* est un nom fier et imposant, une profession de foi[245]. Il est surtout le premier, le troisième et le huitième jour ; en ce sens il dépasse le sabbat[246]. Le dimanche est un jour total, l'eucharistie un mémorial

---

[241] Pierre JOURNEL, « Le dimanche et la semaine », in Aimé George MARTIMORT (en collaboration), *L'Église en prière*, Introduction à la liturgie, tome IV « La liturgie et le temps », Paris, Desclée, 1983, p. 25.
[242] Ignace d'Antioche, « Lettre au Magnésiens » Ch. 9, 1-2, in *Les écrits des Pères apostoliques*, Paris, Cerf, Collection Foi Vivante, 1991, p. 173.
[243] Cf. Joseph-André JUNGMANN, *La liturgie des premiers siècles jusqu'à l'époque de Grégoire le Grand*, p. 42-43.
[244] Willy RORDORF, article « Dimanche », in *Dictionnaire encyclopédique du catholicisme ancien*, volume I, p. 691-692.
[245] Joseph-André JUNGMANN, *La liturgie des premiers siècles jusqu'à l'époque de Grégoire le Grand*, p. 40.
[246] Sur la relation entre sabbat et jour du Seigneur, cf. Joseph-André JUNGMANN, *Missarum Sollemnia*, tome I, p. 92-96.

total[247]. Pour cause la liturgie n'a point besoin d'enjolivures, de dorures ou de parures, mais le cœur sincère pour adorer le vrai Dieu. Aujourd'hui le jour du Seigneur est-il eucharistique ? Autrement dit quelle relation entre eucharistie et dimanche ? Par nécessité la vie chrétienne est-elle sacramentelle ? Quel est le fondement de l'obligation du dimanche ?

Le dimanche, stable ou vidé de son contenu, est une création pure de la liturgie chrétienne. Les remontées aux cultes païens de l'antiquité gréco-romaine ou à la secte de Qumrân sont des analogies aveugles ; comme célébration *du jour du Seigneur*, il est bien chrétien malgré d'externe influence indirecte[248]. En 1 Co 16, 2 se trouve la première attestation du dimanche comme *dies Domini*. Dans l'Apocalypse, le voyant tomba en extase le *jour du Seigneur* (Ap 1, 10). Cette appellation courante si ordinaire dans le NT fut une création cultuelle des chrétiens ; c'est l'irruption d'un monde totalement nouveau, sans relation avec le jugement de Dieu dans l'AT. *Jour du Seigneur* désigne strictement le Christ Jésus[249]. Pourquoi ce fut ainsi quand il paraissait plus commode à cause de la persécution des Juifs et au début de la confusion de lieu de célébration entre Juifs et chrétiens, de choisir le samedi de préférence ? Deux arguments en répondent : le mémorial de la fraction du pain et la Résurrection le dimanche. On célébrait ainsi le matin de la résurrection au 2e siècle sans exclure de possibles célébrations le soir du dimanche.

Mais comment la foi en la résurrection pouvait-elle prendre corps ? C'était impossible sans un voir (Jn 20, 8) ; les apparitions étaient presque indispensables à la résurrection ; mieux, elles la manifestaient. « La foi en la résurrection serait in-opérationnelle sans

---

[247] Cf. Pierre-Marie GY, « L'eucharistie dans la tradition de la prière et de la doctrine », *La Maison-Dieu*, n. 137, (1979), p. 89.
[248] Willy RORDORF, article « Dimanche », in *Dictionnaire encyclopédique du catholicisme ancien*, volume I, p. 690.
[249] Cf. Joseph-André JUNGMANN, *La liturgie des premiers siècles jusqu'à l'époque de Grégoire le Grand*, p. 38-39.

les apparitions, on n'en aurait jamais les fruits sans l'exaltation du Fils, monté et assis à la droite du Père[250] ». Selon le factuel c'est un événement sans témoins. Car la résurrection fut une affaire entre le Père et le Fils. Le sens de la croix se révèle dans la résurrection, en elle « se déploie l'énergie divine investie dans la passion salvifique[251] ». Résultat : « la résurrection ouvre sur l'exaltation et celle-ci comporte un certain nombre de réalités dont l'exercice d'une seigneurie[252] ».
La célébration du *dominicus dies* fut énorme car la mort de Jésus fut pour les siens un scandale, un vigoureux démenti qu'il est un avec le Père. Cette mort blessait vertement les disciples de Jésus car personne de leur temps n'attendait un messie souffrant[253]. Le pendu est un rejeté de Dieu selon Dt 2, 23. La résurrection va réparer ce gâchis, donner naissance au mystère pascal sans quoi tout serait défaite cuisante et irrémédiable. « Sans la lumière de la résurrection, la passion et la mort du Christ seraient plutôt les signes de l'échec définitif de l'amour divin[254] ». La mort et la résurrection sont les causes concomitantes du salut[255]. Avec le mystère pascal un sommet indépassable est atteint dans la Révélation. Ce mystère central et total empêche le christianisme d'être un conte proche des fables mythologiques. Les disciples et leurs successeurs immédiats ont mis les psaumes au service de cette vision du mystère pascal. Le Ps 109/110 est mis en relation avec le Christ, surtout chez saint Jean ; le verset 1 (*Yahvé dit à mon Seigneur...*) a joué un grand rôle dans la

---

[250] Cf. Michel GOURGUES, « Les psaumes et Jésus ; Jésus et les psaumes », *Cahiers Évangile*, n. 25 (1978), p. 19.
[251] Michel SALAMOLARD, « Eucharistie et transsubstantiation : du bon usage d'un concept », *Nouvelle Revue Théologique*, tome 129/n. 3, (2007), p. 394.
[252] Michel GOURGUES, « Les psaumes et Jésus ; Jésus et les psaumes », *Cahiers Évangile*, n. 25 (1978), p. 20.
[253] Ibid., p. 16.
[254] Michel SALAMOLARD, « Eucharistie et transsubstantiation : du bon usage d'un concept », *Nouvelle Revue Théologique*, tome 129/n. 3 (2007), p. 394.
[255] Ignazio SANNA, Article « Mystère pascal », in Stefano de FLORES et Tullo GOFFI, (dir.) *Dictionnaire de la vie spirituelle*, Adaptation française par François VIAL, Paris, Cerf, 1983, p. 736.

représentation primitive de l'exaltation ou issue glorieuse de la résurrection avec un pluralisme ou polyvalence d'exploitation[256].
« Eucharistier veut dire joie d'exister, dans la lumière de la grâce, c'est-à-dire du don qui nous est fait[257] ». Célébrer le *dominicus dies* c'est vivre en témoins. « Réunissez-vous le jour du Seigneur, rompez le pain et eucharistiez (rendez grâce) après avoir confessé vos péchés afin que votre sacrifice soit pur[258] ». Justin, le premier à nous décrire la structure de la messe, précise : « le jour qu'on appelle jour du soleil, tous, qu'ils habitent les villes ou les campagnes, se réunissent dans un même lieu. On lit les mémoriaux des Apôtres et des Prophètes autant que le temps le permet. La lecture finie, celui qui préside prend la parole pour avertir et exhorter à imiter ces beaux enseignements ». Il ajoute : après l'homélie et la prière d'intercession « celui qui préside fait monter au ciel les prières et les actions de grâce, autant qu'il a de force et tout le peuple répond par l'acclamation Amen[259] ». Le président improvisait librement ce qui est la prière eucharistique aujourd'hui. Pour Ignace d'Antioche ce président est l'évêque de la cité. Les dons eucharistiés, consacrés sont distribués à chacun ; on en envoie aux absents par le ministère des diacres[260]. Il y a une séparation de poids entre le vocabulaire du NT et celui de l'Église postapostolique[261]. En effet quand Luc parle de la Fraction du pain, il l'identifie à notre eucharistie d'aujourd'hui ; eulogie et eucharistie se confondent dans un même acte.

---

[256] Cf. Michel GOURGUES, « Les psaumes et Jésus ; Jésus et les psaumes », *Cahiers Évangile*, n. 25 (1978), p. 18-19.
[257] Maurice BELLET, « Eucharistie : la chose la plus étrange », in Joseph DORÉ (dir.) *Jésus, L'encyclopédie*, p. 610.
[258] La Didakè ch. 14, 1 in *Les écrits des Pères apostoliques*, Paris, Cerf, Collection Foi Vivante, 1991, p. 61.
[259] JUSTIN martyr, « Grande Apologie », III, 67 in *Œuvres complètes*, Paris, Migne, Collection Bibliothèque, Diffusion Brepols, 1994, p. 90.
[260] Ibid., p. 90.
[261] Cf. Charles PERROT, « Le repas du Seigneur », *La Maison-Dieu*, n. 123, (1975), p. 30.

Dans quelle langue le peuple célébrait-il le mystère de la fraction du pain le *jour du Seigneur* ? Dans l'empire romain on parlait sa langue avec un peu de grec selon sa culture. Aucun des apôtres et évangélistes ne parlaient et n'écrivaient l'hébreu. Eux et Jésus s'exprimaient en araméen qui fut la langue officielle de l'Empire perse, *langue de relation*, de l'éducation et du commerce. Au 8ᵉ siècle av. C., on parlait l'araméen de l'Égypte à l'Asie majeure, au Pakistan. C'était la langue principale des Empires d'Assyrie, de Babylone et plus tard, de l'Empire chaldéen, de la Mésopotamie. L'araméen s'est répandu en Palestine entre 721 et 500 av. J.-C., supplantant l'hébreu qui va demeurer la langue liturgique des Juifs. Une bonne partie de la loi judaïque fut pensée, débattue et transmise en araméen. Le Talmud est en araméen. L'hébreu a cessé d'être langue orale vers l'an 200 de notre ère.

La dernière cène fut célébrée en araméen non en hébreu ; ces deux langues ne sont pas celles des non juifs. Le latin n'était pas aussi répandu que le grec. Donc le jour du Seigneur et la fraction du pain durent parler toutes les langues dans l'empire romain ; le Seigneur est le salut universel du genre humain. Pourquoi l'Église a encore une langue aujourd'hui, le latin ? On comprend son rôle dans l'histoire et dans la culture du Moyen Âge, mais dans le monde post-moderne n'est-ce pas totalement démodé ? Vu sous cet angle ne faudrait-il pas ériger l'anglais ou le chinois comme langue de l'Église puisque ces deux langues sont les plus parlées aujourd'hui dans le monde ? La langue n'est pas qu'un outil de communication, c'est un monde, génie d'un peuple comme don aux autres ; un moteur culturel et cultuel. Une langue affirme l'enracinement dans une culture ; mais toutes les langues sont dignes d'admiration, elles sont la preuve que le génie créateur habite tous les peuples de la terre. La profusion des langues est un éloge au Dieu créateur ; la réforme liturgique issue de Vatican II postule que toutes les langues peuvent être liturgiques[262].

La communauté se rassemblait le jour du Seigneur pour célébrer son mémorial par la fraction du pain. C'était la règle. Difficile d'être communauté chrétienne sans la participation active des fidèles que Pie X prônait dès 1903 et que Vatican II a remis en honneur et mis en fonction[263]. La participation est constitutive de l'assemblée cultuelle. Comment expliquer aujourd'hui que des chrétiens se torturent pour accorder 45 mn le dimanche à la célébration du *jour du Seigneur* qui était l'essence et la vie de ceux de l'antiquité ? Comment expliquer que l'Église dut imposer la messe du dimanche aux chrétiens sous peine de péché alors que dans l'antiquité les chrétiens ne pouvaient vivre sans le *jour du Seigneur* ? Cette question indomptable doit être posée dans toute sa profondeur ; et par les évêques en premier en tant que chefs d'Églises. Il ne s'agit pas d'être nostalgiques.

Objection : les chrétiens du 1er siècle étaient-ils meilleurs ? Si oui pourquoi la lettre aux Hébreux (10, 25) les exhortait à ne pas déserter les assemblées ? Le relâchement était tel après la *pax constantina*, qu'on établît la messe dominicale obligatoire dès le début du 4e siècle pour faire suite au synode d'Elvire de 305/306. Cette obligation va s'étendre aux jours de fête, aux martyrs locaux, aux octaves et aux temps de préparations des solennités. Avant le précepte de la messe quotidienne, il était d'usage dans presque toute la chrétienté, de clore le jeûne aux jours de stations (mercredi et vendredi), par une réunion de prière jointe à l'eucharistie[264]. A Rome au début du Moyen Âge, les semaines des quatre-Temps se terminaient dans la nuit du samedi au dimanche par une vigile dont la messe suffisait à accomplir le précepte dominical[265]. A cause de cela aussi, le samedi devint en Orient jour de

---

[262] Centre National de Pastorale Liturgique (CNPL), « Du bon usage de la liturgie », in *Guides Célébrer*, p. 13.
[263] Cf. Ibid., p. 13.
[264] Cf. Joseph-André JUNGMANN, *Missarum Sollemnia*, tome I, p. 300.
[265] Joseph-André JUNGMANN, *Missarum Sollemnia*, tome I, p. 300.

célébration comme le mercredi et le vendredi ; il devint le frère du dimanche, jour qui conclut l'œuvre de la Création[266]. Au 4ᵉ siècle, l'Église commença l'ère des célébrations quotidiennes ; en Afrique au temps de saint Augustin[267]. A Rome, en Gaule vers 530 l'heure propice pour la célébration des saints mystères spécialement les jours de fête et le dimanche c'est la 3ᵉ heure du jour, soit 9 h du matin[268]. C'était devenu canon. Ainsi dans les monastères, les collégiales et dans les paroisses, on pouvait réciter tierce avant la messe et sexte après ; le tintement de la cloche se réglait sur cela[269]. L'Église est sacrement des sauvés « là où elle instaure des assemblées de croyants[270] ».

Qu'a à dire notre aujourd'hui liturgique à la pratique dominicale ? Faut-il l'inscrire dans la considération oui à Jésus-Christ et non à l'Église ? Ne serait-ce pas l'inverse ? Le dimanche est en crise dans l'Église, il faut trouver des solutions à la pratique liturgique dominicale. L'Église du Canada a proposé pour cette crise trois types d'action : la remotivation, l'adaptation, une présentation nouvelle du dimanche[271]. Aujourd'hui il y a une opposition dimanche-semaine, même quand on parle de fête d'obligation. Le calendrier liturgique oblige le chrétien aux dimanches et aux fêtes, quand le dimanche n'est plus une fête, ni celle-ci un repos. La fête est hyper-activité[272]. Et à vouloir que chaque liturgie de chaque dimanche soit une fête, on s'essouffle[273].

---

[266] Joseph-André JUNGMANN, Missarum Sollemnia, tome I, p. 300.
[267] Cf. Ibid., p. 301.
[268] Si Ambroise atteste la célébration de la messe du soir, soit vers la neuvième heure, c'est par exception et les jours de jeûne. Cf. Ibidem, p. 302.
[269] Cf. Joseph-André JUNGMANN, *Missarum Sollemnia*, tome I, p. 301-302.
270 Joseph GELINEAU, « Église – Assemblées – Dimanche Réflexions et perspectives pastorales Différents », *La Maison-Dieu*, n. 124, (1975), p. 86.
271 Cf. Louis MOUGEOT, « Recherches actuelles sur le dimanche », *La Maison-Dieu*, n. 124, (1975), p. 63-64.
[272] Paul DE CLERCK, « Différents aspects de l'institution dominicale », *La Maison-Dieu*, n. 124, (1975), p. 78.
[273] Cf. Joseph GELINEAU, « Église – Assemblées – Dimanche Réflexions et perspectives pastorales Différents », *La Maison-Dieu*, n. 124, (1975), p. 107.

Enfin bien de choses affectent le dimanche comme jour de rassemblement et de célébration : les loisirs, le phénomène urbain, le travail ininterrompu dans le domaine de la santé et de la sécurité, le type de société, la sécularisation, le manque de prêtres pour les sacrements, etc. L'obligation au 4ᵉ siècle de la messe dominicale frappait de temporaire excommunication le citadin qui s'y absente trois dimanches de suite[274]. C'était le *haec dias quam fecit dominus* (le jour que fit le Seigneur Ps 117, 24) où dans l'acte sacrificiel du Christ l'Église effectue le sien. Ce jour c'est l'aujourd'hui de Dieu, le jour sans soir. Depuis les années 60 du 20ᵉ siècle, il est possible d'anticiper le dimanche avec les premières vêpres et la messe le samedi soir. Le dimanche est un trésor que nous devons réapprendre à nous approprier de peur d'engloutir tout l'édifice de l'Église[275]. Sachons ré-épouser notre tradition qui nous devient aussi chère qu'un retour de saison qui n'est jamais éloigné du calendrier liturgique.

Quand l'Eglise est devenue une institution de salut et de grâce impactant fort la société, il fallait régler les rapports avec les autres dans un protocole précis pour prévenir les conflits possibles avec la société ambiante. Cela devait créer au plus tôt un rituel et un calendrier d'exécution afin que l'ordre puisse aider la grâce à habiter le quotidien des fidèles. Sans oublier que d'un geste liturgique parfait peut jaillir l'étincelle de la grâce, de la conversion[276].

---

[274] Cf. Paul DE CLERCK, « Différents aspects de l'institution dominicale », *La Maison-Dieu*, n. 124, (1975), p. 74.
[275] Centre National de Pastorale Liturgique (CNPL), « Du bon usage de la liturgie », in *Guides Célébrer*, p. 109.
[276] Mot heureux de la poétesse Cristina Campo rapporté par Enzo BIANCHI, « Une liturgie pour la vie », in Commission Francophone Cistercienne, *Liturgie et vie spirituelle, l'apport du monachisme à la vie liturgique de* l'Église, Saint-Léger Éditions, (2014), p. 189.

DU CALENDRIER ET DU RITUEL

Que vaudraient un rituel, une liturgie où chacun fait comme bon lui semble ? Quelle Église locale prendrait sous sa responsabilité une telle énormité ? L'eucharistie est la forme plénière du rassemblement chrétien pour le *jour du Seigneur*[277]. Elle fait « penser une Église sans souci quant à elle-même et affirmative quant aux possibles qu'elle promet chaque jour[278] ». L'événement célébré provient d'un agencement issu d'un ordonnancement stable que le langage liturgique nomme calendrier ; il s'inscrit dans une démarche ritualiste. L'homme est un être de mémoire qui charrie son âme dans la construction de l'histoire.

Quid du calendrier ? Un système de repérage des dates qui marque le temps passé ou futur. Le terme *calendrier* sort du latin *calendarium* = livre de compte, issu de *calendae* = calendes, et du verbe *calare* = appeler. Les humains ont toujours su organiser leurs temps, c'est la seule façon d'avoir une histoire et de rendre la mémoire fonctionnelle. Les phénomènes naturels comme le déplacement de l'ombre, le retour des saisons, le lever et le coucher du soleil, les aidaient à fixer la stabilité et les passages pour organiser la vie agricole, sociale et religieuse des sociétés. L'alternance infaillible de la nuit et du jour, la durée du jour, le mois ont toujours été les références de base du calendrier, le tout couplé à l'observation des astres et des saisons. Les romains divisaient leurs mois en trois périodes : les calendes débutées à la Nouvelle lune ; les nones marquant le cinquième ou septième jour du mois ; et les ides commençant le jour de la Pleine Lune (13e ou 15e du mois). Les calendes furent utilisées par les pontifes pour rappeler la date des fêtes mobiles du mois suivant et les débiteurs savaient que

---

[277] Cf. Louis MOUGEOT, « Recherches actuelles sur le dimanche », La Maison-Dieu, n. 124, (1975), p. 66.
[278] Antoine DELZANT, « L'Eucharistie considérée à partir d'une théologie fondamentale », *La Maison-Dieu*, n. 137, (1979), p. 25.

c'était le temps de régler les échéances et payer leurs dettes. Dans le monde occidental et dans l'Église nous vivons sous le calendrier grégorien, du pape Grégoire XIII[279]. Le calendrier liturgique catholique est au service exclusif du culte. Mais aussi il harmonise saisons et astres ; la célébration de la solennité de Pâques est lunaire, celle de la Noël est solaire.

Comment ce calendrier a-t-il pris naissance ? J'ai souligné que Pâques et Pentecôte sont nées comme greffées sur le *dies Domini*. Cette triade devient socle des autres éléments phares qui vont former le calendrier liturgique. Celui-ci est 'une intelligence du temps avec Dieu, un cycle qui introduit peu à peu dans l'histoire de Dieu avec les hommes'[280]. Dès les premiers siècles pour se préparer à bien célébrer Pâques, les chrétiens ont commencé par jeûner le vendredi saint puis les trois jours précédant Pâques, le triduum pascal[281]. Ce fut un événement théologique et liturgique majeur quand l'Église créa le triduum pascal, célébration unique partant de la messe du soir du jeudi saint jusqu'aux vêpres du dimanche de Pâques ; avec la veillée pascale du samedi saint au sommet. Au début il n'y avait pas de messe le dimanche de Pâques car la messe de la veillée y tenait place. Mais le désir de prolonger la joie fit naître une (seconde) messe le dimanche à Jérusalem. Elle est attestée en Afrique au temps d'Augustin[282]. Pour celui-ci Pâques va au-delà de la Nativité et est comme un

---

[279] Le calendrier grégorien entra en fonction le lendemain du jeudi 4 octobre 1582 qui devient le vendredi 15 octobre 1582 en Espagne, Portugal et les États pontificaux. C'était pour corriger la dérive séculaire du calendrier julien.

[280] Bernard-Nicolas AUBERTIN, « L'apport du monachisme à la vie liturgique de l'Église », in Commission Francophone Cistercienne, *Liturgie et vie spirituelle, l'apport du monachisme à la vie liturgique de l'Église*, Saint-Léger Éditions, (2014), p. 179.

[281] Centre National de Pastorale Liturgique (CNPL), « Du bon usage de la liturgie », in *Guides Célébrer*, p. 78.

[282] Pierre JOURNEL, « L'année », in Aimé George MARTIMORT (en collaboration), *L'Église en prière*, Introduction à la liturgie, tome IV « La liturgie et le temps », Paris, Desclée, 1983, p. 64.

sacrement[283]. Dans le sermon 219 il affirme que la vigile pascale c'est « la mère de toutes les saintes vigiles, durant laquelle le monde entier se tient en éveil[284]». La nécessité de bien préparer les catéchumènes à recevoir le baptême et les pénitents à la réconciliation à la nuit pascale, conduit à instituer le carême, sainte quarantaine arquée sur le symbolisme du chiffre 40. Le carême comme temps de jeûne nait au 4e siècle alors que la cinquantaine pascale, *jour de fête unique* ou comme *grand dimanche*[285] était en train de prendre corps.

Noël prit naissance dans un autre contexte. Il fallait combattre la persistance des fêtes païennes du solstice d'hiver qu'en 354 on célébra à Rome ; le *dies Natale* du Christ, le vrai *sol invictus* (soleil invaincu) sort de la fête païenne. L'organisation de *l'adventus* devait suivre en Espagne à la fin du 4e siècle et à Rome au 6e siècle. *L'adventus* devint avènement du Christ, préparation de cet avènement dans la chair et son retour en gloire[286]. La célébration des martyrs inaugurant le sanctoral couronne l'édifice entre temps forts et temps ordinaire poussant tout le calendrier comme une spirale vers une finalité qui est l'éternité mais que nous décrivons comme anamnèse. Celle-ci devient l'axe du temps de la foi[287]. Le temps ordinaire qui commence le lundi d'après le baptême du Seigneur, n'a pas de premier dimanche ; il est enchâssé dans la splendeur et le secret des temps forts qui le gardent comme un trésor. La messe, l'année liturgique, la vie même tiennent leur dynamisme de l'anamnèse, verbe à trois temps : il est venu, il vient, il reviendra[288].

Il faudrait une catéchèse eucharistique de temps en temps dans les communautés de foi car on tend à oublier les protocoles ; et comme

---

[283] Cf. Dominique GONNET, « La Pâque des Pères de l'Église », *La Maison-Dieu*, n. 240, (2004), p. 55.
[284] Cité in Ibid., p. 54.
[285] Cf. *Présentation générale du Lectionnaire Romain*, n. 99, version 1970.
[286] Cf. Centre National de Pastorale Liturgique (CNPL), « Du bon usage de la liturgie », in *Guides Célébrer*, p. 78.
[287] Ibid., p. 79.
[288] Ibidem, p. 79.

les rubriques sont surtout pour le clergé, les fidèles de la nef ne sont pas toujours pénétrés des postures et attitudes à avoir dans les assemblées. Or l'Église ne célèbre pas des rites mais des sacrements et des sacramentaux qui ont chacun leur propre rituel. Même si le comportement rituel semble être « une ritualisation de certaines actions habituelles ; ce sont des 'performances', des mises en œuvre vivantes, périodiques qui ont leur source dans des expériences gratifiantes ou négatives dans la vie habituelle non-stylisée[289] ». Ainsi ce ne sont pas en fonction de codes sociaux ou communicationnels que l'Église célèbre, mais afin de faire vivre les fidèles et les humains de la grâce jusqu'à ce qu'ils parviennent à la complète possession de la définitive vie bonne avec Dieu dans l'éternité. Dans cet ordre des choses les sacrements jouent un rôle capital parce qu'ils sont les producteurs de la grâce multiforme.

Le calendrier une fois bien posé sur son socle, un autre problème surgit rapidement : avec quel livre célèbre-t-on les mystères de la foi. L'*ekklèsia* est le tabernacle de la bible comme l'Écriture l'est de la Parole de Dieu[290]. Sans *ekklèsia* la bible est un non-lieu et elle n'est pas un livre pour célébrer la liturgie. Ainsi pendant six siècles ce problème n'eut pas de satisfaisante solution ; saint Justin l'attestait, le célébrant faisait monter la prière ou l'action de grâce autant qu'il en était capable (*pro arbitrio*). Mais tous les présidents de messe n'ont pas toujours été talentueux, inspirés et bons liturges. Ainsi la meilleure bonne intention du monde n'empêchait pas des célébrations médiocres. Le sacramentaire, premier livre pour célébrer la liturgie de l'Église et ancêtre du missel, est né pour éviter cela. On avait certes des recueils pour célébrer des baptêmes et des ordinations ; mais ils n'étaient pas des livres propres à célébrer mais

---

[289] Edward SCHILLEBEECKX, *L'économie sacramentelle du salut*, traduit du néerlandais par Yvon van der HAVE, Fribourg, Academic Press Fribourg, Collection Studia Friburgensia, 2004, p. 555.

[290] Cf. Louis-Marie CHAUVET, *Symbole et sacrement, une relecture sacramentelle de l'existence chrétienne*, Paris, Cerf, Collection Cogitatio fidei, n. 144, 1990, p. 220.

des ouvrages didactiques, dont la *Tradition apostolique* ou les *Constitutions apostoliques*. Dans la logique des parallèles, l'eucharistie est le révélateur, le test, le signe de ce qu'est le culte chrétien en esprit et en vérité[291]. Elle permit des improvisations stéréotypées devenues ancêtres des premiers sacramentaires romains : le léonien, le gélasien et le grégorien. Ces sacramentaires proviennent de *libelli* qui ont regroupé des formulaires de messes. Le léonien, du 6e siècle, compile des messes sur l'année liturgique, mais il manque celles de Noël jusqu'à avril[292]. Les sacramentaires étaient encore assez rudimentaires ; ils étaient un livre de transition entre les *libelli* et le missel dont je trace rapidement le processus de gestation.

Le premier missel adopté par le pape vient du nord de l'Europe. La curie papale qui était devenue une communauté importante avait fait pour son usage privé, sous le pontificat d'Innocent III (1198-1216), un texte éclectique compilant diverses liturgies romaines d'anciennes basiliques patriarcales. La dévotion franco-germanique a permis d'avoir un recueil pratique à l'autel dans lequel sont réunis l'ordinaire de la messe, les chants, les lectures, les psaumes et même des indications pour les gestes[293]. On y fit une messe d'une grande simplicité, vestige de la vie itinérante de l'ancienne curie. Ce livre devint celui des franciscains qui partout l'exportent dans l'Église latine grâce à l'imprimerie[294]; il devint la base du missel de Pie V pour la réforme liturgique voulue par le concile de Trente. Ce vadémécum, produit éclectique, devint le missel romain de Pie V. celui-ci sera remplacé par le missel de Paul VI. Le missel permet à l'eucharistie d'être mystère initiatique, mémorialisation des grands faits de

---

[291] Claude GEFFRÉ, « L'Eucharistie, lieu de la gracieuseté de Dieu et de l'homme », *La Maison-Dieu*, n. 137, (1979), p. 158.
[292] Joseph-André JUNGMANN, *Missarum Sollemnia*, tome I, note 17 de la p. 92-93.
[293] Cf. Pierre LORET, *La messe du Christ à Jean Paul II*, p. 105.
[294] Joseph-André JUNGMANN, *Missarum Sollemnia*, tome I, p. 136-137.

l'histoire du salut, passage au monde de Dieu, anamnèse[295] ; dans les temps modernes il devient un outil de diffusion des aspirations du *Mouvement liturgique*[296]. Il existe un missel d'autel, un petit format destiné à l'usage du célébrant à l'autel. Le porte-missel est un servant qui présente le livre au célébrant au besoin pour dire les prières.

Lorsque la messe devint presque l'affaire privée du prêtre et prolifération de rites, elle perdit tout intérêt pour le fidèle qui assistait sans participer à l'affaire du célébrant dans le sanctuaire. La messe était devenue étrangère aux fidèles pour qui elle était dite, célébrée, offerte. Pour y remédier, on eut recours à un expédient peu amène : traduire une partie du missel à l'usage des fidèles afin qu'ils lisent ce qui leur revient pendant que le prêtre célèbre. Ce missel des fidèles est agrémenté de prières de dévotion ; le laïc lit sans écouter la messe. Au début du 17e siècle on édita des traductions des prières de la messe ; mais elles tombaient sous l'interdiction officielle de la hiérarchie[297]. Pie X décréta la *participation active* des fidèles laïcs à la liturgie. Mais cette ouverture profitait d'abord aux laïcs hommes, les femmes étaient tenues encore loin des choses sacrées et du sanctuaire.

Cet accès aménagé aux hommes les rapprochait du sacré et non du mystère. La langue leur était impénétrable. Même répondant à la messe ils ne savaient presque pas ce à quoi ils étaient associés. Alors il fallait encore une autre réforme, celle du concile Vatican II pour livrer dans toute sa splendeur partout la Parole à l'appétit et à la foi des fidèles par l'utilisation dans la liturgie de la langue ordinaire. Désormais prières et textes de la messe sont non seulement entendus

---

[295] Claude GEFFRÉ, « L'Eucharistie, lieu de la gracieuseté de Dieu et de l'homme », *La Maison-Dieu*, n. 137, (1979), p. 159.
[296] Patrick PRÉTOT, « L'apport du monachisme à la vie liturgique de l'Église : quelques réflexions pour le temps présent », in Commission Francophone Cistercienne, *Liturgie et vie spirituelle, l'apport du monachisme à la vie liturgique de l'Église*, Saint-Léger Éditions, (2014), p. 94.
[297] Centre National de Pastorale Liturgique (CNPL), « Du bon usage de la liturgie », in *Guides Célébrer*, p. 101.

parce dits à haute voix, mais ils sont aussi compris[298]. De lue et d'entendue, la Parole devient Parole écoutée par une assemblée qui y participe. Le peuple apprend à écouter alors qu'il apprenait à admirer, à s'émerveiller et à adorer. Le livre a changé de statut dans la liturgie. Du livre lu par un seul, il devient un livre lu par tous avant de redevenir un livre lu au nom de tous par quelque uns et écouté par tous. L'acte d'écoute devient communautaire. Loin d'individualiser la lecture, il manifeste que le peuple s'ouvre à celui qui lui parle[299]. La messe fait du christianisme aujourd'hui une religion de l'écoute. Ce petit détour était nécessaire pour comprendre le rite auquel le livre donne accès même si le rite existe en dehors du livre.

Le rite est un canevas sur lequel on peut broder. Il introduit dans un au-delà : on mange mais pas pour se nourrir seulement, on chante, pas pour faire de la musique. Le mot rite dérive de la racine indo-européenne R'tam qui signifie ordre. De la même racine dérivent les mots art, arithmétique, rythme. C'est un acte cultuel réglé qui fait garder un ordre, une discipline, habiter l'harmonie ou y séjourner. Le rite est une opération répétitive programmée. Ce préalable doit être re-joué si on veut obtenir l'effet. Le rite est sécurisant, il protège de l'imprévu de l'aventure non librement consentie ou contre l'abus de pouvoir sur soi. Il est conservateur. Pour C. Lévi-Strauss le rite est le moyen de rendre perceptible incontinent des valeurs. La théologie maintient le rite ouvert sur un avenir plutôt que d'en changer le contenu. Le fond du rite c'est le désir d'atteindre l'autre. Le rite est une marche qui pousse le désir à faire corps avec l'autre dans un mystère de symbole toujours ouvert. Les actions qui mettent le rite en jeu sont de l'ordre de l'être. On sait ce qu'est un simple bouquet, mais

---

[298] Centre National de Pastorale Liturgique (CNPL), « Du bon usage de la liturgie », in *Guides Célébrer*, p. 101.
[299] Ibid., p. 102.

on ne sait pas où débute ou finit son effet dans le paysage des sentiments humains. La beauté est un constitutif du rite[300].

Le rituel a le pouvoir d'aider à devenir artiste, il fait pénétrer dans les arcanes secrètes de l'art qui est ici la capacité de réaliser quelque chose avec ordre et goût tout en étant ouvert à servir à quelque chose. L'art est la force capable d'allier grâce et équilibre pour créer l'harmonie avec les différents éléments[301]. L'art fait être tout comme la liturgie n'existerait pas sans des hommes et des femmes qui célèbrent[302]. Le rituel dit pourquoi les acteurs sont des artistes indispensables aux actions liturgiques qui sont des célébrations de l'Église sacrement de l'unité. Les actions liturgiques manifestent et affectent le corps de l'Église ; elles touchent chacun de ses membres « selon la diversité des ordres, des fonctions et de la participation effective[303] ». A cause de cela, dans la liturgie, ministre ou fidèle « fera seulement et totalement ce qui lui revient en vertu de la nature de la chose et des normes liturgiques[304] ». Chacun est acteur et ministre dans l'assemblée.

L'agencement ordonné de l'action liturgique est dévolu au rite qui en est le véhicule attitré et officiel. Le rite est toujours enchâssé dans l'Église dans un précieux coffre-fort nommé rituel qui dit le sens, la portée des éléments naturels utilisés, des paroles invoquées et évoquées pour réaliser l'effet du sacrement. Or le sacrement est le lieu de la mise en fonction d'un rituel propre. Deux éléments semblent primitifs et primordiaux dans la composition des rituels : le repas et

---

[300] Joseph GELINEAU, « La musique », in CNPL *Exultet*, encyclopédie pratique de la liturgie, Louis-Michel RENIER (dir.), Paris, Bayard, 2000, p. 332.

[301] Cf. Centre National de Pastorale Liturgique (CNPL), « Du bon usage de la liturgie », in *Guides Célébrer*, p. 19.

[302] Ibid., p. 20.

[303] Sacrosanctum Concilium, n. 26, in Vatican II, *Les seize documents conciliaires*, Montréal/Paris, Fides, 1967. p. 137. Le document cite saint Cyprien.

[304] Sacrosanctum Concilium, n. 28, in Vatican II, *Les seize documents conciliaires*, op. cit., p. 137.

l'eau. L'Église les a convertis à sa propre vision en les intégrant à l'intérieur de ses sacrements et autres signes importants pour la foi.

Le rituel s'accomplit dans les acteurs. Après l'assemblée, comme premier acteur visible c'est le président. Mais il y a un autre acteur qui n'est pas invisible et qui n'est pas toujours présent : l'équipe liturgique ; elle est souvent l'âme dans le corps, lame de fond, sève invisible. Elle est la cuisine de la célébration-repas que déguste l'assemblée dans l'espace sacré. Elle a à préparer toute la célébration, à veiller à la répartition des tâches pour que l'action liturgique soit bien exécutée comme parole, geste, musique dans l'espace sacré. Quand les mots sont prêts, il faut faire avec eux une action liturgique, une prière, une supplication, un commentaire, une annonce, bref une action de grâce[305]. L'équipe liturgique travaille à ce que la communauté paroissiale s'épanouisse dans les célébrations. Les pasteurs « poursuivront avec zèle et patience la formation liturgique et aussi la participation active des fidèles, intérieure et extérieure, proportionnée à leur âge, leur condition, leur genre de vie à et leur degré de culture religieuse[306] ».

Le rituel est exigeant. Voici une liste non exhaustive de choses qu'il ordonne à l'eucharistie : un espace sacré dont l'autel consacré ou béni recouvert de nappes blanches, le siège de présidence, l'ambon pour la célébration de la Parole, la nef garnie de bancs pour la commodité des fidèles. Puis vient la matière du sacrement composée du : pain azyme, vin et eau. Il faut en outre les vases et les linges sacrés. Parmi les vases sacrés il faut distinguer le calice et la patène ; parmi les linges, le corporal a une place de choix[307]. Au 4ᵉ siècle, le pape

---

[305] Centre National de Pastorale Liturgique (CNPL), « Du bon usage de la liturgie », in *Guides Célébrer*, p. 25.
[306] Sacrosanctum Concilium, n. 19, in Vatican II, *Les seize documents conciliaires*, p. 135.
[307] Les nappes et les corporaux qui couvraient l'autel étaient appelés pallae, palla corporalis car le corporal était autrefois aussi long et large que le dessus de l'autel, ce fut pourquoi on le repliait pour couvrir le calice. Cela n'était pas toujours commode, on coupa alors un petit morceau du corporal, on y mit à l'intérieur un

Sylvestre requit qu'il soit en lin en souvenir du suaire du Seigneur. Dans le rite ambrosien d'ailleurs on l'appelle le linceul[308]. Il faut les livres liturgiques : le missel, le lectionnaire, l'évangéliaire, signes et symboles des réalités sacrées dans l'action liturgique, doivent être dignes et beaux[309] pour refléter la majesté de Dieu. Il ne faut pas oublier les ornements liturgiques du célébrant président de l'assemblée. Si l'espace est vaste et qu'il y a grand concours de peuple, la sonorisation devient indispensable pour la qualité de la célébration. Enfin à côté du président de l'assemblée il faut des ministres pour les monitions, les lectures, la Prière Universelle, le service à l'autel. Si cet ensemble prend un coup de vieillesse, si le palais risque le délabrement, il faut les ajustements, les coups de pinceaux, les enjolivures et les nouveaux habillements pour parer la reine nommée Eucharistie. Le *Compendium Eucharisticum* et les nouvelles traductions du missel romain y participent, portés par les nouvelles sensibilités culturelles.

Depuis 2009 existe dans l'Église latine un abrégé eucharistique (Compendium eucharisticum) qui fut une requête du synode sur l'Eucharistie. Il est disponible pour le clergé et les communautés de foi. Il définit la doctrine sur l'Eucharistie, la bénédiction, l'heure sainte eucharistique, l'adoration, les prières avant et après la messe... Un autre document dont nous aurons à parler l'a succédé c'est le Directoire sur l'homélie. Le pape François l'a approuvé en 2014. Ces deux documents doivent escorter la nouvelle traduction du missel romain en français et aider le haut clergé à célébrer plus dignement.

Cette nouvelle traduction française du missel entrée en vigueur ce 27 novembre 2021 est l'aboutissement de 15 années de travail d'experts réunis dans la Commission pour le Missel romain (COMIRO). Aura-t-

---

carton et la pale était née ; le mot vient de palium qui signifie manteau ou couverture. Cf. Pierre LE BRUN, Explication de la messe, p. 274.
[308] Cf. Pierre LE BRUN, *Explication de la messe*, p. 273.
[309] Cf. Centre National de Pastorale Liturgique (CNPL), « Du bon usage de la liturgie », in *Guides Célébrer*, p. 90.

elle un impact solide dans la vie du peuple de Dieu ? Peut-être pas ; difficile de prévoir. A cause du caractère dynamique des langues auquel aucune n'échappe, une nouvelle traduction était nécessaire pour les francophones qui devaient être au diapason avec l'instruction *Liturgiam Authenticam* (2001) de Jean-Paul II. Traduire n'est pas adapter ou modifier, mais aucune bonne traduction n'en est indemne. Déjà B. Botte avait attiré l'attention sur la spécificité des traductions destinées à la liturgie[310]. Pour traduire il faut avoir une excellente maîtrise de la langue source et de la langue d'arrivée ; il ne faut pas rester collé sur les mots et les concepts. Il faut retracer les couches d'un énoncé, la compréhension impliquée dans le texte (prétexte) afin de parvenir au contexte, se concentrant sur la langue cible qui est à utiliser dans la liturgie. Quand cet art de la traduction est bien maîtrisé, le langage approprié se donne, les résultats de qualité sont là. Le pape François dans *Magnum principium*[311] accorde plus de pouvoir aux Églises locales sur cette matière.

La nouvelle traduction du missel en français a un seul vrai changement, il se trouve dans le symbole Nicée-Constantinople. C'est un changement de précision théologique motivé par la sortie du philosophe français Jacques Maritain sur la traduction de l'expression grecque *omoousion to patoi* rendue autrefois par « de même nature que le Père » et que Maritain considérait à la limite de l'hérésie. La nouvelle traduction *consubstantiel au Père* rejoint le latin *consubstantialem patri*. Mise à part cela rien de nouveau dans la nouvelle traduction du missel sinon une plus grande place au silence, un rapprochement avec l'original latin et des traits d'inculturation qui est l'incarnation de l'Évangile dans une culture concrète, pour la féconder et la transformer du dedans. Une approche respectueuse

---

[310] Bernard BOTTE, « Les traductions liturgiques de l'Écriture », in *La Parole dans la liturgie*, op. cit., p. 81-105.

[311] *Magnum principium* est un Motu proprio publié par le pape François le 9 septembre 2017 sur la traduction des livres liturgiques, donnant plus de compétence aux Conférences épiscopales.

mais critique qui arrive à l'Évangile de Dieu aux prises avec une culture déterminée[312]. Sur le plan liturgique l'inculturation se fait davantage par exécution authentique que par transformation des formes[313]. J'attire l'attention sur l'article masculin singulier *le* devenu les ; le péché devenu les péchés. Ce changement affecte le Gloria et l'Agnus Dei. Je ne vois pas ce qui impose ce pluriel sur le singulier. J'y reviendrai. Ne nous précipitons pas. La sagesse de l'Église aménage un *ad experimentum* pour les traductions liturgiques, qui, en passant, ont connu diverses fortunes[314].

Que retenir comme nécessaire, indispensable, fondamental du christianisme ? La prédication ou les sacrements ? La prédication et les sacrements ? Quand Jésus envoyait prêcher, il donnait des consignes et non une bible ou un bréviaire (au sens propre et figuré). Le plus important fut non le contenu de la prédication mais le fait d'aller, munis de l'expérience originale et originaire avec Jésus. Ainsi les premiers disciples de Jésus avant et après sa mort, étaient des hommes dépourvus de bagages construits pour devenir de bons et fidèles Apôtres. Le Vadémécum était leur mémoire parce que c'étaient leurs mémoires, devenus tradition, réceptacle de rituel ; pourtant ils eurent à tâtonner ou même à bafouiller. Paul dans ses lettres et Luc dans les Actes, l'ont assez prouvé[315]. Les rituels ont une stabilité recherchée pour être flexibles et immuables, étant des blocs d'une tradition vivante. Pour une mémoire moins infidèle il faut faire

---

[312] Cf. Ary A. Roest CROLLIUS, «What is so new about Inculturation? » *Gregorianum* Volume 59, (1978), p. 734. 735.

[313] Tom ELICH, « L'invincible soleil de l'été : Liturgie et temps, une vue des antipodes », *La Maison-Dieu*, n. 263, (2010), p. 88.

[314] Qu'on se rappelle la traduction du membre de phrase du Pater « et ne nos inducas in tentationem ». Nos parents disaient en français : *ne nous laisse pas succomber à la tentation* ; puis *ne nous soumets pas à la tentation*. Depuis 2017 la traduction reçue est : *ne nous laisse pas entrer en tentation*. Cette nouvelle est-elle plus heureuse que les précédentes ? J'ai dit ma pensée sur ce point dans des émissions sur *Radio Soleil* 105.7 FM.

[315] Par exemple sur le baptême, la circoncision. Un témoin privilégié de ces hésitations est l'Assemblée de Jérusalem en Ac 15, 1-33.

confiance à l'Église ; elle a le talent et la grâce nécessaires pour rendre possible ou constituer une vulgate c'est-à-dire enfanter un original de paroles et de gestes qui n'ont pu prendre forme du temps de Jésus mais qui avaient au moins un squelette. Tout ce qui vit se transforme, sinon il est fossilisé. Quand on veut être rigide avec des traditions et des rituels incassables, on enfante des schismes, on engendre des sectes. Un rituel est indispensable en tout, partout ; l'homme est né pour ritualiser. Un protocole est indispensable en toute mise en fonction. La liturgie n'y fait pas exception.

DU PROTOCOLE ET DES RUBRIQUES

« Un prêtre doit être le héraut des grandeurs de Dieu ; il est obligé par son état de connaitre et de faire connaitre ses merveilles et de s'en remplir pour les publier[316] ». La célébration est agencée dans un mode dialogal. Dès le rite d'ouverture le président, *alter Christus* parle, on lui répond. Au nom du Père.... *Réponse* : Amen ; Le Seigneur soit avec vous, *Réponse* : Et avec votre esprit. Il en va de même dans la liturgie de la Parole ; après écoute silencieuse le peuple répond par psaumes, acclamations, profession de foi, prière universelle. Dans la partie eucharistique, le dialogue se construit autour de la préface ; le canon est coupé par le sanctus et l'anamnèse où intervient le peuple. Dans les nouvelles prières eucharistiques c'est plus évident encore avec leurs acclamations. Je vais introduire à cet agencement nommé protocole qui ordonne ce qu'il faut faire pour demeurer sujets de foi, d'espérance, de charité[317]. Ainsi qu'il plait au Seigneur de nous éduquer à accueillir l'événement et la surprise de la grâce.

---

[316] Pierre LE BRUN, *Explication de la messe*, p. 322.
[317] Cf. Enzo BIANCHI, « Une liturgie pour la vie », in Commission Francophone Cistercienne, *Liturgie et vie spirituelle, l'apport du monachisme à la vie liturgique de l'Église*, Saint-Léger Éditions, (2014), p. 193.

Le protocole est un code, un inter-dit explicite qui facilite une communication fonctionnelle. Dans son acception diplomatique il désigne l'ensemble des règles de la bienséance, de la civilité. Y font partie les codes : vestimentaire, de préséance, de politesse. L'ordre de préséance est hiérarchique, elle place les personnes selon leurs dignités ou rangs lors des célébrations ou cérémonies officielles. Un ordre de préséance est respecté par exemple dans une procession d'entrée ou de sortie. Cependant le principe reste inchangé sur deux points : seigneur ou ouvrier on est maître chez soi ; on ne le force pas à céder la préséance ; le président de la cérémonie ou de la célébration en est toujours le chef.

L'Église a marché, elle a même eu dans son protocole la discipline de l'arcane conçue sous le modèle de écoles philosophiques de l'antiquité à enseignement exotérique/ésotérique[318]. Mais elle ne peut réciter au 21e siècle 1 Co 14,26 *lorsque vous vous assemblez, chacun peut avoir un cantique, un enseignement, une révélation, un discours en langue, une interprétation*. La discipline de l'arcane eut pour mission de préserver les choses saintes de la profanation des païens et des hérétiques, pour que l'eucharistie reste le privilège exclusif des enfants de la famille[319]. Les rites de l'initiation chrétienne (l'eucharistie, le Symbole, le Pater) étaient sous cette discipline[320]. Elle est attestée pour la 1ère fois chez Clément d'Alexandrie et Origène ; on l'appliquait dans les écoles de catéchuménat. Tertullien défendit à l'épouse chrétienne de parler de l'eucharistie au mari païen[321]. Cette discipline cultivait la sauvegarde de l'intimité avec Dieu, le sérieux à l'égard de l'autorité. Elle disparut à l'époque de Grégoire le Grand[322].

---

[318] Vincenzo RECCHIA, article « discipline de l'arcane », in *Dictionnaire encyclopédique du catholicisme ancien*, volume I, p. 211.
[319] Joseph-André JUNGMANN, *Missarum Sollemnia*, tome II, p. 248.
[320] Vincenzo RECCHIA, article « discipline de l'arcane », in *Dictionnaire encyclopédique du catholicisme ancien*, volume I, p. 210.
[321] Ibid., p. 210.
[322] Ibidem, p. 211.

La liturgie est un art d'ordonnancement dont il faut révéler ou exciser les principes de base. Nous prenons l'eucharistie comme modèle de protocole ou rituel de la célébration : le président entre en dernier avec son cortège et sort en premier avec ce cortège. Cet ordonnancement vient de la cour impériale, dont celle de Byzance qui a influencé fort les pratiques et cérémonies de l'Église. A l'autel l'attitude du prêtre est d'avoir les mains jointes toutes les fois qu'il ne pose pas une action ; l'élévation intérieure doit être signe de l'élévation extérieure[323]. Dans l'*Ekklèsia* d'autrefois, les diacres furent députés au service d'ordre, à la surveillance et à l'examen des étrangers. Ils firent les commentaires, le service de l'autel et indiquèrent les attitudes à adopter ; ils distribuèrent les offrandes reçues[324]. Dépendit d'eux la bonne tenue de l'assemblée. Celle-ci doit être debout à l'Évangile, pour les prières et au canon ; elle est assise pour les lectures, la psalmodie et la prédication ; elle peut avoir à courber la tête, à s'incliner, se prosterner au lieu de s'agenouiller[325]. La célébration est priante si les intervenants (président, chantre, animateur, lecteur, organiste, sacristain) sont des priants. La liturgie de l'Église est la meilleure école de prière ; elle ouvre chacun à l'universel, bousculant peut-être son sentiment et sa subjectivité du moment[326]. Comme prière elle peut échapper à une théâtralisation qui demeure un risque indompté.

La célébration eucharistique peut avoir jusqu'à cinq processions : à l'entrée, à l'Évangile, à l'offertoire, à la communion et à la sortie ; les processions à l'Évangile et à l'offertoire étant le plus souvent facultatives. La célébration est divisée en deux parties : la partie qui met en œuvre la Parole et l'autre qui met en scène le sacrement ou

---

[323] Cf. Pierre LE BRUN, *Explication de la messe*, p. 225.
[324] Marcel METZGER, « Introduction », in *Les Constitutions apostoliques,* tome II, Livres III et IV, Sources Chrétiennes n. 320, p. 52.
[325] Ibid., p. 77.
[326] Cf. Jean LEBON, « 59 questions sur l'eucharistie », Repères pour les pratiques eucharistiques, in *Guides Célébrer*, p. 32-33.

sacramental. Ce dernier appartient à l'ordre du sacrement sans en être un. La célébration catholique commence et finit de la même manière : salutation d'ouverture et formule de congé[327]. Il n'est pas obligatoire d'avoir un commentaire accompagnant la célébration le long de son déroulement, mais dans certains cas cela peut se révéler très utile pour comprendre et permettre à une foule nombreuse de suivre l'action liturgique. Toutes les célébrations comportent un entretien dont le nom usuel est l'homélie. En lieu et place de celle-ci on peut avoir un sermon, un prêche, un discours circonstanciel. La durée de cette intervention est toujours en fonction du type de célébration et de celui qui porte la Parole ; dans une célébration ordinaire comme la messe du dimanche, elle ne dépasse pas 25 mn et même dans certaines célébrations dominicales en Amérique du Nord et en Europe, l'homélie n'excède plus 10 mn. L'offrande est obligatoire à toutes les célébrations mais beaucoup ont cru qu'elle ne l'est qu'aux messes dominicales et de fêtes. Ce sont la pratique paroissiale, les problèmes financiers de la communauté et le type de pasteur qui font souvent la différence. Depuis le Moyen Âge l'obligation de la communion a disparu ; il a même fallu une bataille pour y faire revenir les fidèles. Ce protocole de base rappelé à grand trait, couvre tout le territoire rituel de la messe. Les réformes ne feront que broder sur ce tapis stable.

La réforme liturgique issue du concile Vatican II a drainé dans ses sillons une plus théologique compréhension des gestes, des signes et rubriques en même temps qu'un approfondissement de la vision de l'assemblée célébrante. Une énumération des phases de la réforme convaincra : La première phase est marquée par le passage du latin aux langues vivantes. En 1977 on admit 344 langues dans la liturgie ;

---

[327] Normalement il y a des exceptions surtout au cours de la Semaine Sainte. On omet la formule de salutation le vendredi saint, le samedi et d'une certaine manière le dimanche des Rameaux. On omet la formule de prendre congé le jeudi saint et le vendredi saint. Dans certains cas la formule de renvoi peut être différée.

on passa de l'insistance sur la fidélité littérale au texte latin à l'effort d'interprétation, de réflexion et presque de nouvelle création dans la langue propre[328]. La 2ᵉ phase embraye sur la publication des nouveaux livres liturgiques et nouvelles prières eucharistiques sans oublier la Présentation Générale du Missel Romain (PGMR), véritable vademecum indispensable pour être pénétré de l'esprit de la réforme[329]. Elle joue un important rôle pour bien célébrer au quotidien. D'autres parlent de 5 phases de la réforme : fondements ; publication des livres ; phase de consolidation et de retardement ; phase d'ambivalence croissante ; enfin phase des appels à la réforme de la réforme[330]. Selon moi il y a deux phases : préparation et mise en fonction de la réforme ; en voici les changements significatifs.

Première phase : 1) distinction de deux grandes parties de la messe ; 2) adaptation des églises pour mettre en évidence l'autel tourné vers le peuple, l'ambon comme table de la Parole, la place du siège du président ; 3) l'introduction de la prière des fidèles et l'obligation de l'homélie ; 4) les cycles de lectures bibliques sur semaines et pour circonstances particulières afin de mettre les trésors de la Parole de Dieu à la disposition des fidèles ; les textes sont revus et distribués sur trois années[331] ; 5) la célébration de l'office divin avec le peuple ; 6) la simplification des rites et des insignes pontificaux. Pour les lectures et le service de l'autel des lecteurs et des acolytes[332] ; 7) le rite de la concélébration et de la communion sous les deux espèces (dès 1965) ;

---

[328] Gottardo PASQUALETTI, « Réforme liturgique », in Domenico SARTORE et Achille M. TRIACCA (dir.), *Dictionnaire encyclopédique de la liturgie*, tome II, adaptation française sous la direction d'Henri Delhougne, Brepols, 2002, p. 288.
[329] Ibid., p. 287-291.
[330] Cf. Martin KLÖCKENER, « La dynamique du mouvement liturgique et de la réforme liturgique. Points communs et différences théologiques et spirituelles », *La Maison-Dieu*, n. 260, (2009), p. 91-96.
[331] Paul DE CLERCK, « La liturgie a-t-elle besoin d'une réforme permanente ? », *La Maison-Dieu*, n. 260, (2009), p. 222.
[332] Gottardo PASQUALETTI, « Réforme liturgique », in *Dictionnaire encyclopédique de la liturgie*, tome II, p. 288.

8) la nécessité du chant non comme ornement mais participation foncière d'un peuple en fête[333]. Selon certains la réforme liturgique a accentué la prise en charge de la liturgie par le Siège Apostolique[334].
La seconde phase de la réforme a vu la publication des nouveaux livres liturgiques, trois nouvelles prières eucharistiques (PE) le 23 mai 1968 à côté du vénérable canon romain en usage depuis le 4ᵉ siècle selon l'attestation d'Ambroise[335]. On accueille des prières eucharistiques aussi pour diverses circonstances sur la base des concessions faites à la Suisse, la Belgique, la Hollande, au Brésil, à l'Australie[336]. Le plus important acte de la réforme liturgique fut la suppression de la messe privée du missel de Pie V pour faciliter la *participation active* des fidèles[337]. Si la force de cette réforme réside dans le fait que toutes les langues de la terre puissent être liturgiques, une autre réussite non moins de poids est le retour à la simplicité des rites pour nettoyer la messe des *enlaidissements dus à l'âge*. L'édifice liturgique apparait de nouveau dans la splendeur de sa dignité et de son harmonie[338].
Le rituel est là pour nous permettre de voir l'envers du vêtement et de savoir que c'est cet envers qui entre en amitié avec le corps ; la

---

[333] Gottardo PASQUALETTI, « Réforme liturgique », in *Dictionnaire encyclopédique de la liturgie*, tome II., p. 288-289.
[334] Martin KLÖCKENER, « La dynamique du mouvement liturgique et de la réforme liturgique. Points communs et différences théologiques et spirituelles », *La Maison-Dieu*, n. 260, (2009), p. 96.
[335] *Musicam sacram* (5 mars 1967) encourage la recherche et la formation de répertoires nationaux ou diocésains de chants liturgiques approuvés par l'autorité ecclésiastique locale. Cf. Irénée-Henri DALMAIS, article « Anamnèse », in *Dictionnaire encyclopédique du catholicisme ancien,* volume I, p. 105.
[336] Gottardo PASQUALETTI, art. cit., p. 289.
[337] Bien qu'il faille reconnaitre que cette participation active ne va pas sans un certain malaise lié à la fréquentation habituelle des célébrations. Cf. Patrick PRÉTOT, « L'apport du monachisme à la vie liturgique de l'Église : quelques réflexions pour le temps présent », in Commission Francophone Cistercienne, *Liturgie et vie spirituelle, l'apport du monachisme à la vie liturgique de l'Église*, Saint-Léger Éditions, (2014), p. 107.
[338] Jean Paul II, *VICESIMUS QUINTUS ANNUS*, n. 3. Le pape cite le Motu proprio *Abhinc duos annos* (23 octobre 1913) de son prédécesseur saint Pie X.

valeur n'est pas dans le numérique et le nombre mais dans la capacité à féconder les êtres et à rendre meilleur. C'est le signe que nous sommes promesse de Dieu et image de sa gloire. Cultiver ce don pour l'extraire de la fugacité rétablit le privilège du retour permanent des replis secrets en séjour dans notre quotidien. Le rite parle pour agir sans forcer ; le rituel, âme du protocole nous réapprend que l'acte de foi ne peut se passer de signes, ni ceux-ci de l'acte de foi[339]. L'appel séduit, devient la marque et le marqueur efficace du rappel. La constance de la rubrique prend naissance dans ce climat.

La rubrique du latin *ruber* (rouge), est un « solutionnal où les difficultés sont résolues d'avance. Elle suspend le problème du choix pour laisser l'esprit et le corps du célébrant disponibles à l'accomplissement de la cérémonie[340]». Plus simplement les rubriques sont des observations écrites en rouge et en caractères gras dans le corps du texte d'un livre, comme c'est attesté dans le droit romain. Elles sont les premiers guides dans la liturgie de l'Église. Produit des usages consacrés sur de longues années ; elles ont été notées d'abord à la marge des livres liturgiques[341]. Le missel de Pie V les a accueillies et consacrées. Désormais tous les livres liturgiques sont imprimés avec les rubriques propres à leurs rituels. Le concile de Tours de 1583 défendait même aux prêtres de célébrer sans être imbus et instruits correctement des rubriques[342]. Au 16e siècle le Saint-Siège chercha à préciser et à ordonner l'ensemble des rubriques du culte public de l'Église pour éviter sans cesse changements et additions. Le système

---

[339] Cf. Centre National de Pastorale Liturgique (CNPL), « Du bon usage de la liturgie », in *Guides Célébrer*, p. 18.
[340] Rémy CAMPOS, « Continuités et discontinuités dans les pratiques liturgiques au 19e siècle », *La Maison-Dieu*, n. 260, (2009), p. 44.
[341] Ibid., p. 43.
[342] M. DURAND, *Études historiques, dogmatiques et pratiques sur la Sainte Messe, avec les rubriques du missel et du bréviaire romains*, Toulouse, Imprimerie Charles Douladoure, 1861, p. VIII.

des rubriques s'étant gonflé, sans respect d'un ordre logique. Cela a fort nui à la clarté et à la simplicité primitive[343].

Il y a les rubriques prescriptives et les rubriques indicatives. Les prescriptives sont obligatoires, les ministres célébrant doivent savoir les suivre. Les indicatives sont souvent des propositions commodes pour permettre au célébrant, expérimenté ou pas, de faire des choix judicieux en conformité avec la sobriété, la gravité et la beauté de la liturgie. C'est impératif de lire les rubriques avant de célébrer ; sous prétexte qu'on sait déjà, on dérape et on déséquilibre toute l'assemblée. Réussir chaque célébration vient de l'obéissance au rituel qui conduit l'action liturgique vers les rivages sacrés de *l'opus Dei*. L'observance des rubriques garantit l'exercice de la justice envers Dieu[344]. Ainsi « la manière de présider peut contredire ce que l'on croit promouvoir. Valoriser en théorie la place des laïcs dans l'Église peut aller de pair avec une forme totalisante de présidence[345] ». La réforme liturgique fait de l'Assemblée le premier personnage parmi les acteurs ; le président, non secondaire, vient en second ; ils sont les deux indispensables à la célébration du culte. Nous ne touchons pas aux prérogatives de célébrant mais souvent nous oublions celles de l'assemblée. Eh bien ! c'est elle qui anime le chant, le silence, l'écoute, l'action de grâce ; c'est elle qui porte les intentions de la prière universelle, elle qui est debout, à genoux ou assise. C'est elle le corps du Christ qui remplit l'espace en se rassemblant[346].

La présidence est un charisme, une dignité ; l'évêque, le prêtre peut ne pas savoir présider. Et c'est disgracieux qu'un célébrant préside mal. Chez nous en Haïti la grande majorité des célébrants de tous

---

[343] Cf. Jean XXIII, Lettre apostolique donnée motu proprio approuvant le nouveau corpus des rubriques (25 juillet 1960), traduction La Maison Dieu, n° 63bis, p. 88.
[344] Cf. Jean-Louis SOULETIE, art. cit., p. 28.
[345] Patrick PRÉTOT, « Liturgie et ecclésiologie à une époque d'individuation », *La Maison-Dieu*, n. 260, (2009), p. 207.
[346] Cf. Centre National de Pastorale Liturgique (CNPL), « Du bon usage de la liturgie », in *Guides Célébrer*, p. 18.

ordres n'ont pas les deux *g* qui font un bon président : la grâce et la gravité. C'est pourquoi même dans les célébrations le plus pompeuses, ils n'ont pas le port solennel de la dignité dont parlait saint Léon le Grand. Cette prestance qui vient de la tenue du corps dans la célébration a besoin d'exercice et même un certain art proche du charisme de la présidence dans le culte. Beaucoup n'ont pas appris à présider, oublient en présidant que c'est l'assemblée entière qui célèbre avant d'être répartie en ministres sacrés et autres fidèles[347]. Ils confondent préséance, juridiction et présidence. Or ils doivent révéler que l'assemblée et eux ne sont pas propriétaire du rite, que l'eucharistie est le bien propre de l'Église et non *one man show* ; le célébrant en outre doit signifier l'initiative de Dieu et le lien de l'assemblée locale avec d'autres communautés[348]. Souvent là où l'on attend une pleine noblesse, on trouve trivialité et arrogance coupante. Cela ne fait honneur ni à l'autel ni à Celui qu'on y célèbre.

Bien entendu on peut apprendre à célébrer, donc à présider mais ce n'est pas une garantie de compétence mais un prérequis selon le droit. Or on devrait avoir tout dit quand on affirme que le président célèbre[349]. Il y en a qui s'imaginent être liturges parce qu'ils énoncent en fiers quelques rubriques. Notre Église locale regorge de ce travers porteur de confusion à tous les niveaux. Comment acquiert-on le charisme de présider une célébration ? En vivant sa célébration comme un événement spirituel et une performance professionnelle. Des prêtres excellents professeurs de liturgie ne savent pas présider correctement une célébration. Les cérémonies liturgiques requièrent de la **majesté**, degré supérieur de la gravité ; une célébration de messe chrismale ou de veillée pascale ne devait pas être confiée à quelqu'un qui ne sait pas présider. On a des présidents négligents qui préparent

---

[347] Cf. Jean EVENOU (dir.), « Les Ateliers », La Maison-Dieu, n. 137, (197), p. 131.
[348] Cf Ibid., p. 132.
[349] Cf. François CASSINGENA-TRÉVEDY, « Quand la Parole donne lieu ou De l'espace liturgique », *La Maison-Dieu*, n. 239, (2004), p. 23.

mal ou ne préparent point leurs célébrations et souvent ils oublient de choisir la prière eucharistique dans la préparation. Si on n'est pas à point, mieux vaut faire des répétitions avec un professionnel compétent pour ne pas faire des bêtises le long de la célébration. Cela peut indisposer beaucoup et donner des sentiments de répugnance vis-à-vis du célébrant et même de l'Église. Présider est aussi une **dignité** car il s'agit de conduire pendant un temps une foule, un peuple, une assemblée à atteindre des objectifs : construire au long du parcours de la célébration l'harmonie interne du groupe qui reste malgré tout informel et hétérogène. Dans le cadre d'une fête patronale ou d'une célébration spéciale par exemple, être choisi pour présider signifierait avoir été jugé digne et compétent pour conduire l'action liturgique à bonne fin. C'est un constat : dans l'Église locale d'Haïti, des membres du clergé ne respectent pas les présidents d'assemblée. Certains curés volent carrément la présidence au président sous couvert de maîtres de céans. Ils le font même à l'extérieur de chez eux. Par exemple, ils donnent des ordres à l'assemblée, prennent l'initiative d'une action, sans être autorisés interviennent, bref confondent juridiction et présidence. C'est malheureux.

Mais des assemblées maltraitent aussi le protocole présidentiel dans le culte. Le principe est inchangé : on ne fait point attendre le célébrant président pendant l'action sacrée. Des exemples ? une assemblée reste assise alors que le célébrant est debout ; des chorales continuent avec le chant à la fin du rite alors que le président attend ; pendant une procession d'offrande on a des actants qui font du folklore : deux pas en avant, cinq en arrière, pétaradant dans toutes les directions de l'allée principale de la nef ; pendant ce temps, les mains déjà tendues, le président attend ; pendant la communion quelqu'un attend que tous aient fini de communier pour avancer afin d'être mieux vu ; et le président attend ; des chantres, chefs de chorales commandent à l'assemblée de se mettre debout pour un chant d'action de grâce comme s'ils étaient le président. C'est incongru et inconvenant.

Une autre petite chose, pour ne pas miner le protocole : comment se servir à l'Église du micro aidant à diffuser le message ? Ce n'est pas une rubrique mais un des socles du protocole. D'abord il serait toujours mieux de lire, chanter, parler à voix nue. C'est fâcheux d'avoir besoin de béquilles. S'il faut un micro, le mieux c'est d'être gentil avec ; il ne faut pas le tripoter comme s'il s'agit d'un ennemi, il n'est pas là pour faire du mal ; il n'est pas un ogre. Le micro est un auxiliaire avant de l'utiliser il faut en savoir le mécanisme : hauteur, niveau et distance par rapport à l'impact et à la performance de la sonorité. Le réglage de la portée du micro est lié à l'espace, ses qualités acoustiques et l'environnement immédiat du bâtiment, de l'espace à sonoriser ; celui-ci jouxte-t-il un marché public, un stadium, un édifice d'une autre confession chrétienne ? Ces facteurs aident à comprendre l'espace sacré et la sonorité qui lui est nécessaire pour négocier la performance attendue. La sonorisation amplifie tout, y compris les erreurs et les défauts des intervenants[350].

Une célébration liturgique est comme un corps vivant, il faut en prendre soin pour ne pas en détruire l'équilibre et indisposer les utilisateurs, l'auditoire ou les spectateurs occasionnels. Jacques, Paul, Pierre n'avaient pas besoin de ces précautions parce que les rituels et rubriques qu'ils utilisaient étaient rudimentaires ; leur seul code était la fidélité à l'ordre et aux enseignements du Seigneur à transcrire, traduire et transmettre. Le problème est autre aujourd'hui. Depuis Pie X et la *participatio actuosa*[351], l'Église a marché ; elle a fait Vatican II. Le culte ayant donné naissance au rituel et au temps de célébrer l'événement Jésus-Christ, les éléments accessoires déployant ce

---

[350] Cf. Centre National de Pastorale Liturgique (CNPL), « Du bon usage de la liturgie », in *Guides Célébrer*, p. 97.

[351] *Participatio actuosa* est une expression latine utilisée pour la première par le Motu proprio de Pie X, *Tra le sollecitudini*, 22 novembre 1903 sur la musique sacrée. Elle signifie participation active.

mystère vont trouver leur signification permanente au lieu où le sens a germé de manière spontanée, souvent avec le charisme personnel de l'intervenant et l'indispensable concours de l'Esprit Saint créateur de renouveau et de l'inouï. Le rituel va semer au cœur de chaque célébration de l'allégresse à pleine bouffée. Et le chant, son reflet le plus pur, n'y est pas étranger.

DES CHANTS DANS LA CÉLÉBRATION EUCHARISTIQUE

Le chant est la première expression de la joie et de la souffrance de l'être, le cœur et la matière première de la musique. Le terme latin *musica* vient du grec musikè = qui cultive la musique ; qui a rapport aux Muses (Musa, fille de la mémoire). La musique, art des yeux, de l'oreille, du cœur, est peut-être la plus belle fleur du jardin de l'intelligence. Augustin croit que cet art du rythme exact fut concédé « par la libéralité de Dieu aux mortels doués d'une âme raisonnable[352] ». Aimée comme le plus beau des arts, elle a une place essentielle dans la vie sociale, politique et religieuse de l'humanité. Aristote dans sa *Politique* inclut dans l'éducation du citoyen la musique qui appartient au quadrivium (les lettres, la gymnastique, l'art graphique et la musique) des sept arts de la Grèce antique. Elle fut appréciée dès l'origine pour son efficacité religieuse, magique, thérapeutique et glorificatrice. Elle concourt avec les autres arts libéraux à la joie de l'esprit et au plaisir de l'âme. Elle force l'écoute qui nous accorde à l'autre, et avec lui, à l'inouï que révèlent sa parole et son silence[353]. Elle est brassage et culture en bouillonnement. Cet art de l'instant est vieux de plus de trente mille ans. Dans la

---

[352] Augustin est cité par Pie XII, encyclique *Musicae Sacrae Disciplina*, 1ᵉ partie, 1955.
[353] Univers Laus, « Document II, De la musique dans les liturgies chrétiennes », Mai 2002, in *La Maison-Dieu*, n. 239 (2004), § 1.3, p. 8.

mythologie, Orphée réussit grâce à sa musique à convaincre Hadès, dieu des enfers, de lui rendre son épouse Eurydice. Ce mythe fonde le pouvoir merveilleux de la musique qui était de tout sacrifice dans l'antiquité, même dans l'offrande d'encens ou une libation ; on lui prêtait la vertu de favoriser la venue des dieux et d'écarter les démons[354].

La musique n'est pas réductrice et ne supporte pas d'exclusion. Comme fonction projetée et perception existant dans l'esprit et l'âme du compositeur, elle est à la fois création, représentation et communication. Elle est une esthétique évanescente dans la durée. Elle comprend tous les phénomènes acoustiques émis par différentes sources et organisés selon des choix variés[355]. Elle est individuelle et collective dans son expression. Elle ordonne ou désordonne sons et silences avec le rythme comme support dans l'enveloppe du temps. Cet art de combiner les sons, est medium mêlant le corps, la voix, la parole, l'instrument. « La parole est un 'instrument', un instrument qui 'parle'[356] », de la même manière que la mélodie est l'expansion du mot dans sa phonétique, sa signification et sa symbolique[357]. Bref la musique fait entrer dans le cénacle, le lieu-même, le lieu-un. F. Suarez crut que le message de la musique commence où s'arrête le verbe[358]. Chaque religion et culture a sa musique. La finalité de l'utilisation fait la chose. L'Église a toujours employé la musique dans sa liturgie, qu'elle soit vocale ou instrumentale, a ses instruments de

---

[354] Cf. Joseph-André JUNGMANN, *La liturgie des premiers siècles jusqu'à l'époque de Grégoire le Grand*, p. 194.
[355] Felice RAINOLDI, « Chant et musique », in Domenico SARTORE et Achille M. TRIACCA (dir.), *Dictionnaire encyclopédique de la liturgie*, tome I, p. 170.
[356] Andrea GRILLO, « Les instruments de la liturgie », Musique instrumentale et liturgie instumentalisée, *La Maison-Dieu*, n. 239, (2004), p. 52.
[357] Joseph GELINEAU, « La musique », in CNPL *Exultet,* encyclopédie pratique de la liturgie, Louis-Michel RENIER (dir.), Paris, Bayard, 2000, p. 329.
[358] Cité par Centre National de Pastorale Liturgique (CNPL), « Du bon usage de la liturgie », in *Guides Célébrer*, p. 106. Francisco Suarez (1548-1617) est un jésuite espagnol de l'école de Salamanque. Il est considéré comme le plus grand des philosophes scolastiques après saint Thomas d'Aquin.

prédilection. Sa vision de la musique est enchâssée dans le vocable *musique sacrée* (*musica sacra*). Elle ne fut pas pionnière de cet art dans le culte, mais elle a recréé la musique adjectivée sacrée, liturgique, en opposition à la musique profane. Michael Praetorius (1571-1621) distinguait musique d'Église et musique profane. En Allemagne depuis 1860 l'expression musique sacrée devenue ordinaire, est utilisée dans un sens technique et plénier. Pie X va lui donner plus de densité et de profondeur dans son Motu Proprio *Tra Le Sollecitudini* (22 novembre 1903) qui acquit le prestige de document de référence en *musique sacrée*. Celle-ci pour Pie X est « parfois "le chant et le son des instruments", parfois seulement "le son des instruments"[359] ». La musique de l'Église est au service de la gloire de Dieu ; elle orne, habille le texte liturgique afin que la louange atteigne le sublime et la perse splendeur de toucher au divin.

La musique sacrée catholique utilise les instruments, la voix, les percussions, les cordes et les mêmes notes que les autres. Elle exprime les sentiments humains avec les mots, les sons, les instruments. Sans être surnaturelle, elle obéit à des canons de la liturgie, s'astreint à la tenue/vêture du protocole cultuel. Elle est de la mesure de notre patience. Elle intègre « l'annonce de la Bonne Nouvelle et des réponses qui lui sont faites comme la confession de foi, la supplication et la louange[360] ». Elle est au service de la foi. Grâce à elle, le ciel n'est plus trop haut, mais devient mi-lieu entre le sublime et le mystère. Dans et à travers la liturgie, Dieu habite avec les hommes et y construit sa demeure[361]. Pie X énonçait trois caractéristiques de la musique sacrée en liturgie « la sainteté,

---

[359] Sacrée Congrégation des Rites Instruction *sur la Musique Sacrée et la Sainte Liturgie*, n. 11, septembre 1958.
[360] Joseph GELINEAU, « La musique », in CNPL *Exultet*, encyclopédie pratique de la liturgie, Louis-Michel RENIER (dir.), Paris, Bayard, 2000, p. 328.
[361] Patrick PRÉTOT, « Liturgie et ecclésiologie à une époque d'individuation », *La Maison-Dieu*, n. 260, (2009), p. 190.

l'excellence des formes, d'où naît spontanément son autre caractère : l'universalité[362]».

Après *Tra le sollecitudini*, deux documents d'importance furent publiés : *Divini cultus* de Pie XI (1928), *Musicae sacrae disciplina* (1955) de Pie XII. « La tradition musicale de l'Eglise universelle a créé un trésor d'une valeur inestimable qui l'emporte sur les autres arts, du fait surtout que, chant sacré lié aux paroles, fait partie nécessaire ou intégrante de la liturgie solennelle[363]». Selon *De musica in Sacra Liturgia* (1967) la musique sacrée a une fonction ministérielle (munus ministeriale) ; elle est au service du culte. Je voudrais que cette esthétique du sacré soit l'écologie où se déploie en se dépliant, la riche histoire de la liturgie de l'Église retrouvant dans le chant nouveau de son allégresse, la jubilation d'un peuple libre en adoration.

L'une des plus magnifiques et pures expressions de la musique est le chant humain. C'est un des éléments qui manifestent l'unité visible de l'Église dans le monde. Chanter comme une véritable expérience de la résurrection est le summum du culte, au lieu inviolable où la liturgie est pont entre le ciel et l'invincible dans l'ordre de la grâce. Aussitôt produit, le chant devient l'outil à chanter, la louange ou la supplication d'un peuple[364]. Il sert à solenniser, à donner ou à fabriquer de la majesté aux rites en même temps qu'il embellit et unifie. Il nous apprend à murmurer à Dieu notre humilité de n'avoir pas été plus que ce que nous devenons ; cette honte d'enfant en nous réveille la douceur de l'infini de la grâce d'être image et ressemblance de Dieu.

L'homme a-t-il commencé par chanter ou par parler ? Dès le 3e mois de son existence le nouveau-né atteint les possibilités vocales[365]. Et

---

[362] Pie X, Motu Proprio, *Tra Le Sollecitudini*, n. 1.
[363] Sacrosanctum Concilium, n. 112, in Vatican II, *Les seize documents conciliaires*, Montréal/Paris, Fides, 1967. p. 160.
[364] Jean-Michel DIEUAIDE, « Répertoire(s) des assemblées chantantes », *La Maison-Dieu*, n. 251, (2007), p. 81.
[365] Philippe ROBERT, « Chant, mémoire et transmission », *La Maison-Dieu*, n. 251, (2007), p. 106.

lorsque l'émotion fit place au besoin de nourriture, par exemple, le chant laissa place au cri[366]. Chanter est propre aux animaux, aux humains et aux anges mais la pureté du chant est toujours en fonction du degré de sentiment. L'homme est le seul parmi ceux qui chantent à avoir un affect sentimental, son chant peut être aussi peu construit qu'un animal et aussi stylisé que celui de l'ange. Les animaux chantent sans créativité, chez l'homme où le chant et le langage relèvent de compétences cérébrales, la voix, le langage et la capacité à interpréter un chant, s'apprennent avec l'âge. L'œuvre musicale ne renvoie qu'à soi, ne parle que de soi, elle est autoréférentielle ; l'activité de la conscience dévoile son sens. La musique a trois constituants : le rythme (sons et niveau d'intensité), la mélodie et la polyphonie (superposition de sons simultanés). Selon les cultures peut prédominer une dimension : le rythme en Afrique, l'harmonie en Occident, la mélodie en Orient. Elle est l'un des plus grands véhicules de la culture ; un ciment social innervant.

Le chant est un registre supérieur, une plus-value du dire, il procure aux paroles un expressif épanouissement[367]. Il est moins et plus qu'un bouquet de fleurs ; il dit à la fois moins et plus. Les fleurs n'ont rien à démontrer, ne sont pas le raisonnement et la solution d'un théorème ou d'une hypothèse. Le chant traduit, dit sans rien montrer, il est un auxiliaire ; le bouquet est louange. Les deux ne démontrent aucune vérité de foi et ne sont pas des commentaires mélodiques ou floraux de l'Écriture. Il faut laisser le bouquet chanter, être la représentation symbolique de la nature en louange et non le dénaturer en le chargeant de factices allégories[368]. Il existe des familles ou des genres de chants qui interviennent pour : l'acclamation, la psalmodie, les

---

[366] Philippe ROBERT, « Chant, mémoire et transmission », La Maison-Dieu, n. 251, (2007), p. 106.
[367] Dom Robert LE GALL, *Dictionnaire de liturgie*, p. 61.
[368] Centre National de Pastorale Liturgique (CNPL), « Du bon usage de la liturgie », in *Guides Célébrer*, p. 106.

hymnes diverses[369]. Dans ces déclinaisons le chant devient poème et fleur dans le champ de notre ivresse et de notre grand récit. Les acclamations sont par définition des ovations sacrées où le peuple de Dieu veut porter son Dieu en triomphe à la manière d'un héros qu'on porte en apothéose sur ses épaules. La psalmodie est notre admiration en creux dans le parterre de l'adoration cloutée d'hymnes et de jubilation saccadée.

Le chant n'intervient pas dans la liturgie pour en faire un sordide médiocrité, un voile lugubre, antichambre de la mort. La joie de savoir que le Christ est vraiment ressuscité nous fait chanter. « Vraiment mort dans un vrai abandon, Jésus a laissé ses disciples vraiment perdus, dans un vrai désespoir. Donc il a fallu, pour qu'ils croient, que sa résurrection soit encore plus *vraie* que leur désespoir et que sa mort[370] ». Le chant a mission de manifester le sentiment que donne cette vérité. Si vous ne pouvez pas chanter, ne chantez pas, si vous ne savez pas chanter ne chantez pas, si vous ne voulez pas chanter ne chantez pas. Ne gâchez pas tout à cause d'une démangeaison qui vous prend de chanter quand vous ne réalisez pas les conditions nécessaires : si vous avez la voix, vous n'avez pas le rythme, si vous avez le rythme vous n'avez pas la mélodie, si vous avez la mélodie, vous n'avez pas l'articulation, si vous avez l'articulation vous n'avez pas la ponctuation, enfin si vous aviez tout cela, vous n'entendez rien à la liturgie et au texte sacré ; si vous ne savez établir la différence entre chant, cantillation et psalmodie, alors ne chantez pas ; vous allez tuer la célébration au lieu d'aider à prier deux fois.

Le chant est le support du texte dans l'histoire de la mélodie. Par la voix souvent utilisée en instrument de musique, il mobilise toutes les ressources matérielles et spirituelles du corps humain : le système

---

[369] Georges BEYRON, « Les chants de la messe ; Acclamation – Paumes – Hymnes » in Joseph GELINEAU (dir.), *Dans vos assemblées*, Manuel de pastorale liturgique, Desclée 1989, p. 415.
[370] Jean-Luc MARION, « Nous sommes tous comme Pilate devant lui », in Joseph DORÉ (dir.) *Jésus, L'encyclopédie*, p. 52.

respiratoire, les muscles du ventre, du dos, du cou, du visage. Cette activité exigeante, holistique de l'être humain, met la conscience dans un état de présence à soi et la dresse pour la transe. L'entraînement musical est comme du sport ; il procure les mêmes bienfaits pour le corps et l'esprit ; la musique facilite le travail du corps et de ses muscles. Ouvrir la voix c'est ouvrir la voie à l'air qui sort pour permettre aux poumons de se dilater.

« Chanter signifie célébrer et, dans l'hymne, garder ce qui est célébré[371] ». La chanson « possède comme la photographie, ce pouvoir d'immédiateté ; elle précipite à ma rencontre, dès les premières notes de son introduction, tout un pan de mon histoire[372] ». Le chant et les hymnes sont bien attestés dans la bible ; le livre d'Isaïe en regorge. Les références majeures sur le chant dans la liturgie se trouvent dans le corpus paulinien qui nous a conservé de « précieux restes de chants liturgiques de la première communauté[373] ». Col 3, 16 ordonne de chanter des psaumes, des hymnes et des cantiques, Ep 5, 19 nous enjoint de chanter, de célébrer le Seigneur ; 1 Co 14, 26 rend possible des interventions spontanées et des improvisations charismatiques. Selon l'épître de Jacques, le chant devrait être le premier signe de la joie : « quelqu'un est-il joyeux ? Qu'il entonne un cantique » (Jc 5, 13). Depuis assez longtemps il est devenu traditionnel de lire le livre de l'Apocalypse comme une orchestration liturgique où le chant, instrument au service de l'unité ne manque pas ; il fait l'unité et l'unanimité des sentiments[374]. Selon les Pères de l'Église le chant a le

---

[371] Martin HEIDEGGER, *Acheminement vers la parole,* traduit de l'allemand par Jean Beaufret, Wolfgang Brokmeier et François Fédier, Gallimard, Collection Classiques de la Philosophie, 1976, p. 71.

[372] Philippe ROBERT, « Chant, mémoire et transmission », *La Maison-Dieu*, n. 251, (2007), p. 102.

[373] Aimé George MARTIMORT « Structure et lois de la célébration liturgique » in Aimé George MARTIMORT (en collaboration), *L'Église en prière*, Introduction à la liturgie, tome I « Principes de la liturgie », Paris, Desclée, 1983, p. 151.

[374] Aimé George MARTIMORT « Structure et lois de la célébration liturgique » in *L'Église en prière*, tome I, p. 151.

pouvoir de donner aux paroles une plus grande force et intelligibilité. C'est l'image par excellence de la fête. Mieux il est l'élément humain le plus signifiant de la réalité mystique ; il symbolise, rassemble[375]. Manière communautaire d'imprimer au cœur de l'assemblée l'élan charnel d'un Dieu si spirituel qu'il devient chair et plante sa tente dans notre cabane. Communion sensible avec le Dieu qui a pour nom miséricorde.

Si le chant n'était cet élan gracieux qui émonde les ronces sauvages de nos incivilités, nous serions des brutes. Quand nous gémissons : *de profundis clamavi* (de mon abîme je crie), le cœur descend des hauteurs de la fierté pour s'adresser humblement à l'infiniment transcendant. Les gnostiques et les ariens utilisèrent le chant pour propager leurs doctrines douteuses. Arius mettait ses pensées théologiques en vers, les psalmodiait à un auditoire composé de matelots, d'artisans, de voyageurs, qui retenait ces cantiques. Ambroise composa des chants pour contrer l'influence des ariens[376]. Saint Benoît les utilisa dans les heures canoniales. Chez Augustin c'est l'émotion sublime : « quand je me souviens des larmes que les chants de votre Église me firent répandre au commencement de ma conversion, et qu'encore maintenant je me sens touché non pas par le chant mais par les choses qui sont chantées, lorsqu'elles le sont avec une voix si nette et distincte, et du ton qui leur est le plus propre, je rentre dans l'opinion que cette coutume est très utile[377] ».

Mais une chapelle rurale de Marbial (Sud-Est d'Haïti) n'est pas la cathédrale de Paris pourvue d'une des plus grandes maîtrises du monde. Dans tous les cas le chant comme texte et mélodie, doit remplir sa fonction liturgique d'aider à faire rayonner la gloire de Dieu

---

[375] Centre National de Pastorale Liturgique (CNPL), « Du bon usage de la liturgie », in *Guides Célébrer*, p. 32.
[376] Anscar CHUPUNGCO, article « Chant Antienne », in *Dictionnaire encyclopédique du catholicisme ancien*, volume I, p. 461.
[377] Saint AUGUSTIN, *Confessions*, Livre X ch. 33, Traduction d'Arnauld d'Andilly, folio classique Gallimard, 1993, p. 382.

pour le salut du monde. L'assemblée a plus besoin d'un bon chantre que d'un directeur de chorale. Celui-ci doit être discret et délicat en dirigeant la chorale. Il doit avoir le talent de rendre 'une polyphonie enrichissante'[378]. Une grande chorale est celle qui sait comment servir l'assemblée. La chorale et son organiste ouvrent et ferment toute célébration. Ils aident à s'élever vers le Saint qui habite les louanges d'Israël (Ps 21, 4) et les nôtres.

Dans l'Église locale d'Haïti nous avons des contresens sonores, musicales et mélodiques dans les chants liturgiques. Souvent on y trouve un style musical sautillant qui pourrait convenir à d'autres textes. Les Kyrie, Gloria, entre autres, en sont les premières et principales victimes. Ici ou là les sambas composent sans art et sans science. Pas un n'ait composé une messe c'est-à-dire un ordinaire complet de cinq pièces : (Kyrie, Gloria, Credo, Sanctus, Agnus Dei)[379]. Ils composent pour eux-mêmes et non pour la liturgie qui est un tout ritualisé et ordonné. L'Église exige l'unité musicale des œuvres. Or voici le constat : ils ignorent la règle de Pie X aux musiciens : « le Kyrie, le Gloria, le Credo etc. de la messe doivent garder l'unité de composition propre à leur texte. Il n'est donc pas permis de les composer en morceaux séparés, pour que chacune de ces parties forme une composition musicale complète et puisse se détacher du reste[380] ». Ainsi « il ne suffit pas de se demander si une mélodie plaît ou marche, il faut encore savoir si elle réalise bien ce que la liturgie lui

---

[378] Cf. Centre National de Pastorale Liturgique (CNPL), « Du bon usage de la liturgie », in *Guides Célébrer*, p. 104.
[379] La seule tentative que je connais est celle de Papi JO (Joseph Augustin. Cet Ordinaire constitue comme la préface de l'édition originale de *Nap regle tout bagay an chantan* qui est une compilation fourre-tout de chants en usage encore dans l'Église locale d'Haïti. Je m'interdis d'en dire davantage.
[380] Pie X, Pie X, *Tra le sollecitudini,* Motu proprio sur la restauration de la musique sacré, n. 11a, 22 novembre 1903, http://www.introibo.fr/Tra-le-sollecitudini-1903

réclame[381] ». L'ignorance est toujours coupable sur les matières graves.

Il y a une typologie du chant dans la liturgie de l'Église. Dans la messe : il y a des chants à refrain, des litanies, des antiennes, des hymnes et des acclamations. Ainsi la célébration eucharistique a cinq chants à refrain : Entrée, Procession d'offrande/offertoire, Communion, (Action de grâce) et Sortie. Le psaume responsorial n'est pas un chant mais un psaume fait pour être psalmodié. Nous avons deux acclamations : une avant la proclamation de l'Évangile, l'autre après la consécration ; le Gloria est une hymne comme le credo un symbole, tandis que le Kyrie et l'Agnus Dei sont deux petites litanies. Nous avons un nombre important d'antiennes : pour l'entrée, pour l'acclamation à l'Évangile, pour la post-communion et même pour le psaume. *Amis lecteurs*, si vous n'êtes pas essoufflés, suivez-moi, je vais parler maintenant du ministère du chantre dans nos célébrations.

QUI CHANTE ?

On pourrait répondre simplement à la question « qui chante ? » par « qui écoute ». On ne chante pas sans écouter. Pour le musicien le premier instrument est l'oreille ; c'est une « dynamo » pour le cortex cervical. On n'entend pas seulement avec son oreille mais avec tout son corps. La voix chantée est plus lumineuse que la voix parlée. C'est une des raisons qui fait utiliser une sorte de cantillation dans les paroles proférées en public, surtout en plein air, à une époque où les moyens électroniques d'amplification n'existaient pas. La voix chantée porte mieux, parce qu'elle est plus chargée en fréquences harmonieuses aiguës, lui conférant un timbre plus vif, plus clair. Le son a un effet dynamisant, quand on chante, les sons aigus touchent le cortex et les graves les tripes. Le chant en commun a une charge

---

[381] Centre National de Pastorale Liturgique (CNPL), « Du bon usage de la liturgie », in *Guides Célébrer*, p. 62.

énergétique, permet une assomption de l'ensemble du corps dans l'apaisement de nos fonctions physiologiques ; cela procure une lucidité plus grande, une écoute plus vigilante. Les bandes de *rara* maitrisent ces techniques à merveille pour faire danser les foules mémorisant les airs et les mélodies. Sous ce rapport la mémoire est au service du corps et de ses désirs. Et tout désir véritable cherche le chemin du retrait où les eaux serpentent et se perdent dans le creux de la grâce du don pour désaltérer gratuitement.

Je souligne d'emblée que c'est le chant de l'assemblée et non celle de la chorale qui a la première place car il est la voix de l'Église corps du Christ[382]. « Le chanteur n'est qu'un instrument au service de la déclamation de la Parole de Dieu, la voix au service du Verbe, voix qui permet à la Parole d'être portée, vibration sonore et spirituelle, jusqu'aux oreilles et jusqu'au cœur et à l'âme de chacun des fidèles[383] ». Je présente une école de chantres (schola cantorum) créée en 520 ; elle a un directeur (prior ou primicerius), trois sous-directeurs et une vingtaine de garçons, encadrés d'une dizaine d'adultes. Ce chœur de garçons avait mission d'accompagner les cérémonies. On retrouve cette base jusque dans la tradition du chœur de la chapelle Sixtine. Lorsque le pape Étienne II fut en exil à l'abbaye de Saint-Denis en 754, il eut avec lui Ambrosius primicerius et Bonifacius secundicerius, c'est-à-dire 1er et 2e chantre de la schola. Selon le premier Ordo romain (Ordo Romanus primus après 680[384]), le pape devait appeler la schola avant de commencer sa messe[385]. Cet Ordo

---

[382] Centre National de Pastorale Liturgique (CNPL), « Du bon usage de la liturgie », in *Guides Célébrer*, p. 103.
[383] Sylvain DIEUDONNÉ, « Le chant grégorien dans la liturgie : histoire et actualité », *La Maison-Dieu*, n. 251, (2007), p. 14.
[384] *Ordo romanus* est un sacramentaire qui contient la manière de célébrer la messe, les autres cérémonies et les offices de l'Église de Rome. Par la suite il devait prendre le nom de Cérémonial. C'est l'ancêtre du Cérémonial des évêques. Il y eut au moins 50 *Ordines romani* (au pluriel).
[385] *Schola* [pape] ; *Adsum* (je suis présent) ; Quis psallet ? (Qui va chanter le psaume ?).

précise encore que la schola disposait de chanteurs masculins et d'enfants de chœur. On pouvait exécuter les chants ainsi : dans la psalmodie de l'antienne, les fidèles se divisaient en deux groupes, chacun récitait un verset différent en alternance. Dans la psalmodie responsoriale, le soliste chantait le verset, l'assemblée y répondait, alternance entre soliste et chœur. Les fidèles chantaient à l'unisson la psalmodie de l'alléluia. Pour aujourd'hui selon les circonstances : « il convient d'avoir un chantre ou un maître de chœur pour guider et soutenir le chant du peuple. Surtout, en l'absence de chorale, il appartient au chantre de diriger les divers chants, le peuple continuant à participer selon le rôle qui est le sien »[386].

Le chant sacré est ce qui convient le mieux à la sainte liturgie ; il lui apporte de la splendeur, lui ajoute de l'efficacité. L'expérience nous apprend de quelle façon le chant donne au culte divin une grandeur qui attire les âmes vers les choses célestes. L'Église qui recommande l'usage du chant, s'ingénie à ce qu'il reste dans sa dignité native. Le chant liturgique a une fonction pédagogique et mystagogique[387]. Il est toujours chant nouveau i.e. cantique[388] de l'homme nouveau réalisant la Parole : chanter non seulement avec sa voix mais avec sa vie. Le chantre devient une louange qui plaît à Dieu[389]. La musique accompagne le chant vocal et lui permet de déborder le texte et les contours littéraires qui bordent et encerclent la générosité du créateur.

A côté du chant il y a dans la célébration la cantillation, la psalmodie. Dans ces deux modes d'expression musicale, la musique se fait humble, petite, se tenant comme en retrait pour laisser parler la

---

[386] *Présentation générale du Missel Romain* (PGMR), n. 83, version 2002. Le texte cite *Sacrosanctum concilium* n. 21.
[387] La mystagogie du verbe grec *agaguein* = action de conduire ; c'est l'initiation aux mystères, donc aux sacrements.
[388] Les cantiques sont ordinairement les chants bibliques qui ne sont pas des psaumes. Cf. Dom Robert LE GALL, *Dictionnaire de liturgie*, p. 53.
[389] Univers Laus, « Document II, De la musique dans les liturgies chrétiennes », Mai 2002, in *La Maison-Dieu*, n. 239 (2004), § 2.6, p. 10.

parole du Verbe ; sinon elle est intempestive et orgueilleuse, ce qui ternit sa gloire et le port de sa majesté. Le texte du psaume par exemple doit vibrer, doit apparaitre dans toute sa sainteté, soulevé par l'imperceptibilité de la musique ; un cœur plein de reconnaissance se remplit de larmes de joie par cette invocation salutaire. Ainsi l'importance de la parole croit de l'antienne à l'acclamation en passant par la psalmodie, la cantillation, la proclamation mais l'importance de la musique grandit de l'antienne à la vocalise en passant par les chorals[390], cantiques, motets[391]. Vocaliser c'est chanter sur une voyelle sans articuler des paroles et sans nommer les notes comme on fait en solfiant ; les voyelles a, é, sont les plus propres à l'émission de la voix ou à vocaliser. La vocalise désarticule le mot pour s'adresser directement aux voyelles comme si on apprenait à parler une langue étrangère, celle de la musique vocale.

Psalmodier c'est chanter des poèmes particuliers avec des instruments particuliers pour parler à Dieu comme si on était comme Lui unique au monde. La psalmodie est là pour soutenir le texte. Elle est avant tout un art de dire et non pas un art du chant. Le texte est à débiter comme on parle et non selon des notes sur une portée. On peut psalmodier par verset, par strophe ou selon la disposition typographique du psautier ; les signes à observer sont : la flexe, l'astérisque de la médiante, le tilde, les syllabes soulignées, les notes avec ou sans hampe.

---

[390] Un choral (chorals au pluriel) est un genre musical liturgique en langue vernaculaire, créé au 16ᵉ siècle chez les luthériens, pour être chanté en chœur par les fidèles pendant le culte. C'est une pièce jouée à l'orgue, rarement au clavecin. C'est composé dans une forme et un style simple pour être chanté et retenu par les fidèles. Ce qui n'a pas empêché d'avoir des chorals polyphoniques.
[391] Diminutif du terme *mot*, le motet est un morceau de musique sur des paroles religieuses latines destiné à être exécuté à l'église, sans faire partie du service divin. C'est une composition musicale apparue au 13ᵉ siècle, avec une ou plusieurs voix, avec ou sans accompagnement instrumental, de longueur variable et écrite à partir d'un texte religieux.

Que faut-il pour chanter ? Il faut 1) le désir de la volonté, 2) le sentiment, 3) le texte, 4) la voix ; mais pour bien chanter il faut : 1) la voix juste, 2) le ton juste, 3) la ponctuation musicale, 4) une solide articulation, 5) le rythme, 6) le texte, 7) la mélodie en symbiose avec la nature du texte. On chante bien en intégrant les nuances de l'expression humaine : aspiration, soupir, admiration, cri, supplication, jubilation, silence, souffle, murmure. Beaucoup mettent souvent du trémolo dans la voix pour qu'elle apparaisse tremblotante, hésitante à dessein, comme une petite ruse amie et aimée qui peut être perverse. Je ne vais pas prendre le temps pour décortiquer et ajuster le *bene cantare* avec le *bis orare* d'Augustin. Ces repères suffisent.

Nous venons de passer en revue les préliminaires indispensables à une célébration eucharistique normale, lieu de la joie et de la fête, espace d'exécution de l'art sacré. Maintenant entrons dans le missel et les rubriques pour déployer dans la transparence la splendeur de la gloire de Dieu que la créature doit chanter avec une *allégresse ouverte*[392]. La liturgie est toujours au service de la mise en fonction du salut, donc de la joie en plénitude fécondée par la vision béatifique éternelle, désormais cadeau sans prix du Fils Rédempteur de l'homme.

Nous avons mis fin ensemble, vous et moi à la première coulée et aux préparatifs de la table qui va s'ouvrir. L'apéro est toujours pour et en fonction du repas. Il est temps de passer à table. *Amis lecteurs*, pour le reste du parcours sans cesser d'être ce que vous êtes, vous êtes aussi commensaux.

---

[392] L'expression est de Pierre Corneille dans sa tragédie intitulée *Horace*. Dans le monologue de Camille, Acte 4, scène 4.

B. CÉLÉBRER DIEU COMME PAROLE

Au commencement était la Parole, elle était avec Dieu, elle était Dieu (Jn 1, 1). Il faut l'écouter et la mettre en pratique (Dt 30, 4) ; elle est lampe sur nos pas, lumière sur la route (Ps 119,105). Cela explique-t-il qu'il faille la célébrer ? « L'Église a toujours témoigné son respect à l'égard des Ecritures, tout comme à l'égard du Corps du Seigneur lui-même, puisque, surtout dans la Sainte Liturgie, elle ne cesse, de la table de la Parole de Dieu comme de celle du Corps du Christ, de prendre le pain de vie et de le présenter aux fidèles[1] ». La parole dans la liturgie accompagne toujours un geste, une action, un rite. Mais dans la célébration de la Parole, la parole est l'action même. On célèbre la liturgie de la Parole pour « favoriser la méditation c'est-à-dire en évitant toute forme de précipitation qui empêche le recueillement. Il est bon qu'elle comprenne même quelques brefs moments de silence, adaptés à l'assemblée réunie : par ce moyen, avec l'aide de l'Esprit Saint, le Verbe de Dieu est accueilli dans le cœur et la réponse de chacun se prépare dans la prière. Ces moments de silence peuvent opportunément être observés après la première et la seconde lecture, et enfin après l'homélie[2] ». Mais l'Église prescrit-elle comment il faut célébrer la Parole de Dieu ?

Il faut lire, proclamer la Parole de Dieu, discourir sur après prière, méditation et adoration ; le tout accompagné de gestes et de signes. La célébration requiert préparation, acteurs et logistique. On peut savoir lire avec les yeux et pas avec la voix tout comme on peut avoir une belle voix et ne pas savoir chanter. L'actant qui performe pour le Seigneur doit combiner respect, dignité, grâce. Sinon c'est la confusion dans l'espace sacré et l'auditoire. Où trouver Dieu comme

---

[1] Dei Verbum, n. 21, in Vatican II, *Les seize documents conciliaires*, Montréal/Paris, Fides, 1967. p. 117.
[2] *Présentation générale du Missel Romain* (PGMR), n. 55-56, version 2002.

Parole à lire ? Dans un livre, le livre de Sa Parole. Le livre est un lieu privilégié où Dieu se repose et se conserve comme Parole. Il est plus invulnérable dans le livre que dans le secret du tabernacle. Sans doute l'humain est incapable d'une profération performative de la Parole. En revanche du travail conjugué de l'homme et de l'Esprit, la parole puissante hier, l'est aujourd'hui. Nous célébrons le Christ Jésus comme Parole car il est le même hier et aujourd'hui à jamais (He 13,8). La PGMR établit : « La partie principale de la liturgie de la Parole est constituée par les lectures tirées de la sainte Écriture, avec les chants qui s'y intercalent. En outre, l'homélie, la profession de foi et la prière universelle la développent et la concluent. Car dans les lectures, que l'homélie explique, Dieu adresse la parole à son peuple[3], il découvre le mystère de la rédemption et du salut et il offre une nourriture spirituelle ; et le Christ lui-même est là, présent par sa parole, au milieu des fidèles[4]. Cette parole divine, le peuple la fait sienne par le silence et les chants, et il y adhère par la profession de foi ; nourri par elle, il supplie avec la prière universelle pour les besoins de toute l'Église et pour le salut du monde entier[5] ». Je vais m'essayer à restituer cet agencement précis dans une célébration normale de l'eucharistie. Alors que la table soit délicieuse pour déguster avec délectation !

OUVRIR NOTRE CÉLÉBRATION

L'homme en tant que conscience est un commencement radical, un consentement surgissant comme liberté. Son *être* profond s'exprime dans le langage qui *ipso facto* soulève le voile sur son *essence*. Né pour agir, il sait comment faire éclore une advenue pour verrouiller la porte

---

[3] Le texte cite ici : *Sacrosanctum Concilium* n. 33.
[4] Le texte cite ici : *Sacrosanctum Concilium* n. 7.
[5] *Présentation générale du Missel Romain* (PGMR), n. 55, version 2002.

du néant toujours béante. C'est ainsi qu'il lui arrache son étant à chaque instant par le biais de l'action qui le relève de l'ébranlement de sa fugacité naturelle. Donc pour toute créature vivante le commencer est inévitable, mais il fallut le savoir. Adam et Ève (Gn 3) l'ont appris à leurs dépens et aux nôtres. Depuis nous avons marché jusqu'au temps de la visite du Seigneur par le Fils (He 1, 1-4). Comment les premiers disciples ont-ils vécu intuitions et expériences emmagasinées du temps du Seigneur ? Comment créèrent-ils du neuf ? Souvent le nouveau surgit dans le déficit d'espérance et dans la déception grosse d'énergie qui fait pousser les ailes pour voler vers les cieux. Ou encore en tirant sur le vieux tissu pour qu'il se déchire. Changer ce monde a davantage besoin de persévérance que d'espérance béate. Qu'avaient les disciples immédiats du Christ à leur disposition pour déployer cette audace ?

La mort et la résurrection de Jésus ont fait de l'eucharistie un *initium* radical. Certes il existait dans le temple le sacrifice de communion (*zebah tôdah*), selon lequel un repas était partagé avec Dieu, une partie du sacrifice consumée sur l'autel et une autre restituée à celui qui l'avait offert pour qu'il en jouisse avec ses amis[6]. Mais cela donne-t-il un rituel et de l'intelligence pour inventer ? Le rituel a besoin d'une langue et d'un langage ; quand la langue existe il faut créer le langage propre qui existe sous les formes les plus diverses à cause d'un grand nombre de langues parlées dans le monde et parce que chaque langue contient des formes d'expression différenciées, liées à l'histoire, aux sciences, aux caractéristiques régionales, aux conditions culturelles, aux couches sociales, bref à l'utilisation quotidienne de la langue. Ainsi chaque langue implique une multiplicité de langages. Cela vaut aussi pour le domaine religieux où la langue liturgique est une langue spécialisée, donc technique.

---

[6] Cf. Pierre LORET, *La messe du Christ à Jean Paul II*, brève histoire de la liturgie eucharistique, Salvator/Novalis, Mulhouse/Ottawa 1980/1982, p. 35.

Le zèle hait le modèle imprécis ; or tout modèle cultuel chrétien bute sur un infranchissable obstacle : le mystère pascal, point de départ et point d'arrivée du christianisme, et de toute la réflexion de l'Église sur le salut. La mort de Jésus de Nazareth fut perçue très tôt comme offrande et sacrifice à Dieu en parfum d'agréable odeur. Elle fut redimensionnée par la résurrection en 'mort pour', pour quelque chose ou pour quelqu'un[7]. D'ailleurs la résurrection offre la seule preuve que Jésus ne se peut connaitre et être *reconnu* que comme Christ, le saint de Dieu, le Fils du Père. Cette certitude de foi devint lieu herméneutique où se joue le destin de la création par l'opération d'un 'dégagement progressif de sens'[8]. Ce qui pour Jésus eut valeur de preuve, constitue pour nous une épreuve sinon une preuve par l'impossible[9]. La foi au Ressuscité fait donc tout notre culte et nos eucharisties, elle est avant tout modèle et tout procès.

Par quoi, par qui ; avec quoi, avec qui débuter l'eucharistie ? Tout dépend de laquelle. S'il n'y a pas de chant pour l'accueil du célébrant et ouvrir la célébration, on récite ensemble l'antienne de la messe du jour, ou à défaut un lecteur le lit ou le prêtre lui-même en le liant à une monition d'ouverture. Une messe sans pompe s'ouvre par le chant d'entrée ou l'antienne d'ouverture ; et s'il y a un organiste, celui-ci commence avant tous avec la musique. Si le prêtre arrive à l'autel et dit l'antienne, ipso facto il engage l'assemblée à la dire avec lui[10]. A la messe dominicale ou solennelle commencer échet souvent au commentateur et non à l'organiste ou au célébrant. Débuter n'est pas ouvrir. Mais dans tous les cas le célébrant est toujours celui qui

---

[7] Michel QUENEL, « Le sacrifice chez Paul », in *Cahiers Évangile*, n. 118 (2002), p. 14.
[8] J'emprunte cette expression à Michel GOURGUES, « Les psaumes et Jésus ; Jésus et les psaumes », *Cahiers Évangile*, n. 25 (1978), p. 13.
[9] Cf. Jean-Luc MARION, « Nous sommes tous comme Pilate devant lui », in Joseph DORÉ (dir.) *Jésus, L'encyclopédie*, coordination Christine PEDOTTI, Albin Michel, 2017, p. 53.
[10] Antienne vient du grec antiphonos = qui répond à. Il devient ce qui est exécuté avant, pendant ou après le psaume. Cf. Dom Robert LE GALL, *Dictionnaire de liturgie*, Éditions C.L.D., 1983, p. 31.

ouvre et ferme la messe sans en être le premier et le dernier intervenant.

La célébration s'engage à la sacristie où le célébrant prend les ornements liturgiques pour monter à l'autel ; il le fait en récitant des prières ; avant de s'ébranler avec servants ou cortège vers l'autel, il dit une autre prière. C'était obligatoire avant la réforme. Dans l'antiquité chrétienne, le président de l'assemblée avait les habits de tout le monde[11]. Ces habits, devenus des ornements liturgiques[12] à distinguer des vêtements ecclésiastiques, l'Église leur a trouvé des valeurs symboliques. Aujourd'hui la « diversité des ministères dans la célébration de l'eucharistie se manifeste extérieurement par la diversité des vêtements liturgiques. Par conséquent, ceux-ci doivent être le signe de la fonction propre à chaque ministre. Il faut, cependant, que ces vêtements contribuent aussi à la beauté de l'action liturgique[13] ».

C'est juste de dire qu'une célébration eucharistique débute par la procession d'entrée car il y en a toujours une, pour courte soit-elle. Procession vient du latin *procedere* = avancer gravement et avec dignité ; la procession est toujours solennelle. Pour une messe dominicale la PGMR prévoit des ministres en vêtements liturgiques : lecteurs, acolytes, thuriféraires et céroféraires, et les ministres sacrés : les diacres, les concélébrants s'il y en a, et le président de l'assemblée. Le tout précédé de l'encensoir fumant et de la croix de procession. Cette escorte du prêtre manifeste que toute l'Église

---

[11] Centre National de Pastorale Liturgique (CNPL), « Du bon usage de la liturgie », in *Guides Célébrer*, Paris, Cerf/CNPL, 1999, p. 96.

[12] Il faut ici louer et féliciter l'initiative et la générosité du P. Asnigue Merlet, prêtre de l'Archidiocèse de Port-au-Prince qui a mis à la disposition de l'Église locale en 2020 la procure nommée *Procure divine*. On y trouve tout pour célébrer les mystères de la foi et le culte.

[13] *Présentation générale du Missel Romain* (PGMR), n. 335, version 2002. Le texte cite le Rituel romain, *Livre des bénédictions*, Bénédiction d'objets pour le culte, nn. 1068-1084.

marche à la rencontre de son Seigneur[14]. Le prêtre marche vers l'autel les yeux baissés, le corps droit, d'un pas grave et sans affectation. Sur la question des ornements liturgiques pour le service divin, je dis l'essentiel indispensable.

Le vêtement ordinaire et commun pour le chœur et pour tout ministre est l'aube. Celle-ci doit son nom à la couleur blanche (alba) ; à l'origine c'était une *tunica interior*, vêtement de dessous et d'intérieur. L'étole était une sorte d'écharpe pour se préserver du froid, avec une bordure richement ornée. La *stola* n'était pas un signe de pouvoir mais de majesté personnelle ; les gens de pouvoir en portaient de riches et d'ornées. La chasuble (*casula*) couvrait la personne comme une petite maison, d'où son nom ; elle est semblable au poncho latino-américain. C'est un manteau de pardessus avec un trou au milieu pour passer la tête. Je passe sur l'amict, le cordon, le manipule ; je laisse de côté aussi les ornements de l'évêque non nécessaires à la messe. Le vêtement liturgique du célébrant dans l'assemblée signifie surtout qu'il représente un autre qui tient la présidence réelle[15].

L'ouverture de la messe, son vrai début c'est le salut liturgique du président. Toutes les possibilités de commencement énoncées supra sont des préludes facultatifs, excepté la procession. Il peut être utile pourtant d'être introduit à une assemblée célébrante. La monition ou commentaire n'est pas toujours négligeable.

LES MONITIONS DANS LA CÉLÉBRATION DE LA MESSE

Une monition pour accompagner l'étendue de la célébration peut être indispensable dans certains cas pour permettre à une foule nombreuse de suivre l'action liturgique dans une ordination par exemple. « La participation active des fidèles, surtout à la sainte

---

[14] Centre National de Pastorale Liturgique (CNPL), « Du bon usage de la liturgie », in *Guides Célébrer*, p. 93.
[15] Cf. Ibid., p. 95-96.

messe, et à certaines actions liturgiques plus compliquées, peut être obtenue plus facilement avec l'intervention d'un "commentateur", qui au moment opportun, en peu de mots, explique les rites eux-mêmes, ou les lectures et prières du prêtre célébrant et des ministres sacrés, et dirige la participation extérieure des fidèles, c'est-à-dire leurs réponses, leurs prières et leurs chants. On peut admettre ce commentateur, si on observe les normes qui suivent :

a) Il convient que la fonction de commentateur soit accomplie par un prêtre ou au moins par un clerc ; à leur défaut, on peut la confier à un laïc, recommandé par ses mœurs chrétiennes et bien instruit de cette fonction. Mais les femmes ne peuvent jamais exercer l'office de commentateur ; on permet seulement, en cas de nécessité, qu'une femme prenne en quelque sorte la direction du chant ou des prières des fidèles.

b) Le commentateur, s'il est prêtre ou clerc, sera revêtu du surplis, et se tiendra dans le sanctuaire à la balustrade, ou à l'ambon, ou en chaire ; mais s'il est laïc, il se tiendra devant les fidèles, à l'endroit le plus commode, mais hors du sanctuaire ou de la chaire.

c) Les explications et monitions à donner par le commentateur seront préparées par écrit, peu nombreuses, remarquables par leur sobriété, données au moment convenable et d'une voix modérée ; elles ne se superposeront jamais aux prières du prêtre célébrant ; en un mot, elles seront réglées de telle sorte qu'elles aident la piété des fidèles et non qu'elles lui nuisent.

d) En dirigeant les prières des fidèles, le commentateur se souviendra des prescriptions données plus haut n° 14 c[16].

e) Dans les lieux où le Saint-Siège a permis la lecture de l'Épître et de l'Évangile dans la langue du peuple après le chant du texte latin, le commentateur ne peut, pour cette proclamation, se substituer au célébrant, au diacre, au sous-diacre ou au lecteur (cf. n° 16 c).

---

[16] Ce numéro 14 c de *l'Instruction* interdit de répéter après le prêtre les parties qui lui sont strictement destinées.

f) Le commentateur tiendra compte du prêtre célébrant et accompagnera l'action sacrée de telle sorte que celle-ci ne doive être ni retardée ni interrompue, si bien que toute l'action liturgique se déroule harmonieusement, dignement et pieusement[17] ». C'était avant la réforme liturgique.

Qu'en reste-t-il ? La PGMR élague : « le commentateur propose brièvement aux fidèles, si on le juge bon, des explications et des monitions pour les introduire dans la célébration et mieux les disposer à la comprendre. Il faut que les monitions du commentateur aient été préparées avec grand soin et que, étant sobres, elles soient claires. Pour accomplir sa fonction, le commentateur se tient dans un endroit approprié, bien en vue des fidèles, mais non à l'ambon[18] ». Faute de trouver un plus convenable pour le ministre qui fait les monitions, je garde le générique mais impropre terme commentateur.

Qu'est-ce qu'une monition ? Comment la préparer ? En faut-il une par rite ? En latin *monere* = faire souvenir, avertir, éclairer. La monition est en droit canonique un avertissement émanée d'une autorité ecclésiastique, d'une personne ayant autorité pour intervenir dans une assemblée liturgique. En liturgie c'est un avis qu'un ministre donne à l'assemblée sur le comportement à tenir en telle circonstance ou occasion. Cet avis explicatif est fait pour avoir effet. Dans la bouche d'un célébrant la monition peut être un encouragement ou un conseil, elle frôle le performatif. En droit elle précède toujours la peine. La communauté habituelle qui s'assemble pour faire Église sait le déroulement d'une messe et s'en tient sans avoir besoin de directives, de commentaires pour expliquer, faire voir, faire comprendre, mettre l'assemblée en situation d'écoute. Car une bonne monition tient compte des repères de l'assemblée, de sa culture liturgique. Ainsi la

---

[17] Sacrée Congrégation des Rites, *Instruction sur* la *Musique Sacrée et la Sainte Liturgie*, Septembre 1958, n. 96.
[18] *Présentation générale du Missel Romain* (PGMR), n. 105 b, version 2002.

monition pour les lectures peut être un petit chapeau sur l'auteur d'un livre biblique, sur son message par exemple.

La monition d'entrée prend place avant ou après la procession d'entrée ou même après le salut liturgique au peuple de Dieu. Si c'est après, le célébrant doit être à son siège de président. Le type de célébration détermine. Il y a une pratique qui tend à se généraliser et qui défie le sens commun : faire d'un seul coup au début de la liturgie de la Parole, les monitions pour toutes les lectures. Je ne sais point où, quand, par qui cette pratique inepte sans fondement dans les livres liturgiques, a été introduite dans la célébration. Qu'est-ce qu'un étranger ou un fidèle irrégulier va comprendre dans cet imbroglio ? Serait-ce pour gagner du temps et aller s'installer au plus vite devant son petit écran (TV, laptop ou smartphone) ? Cette façon de faire crée de la confusion dans l'assemblée. Quand vient le moment de faire la 2e lecture, aucun ne se souvient d'où est tiré le texte ; le lecteur lit un texte sans incipit. Comment peut-on arriver à détacher un morceau de ciel et le donner à la terre dans ces conditions ? Au lieu de mal faire, c'est plus sage de ne point faire. On se prive d'un apéro faute de moyen, mais cela fait partie des plaisirs et des joies de la table ; il en va de même dans nos célébrations.

Le commentateur et le lecteur terminent leur ministère avec la fin de la célébration. Comme ministres[19] de l'assemblée, ils ne prennent pas congé avant d'avoir reçu à l'autre table leur Christ Sauveur en signe de plénitude de communion avec celui-ci et avec leurs frères et sœurs. Mais revenons au célébrant qui après la procession d'entrée, monte à l'autel et le vénère d'un saint baiser. Je dis un mot rapide sur cette vénération.

---

[19] Le *ministerium* (lat.) = ministère, service ou fonction officielle dans l'Église, peut provenir d'un sacrement ou d'une délégation spéciale de l'évêque. En liturgie est ministre toute personne qui accomplit une fonction dans une célébration. Ainsi le servant de messe de l'assemblée est un ministre.

Le baiser peut signifier accueil, amour, affection, amitié, respect, protection, assujettissement, hommage, vénération[20]. Dans le contexte chrétien il prend sens selon le cas. Il est signe d'union et de la fraternité ; salutation ; don de la paix qui est sentiment de bien-être, santé physique et morale, bénédiction divine ; un rite de reconnaissance et d'accueil à l'ordination épiscopale[21]. Le baiser du prêtre à l'autel exprime son adoration pour le Christ, sa vénération des reliques de saints. Le prêtre dépose son baiser au milieu de l'autel sur le tombeau qui y est creusé spécialement pour garder les reliques. Dans l'antiquité chrétienne on offrait l'eucharistie sur les lieux où les martyrs versèrent leur sang et où ils avaient leur mémoire[22]. Ce baiser est le premier salut dans la célébration. Alors que le président de l'assemblée accomplit ce geste, celle-ci peut être en train d'exécuter le chant d'entrée qui y introduit.

LE CHANT D'ENTRÉE

La PGMR présente ce premier chant qui selon le cas peut devenir le second de la célébration : « lorsque le peuple est rassemblé, tandis que le prêtre entre avec le diacre et les ministres, on commence le chant d'entrée. Le but de ce chant est d'ouvrir la célébration, de favoriser l'union des fidèles rassemblés, d'introduire leur esprit dans le mystère du temps liturgique ou de la fête, et d'accompagner la procession du prêtre et des ministres.

« Il est exécuté alternativement par la chorale et le peuple ou, de façon analogue, par le chantre et le peuple, ou bien entièrement par

---

[20] Angelo Di BERARDINO, article « Baiser de paix », in Angelo Di BERARDINO (dir.), *Dictionnaire encyclopédique du catholicisme ancien*, volume I, adaptation française sous la direction de François VIAL, Cerf, 1990, p. 330.
[21] Joseph-André JUNGMANN, *La liturgie des premiers siècles jusqu'à l'époque de Grégoire le Grand*, Paris, Cerf, Collection Lex Orandi n. 33, 1962, p. 107.
[22] Pierre LE BRUN, *Explication littérale, historique et dogmatique des prières et cérémonies de la messe*, Paris, Cerf, Collection Lex Orandi n. 9, 1949, p. 134-135.

le peuple ou par la chorale seule. On peut employer ou bien l'antienne avec son psaume qui se trouvent soit dans le Graduel romain soit dans le Graduel simple ; ou bien un autre chant accordé à l'action sacrée, au caractère du jour ou du temps, dont le texte soit approuvé par la Conférence des évêques »[23].

Le chant est le moyen de participation le plus immédiat, le plus universel, commun aux religions et aux manifestations sociales. Ce mode de participation exige le respect de la liberté de tous[24]. Je me suis déjà expliqué sur sa nature et son importance. Il y a ce qui est chantable et ce qui ne l'est pas ou point ; le chant possède une architecture et un itinéraire : qui parle et à qui ? D'où et en quelle direction ? Comment s'articulent les strophes ? Comment le texte progresse-t-il ?[25] Si l'on n'a pas de chant pour l'entrée, et si on a une assemblée qui ne sait pas chanter, par exemple dans un asile, une infirmerie, un mouroir, c'est mieux de ne pas chanter et de réciter l'antienne proposée par le Missel. Quand il est possible de chanter, que ce soit du beau, du lustral, de l'art dans les oreilles, dans le cœur. Un chant d'entrée mal exécuté indispose, promet une célébration médiocre. L'eucharistie doit être une rencontre souhaitée et attendue qui émoustille, met les sens en ébullition, l'espérance en éveil et en accueil d'un faste événement. Le chant d'entrée est liminaire qui introduit au mystère dominical du Seigneur mort et ressuscité ; il doit être connu de tous ou peut être appris facilement avant de débuter la messe ; sa mélodie doit avoir consistance et une certaine carrure[26]. Ainsi chanter et le fait de chanter peuvent concourir à la transmission de la foi et à « une certaine sensibilité chrétienne dans le culte », tout

---

[23] *Présentation générale du Missel Romain* (PGMR), n. 47-48, version 2002. Le document cite Jean-Paul II, Lettre apost. *Dies Domini*, du 31 mai 1998, n. 50.

[24] Jean LEBON, « 59 questions sur l'eucharistie », Repères pour les pratiques eucharistiques, in Commission épiscopale de liturgie et de pastorale sacramentelle, *Guides Célébrer*, Paris, Cerf/CNPL, 1999², p. 33.

[25] Cf. Jean EVENOU (dir.), « Les Ateliers », *La Maison-Dieu*, n. 137, (197), p. 131.

[26] Centre National de Pastorale Liturgique (CNPL), « Du bon usage de la liturgie », in *Guides Célébrer*, p. 31.

en participant vivement à la connaissance de Dieu[27]. Quand on tait le chant, abondance de l'éloquence du cœur par la bouche, c'est pour laisser l'âme frémir d'allégresse dans sa communion avec l'ineffable contemplé et rivé à la terre. Le chant d'entrée est succédé d'un signe et d'un salut. Signe du salut et le salut comme premier signe.

LE SIGNE DE LA CROIX

Le terme *crux* est attesté dans la langue latine depuis le 2ᵉ siècle av. C. et signifie potence, gibet. On repère avant notre ère le signe de la croix dans des inscriptions mésopotamienne, élamite, amérindienne. Je ne parle pas des quarante (40) sortes de croix qui existent, ni de la croix sur laquelle fut pendu Jésus Christ, auteur et source de la vie. Paul put écrire : je ne connais que Jésus Christ crucifié (1 Co 2, 2). Je vais parler seulement du signe de la croix comme appel de l'éloigné, comme signes et panneaux signalisant la présence de l'absent.

Le signe est un médiateur entre les humains qui communiquent par l'extérieur, il l'est aussi entre la créature et le créateur qui laissa son empreinte dans sa créature, son œuvre. Le signe ouvre un champ ou un monde où la nouveauté peut séjourner en tout temps ; il peut donc être symbole. Etant visible, il appelle le visible et l'invisible ; le signe est du sensible franc et il n'est pas autre que lui-même. Il supporte du génitif afin d'entrer dans l'orifice de la gestation. Ainsi il y a signe des temps, signe de vie, signe de la croix, etc.

En usage multiple depuis le 2ᵉ siècle, le signe de la croix des chrétiens exposa son importance au 4ᵉ siècle pour en devenir le premier symbole chrétien partout. Rejeté par la grande majorité des protestants, il est reçu chez les luthériens, les anglicans et les méthodistes. Le signe de la croix sur le front au cours des rites de l'initiation est traditionnel en Afrique, à Rome dès le 3ᵉ siècle. Il

---

[27] Cf. François-Xavier LEDOUX, « Le chant : un acte de louange », *La Maison-Dieu*, n. 270, (2012), p. 79.

condense les petits signes de croix sur le front, la bouche et le cœur[28]. Sauf exception, toute célébration liturgique catholique commence par le signe de la croix fait sur soi-même. C'est un geste collectif ; tous le font ensemble avec le président.

Le geste de tracer un signe de croix sur le front se réfère à Ez 9, 4-6 : « Passe par le milieu de la ville, et marque d'un *tav* le front des hommes ». Taw est la dernière lettre de l'alphabet hébreu, elle peut être représentée par une croix debout (+) ou couchée (x). Pourtant le grand signe de la croix, du front à la poitrine, familier aux fidèles modernes est tardif[29]. Avant, les symboles chrétiens étaient la lyre, l'ancre marine, le bateau, la colombe, le poisson[30]. Les premiers indices du signe de la croix comme pratique des chrétiens datent du 3e siècle. Les chrétiens se signent sur le front avant de débuter la prière, la lecture de la Parole de Dieu ou toute tâche. Origène, Tertullien, Cyprien, les Pères affirment que les chrétiens faisaient le signe de la croix au commencement de toute action[31]. Ruffin au 4e siècle rapporte que les chrétiens faisaient sur eux le signe de la croix en finissant la récitation du credo, ce geste est passé aussi à la messe quand le credo y a été adjoint[32]. Ce signe symbolise la protection et l'appartenance au Christ. Les chrétiens en effet se signent pour les activités les plus banales, à tout moment de la journée selon Cyrille de Jérusalem. On en fait sur une blessure ou la partie malade du corps. Jean Chrysostome crut que le signe de la croix pouvait prémunir de la colère. Ainsi dès le 4e siècle, la croix devient emblème de la chrétienté, peut-être à cause du

---

[28] Pierre LE BRUN, *Explication de la messe*, p. 98.
[29] Aimé George MARTIMORT « Structure et lois de la célébration liturgique » in Aimé George MARTIMORT (en collaboration), *L'Église en prière*, Introduction à la liturgie, tome I « Principes de la liturgie », Paris, Desclée, 1983, p. 192.
[30] En grec poisson se dit *ichthus*, anagramme de *Iêsous Christos Theou Uios Sôtêr* qui signifie « Jésus Christ, Fils de Dieu Sauveur ».
[31] Pierre LE BRUN, *Explication de la messe*, p. 99.
[32] Cf. Pierre LE BRUN, *Explication de la messe*, p. 253.

chrisme[33] de Constantin 1ᵉʳ et de *l'invention* de la vraie croix par Hélène, sa mère.

Comment faire le signe de la croix ? Avec quelle main ? Comment le tracer sur soi ? C'est fait avec la main droite, du front à la poitrine, puis de l'épaule gauche à la droite ; les Grecs portaient la main à l'épaule droite d'abord[34]. Ce signe serait-il insignifiant si on le fait avec la main gauche ? Pourquoi doit-on taper sur les doigts de l'enfant gaucher qui le fait avec sa main gauche ? Dieu Trinité est-il si discriminant et exigeant ? N'a-t-il pas créé la personne humaine avec deux mains ? Pourquoi aujourd'hui à l'école on laisse les gauchers écrire avec la main gauche tandis qu'à l'Église on serait moins tolérant ? Les deux mains sont du même corps, temple de l'Esprit Saint. Le côté droit du corps n'est pas plus noble et digne de Dieu. Si le côté gauche est si mauvais et malheureux pourquoi ne pas déplacer le cœur dans l'homme et le mettre à droite ? Il n'y a aucun péché ou impair à faire le signe de la croix avec la main de son choix. L'unité de l'âme communautaire passe aussi bien avec un geste commun fait de la même manière avec l'une ou l'autre main. Il lui suffit d'être signe de communion. Alors ne tiquons sur l'inessentiel.

Un être humain debout et ouvrant largement les deux bras fait quatre angles droits avec son corps totalisant 360 degrés. Il devient repère pour les quatre points cardinaux ; mais il est surtout symbole d'un oiseau déployant son envergure en plein vol et symbole d'une croix latine. En déployant cette envergure l'humain est dans toute sa puissance. La position d'*homo erectus* est un signe de noblesse au milieu de la création, son regard domine la terre et peut se porter vers le ciel. Cependant même debout l'homme sait qu'il n'est pas à la hauteur de Dieu. La station debout ne fait qu'émoustiller l'élan de son

---

[33] Le chrisme est un symbole chrétien du christianisme primitif formé des deux lettres grecques I (iota) et X (khi) des initiales de Ἰησοῦς Χριστός *Jésus-Christ*, puis par la suite des lettres grecques X (khi) et P (rhô), premières lettres du mot Χριστός, *Christ*.

[34] Pierre LE BRUN, *Explication de la messe*, p. 98.

cœur prolongé par le regard et par l'élévation des mains[35]. L'humain n'est pas un arbre planté, il est capable de prendre n'importe quelle direction dans l'espace pour chercher et trouver la lumière et la nourriture. Au moment où Jésus meurt sur la croix, le monde fut plongé dans l'obscurité, le jour prit congé de la terre pour lui être restitué à la résurrection. Si la croix communiqua la première obscurité au tombeau abritant le Seigneur pendant un temps, de ce tombeau devait sortir le premier jet de lumière illuminant la croix pour qu'elle devînt glorieuse. Alors qu'a à voir le signe de la croix que nous traçons sur nous avec l'obscurité de la mort et la lumière de la résurrection ? Tracer ce signe c'est rappeler que la croix fut un vrai instrument de supplice, qu'elle tua l'auteur de la vie sans cesser de tuer des innocents. Tracer ce signe sur nous manifeste que personne n'a de pouvoir de mort sur un autre, que la vie doit être respectée comme cadeau re-né depuis la résurrection. Le signe de la croix enveloppe tout l'être ; la commodité la fait tracer sur le buste parce que le cœur est le centre de l'être et toucher le cœur c'est le toucher tout entier.

En revanche la façon de se signer a évolué au fil du temps et des schismes. S'il est facile de faire sur soi un signe de croix avec le pouce, l'index et le majeur, il n'y a aucune règle incassable sur la main et les doigts pour le geste de ce signe. Quand on utilise la main droite, en Occident pour ce geste, quatre doigts (pouce excepté) interviennent dans l'opération, parce qu'il en est ainsi. Le pouce excepté n'est pas une exclusion ou une injonction ; c'est l'exécution pratique du geste qui décide. À partir du 7e siècle, les chrétiens se signaient avec trois doigts, comme les orthodoxes aujourd'hui. Au 12e siècle après le schisme entre chrétiens orthodoxes et catholiques, ceux-ci se signaient avec la main, ceux-là continuent de se signer avec trois doigts. Au tournant du 13e siècle, le signe de la croix se fait de gauche à droite pour symboliser le passage de la misère à la gloire, de la mort

---

[35] Cf. Dom Robert LE GALL, *Dictionnaire de liturgie*, p. 87.

à la vie, des ténèbres au paradis. Le Moyen Âge fut attentif à l'exécution correcte de ce signe devenu symbole parce que les symboles ont été en ce temps-là de véritables instructeurs et professeurs du peuple chrétien. Il fallait trouver une signification spirituelle ou un sens second aux gestes les plus ordinaires du culte. Le mouvement vertical évoque la séparation de la lumière et les ténèbres, l'irruption du divin dans l'histoire ; le mouvement horizontal traduit la séparation des eaux et de la terre, symbolise la propagation de l'Esprit.

Chez nous les catholiques le signe de la croix est utilisé :
- à l'entrée des églises, après avoir trempé le bout de l'index et du majeur dans l'eau bénite rappelant le lavement des Hébreux avant d'entrer dans la tente de l'Arche d'Alliance ;
- au passage de la croix ;
- à la procession d'entrée du clergé se rendant au chœur pour la messe ;
- pour accompagner une bénédiction ;
- pour ouvrir ou pour conclure une oraison ou prière ;
- dans les moments importants de la vie (décès par exemple) ;
- pour éloigner les esprits mauvais.

Le signe de la croix demeure ce qu'il est, un signe ; il y a un exercice du chemin de la croix et il y a les croix du quotidien dans la vie de chacun. Le signe indique l'horizon du salut et rappelle les souffrances endurées par l'auteur de la vie à cause de nos péchés. En faisant le signe de la croix nous entrons dans la passion et la compassion avec le Seigneur au cœur de l'Église. Plus conscients depuis notre baptême que le Père nous adopte pour ses fils dans le Fils, nous osons offrir le sacrifice d'action de grâce. Offrir c'est donner gratuitement en cadeau par amour ; l'offrande attire la grâce et la bénédiction. Celle-ci a plus de force que la nature puisque la bénédiction change la nature[36]. Bref les premiers chrétiens firent le signe de la croix au début et à la fin de

---

[36] Pierre LE BRUN, *Explication de la messe*, p. 408.

toute action, à la fin de l'Evangile, du Credo, de l'oraison dominicale, du Gloria, du Sanctus, de l'Agnus Dei ; et en dehors de la messe au Benedictus et au Magnificat[37].

Si le signe de la croix a ouvert la célébration c'est aussi avec ce signe qu'on la ferme pour envoyer la communauté en mission à travers le monde. En ce sens le renvoi (allez dans la paix du Christ) équivaut à l'ordre et au commandement de Jésus : Allez dans le monde entier faire des disciples (Mt 28, 19)[38]. L'Église toujours en dynamique rassemblement-renvoi-rassemblement, « vit sa foi sous deux modes complémentaires et indissociables : la mission et la célébration[39] ».

AMEN, TOUT, TROP ET TROP PEU

Quand l'Assemblée et son président se signent avec l'invocation trinitaire, on répond *Amen*. Quid de cela et pourquoi ? Quelle relation avec le salut liturgique qui vient tout de suite après ? Au prime abord, personne ne voit la connexion entre *Au nom du Père et du Fils et du Saint Esprit* et le salut liturgique *Le Seigneur soit avec vous*. Les deux paroles semblent d'horizons différents. D'ailleurs si la phrase du signe de la croix n'est pas préfacée d'une indication comme : *nous sommes rassemblés* ..., il est probable que beaucoup n'y comprennent rien.

Amen est un petit mot latin indéclinable, dense, dynamique qui signifie *ainsi soit-il*. Venant de l'hébreu *aman*, il a trait à la vérité, la solidité, l'inébranlable. Par métaphore ce verbe dit la qualité de celui qui est fidèle et l'acte de foi par lequel on s'appuie sur quelqu'un[40]. C'est une affirmation, une déclaration de foi. En hébreu l'adjectif ou participe verbal *amanah* conjugue la sincérité et le vrai, c'est être

---

[37] Cf. Pierre LE BRUN, *Explication de la messe*, p. 163.
[38] Cf. Jean LEBON, « 59 questions sur l'eucharistie », Repères pour les pratiques eucharistiques, in Commission épiscopale de liturgie et de pastorale sacramentelle, *Guides Célébrer*, p. 89.
[39] Ibid., p. 90.
[40] Dom Robert LE GALL, *Dictionnaire de liturgie*, p. 25.

fidèle, être établi ; foi, confiance viennent de la même racine. *Amen* s'utilise dans trois cultures liturgiques : le judaïsme, le christianisme, l'islam. Il est surtout translittéré. Mais le grec le rend par *genoito*, le latin par *fiat*. Dans la Bible juive *Amen* est toujours une réponse après une prière, un ordre ; il ponctue les douze malédictions de Dt 27, 15-26. C'est surtout le résultat d'une sincère profession de foi, affirmation de confiance ferme, attestation solennelle. A la synagogue on faisait résonner l'*Amen* pour la louange ou à la lecture de la Loi. Le Juif a toujours refusé un *Amen* trop précipité (trop vite après une parole) ou orphelin (trop isolé du dit).

Amen est la plus simple, la plus brève et la plus significative conclusion, réponse de quelqu'un ou d'une assemblée ecclésiale. Il y a une inflation d'*Amen* dans les pentecôtismes catholiques et protestants, sorte de sourde violence que le leader/prédicateur religieux exerce sur l'auditoire, aveuglément peut-être ; il prend carrément la place de Dieu, enfourche la posture de régent, de commandeur des doctrines et des choses de la foi. Quand le prédicateur proclame son tonitruant *Amen* pour que l'assemblée fasse chorus, il fait de la manipulation. *Amen* n'exige pas tant de nous, personne n'a le droit de l'extorquer.

Comme premier credo de l'enfant et du chrétien, *Amen* est à la fois rude et suave. C'est un mot presque divin qui fait sans dire et dit sans besoin de faire, étant le lien le plus étroit entre dire et faire. En liturgie tout dire est escorté d'un faire. Il est presque toujours déjà rempli de performativité, c'est une acclamation liturgique de l'Église exprimant l'accord de l'assemblée, une proclamation de foi traduisant *cela est vrai, j'y consens*, un souhait après une prière, un consentement à l'engagement[41]. Il est notre conclusion d'assentiment à l'ineffable qui se déploie avec majesté et sobriété. Ambroise affirmait déjà : « ce

---

[41] Cf. Pierre LE BRUN, *Explication de la messe*, p. 180-181.

n'est pas en vain que tu dis amen⁴² ». *Amen* termine fréquemment les prières liturgiques de l'Église.

Jésus a pris de la synagogue *l'Amen*. Il emploie *Amen* au début de certaines paroles fortes ; on le rend par *en vérité* dans la Vulgate (Bible en latin). Le double *en vérité* est martelé 25 fois dans une tournure imprécatoire et solennelle de l'évangile de Jean. Le livre de l'Apocalypse fait du Christ *l'Amen* (Ap 3, 1-4), oui définitif du Père. Pas d'incertitude quant à l'accomplissement de la prière faite par la médiation du Christ *l'Amen*.

Alors maintenant répondons à la question : pourquoi le signe de la croix dit et tracé est-il conclu par un *Amen* ? Pour clore toute discussion sur le fait que Dieu soit une famille et affirmer que la Trinité est principe de tout culte, de toute liturgie de l'Église. En même temps confesser sa foi en l'Incarnation du Fils qui nous fait connaître le Père et nous laissa l'Esprit en passant de ce monde à Lui. L'eucharistie est « le plus sûr critère herméneutique du mystère de l'Incarnation et, en conséquence, du mystère trinitaire⁴³ ». Tout en étant un mot conclusif, Amen est la préface naturelle du salut liturgique qui le succède dans la messe.

LE SALUT LITURGIQUE

Voici ce que prescrit l'Église « lorsque le chant d'entrée est fini, le prêtre, debout à son siège, fait le signe de la croix avec toute l'assemblée. Ensuite, en saluant la communauté rassemblée, il lui manifeste la présence du Seigneur. Cette salutation et la réponse du peuple manifestent le mystère de l'Église rassemblée. Après la salutation au peuple, le prêtre, ou le diacre, ou un autre ministre,

---

⁴² Cf. Anscar CHUPUNGCO, article « Acclamations », in *Dictionnaire encyclopédique du catholicisme ancien*, volume I, p. 17.
⁴³ Élisée RUFFINI, Article « Eucharistie », in Stefano de FLORES et Tullo GOFFI, (dir.) *Dictionnaire de la vie spirituelle*, Adaptation française par François VIAL, Paris, Cerf, 1983, p. 336.

peut, par quelques mots très brefs, introduire les fidèles à la messe du jour[44] ». Ce texte n'a pas besoin de commentaire, mais nous pouvons prolonger sa force et son influence. Avant d'aller à son siège pour présider, le célébrant faire deux gestes : baiser l'autel (obligatoire) et l'encenser (facultatif). J'ai déjà parlé du baiser de l'autel, voyons pour l'encens.

L'encens qui signifie ce qui est brûlé vient de *incendere*, c'est une résine aromatique qui dégage une fumée odoriférante en brûlant. Pour beaucoup encenser signifie solenniser, mais c'est un geste d'honorer le baptisé, quel que soit son rang ecclésial[45]. Yahvé ordonna à Aaron de faire fumer l'encens chaque matin et l'encens perpétuel matin et soir (Ex 30, 7-8). Moïse devait aussi lui en offrir sur l'autel d'or (Ex 40, 27). Le psalmiste reprit l'ordre avec une admiration et une poésie rares : « que monte ma prière, en encens devant ta face Seigneur, les mains que j'élève, en offrande du soir ! » (Ps 140, 2). C'est en syntonie avec le rituel juif qui liait l'usage de l'encens aux sacrifices d'holocaustes dont il était le symbole. La fumée de l'encens monte vers Dieu comme celle des animaux sacrifiés en holocauste[46]. Enrobé dans une belle fumée aromatisant, l'encensement bien conduit, élève. Pourtant durant les trois premiers siècles du christianisme, était absent dans les célébrations l'encens qu'on reliait à une coutume païenne[47]. Avec la paix de l'Église au 4e siècle et les constructions d'églises, l'encens a trouvé sa place[48] ; il devient une marque de la bonne odeur de Jésus Christ qui se répand de l'autel dans l'âme des fidèles[49]. Saint Ambroise crut qu'un ange présidait aux encensements comme on le pensait au temple de Jérusalem. L'Église offre à Dieu

---

[44] *Présentation générale du Missel Romain* (PGMR), n. 50, version 2002.
[45] Centre National de Pastorale Liturgique (CNPL), « Du bon usage de la liturgie », in *Guides Célébrer*, p. 99.
[46] Ibid., p. 100.
[47] Cf. Pierre LE BRUN, *Explication de la messe*, p. 138.
[48] Cf. Pierre LE BRUN, *Explication de la messe*, p. 140.
[49] Cf. Ibid., p. 142.

l'encens pour dire son adoration, sa prière et pour continuer l'offrande du Christ au Père en odeur de suavité (Ep 5, 2). Ainsi l'encens est présenté à tout ce qui symbolise Dieu ou qui le touche[50]. Il n'est pas l'offrande mais le signe et la trace du mouvement de l'offrande[51].

Dans l'eucharistie il est possible d'encenser cinq fois : procession d'entrée, l'autel au début de la messe, l'Évangéliaire avant la proclamation du texte sacré, pendant l'offertoire et au cours de la consécration. En encensant l'autel, le célébrant encense du même coup les reliques incrustées dans le tombeau de l'autel pour honorer les saints offerts en sacrifice au Seigneur. Non sans rappeler le miracle de l'odeur suave d'encens que dégageait le corps de saint Polycarpe de Smyrne alors qu'on le brûlait vif[52]. Le célébrant encense les oblats et est encensé à son tour comme représentant du Christ-tête. On encense tout de suite les concélébrants, les autres ministres sacrés, avant de le faire pour l'assemblée représentant le corps du Christ. L'encens marche avec l'honneur. La fête, la solennité n'exclut pas le sérieux, la profondeur et l'intériorité[53].

Après le premier encensement de l'autel le président salue le peuple que le Seigneur rassemble, avec le salut liturgique prescrit dans le rituel. Dans le missel pour ouvrir l'eucharistie, il y a quatre saluts liturgiques différents ; trois viennent de la Bible[54]. Quand le président salue l'assemblée par l'une d'entre elles, il est d'emblée *alter Christus*. En effet par son ordination le prêtre représente le Christ, tête de

---

[50] Cf. Dom Robert LE GALL, *Dictionnaire de liturgie*, p. 100.
[51] Centre National de Pastorale Liturgique (CNPL), « Du bon usage de la liturgie », in *Guides Célébrer*, p. 100.
[52] Pierre LE BRUN, *Explication de la messe*, p. 313.
[53] Jean LEBON, « 59 questions sur l'eucharistie », Repères pour les pratiques eucharistiques, in *Guides Célébrer*, p. 35.
[54] On les trouve respectivement en 2 Co 13, 13 ; Ep 1, 2 et dans Lc 24, 36 et Jn 20, 21. La formule non biblique est : *Que le Dieu de l'espérance vous donne en plénitude la paix dans la joie*. Réponse : *Béni soit Dieu maintenant et toujours*.

l'Église. L'assemblée s'ouvre à la possibilité que le Seigneur vienne y augmenter sa présence[55].

En saluant la communauté rassemblée, le président *alter Christus* lui signifie la présence de son Seigneur. Le plus courant salut est : (Que) *Le Seigneur soit avec vous*. « Cette salutation et la réponse du peuple manifestent le mystère de l'Eglise rassemblée[56] ». Car au souhait du célébrant, l'assemblée répond par un autre : « Et avec votre esprit ». Le Seigneur doit être avec celui qui préside, au plus profond de son être pour accomplir le service liturgique avec le même Esprit reçu au jour de son ordination. Ce dialogue introduit à la célébration à laquelle les baptisés sont convoqués par le Christ ressuscité et en sa présence. Je clarifie davantage.

Le *Dominus vobiscum* est le plus beau souhait qu'on puisse faire à un chrétien que Dieu fasse sa demeure chez lui et l'accompagne toujours[57]. Le concile de Braga ordonnait en 561 que prêtre et évêque utilisent le *Dominus vobiscum* ; la réponse du peuple est : *Et cum spiritu tuo*. C'est le Seigneur qui est là, qui vient et donne la paix. En Orient et dans la langue latine la salutation liturgique du prêtre fut toujours *Pax vobis*. En Occident l'évêque utilise surtout le *Pax vobis* parce qu'il devait entonner le Gloria pour souhaiter aux fidèles la paix qu'il vient d'annoncer car jusqu'à l'an 1000 les évêques étaient seuls à dire le *Gloria in Excelsis Deo*[58]. Aujourd'hui le célébrant, évêque ou prêtre, dit *pax vobis*, pas seulement au tout début de la célébration. Il n'y a pas de réservation épiscopale du *pax vobis*. D'ailleurs quand un évêque lit l'Évangile, il dit : *Le Seigneur soit avec vous*. Les rubriques sont au service du sens, de la théologie, et non l'inverse.

Le *Dominus vobiscum* depuis l'antiquité chrétienne :

---

[55] Centre National de Pastorale Liturgique (CNPL), « Du bon usage de la liturgie », in *Guides Célébrer*, p. 36.
[56] *Présentation générale du Missel Romain* (PGMR), n. 50, version 2002.
[57] Dom Robert LE GALL, *Dictionnaire de liturgie*, p. 93.
[58] Cf. Pierre LE BRUN, *Explication de la messe*, p. 175.

Le salut du célébrant à l'assemblée est lancé quatre fois dans la perfection même de la création et dans l'unité du Dieu qui est Trinité. *Le Seigneur soit avec vous*, est au subjonctif, (le 'que' n'est pas omis, il est comme une voyelle élidée), il exprime une des caractéristiques du ministère de la présidence en liturgie[59]. Ce souhait-appel excite la communion active avec le Seigneur mais aussi avec l'ensemble des fidèles. On sait que le Seigneur est là mais l'optatif du subjonctif dit plus que l'affirmation de l'indicatif ; il traduit l'envie, le désir, l'émotion, l'obligation, le doute. Le subjonctif sert à exprimer un fait réel, mais présenté comme une pensée, un envisagé là où l'indicatif constate. C'est un chemin disponible. Le subjonctif ouvre l'avenir d'une présence grandissante. Comme le fait toute action symbolique, la formule au subjonctif ouvre la relation à l'autre, à l'Autre[60].

La densité du *Dominus vobiscum* est aussi immense qu'ancienne ; ce salut liturgique remonte au 3ᵉ siècle. Il est attesté dans la *Tradition apostolique* et l'anaphore syrienne *d'Addaï et Mari*. D'où vient la formule ? Quand le Seigneur se révéla à Moïse au buisson ardent pour l'engager à faire sortir son peuple d'Egypte, il lui dit aussi : *Je serai avec toi* ! (Ex 3, 12). Et depuis, tous ceux gratifiés d'une mission spéciale du Seigneur pour le peuple reçurent cette promesse. Ainsi Josué, les juges, le roi David, les prophètes ont souvent entendu la parole réconfortante : *Le Seigneur sera avec toi*. Cette assurance devient le nom de Dieu en Is 7, 14. Jésus, la promesse accomplie, est nommé Emmanuel, *Dieu avec nous* (Mt 1,23) (cf. Ap 21,3). La Vierge Marie aussi entend de l'ange Gabriel : *Le Seigneur est avec toi* (Lc 1, 28). Et au moment de passer de ce monde à son Père, Jésus promit aux onze : *je suis avec vous* jusqu'à la fin (Mt 28, 20). Paul disait à Timothée : « que le Seigneur soit avec ton esprit » (2Tim 4, 22). Le célébrant dit ce souhait en élevant les mains ouvertes ; tous les peuples ont prié

---

[59] Il en va de même pour la forme : La paix soit avec vous, au subjonctif aussi.
[60] Centre National de Pastorale Liturgique (CNPL), « Du bon usage de la liturgie », in *Guides Célébrer*, p. 35.

avec ce geste naturel marquant qu'on attend le secours demandé avec empressement[61].

La réponse des fidèles : "*Et avec votre esprit*" est du 4e siècle. C'est l'esprit reçu par imposition des mains à l'ordination, l'esprit qui rend le prêtre capable d'accomplir les mystères[62]. Touchée par un souhait si avantageux et des plus célestes, l'assemblée, comme confondue face à tant de délicatesse de Dieu exprimée par la bouche du célébrant, lui rend la pareille sur le même ton ; le salut-bénédiction du président lui est retourné par l'assemblée sous forme de souhait-prière. Le prêtre et l'assemblée pourraient s'écrier ensemble : *comment rendrai-je au Seigneur tout le bien qu'il me fait* ? Mais simplement *en élevant la coupe du salut* (Ps 116, 12-13). Rémy d'Auxerre vers 880 ajouta : on ne dit pas *avec vous* mais *avec votre esprit* car l'office qui va suivre, doit être fait spirituellement avec l'attention d'une âme raisonnable qui a été créée capable de la lumière et de la grâce divine[63].

« D'être passé du *Dominus vobiscum* au 'Le Seigneur soit avec vous' n'est pas qu'une traduction, c'est un changement dans le faire en saluant l'assemblée »[64]. Le salut liturgique : *Le Seigneur soit avec vous* intervient quatre fois dans la messe. A chaque fois, il indique un *initium*, un passage important dans le déroulement du rituel. Il marque surtout un commencement nouveau. La liturgie n'est pas de dire ce qu'on fait mais de faire ce qu'on dit.

a) *Le Seigneur soit avec vous* du début ouvre la célébration et s'adresse à chacun comme l'abrégé *Bonjour* en place de : *je vous souhaite le/un bon-jour*. S'adressant ainsi à la communauté, le célébrant lui promet la présence du Ressuscité dans l'acte de

---

[61] Cf. Cf. Pierre LE BRUN, *Explication de la messe*, p. 176.
[62] Cf. Centre National de Pastorale Liturgique (CNPL), « Du bon usage de la liturgie », in *Guides Célébrer*, p. 36.
[63] Cf. Pierre LE BRUN, *Explication de la messe*, p. 176.
[64] Centre National de Pastorale Liturgique (CNPL), « Du bon usage de la liturgie », in *Guides Célébrer*, p. 14.

l'effectuation de la rencontre entre le Christ et l'assemblée ; le prêtre est ministre des deux. La prière liturgique n'est pas un acte individuel ; c'est l'Eglise tout entière en prière. Le prêtre est comme l'ange s'adressant à Marie. Une telle annonce réjouit et comble de joie. C'est un précipité dans le bonheur dès l'entrée en prière ; la présence du Seigneur est assurée. Par le célébrant le Seigneur initie et garantit l'intime rencontre avec le Père.

b) À la liturgie de la Parole ce salut ouvre le cœur à l'accueil du Dieu Verbe qui nous parle. Avant l'Evangile, il porte sur la Parole à proclamer, Dieu présent et parlant. Ce salut englobe l'homélie, la profession de foi et la prière universelle qui sont les réponses de l'Assemblée à Dieu. La place de ce salut avant l'Évangile lui donne la portée d'une inclusion et d'une boucle qui ceinture toute la célébration de la Parole. Dieu seul parle et fait parler. Le verbiage n'a pas sa place à la messe. Qu'on ne dénature point l'homélie, la Prière Universelle ! Ce n'est à personne.

c) Dans le dialogue ouvrant le canon ou prière eucharistique, le salut vise à établir une relation entre le Seigneur et l'assemblée, mais vise l'acte d'offrande que le Fils va présenter à son Père. En fait nous le lui présentions afin qu'il le fasse à notre place à cause de l'assurance de l'accueil par le Père de la pétition. L'offrande du Fils au Père est sans refus. La doxologie qui conclut le canon (Par Lui, avec Lui…) en est comme une réplique et réexprime le performatif de l'ensemble de la prière eucharistique selon son agencement dialogal.

d) Enfin le salut avant la bénédiction finale relance la relation établie[65]. Avant le renvoi, le souhait s'adresse et s'étend, à toute la semaine jusqu'au retour de l'Assemblée pour re/célébrer le *jour du Seigneur*. Il devient un *vadémécum* qui va envelopper toute la semaine du fidèle, du baptisé, quels qu'étaient sa participation et son ministère dans la célébration. Ce dernier souhait est un véritable lien, mieux un symbole

---

[65] Centre National de Pastorale Liturgique (CNPL), « Du bon usage de la liturgie », in *Guides Célébrer*, p. 34.

partagé entre l'ensemble des appelés et convoqués à l'action eucharistique. Que personne n'oublie d'en faire la restitution quand l'assemblée se reconstitue pour la prochaine action de grâce !

Somme toute l'eucharistie commence par le salut du président parce que Dieu est gracieux ; un gentilhomme ayant de la civilité, un gentleman. Quand le président n'utilise pas la forme usuelle du salut, il dit : *La Grâce de notre Seigneur Jésus-Christ, l'amour de Dieu le Père et la communion de l'Esprit Saint soit toujours avec vous*. Cette salutation du 2 Cor 13, 13 est salut liturgique depuis le 4e siècle, attesté dans les *Constitutions apostoliques*[66]. Le mot grâce est le verbe et le refrain d'une délicatesse. Dieu n'a pas de figure mais il a un visage et ce visage est beau et le sens premier de la racine *Hanan* qui traduit grâce se réfère à la beauté physique ; le nom *hen* se complait dans un geste concret de bienveillance fait ou obtenu par grâce[67]. Toute gratuité est reflet de la Providence. Dieu donne en abondance.

Selon le rituel après le salut, le président a un mot d'accueil pour introduire à la célébration du jour. J'ai souvent vu des présidents de célébration s'empêtrer à l'intérieur de ce mot d'accueil qui n'est pas une petite homélie, ni la préparation pénitentielle. Ce mot dit rapidement quel mystère nous rassemble et comment le Seigneur est content de nous convoquer à re/constituer l'Église son corps par la célébration. Aux temps ordinaires, le célébrant peut faire allusion discrètement à l'évangile du jour sans s'y arrêter après avoir souhaité la bienvenue de la part du Seigneur et de la communauté qui accueille et reçoit[68].

---

[66] *Les Constitutions apostoliques*, tome III, Livres VIII, 5, 11-12, introduction, texte critique, traduction et notes par M. Metzger, Paris, Cerf, Collection Sources Chrétiennes n. 329, 1986, p. 151.
[67] Jean-Pierre PRÉVOST, « Petit dictionnaire des psaumes », *Cahiers Évangile*, n. 71 (1990), p. 26.
[68] Centre National de Pastorale Liturgique (CNPL), « Du bon usage de la liturgie », in *Guides Célébrer*, p. 32.

Quand le président aura mis l'assemblée en situation optimale de participation à l'événement salvifique de l'eucharistie qui va se dérouler dans l'unité, il continue le rite d'ouverture avec la démarche pénitentielle qui en est la suite rituelle.

LA DÉMARCHE PÉNITENTIELLE

La préparation pénitentielle avec toute l'assemblée est créée avec la réforme liturgique de Vatican II. Dans le missel de Pie V le prêtre et ses acolytes, étaient seuls à réciter le *confiteor* au bas de l'autel, pendant que la chorale exécutait l'introït et le Kyrie, cri au Seigneur miséricordieux[69]. L'Église distingue la pénitence extérieure, punition choisie ou acceptée par le pécheur, consacrant l'absolution personnelle ; et la pénitence intérieure, conversion du cœur, changement profond de voie et refus du péché. La conversion du cœur est accompagnée d'une douleur et d'une tristesse salutaires que les Pères ont nommées *animi cruciatus* (affliction de l'esprit). C'est le changement de logique, changement de perspective, relecture et interprétation du réel. L'Église utilise à des fins positives le repentir sans délectation morose. Elle prévoit dans sa liturgie la pénitence en soi, la démarche pénitentielle et le rite pénitentiel. On peut remplacer l'ensemble par l'aspersion.

Les Juifs eurent différents types de pénitence ; David fit pénitence (2 Samuel 12), Jonas la prêcha à Ninive. Le Christ Jésus en renforça l'importance en Mc 1, 15 : « le royaume de Dieu est proche ; faites pénitence … ». Du *confiteor* jusqu'à *l'Agnus Dei*, sept formules pénitentielles ponctuent la célébration[70]. Cette pléthore gomme le sens de l'eucharistie qui est action de grâce.

---

[69] Centre National de Pastorale Liturgique (CNPL), « Du bon usage de la liturgie », in *Guides Célébrer*, p. 37.
[70] Lucien DEISS, *La messe*, Sa célébration expliquée, Paris, Desclée de Brouwer, Collection Petite Encyclopédie Moderne du Christianisme, 1989, p. 26-28.

Voici ce que stipule la PGMR : « Le prêtre invite à la préparation pénitentielle. Après une brève pause en silence, toute la communauté se confesse de manière générale en employant une formule que le prêtre conclut par une absolution, qui n'a pas toutefois l'efficacité du sacrement de pénitence. Le dimanche, surtout au temps pascal, à la place de la préparation pénitentielle habituelle, on peut parfois faire la bénédiction et l'aspersion d'eau en mémoire du baptême[71] ». La réforme liturgique dispose de quatre formes du rite pénitentiel pour introduire l'assemblée dans le pardon de Dieu : a) Le *Confiteor* ou *Je confesse à Dieu* ; b) Le confiteor conjoint au *misereatur* (version 1) ; c) Le confiteor conjoint au *misereatur* (version 2) ; d) *L'Asperges me isopo*. Dans certaines célébrations, le chant d'ouverture est préparation pénitentielle. Quand les litanies des saints sont chantées, il n'y a pas non plus de rite pénitentiel au début, ou après l'utilisation du sacramental de la procession avant le début de la messe comme le dimanche des Rameaux. Je vais traiter ces éléments sous quatre chapeaux : La préparation pénitentielle, le Confiteor, le Kyrie et l'Aspersion.

LA PRÉPARATION PÉNITENTIELLE

La préparation pénitentielle s'engage avec l'une ou l'autre des formules suggérées dans le missel romain. Cette préparation comprend la monition introductoire du président de l'assemblée et le confiteor[72]. Dans les deux premières formules, le Kyrie suit naturellement ; dans les deux dernières, le Kyrie y est inclus. Dans la 3ᵉ formule, plusieurs tropes jouent le rôle de préparation et accompagnent le Kyrie. Le Missel et la PGMR n'imposent pas ces

---

[71] *Présentation générale du Missel Romain* (PGMR), n. 51, version 2002.
[72] Cette monition introductoire est un appel à un bref examen de conscience, quelques mots pointant le contexte de la célébration avec notre situation de pécheur, suffisent. On ne demande pas au célébrant un discours pénitentiel.

tropes, mais ils n'indiquent pas d'alternative. Le missel donne les formules auxquelles il faut tenir. Les formules de préparation pénitentielle varient à côté du Kyrie invariable, unique.

Celui qui préside invite les fidèles à la pénitence en disant par exemple : *'Préparons-nous à la célébration de l'Eucharistie en reconnaissant que nous sommes pécheurs'*. Un bref temps de silence succède ; chacun fait un rapide examen de conscience et présente, le cœur contrit, les péchés au Sauveur dans un acte spirituel communautaire. La confession des péchés au début de la messe, est un vestige monastique ; la règle de saint Benoit de Nursie vers 530 rapporte : « le même jour qu'ils seront de retour au Monastère, ils se prosterneront dans l'église, à la fin de toutes les Heures de l'Office, pour demander l'intercession de leurs Frères ; afin d'obtenir de Dieu le pardon des fautes qui pourront leur être échappées par la liberté qu'ils auront donnée à leurs yeux, par les mauvais discours qu'ils auront entendus, ou les paroles inutiles qu'ils auront proférées[73] ».

Mais pourquoi alourdir la célébration d'une auto-flagellation ? Les psaumes présentant la forte conscience de la condition de la misère humaine, ne font pas d'utilisation abusive de la faute. Des psaumes de la création (dont le Ps 2), passent sous silence le problème du péché pour s'appliquer à contempler l'œuvre divine sous son jour positif[74]. Donc le rite pénitentiel ne doit pas être une opération psychanalytique ou un remake de la *discipline* qu'on se donnait dans les monastères. La démarche pénitentielle met en train l'opération de nettoyage communautaire de l'Église comme assemblée sainte et corps sacré de Jésus Christ. Il faut laisser Dieu être Dieu, éviter la grandiloquence déplacée de se croire meilleur liturgiste que l'Église avec sa Tradition qui a engrangé des trésors d'expériences.

---

[73] *La Règle de saint Benoît*, chapitre 67, des Frères qui vont en voyage, traduction de dom Claude De Vert (1689), Paris 1824².

[74] Pierre GRELOT, *Le mystère du Christ dans les psaumes*, Paris, Desclée, collection Jésus et Jésus Christ n. 74, p. 58.

LE CONFITEOR

Enfant, j'ai appris à la maison le *confiteor*, *l'acte de contrition*, le *Pater*, *l'Ave Maria* et le *Credo*. Ces premières bribes de dévotion orientent la volonté sur le chemin de la piété avec les formules de prières usuelles du chrétien. Ainsi à la messe on se retrouve en territoire connu. Le confiteor fait partie du rituel de la messe ; il donne au peuple de Dieu comme communauté de confesser la tendresse de Dieu. Voici le texte latin du confiteor : « *Confìteor Deo omnipotènti et vobis, fratres, quia peccàvi nimis cogitatiòne, verbo, òpere et omissiòne : Mea culpa, mea culpa, mea maxima culpa.Ideo precor beàtam Mariam semper Virginem, omnes Angelos et Sanctos, et vos, fratres, oràre pro me ad Dòminum Deum nostrum.* Le prêtre ajoute : *Misereátur nostri omnípotens Deus et, dimíssis peccátis nostris, perdúcat nos ad vitam ætérnam.* Voici la traduction : « Je confesse à Dieu tout-puissant, je reconnais devant mes frères que j'ai péché en pensée, en parole, par action et par omission ; oui, j'ai vraiment péché (On se frappe la poitrine). C'est pourquoi je supplie la Vierge Marie, les anges et tous les saints, et vous aussi, mes frères, de prier pour moi le Seigneur notre Dieu. Le prêtre conclut : *Que Dieu tout-puissant nous fasse miséricorde ; qu'il nous pardonne nos péchés et nous conduise à la vie éternelle.*

Confiteor vient de l'infinitif *confiteri* avec préfixe augmentatif *cum*, et *fateri* ; en lien lexical avec le grec *phatos*, de *phèmi*, dire. *Confiteor* a trois significations : avouer, reconnaître ; confesser, faire confession de ; dévoiler, indiquer. Je passe les détails. Hier le *confiteor* faisait confesser ses péchés à la Vierge Marie, à saint Michel Archange, aux saints, à ses frères et sœurs. Aujourd'hui on demande pardon à Dieu seul et on demande aux susnommés d'intercéder pour soi. Dans ce dialogue continu entre l'Église et son Seigneur, la célébration devient le théâtre du pardon du créateur qui par le Fils, recrée l'Église dans ce pardon. Le *confiteor* insiste sur le pécheur conscient d'être coupable devant Dieu. Emboité dans le *misereatur* 1ère version, il insiste sur le don de la miséricorde de Dieu à son peuple (formule en *nous*). La forme litanique chantée (confiteor-misereatur version 2) met au centre Jésus Sauveur dans un rapide rappel de l'histoire du salut (incarnation/rédemption/glorification). Le *confiteor* est joint au *Misereatur*, son compagnon inséparable et qui est une prière d'intercession répondant à la confession faite. Délicatesse et imperception s'entrecroisent comme chez *Fleur de Marie*[75].

D'où vient le *confiteor* ? Du psaume 50 ? De la liturgie du *Kippour* du temple ? De la tradition monastique ? Le *je confesse* est une prière de demande de pardon à la 1e personne du singulier. On se reconnait pêcheur devant Dieu, les autres, les anges et les saints. Curieux que dans une assemblée où par principe l'affirmation du je se met entre parenthèses pour faire place au communautaire (nous et vous), qu'on eût de manière si imposante un *je* qui *confesse* projetant en avant l'individu. Or il n'y a aucune gloire, aucune joie, aucun honneur à se déshabiller en public. Alors pourquoi doit-on clamer sa culpabilité ? Faut-il confesser ses laideurs pour se regarder avec noblesse ? Serait-ce Dieu qui nous imposerait un tel pensum ? Confesser ses erreurs devant Dieu ? Soit ! mais pourquoi s'autoflageller et se martyriser devant des inconnus, une communauté ? Pourquoi se déprécier si fort ? A ce questionnaire, une réponse : tout membre de la communauté a le devoir de la rendre meilleure et l'aveu de ses errements y contribue d'une manière efficace et pratique. Mais encore en confessant devant l'autre, on s'humilie d'une certaine manière et on renonce du coup à dominer et à régner sur l'autre, devenant plus capable de pardonner[76].

Le confiteor a une assise dans l'adoration silencieuse du Pape devant l'autel. Dès le 8e siècle on y ajouta des formules de prières à l'office

---

[75] Nom d'une héroïne du roman fleuve d'Eugène Sue, *Les mystères de Paris*.
[76] Pierre LE BRUN, *Explication de la messe*, p. 505.

stationnal. En souvenir de la liturgie monastique, le célébrant se reconnaît pécheur devant la communauté devant Dieu assemblée. Cette façon de faire se généralisa au 11ᵉ siècle et fut insérée au début de la messe. On lui a joint dès l'origine *l'indulgentiam*, formule ordinaire de l'absolution sacramentelle. Vers l'an 1000 l'habitude de donner l'absolution aussitôt après la confession, s'y est appliquée par voie de conséquence. Mais la confession publique des péchés il faut chercher son origine dans le rituel pénitentiel juif Lv 1-4 et en Jc 5, 16. Au Moyen Âge il y avait deux *confiteors* : celui du célébrant et celui de l'assemblée. Le confiteor du président était sa préparation publique personnelle. En voici une relation : à la sacristie il fait une première préparation privée en prenant les ornements liturgiques pour marcher d'un pas grave et modeste, précédé de ministres, vers l'autel. Parvenu au pied de l'autel, il s'arrête et récite ses prières de préparation devant l'assemblée. Sa préparation publique au bas de l'autel martelait son désir d'aller à l'autel confiant dans la bonté du Père. En faisant la confession de ses fautes, il prie pour en obtenir la rémission afin d'accéder à l'autel avec un cœur pur[77]. Il devait compléter ces prières en montant à l'autel, suppliant le Seigneur d'ôter (*aufer*) ses péchés pour entrer dans le sanctuaire pour le saint sacrifice[78]. Ce *confiteor* personnel du prêtre devait purifier sa conscience. Un peu comme le Grand Prêtre juif de l'AT qui devait veiller avant de sacrifier et d'implorer Yahvé le *Yom Kippour* pour le peuple dont les péchés vont mourir au désert avec le bouc émissaire. Ces prières au bas de l'autel qu'on pouvait faire dans une chapelle privée ou à la sacristie, sont du 9ᵉ siècle dans l'Église latine, les plus anciens sacramentaires ne les mentionnaient pas[79].

La portée de cette préparation est évidente ; bien que ce soit personnel, cet acte du prêtre rappelle sa condition de pécheur comme

---

[77] Pierre LE BRUN, *Explication de la messe*, p. 93.
[78] Pierre LE BRUN, *Explication de la messe*, p. 130.
[79] Pierre LE BRUN, *Explication de la messe*, p. 94.

le publicain qui n'osait pas lever les yeux ni avancer vers le sanctuaire, il préféra rester loin pour se frapper la poitrine et demander la pitié de Dieu (Lc 18, 10-14). Le peuple imitait le prêtre, se frappait la poitrine aussi, comme s'il eut voulu se briser le cœur pour que son Seigneur lui en façonne un autre ; il se reconnaissait indigne de s'approcher du divin pour l'action de grâce. Avec l'unique confiteor à la messe célébrant et assemblée se frappent la poitrine. Nous n'avons plus à le faire à *l'Agnus Dei* ni au *non sum dignum Domine* avant la communion !

Le *confiteor* avoue aussi que les autres nous sont chemin de catharsis et adjudants ; leur prière nous est indispensable car solidaires dans le péché, nous devons l'être davantage dans la sainteté ; le miracle permanent de la communion des saints ! Le Dieu Amour a sa miséricorde plus immense que la faute en nous murmurant de confesser sa bonté. Aux paroles « oui j'ai vraiment péché », répond : « serais-tu rouge comme l'écarlate, je te rends plus blanc que neige » (Is 1, 18) ; et frapper sa poitrine, c'est aller y dénicher le Dieu qui nous y attend. Le *confiteor* nous enlève le vêtement de vagabond sans scrupules et *sans aveu*.

Le célébrant conclut le confiteor par le *misereatur* : « *Que Dieu tout puissant nous fasse miséricorde…* ». Le fait qu'il dise *nous* indique que cette absolution est non sacramentelle. Personne ne s'absout de ses péchés dans le sacrement[80]. Du latin *absolvere*, absoudre signifie délier, dénouer. L'absolution est un acte juridico-sacramentel remettant les péchés aux pénitents au nom de Dieu[81]. Il y a une absolution sacramentelle et une non sacramentelle. Cette absolution implore le pardon, le fait attendre dans l'efficacité du don. A la messe cette confession et absolution des péchés est efficace sur les péchés véniels ; les mortels exigent la confession sacramentelle avec absolution.

---

[80] Pierre LE BRUN, *Explication de la messe*, p. 127.
[81] Cf. Dom Robert LE GALL, *Dictionnaire de liturgie*, p. 17.

Quoique non sacramentelle elle est importante, apaisante et utile. Le pardon de Dieu est offert à chaque membre de l'assemblée pour exciter à l'aller chercher dans le sacrement propre afin de conserver l'assemblée dans la pureté et l'état de grâce comme Église et lieu de présence du Christ. Cette absolution n'est pas inutile, même si la mentalité utilitariste voudrait que tout ce qui n'est pas pratique soit sans sens. Savons-nous tous les trésors d'adoration que recèle un sourire d'enfant ? Dirions-nous que ce sourire est vain ? Cette absolution non sacramentelle est un acte de confiance de l'Église en l'humain, une délicatesse inouïe du créateur ; elle peut s'adresser même au non catholique dans l'Assemblée. Le pardon de Dieu est sans frontière, sans religion. Le signe de la croix n'est pas prescrit à ce moment-là, mais le faire n'endommage pas le rite, sauf pour les scrupuleux. Quel chrétien serait peu imaginatif pour croire que ce rite égale aller à confesse ? Le sacrement de la pénitence serait rayé du septénaire. Maintenant je porte l'intérêt sur le confiteor conjoint au *misereatur*.

En lieu et place du *confiteor* il y a une première possibilité issue de la Bible. Le célébrant adresse la supplication « *Seigneur, accorde-nous ton pardon* » (Ps 122), l'assemblée répond comme pour se justifier « *nous avons pêché contre Toi* » (Jn 14,20). Le célébrant continue « *Montre-nous ta miséricorde* » (Ps 84), elle conclut « *Et nous serons sauvés !* » (Ps 84). La part du célébrant peut être chanté par un chantre. Cette forme du *confiteor* nous bascule d'un *je* vers un *nous* réconfortant. En effet il n'est pas dit : Seigneur accorde-*moi* ton pardon. Pourquoi ce changement de sujet alors qu'il s'agit non de convertir le *confiteor* mais de le remplacer par un équivalent ? L'Église n'a pas cru bon d'éliminer cette subsistance d'un *moi* attaché à construire dans l'humilité le *nous* communautaire. Ce *moi* est plus nous que le *nous* même.

Le confiteor conjoint au misereatur a une autre forme litanique : « *Seigneur Jésus envoyé par le Père pour guérir et sauver les hommes, prends pitié de nous* ». L'assemblée reprend le *prend pitié de nous*. Il y a deux autres tropes, mais la réponse de l'assemblée reste invariable. Les trois tropes invoquent le Christ et centrent tout sur Lui (non sur nous, comme dans l'examen de conscience). Il faut utiliser ces tropes sans blesser l'exigeante sobriété du missel, sans les changer. Inutile de moraliser, de juger à la place du Juge rédempteur. A quoi cela sert de jouer au Dieu ?

Nous venons juste de voir comment le *confiteor* peut se fondre avec le kyrie. Il est temps de percer les secrets de celui-ci.

LE KYRIE

« Après la préparation pénitentielle, on commence le *Kyrie eleison*, à moins que cette invocation n'ait déjà trouvé place dans la préparation pénitentielle. Puisque c'est un chant par lequel les fidèles acclament le Seigneur et implorent sa miséricorde, il est habituellement accompli par tous, le peuple, la chorale ou un chantre y tenant leur partie. Chaque acclamation est ordinairement dite deux fois, mais cela n'exclut pas, en raison du génie des différentes langues, des exigences de l'art musical, ou en raison des circonstances, qu'on puisse la répéter davantage. Quand le *Kyrie* est chanté comme faisant partie de la préparation pénitentielle, on fait précéder d'un *trope* chaque acclamation[82] ». Dois-je commenter ? La règle n'est-elle pas claire ? Pourquoi ce qui devait être d'une limpidité aveuglante d'éblouissement ne semble pas l'être pour nombre de présidents d'assemblée ? C'est peut-être là le mystère à éclaircir. Le Kyrie n'est pas un chant, c'est une litanie chantée. On chante le Kyrie mais il n'y a pas un chant de Kyrie. Avant tout, retraçons l'histoire de cette sublime supplication adressée au Christ Seigneur, Fils et Rédempteur.

---

[82] *Présentation générale du Missel Romain* (PGMR), n. 52, version 2002.

Le Kyrie est ancien dans l'Église et vient du fond des âges de l'AT. L'expression *Kyrie Eleison* a son socle dans le substantif grec *eleos* désignant un sentiment qui porte à s'émouvoir au spectacle des souffrances d'autrui. C'est la compassion ou la pitié pour un être qui ne mérite pas son malheur selon Aristote[83]. Mais en général les philosophes suspectent la pitié comme une faiblesse[84]. Elle devient en revanche vertu religieuse ou attribut divin dans les Septante en tant que traduction de *hesèd* qui est associée à la justice, la tendresse, la miséricorde[85].

La formule *elèèson Kurie me* est du Ps 40, 5,11 ; on trouve *elèèson me Kurie* au Ps 6, 3. L'expression *kyrie eleison* adressée à une divinité est connue des païens[86]. « Le *Kyrie eleison*, comme formule indépendante et comme acclamation répétée, n'était pas inconnue de l'Antiquité avant le christianisme. Dans la prière liturgique de l'Orient, en tout cas, ce *Kyrie eleison* isolé et répété en supplications impétueuses est une ancienne tradition[87]». L'*eleison* « avec ou sans la personne invoquée a dû être d'usage courant chez les chrétiens de l'époque primitive et remonter à des traditions préchrétiennes[88]». On demande le pardon des péchés en toutes circonstances avec les cris des deux aveugles de Jéricho (Mt 20, 30), l'humilité des dix lépreux (Lc 17, 13), la persévérance de la Cananéenne (Mt15, 22) et l'empressement de tous ceux qui supplient.

Le *Kyrie* est l'élégie, la plainte soupirante et le cri attendrissant de l'enfant malade ou blessé en direction de sa mère. Il peut nous réapprendre à redevenir sinon à rester enfant. L'expression type du *Kyrie* aujourd'hui est la litanie des saints. « Le vocabulaire de la

---

[83] Cité par Ceslas SPICQ, *Lexique théologique du Nouveau Testament*, Cerf/Éditions Universitaire Fribourg, 1991, p. 489.
[84] Ibid., p. 489.
[85] Ibidem, p. 490-493.
[86] Joseph-André JUNGMANN, *Missarum Sollemnia, Explication génétique de la messe romaine*, tome II, Paris Aubier, Collection Théologie, 1952, p. 88.
[87] Ibid., p. 95.
[88] Joseph-André JUNGMANN, *Missarum Sollemnia*, tome II, p. 88.

supplication ce sont des cris douloureux qui s'élèvent vers le Seigneur et qui s'expriment ainsi : 'aie pitié de moi, délivre-moi, écoute ma prière'[89]». On n'a pas toujours dit le Kyrie à l'autel ; parfois on se mettait du côté de l'épître[90]. Il en va de même pour le nombre ; dans le rite ambrosien on dit trois fois le Kyrie. Au bas Moyen Âge on disait le *Kyrie* trois fois pour le Père, le *Christe* trois fois pour le Fils et *Kyrie* trois pour l'Esprit afin de glorifier la Trinité[91]. Cette prière se faisait pour les pénitents[92]. Quand un peuple implore, Dieu entend. Voilà la préhistoire de cette expression déprécative, don de la liturgie grecque provenant d'une prière plus développée[93].

L'histoire du Kyrie est identique à celle de l'Alléluia qui acclame[94]. Ils étaient tous deux des répons devenus indépendants ; ils auraient une origine commune et sortiraient de la prière des fidèles telle que l'atteste Justin au 2ᵉ siècle. Les Constitutions apostoliques (4ᵉ siècle) l'ont vu en usage à la messe des catéchumènes. Il est un répond des fidèles et des enfants[95]. Et le peuple le reprenait en chœur. Le *kyrie eleison* est en relation avec les litanies dites après vêpres à Jérusalem. La litanie est une prière répétitive d'invocation, de supplication, déclamée, chantée par l'officiant et les fidèles[96] ; un répons dans la

---

[89] Gilles-Dominique MAILHIOT, *Les Psaumes, Prier Dieu avec les paroles de Dieu*, Montréal, Mediaspaul, 2003, p. 98.
[90] C'est le côté droit en faisant face à l'autel, l'autre côté est celui de l'Évangile.
[91] Pierre LE BRUN, *Explication de la messe*, p. 153.
[92] Ibid., p. 153.
[93] Joseph-André JUNGMANN, *Missarum Sollemnia*, tome II, p. 95.
[94] Id., *La liturgie des premiers siècles, Jusqu'à l'époque de Grégoire le Grand*, p. 445.
[95] Cf. *L'eucharistie dans l'antiquité chrétienne*, textes choisis et présentés par A. Hamman, traduction de H. Delanne, France Quéré-Jaulmes et A. Hamman, Desclée de Brouwer, Collection « Ichtus », 1981, p. 50-51 ; Joseph-André JUNGMANN, *La liturgie des premiers siècles*, p. 443.
[96] Selon Le Gall « le mot grec *litaneia* vient du nom *litè* 'prière' et du verbe *litaneuéin* 'prier instamment'. Les litanies sont des prières liturgiques qui expriment la supplication par des invocations multipliées, auxquelles l'assemblée répond par des formules répétitives. La prière universelle, à la messe, à Laudes et à Vêpres, représente le type le plus ancien de litanies ». Dom Robert LE GALL, *Dictionnaire de liturgie*, Éditions C.L.D., 1983, p. 152.

prière des fidèles. Dans les liturgies orientales (byzantines) le *Kyrie eleison* est réponse à *l'ektenia*, ces prières litaniques qui viennent après les lectures et avant la procession d'entrée. À Rome il est lié aux litanies attribuées au pape Gélase[97]. A la fin du 5e siècle ce pape aurait composé une prière qu'on a nommée *deprecatio Gelasii*, laquelle serait la première forme conservant le Kyrie[98]. Le cri *Seigneur ayez pitié de nous* est si touchant qu'en Gaule on le récitait à la messe, à matines et à vêpres[99]. « Même lorsqu'il est employé seul, le Kyrie est donc, par le destin qu'il tient de ses origines, le répons d'une litanie[100] ».

L'acclamation *Christe eleison* vient de l'Occident et n'était pas connue en Orient[101]. Cette litanie est transmise de génération en génération à Rome et à toute l'Église latine en grec, la première langue liturgique de l'Occident chrétien. Car même traduit très tôt en latin, le Kyrie garde sa forme native grecque[102]. Le latin était perçu trop vulgaire, pas assez noble pour chanter la gloire de Dieu. La traduction latine n'avait pas de finalité liturgique.

Le Missel romain version française et le PGMR correspondant qui en est l'explication presque rubricale, excluent d'emblée que le Kyrie soit une pièce à lire. Le Missel donne à côté du texte grec gardé comme type, sa propre traduction. Deiss, très critique envers les traductions disgracieuses du Kyrie, plaide pour ce petit reste de grec et de communion de notre prière avec la liturgie orientale. Souvent pour mettre le texte à la portée des auditeurs, on expurge, édulcore,

---

[97] Cf. Anscar CHUPUNGCO, article « Acclamations », in Dictionnaire encyclopédique du catholicisme ancien, volume I, p. 18.
[98] Cf. le texte de la *Deprecatio Gelasii* in Joseph-André JUNGMANN, *Missarum Sollemnia*, tome II, p. 91-92.
[99] Pierre LE BRUN, *Explication de la messe*, p. 154.
[100] Robert CABIE « L'Eucharistie », in Aimé George MARTIMORT (en collaboration), *L'Église en prière, Introduction à la liturgie*, tome II, Paris, Desclée, 1983, p. 90.
[101] Anscar CHUPUNGCO, article « Acclamations », in *Dictionnaire encyclopédique du catholicisme ancien*, volume I, p. 18.
[102] Joseph-André JUNGMANN, *La liturgie des premiers siècles*, p. 444.

aplatit, dépoétise ; « on abaisse le texte au lieu d'essayer d'élever les fidèles à la hauteur du texte sacré par une catéchèse appropriée. Il faut parler aux gens leur langage, mais quand on doit leur parler des choses qu'ils ne connaissent pas, il faut élargir leur vocabulaire[103] ». Qui se plaint du jargon de l'informatique, des emprunts à d'autres langues ? La liturgie, la Bible ont leur langage que les fidèles doivent apprendre. C'est une dangereuse utopie de faire des choses de la foi une bande dessinée. « La litanie du Kyrie est la litanie de la misère humaine implorant la pitié de Jésus sur les routes galiléennes. Ne peut-elle rester la litanie de notre misère sur la route de notre vie ? [104] ».

Le Kyrie n'est pas un espace de dénonciation ou d'expression des déplaisirs sociaux ou politiques. La préparation pénitentielle n'est pas une prière pénitentielle et *prends pitié de nous Seigneur* signifie surtout : prends-nous dans ton amour[105]. Il y a d'autres endroits dans la messe où une parole dénonciatrice, provocatrice peut prendre place : l'explication homilétique par le ministre ordonné par exemple. Comment « célébrer le rite pénitentiel pour qu'il ne devienne pas une introspection culpabilisante, larmoyante et moralisante ?» Réponse : « en le transformant en une acclamation à la miséricorde de Dieu[106] ». Le Kyrie est une invocation au Christ siégeant à la droite du Père. « Cette droite de Dieu est vue comme le lieu d'exercice d'une seigneurie universelle. Plus encore, cette droite de Dieu c'est la position de faveur par excellence. Le Christ est donc dans la position idéale pour intercéder pour nous et nous venir en aide[107] ». Le kyrie est « un cri qui exprime bien et notre misère et notre confiance en

---

[103] Bernard BOTTE, « Les traductions liturgiques de l'Écriture », in En Collaboration, *La Parole dans la liturgie*, Paris, Cerf, Collection Lex Orandi, n. 48, 1970, p. 103-104
[104] Lucien DEISS, *La messe, Sa célébration expliquée*, p. 30.
[105] Cf. Jean LEBON, « 59 questions sur l'eucharistie », Repères pour les pratiques eucharistiques, in *Guides Célébrer*, p. 26.
[106] Lucien DEISS, *La messe, Sa célébration expliquée*, p. 28.
[107] Cf. Michel GOURGUES, « Les psaumes et Jésus ; Jésus et les psaumes », *Cahiers Évangile*, n. 25 (1978), p. 19.

Dieu[108] ». Il appartient à la catégorie des supplications collectives, à côté des supplications individuelles, les confessions négatives (Ps 3 ; 7 ; 12 ; 21) ou positives (Ps 43 ; 59)[109]. Jungmann, artisan du renouveau liturgique, se demande : « Pourquoi cette invocation sans objet déterminé ? Pourquoi enfin est-elle en langue grecque ? Et quel est primitivement celui qui supplie ? [110] ». A ce qui est déjà dit sur la matière ajoutons.

Le Kyrie est vestiges parlants et fouilles archéologiques. Ce monument va subir une importante transformation au Moyen Âge ; et cela fera s'éloigner de la communion fréquente. La cause occasionnelle de ce changement fut prise de 1 Co 11, 28 : « que chacun s'éprouve soi-même (*probet seipsum homo*), et qu'ainsi il mange de ce pain et boive de cette coupe ». En s'appuyant sur ce verset, depuis le 10ᵉ siècle la pénitence sacramentelle devint une exigence pour s'approcher de la table sainte, pour manger le corps du Seigneur qui nous fait son Corps Église davantage. Personne ne se savait assez pur pour une telle grâce. Certains synodes ont même interdit la communion au gens mariés et aux femmes, ont prescrit une demi-semaine de jeûne, six jours d'abstinence d'aliments gras avant[111]. Dans l'eucharistie personne ne perd la conscience de sa situation de pécheur. Qui peut se croire digne de paraitre devant Dieu ? On a conscience de l'immense et infinie bonté de Dieu pour implorer son pardon avec le concours de la prière des autres. Le rappel de la règle de saint Benoit est opportun : « Les Frères qui doivent aller en voyage[112], se recommanderont avant que

---

[108] Aimon-Marie ROGUET, *Table ouverte, la messe d'aujourd'hui*, Paris, Desclée Collection Remise en cause, 1969, p. 52.
[109] Cf. Gilles-Dominique MAILHIOT, *Les Psaumes, Prier Dieu avec les paroles de Dieu*, p. 99. C'est négatif quand le psalmiste se reconnait innocent et positif quand il s'avoue coupable de quelque faute.
[110] Joseph-André JUNGMANN, *Missarum Sollemnia*, tome II, p. 87.
[111] Joseph-André JUNGMANN, *Missarum Sollemnia*, tome III, p. 295.
[112] C'est-à-dire, qu'ils mangent deux ou trois heures après les autres.

de partir aux prières de l'Abbé et de tous les Frères[113] ; et on ne manquera point tous les jours, à la fin de l'Office, de faire une mémoire des absents[114] ».

Comme le dit avec esprit Deiss, la préparation pénitentielle « n'est pas une sorte de paillasson où nous nous essuyons les pieds avant d'entrer au sanctuaire de la sainteté de Dieu. Elle est plutôt déjà l'action de grâce pour le pardon que nous ne cessons de recevoir[115] ». La vraie conclusion de la démarche pénitentielle se trouve selon moi chez Paul : Dieu a renfermé tous les hommes dans la désobéissance afin de faire miséricorde à tous (Rm 11, 32). C'est cette miséricorde que nous espérons tous.

J'ai dit l'essentiel sur la préparation pénitentielle, le confiteor et le kyrie. Il est temps d'aborder un autre rite qui est l'équivalent de l'ensemble de la démarche pénitentielle : l'aspersion.

LA BÉNÉDICTION DE L'EAU ET L'ASPERSION

L'Asperges me est le rite de l'aspersion accompagné d'un chant approprié. Le mot latin *aspersio* vient du verbe ad-spargere = répandre vers ou sur. L'aspersion est l'action de répandre un liquide ou de la poussière sur quelque chose ou sur quelqu'un. Le prêtre asperge en projetant de l'eau bénite sur des personnes, des objets pour purifier. L'aspersion dominicale remonte au 8e siècle et vient des monastères où l'on avait coutume d'asperger à l'eau bénite les moines et le peuple, l'église et le monastère. La cérémonie monastique fut codifiée pour les Eglises par Hincmar de Reims (+ 882). Elle est intégrée au rite pénitentiel en reprise d'un rite de la Vigile pascale. En

---

[113] Quoi de plus touchant que cette tendre bonté du Sauveur ! Et que nous serions coupables, si nous ne suivions pas avec empressement un Pasteur si indulgent et si bon !
[114] *La Règle de saint Benoît*, chapitre 67, des Frères qui vont en voyage, traduction de dom Claude De Vert (1689), Paris 1824².
[115] Lucien DEISS, op. cit., p. 29.

effet à la vigile pascale après la rénovation des promesses du baptême, le célébrant asperge l'assemblée *en souvenir du baptême*. Donc l'aspersion principale est le baptême par infusion ; on verse de l'eau trois fois sur la tête de celui qu'on baptise. Le geste implique à la fois le fait d'être lavé et de recevoir un principe vital, celui de la vie divine. Toute aspersion comporte ce double effet[116]. L'aspersion d'eau bénite peut se faire dans toutes les églises et oratoires aux messes dominicales et à celles célébrées le samedi soir. Elle n'est pas de mise aux messes en semaine.

Après avoir salué l'assemblée, le célébrant l'invite à prier en silence, puis il bénit l'eau[117]. Pour ce faire, tourné vers le peuple, il dit : « *Mes frères, demandons au Seigneur de bénir cette eau ; nous allons en être aspergés en souvenir de notre baptême ; que Dieu nous garde fidèles à l'Esprit que nous avons reçu* ». Après un bref silence, il dit une prière de bénédiction de l'eau ; comme celle-ci : « *Dieu éternel et tout-puissant, tu as donné aux hommes l'eau qui les fait vivre et les purifie ; tu veux aussi qu'elle puisse laver nos âmes et nous apporter le don de la vie éternelle ; Daigne bénir cette eau, pour que nous en recevions des forces en ce jour qui t'est consacré.*

Par cette eau, renouvelle en nous la source vive de ta grâce, défends-nous contre tout mal de l'âme et du corps ; nous pourrons alors nous approcher de toi avec un cœur pur, et profiter pleinement du salut que tu nous donnes. Par Jésus, le Christ, notre Seigneur ». Amen.

L'Église a commencé à bénir l'eau (pour le baptême) dès le 2e siècle sous forme d'une épiclèse au *Logos* pour que la présence spirituelle du Christ vienne sur l'eau et sur le fidèle qui va le revêtir afin que le Seigneur entre dans l'âme comme le corps entre nu dans la piscine baptismale. Ce rite de bénédiction de l'eau peut être suivi de celui du sel (facultative). Le sel entrait dans la composition des offrandes

---

[116] Cf. Dom Robert LE GALL, *Dictionnaire de liturgie*, p. 34.
[117] *Benedicere* signifie bien dire ou dire du bien de ; ici il traduit précisément : mettre à part, vouer à Dieu.

liturgiques dans l'Ancienne Alliance. Dans l'Évangile, le Seigneur compare ses disciples au sel : leur rôle est de répandre le goût de Dieu dans le monde, ce qui suppose qu'ils ne s'affadissent pas (Mt 5,13) ! Pour bénir le sel, avant de le mélanger à l'eau, le prêtre prononce une formule qui fait allusion à 2 R2, 19-22 où le prophète Élisée assainissait les eaux avec du sel : le sel mêlé à l'eau, symbolise la puissance vivifiante de l'Esprit de sagesse, est le signe du goût spirituel à inspirer aux catéchumènes[118]. Le chant accompagnant ce rite indique qu'elle est comme purification pour le Saint Sacrifice.

Ensuite le prêtre met l'eau bénite dans un bénitier et à l'aide du goupillon il asperge les fidèles, assisté d'un ministre portant le bénitier. Il se signe le front d'abord avec cette eau bénite avant d'asperger l'assemblée en circulant dans l'église. Pour goupillon, il peut aussi utiliser un rameau de buis ou un petit faisceau de feuillages. L'aspersion terminée, il revient à son siège et dit les mains jointes, la prière qui conclue le rite d'aspersion :

Que Dieu tout-puissant nous purifie de nos péchés et, par la célébration de cette eucharistie, nous rende dignes de participer un jour au festin de son Royaume R/. Amen.

L'aspersion reprend en elle l'ensemble du rite pénitentiel ; car y sont compris le confiteor et le Kyrie. C'est pourquoi on ne chante pas de Kyrie mais un chant comme le traditionnel *Asperges me*. Sans le chant le silence serait lourd à porter. L'eau bénite, reçue pieusement avec le regret des fautes, efface les péchés véniels. Les rites d'aspersion, nombreux dans les sacramentaux, ont la vertu d'appeler sur soi la libération du mal et une nouvelle effusion de grâce divine ; ils visent à éliminer des objets que l'on veut bénir toute contagion du mal et à les rendre aptes à toute œuvre bonne. L'encensement peut suivre aussi une aspersion ; purifié et investi par la grâce divine, l'objet peut être honoré comme ce qui touche à Dieu. C'est le même effet quand on se signe soi-même avec de l'eau bénite.

---

[118] Pierre LE BRUN, *Explication de la messe*, p. 269.

On gagnera à varier les formes de la prière pénitentielle parmi celles proposées par l'Église. Pour des circonstances particulières, il faut penser aussi à des gestes ou des attitudes dynamiques qui reflètent une réelle componction : fermer les yeux, inclination profonde, s'agenouiller, se frapper la poitrine, contempler la Croix, sans oublier que, dans certaines célébrations, le chant d'ouverture sécrète une formidable et émouvante tonalité de préparation pénitentielle...

Après avoir fait le tour de la démarche pénitentielle à la messe, nous avons l'intime conviction d'être totalement réconcilié avec le Père par le ministère du Fils. Or nous sommes encore au rite introductoire de la célébration eucharistique, il reste deux autres éléments à approcher dont le précieux et vénérable bijou *Gloria*.

LE GLORIA

« On ne peut remplacer le texte de cette hymne par un autre. Le Gloria est entonné par le prêtre ou, si on le juge bon, par un chantre ou par la chorale ; il est chanté par tous, ensemble, ou par le peuple alternant avec la chorale, ou par celle-ci. Si on ne le chante pas, il doit être récité par tous, ensemble ou par alternance entre deux chœurs. On chante le Gloria ou on le dit le dimanche en dehors de l'Avent et du Carême, aux solennités et aux fêtes, ou encore dans des célébrations particulières faites avec solennité[119] ». Est-ce dit ? Beaucoup seraient choqués de la première phrase. Nous faisons tellement à notre guise dans la liturgie en Haïti et dans ses diasporas que le fait accompli *(de facto)* devient norme. Mais l'Église est universelle en Haïti aussi. L'acéphalie est réprouvée dans l'Église catholique du Christ.

La plus banale des questions à propos du Gloria est simplement Quid ? C'est une hymne à la gloire de Dieu le Père et de son Fils afin que ce dernier intercède pour nous auprès de ce Père. La menue place de

---

[119] *Présentation générale du Missel Romain* (PGMR), n. 53, version 2002.

l'Esprit Saint peut déjà instruire sur la date de sa composition. J'y reviendrai.

Selon le dictionnaire de Littré la distinction qui met hymne au féminin en parlant des prières en strophes chantées à l'Église, ne se justifie ni dans l'étymologie, ni dans l'historique du mot. Soit dit en passant. Allons plus loin : Les étymologistes tirent le latin *Hymnus* du grec umnos qui signifie chanter, c'est un chant célébrant les dieux, les héros ou la nature. Le latin *psallo* = chanter accompagné de la cithare, chanter un hymne de louange tandis que le mot grec serait de même racine que tisser/tissu. A l'époque reculée où l'écriture était inconnue, certains mots de l'art poétique étaient pris de l'art du tisserand, du constructeur. Dans la liturgie, l'hymne est une composition ecclésiastique de facture poétique et versifiée destinée à être chantée[120]. Elle est un chant en l'honneur du héros, de la divinité pour rendre gloire, exalter la grandeur, donner les honneurs mérités à quelqu'un pour ses actions[121].

Gloria est un terme latin qui a puisé sa nourriture sémantique dans la *kabod* hébreu. Dans l'AT le Dieu invisible et transcendant était devenu visible dans l'expérience sensible du feu dévorant au haut de la montagne (Ex 24, 17 ; Dt 5, 24) dans le scintillement de lumière (Ez 1) qui flamboie (Is 60, 1-3)[122]. Le NT connaît les acceptions profanes et religieuses du terme *doxa* ; les synoptiques attestent le sens d'honneur, de réputation[123]. Le respect dû au Père fait contempler sa majesté, sa dignité. Il est le roi de gloire. L'univers est rempli de sa *doxa*, de l'éclat de sa majesté[124]. La *doxa* biblique c'est la beauté et la splendeur, elle baigne dans une sorte de luminescence[125].

---

[120] Cf. Dom Robert LE GALL, *Dictionnaire de liturgie*, p. 134.
[121] Pierre LE BRUN, *Explication de la messe*, p. 165.
[122] Ceslas SPICQ, *Lexique théologique du Nouveau Testament*, p. 376.
[123] Ibid., p. 376.
[124] ibidem, p. 375.
[125] ibidem, p. 376.

Le *Gloria* vient de l'Orient, c'est « l'un des textes les plus anciens et les plus beaux de l'histoire de la liturgie[126] ». Il fait partie des hymnes non bibliques de l'Église primitive mais inspiré des textes sacrés et composé sur le modèle des psaumes[127]. Il fut « connu dans toute la chrétienté » à partir du 4e siècle. Saint Hilaire l'avait transplanté d'Orient en Occident. Et qu'il fût employé à la messe à la place même qu'il occupe à présent, cela nous est attesté par le *Liber Pontificalis* vers 530[128] ». Le Gloria est « un des joyaux les plus antiques de notre prière[129] ». Il figurait dans la louange de la prière du matin et fut adopté à Rome dès la fin du 5e siècle, à la messe romaine au 6e siècle[130]. Les évêques l'ont intégré à la messe de Noël, les prêtres les ont imités ; les vierges chrétiennes le récitaient. Il est traditionnel depuis le 8e siècle dans la célébration de la divine liturgie de l'Église[131]. « Pas plus que le kyrie, le Gloria n'a été composé primitivement pour la messe. C'est un legs provenant du trésor des hymnes de l'Église primitive[132] ». Au début « son rôle devait plutôt ressembler à celui que joue actuellement le *Te Deum*. C'était un chant de fête et d'action de grâce. C'est à ce titre qu'à Rome, aux circonstances particulièrement solennelles, on l'introduisait dans le cours même de la messe[133] ». C'est par excellence le chant pascal des chrétiens. Il fut réservé en

---

[126] Eugenio COSTA, « L'ouverture de la messe » in Joseph GELINEAU (dir.), *Dans vos assemblées*, Manuel de pastorale liturgique, Desclée 1989, p. 375.
[127] Centre National de Pastorale Liturgique (CNPL), « Du bon usage de la liturgie », in *Guides Célébrer*, p. 33.
[128] Joseph-André JUNGMANN, *La liturgie des premiers siècles*, p. 445.
[129] Aimon-Marie ROGUET, *Table ouverte, la messe d'aujourd'hui*, Paris, Desclée Collection Remise en cause, 1969, p. 53. Aussi Lucien DEISS, *La messe, Sa célébration expliquée*, p. 30.
[130] Dom Robert LE GALL, *Dictionnaire de liturgie,* p. 123.
[131] Lucien DEISS, *La messe, Sa célébration expliquée*, p. 31.
[132] Joseph-André JUNGMANN, *Missarum Sollemnia*, tome II, p. 103.
[133] Ibid., p. 114.

Occident à la nuit sainte[134]. C'est le premier chant affirmant que nous eucharistions (= rendons grâce) pour l'immense gloire du Dieu Père[135]. Comme ferait un poème homérique. La note dominante en est cette symphonie jubilatoire de la louange, l'exaltation pure. Le *Gloria* appartient à la forme la plus haute de la prière chrétienne[136]. Cette hymne de noblesse fait de la gloire une condition divine et céleste avec les attributs de la dignité et de l'éternité. En faisant tout pour Dieu et sa gloire, nous exprimons notre gratitude, notre admiration au Dieu tout-puissant et fidèle (2 Co 1, 20 ; Ph 1, 11. 2, 11). A la louange de gloire de sa grâce (Ep 1, 6)[137].

Le Gloria est un élément d'une trilogie liturgique incomparable. Les deux autres éléments sont le *Gloria Patri* et le Te Deum[138]. Il « est un des très rares spécimens qui nous restent des psaumes non bibliques mais inspirés de la Bible que chantaient les premiers chrétiens[139] ». Il fait partie des *psalmoi idiotikoi*[140]. « Commencée par la glorification de Dieu, l'hymne s'achève sur la glorification du Christ en qui la gloire de Dieu s'est ouverte à nous[141] ». Cette hymne ancienne, cette grande doxologie, ainsi appelée par les Orientaux pour la différencier du

---

[134] Pierre JOURNEL, « L'année », in Aimé George MARTIMORT (en collaboration), *L'Église en prière*, Introduction à la liturgie, tome IV « La liturgie et le temps », Paris, Desclée, 1983, p. 55.
[135] La version courante dit : nous te rendons grâce pour ton immense gloire.
[136] Cf. Lucien DEISS, op. cit., p. 32.
[137] Cf. Ceslas SPICQ, *Lexique théologique du Nouveau Testament*, p. 383.
[138] Guy-Marie OURY, *La Messe, spiritualité, histoire, pratique*, Chambray, C.L.D., 1985, p. 60. Le *Te Deum* est une hymne d'action de grâce solennelle. Son nom vient de ses deux premiers mots en latin. Elle fut probablement composée par Nicetas, évêque de Remesiana vers la fin du 4e siècle. On l'appelle aussi hymne ambrosienne, pour perpétuer une légende au sujet d'Ambroise et d'Augustin. Cf. Dom Robert LE GALL, *Dictionnaire de liturgie*, p. 243.
[139] Aimon-Marie ROGUET, *Table ouverte, la messe d'aujourd'hui*, p. 54.
[140] Littéralement des psaumes particuliers, de notre propre invention, donc extérieurs à la bible. L'expression *idiotikoi psalmoi* est employée par le concile de Laodicée (4e siècle) qui les proscrit au profit des hymnes bibliques. Cf. Joseph-André JUNGMANN, *Missarum Sollemnia*, tome II, note 1, p. 103.
[141] Ibid., p. 113.

Gloria patri[142], s'appelle aussi cantique des anges. « Avec sa structure tripartite (acclamation – invocation – acclamation), il constitue un modèle admirable de prière communautaire chrétienne[143] ».

La 1ère partie du *Gloria* vient de saint Luc. La 2e est une louange à Dieu le Père, qui reçoit des titres de gloire en cascade. Le procédé parallèle se trouve dans le *Te Deum*[144]. La 3e partie est consacrée au Fils par qui ce chant de grandeur monte au Père. « Dans le morceau christologique, nous pouvons distinguer le plan suivant : l'adresse de louange, l'invocation en forme de litanie, la triple confession par *Tu solus* ; la conclusion trinitaire[145] ». Mais disons-le une bonne fois ce n'est pas une hymne trinitaire[146]. Selon le style, le Gloria « se compose de deux parties distinctes : une hymne de glorification adressée au Père et une supplication adressée au Fils ; le caractère trinitaire a été accentué par l'introduction d'une brève mention du Saint-Esprit qui n'est pas primitive[147] ». La postérieure mention de l'Esprit-Saint sort des luttes doctrinales des premiers conciles œcuméniques de l'Église. Le *Gloria* a le style des prières des premiers siècles, adressées au Père par le Christ Grand-Prêtre[148].

---

[142] Guy-Marie OURY, *La Messe, spiritualité, histoire, pratique*, Chambray, C.L.D., 1985, p. 60.
[143] Eugenio COSTA, « L'ouverture de la messe » in *Dans vos assemblées*, p. 375.
[144] Joseph-André JUNGMANN, *Missarum Sollemnia*, tome II, p. 107.
[145] Ibid., p. 111.
[146] Malheureusement nous avons des sambas ou compositeurs dans notre Église locale qui se plaisent à aligner des mots sur le Père, le fils et l'Esprit Saint pour composer des Gloria. Et les responsables de l'Église ne font rien pour éviter ces contre-sens doctrinaux et liturgiques dans nos assemblées. Pis, souvent cela se passe sous leur nez, dans des célébrations qu'ils président.
[147] Guy-Marie OURY, *La Messe,* spiritualité, histoire, pratique, Chambray, C.L.D., 1985, p. 61. Jugmann en voit de préférence trois parties en isolant et en en faisant une avec le chant des anges dans la nuit de Noël. Cf. Joseph-André JUNGMANN, *Missarum Sollemnia*, tome II, p. 107.
[148] Joseph-André JUNGMANN, *Missarum Sollemnia*, tome II, p. 104.

L'UTILISATION LITURGIQUE DU GLORIA

Le Gloria nous vient de l'Église d'Orient comme un chant de la prière du matin non conçu pour la messe. Mais en Occident il a été utilisé à la messe de Noël par le pape. « À Rome le pape seul avait le droit de l'entonner les jours de fête ordinaires, le reste du clergé ne pouvait l'employer qu'à Pâques[149] ». Quand le pape de son trône l'entonne, il se tourne vers l'Orient pour les premiers mots et ensuite vers le peuple[150]. Le pontifical du 6e siècle attribué à saint Damase (305-384), laisse la trace de sa présence à la messe[151]. Dans un catalogue des papes « aussi bien que dans la collection d'Anastase, il est dit que le pape Symmaque, vers l'an 500, ordonna qu'on dirait le *Gloria in excelsis* les dimanches et les fêtes des saints[152] ». Il fut étendu et réservé aux évêques les dimanches et les jours de fêtes sous Grégoire le Grand[153]. Pour imiter les évêques, les prêtres se sont saisis du *Gloria* dès le 8e siècle[154] ; bien qu'ils pussent l'entonner à Pâques et à leurs premières messes[155]. Au 11e siècle, la réservation épiscopale du *Gloria* s'est évanouie pour devenir chant des messes festives[156].

Au 12e siècle le *Gloria in excelsis* est omis pendant l'Avent pour être repris avec plus de joie et de solennité le jour de Noël [157]. On ne le chante pas non plus à carême. La règle s'établit qu'on le chante

---

[149] Joseph-André JUNGMANN, *La liturgie des premiers siècles*, op. cit., p. 445.
[150] Joseph-André JUNGMANN, *Missarum Sollemnia*, tome II, p. 116.
[151] Pierre LE BRUN, *Explication de la messe*, p. 157.
[152] Pierre LE BRUN, *Explication de la messe*, p. 157.
[153] Ibid., p. 157-158 ; Aimon-Marie ROGUET, *Table ouverte, la messe d'aujourd'hui*, Paris, Desclée, Collection Remise en cause, 1969, p. 54.
[154] Lucien DEISS, *La messe, Sa célébration expliquée*, p. 31.
[155] Pierre LE BRUN, *Explication de la messe*, p. 158. Cf. aussi Joseph-André JUNGMANN, Missarum Sollemnia, tome II, p. 115.
[156] Ibid., p. 115.
[157] Pierre LE BRUN, *Explication de la messe*, p. 161.

lorsqu'on dit le *Te Deum* à Matines[158]. Selon la PGMR, l'hymne du Gloria est un rite en lui-même[159]. Ce texte qui porte la louange des assemblées chrétienne depuis dix-huit siècles doit rester dans la mémoire des fidèles[160]. Je laisse de côté l'épineuse question des chants pris à tort pour des Gloria. Le désordre qui règne dans l'Église locale d'Haïti où la CEH (Conférence des évêques d'Haïti) n'a pu établir un répertoire de chants liturgiques pour les célébrations, est une médiocrité inacceptable. Preuve ou indice que nous n'eucharistions pas toujours selon la tradition de l'Église. De le souligner est-ce folie[161] ? Dieu sait.

Pour conclure le rite d'ouverture il reste un dernier élément à honorer. C'est comme un récapitulatif. Vous savez bien *Amis lecteurs* que je fais référence à la collecte. Allons-y !

PREMIÈRE PRIÈRE PRÉSIDENTIELLE : LA COLLECTE

L'eucharistie comporte des prières devant être dites seulement par celui qui préside l'assemblée *in persona Christi*. On les nomme présidentielles. Le canon a le premier rang. Puis viennent la collecte, la prière qui conclut la *Prière Universelle,* la prière sur les offrandes et la post-communion. Par le prêtre/président tout le peuple saint parle à son Seigneur.

La première prière du célébrant à la messe est la collecte. Du latin *collecta/colligere*, composé de *cum* et *legere* = cueillir, recueillir. La

---

[158] M. DURAND, *Études historiques, dogmatiques et pratiques sur la Sainte Messe, avec les rubriques du missel et du bréviaire romains*, Toulouse, Imprimerie Charles Douladoure, 1861, p. 9.

[159] *Présentation Générale du Missel Romain*, n. 37, Éditions 2002 ; Aussi Georges BEYRON, « Les chants de la messe », Acclamation – Paumes – Hymnes, in *Dans vos assemblées*, p. 419.

[160] Centre National de Pastorale Liturgique (CNPL), « Du bon usage de la liturgie », in *Guides Célébrer*, p. 33.

[161] « Ô Deus, tu scis insipientiam meam ». Traduction : « O Dieu, tu connais ma folie ».

collecte est un sommaire, l'accueil des prières non exprimées de l'assemblée mêlées aux intentions déclarées ou non, mais compatibles à la finalité de l'Assemblée ecclésial. C'est le précis de la prière que le président fait au nom de l'assemblée. Car autrefois avant le départ en procession vers la station, le pontife récitait une prière qui était une *oratio ad collectam* : d'où le nom et l'origine romaine de la collecte. Elle est transposée à la messe en prière collective dite au nom de l'assemblée. La collecte harmonise la prière des suppliants, empêche une assemblée d'égoïstes où chacun gère son petit négoce avec Dieu.

« Le prêtre célébrant préside l'assemblée comme tenant la place du Christ. Les prières qu'il chante ou prononce à haute voix, puisqu'elles sont dites au nom de tout le peuple saint et de tous les assistants, doivent être religieusement écoutées par tous[162] ». Le président de la messe est toujours en situation d'accueil et de recueil afin de se présenter devant Dieu, le tout-puissant, avec l'obole de la prière de la pauvre humanité. Cela fait l'unité de l'assemblée peuple de Dieu avec son président. Avec le Canon, celui-ci dit encore aussi trois autres prières en tant que président. A chaque fois il invite à prier, cela met déjà en prière ; c'est un procédé hérité du judaïsme[163]. Après l'invitation à prier, on observe un silence ayant deux fonctions : donner à chaque fidèle d'exprimer en soi-même ses intentions, puis faciliter la mise en commun d'une même attitude spirituelle devant Dieu[164]. Nous le savons : la qualité des silences est la pierre de touche d'une bonne liturgie[165]. Depuis le concile de Milève en 416, l'évêque doit s'assurer que les oraisons de la messe (dont la collecte) sont

---

[162] Sacrée Congrégation des Rites, *Instruction Musicam Sacram*, 5 mars 1967, n. 14. Le texte cite *Sacrosanctum concilium* n. 33.
[163] Centre National de Pastorale Liturgique (CNPL), « Du bon usage de la liturgie », in *Guides Célébrer*, p. 39.
[164] Centre National de Pastorale Liturgique (CNPL), « Du bon usage de la liturgie », in *Guides Célébrer*, p. 39-40.
[165] Jean LEBON, « 59 questions sur l'eucharistie », Repères pour les pratiques eucharistiques, in *Guides Célébrer*, p. 35.

correctes, sinon elles ne sont pas admises à la prière publique de l'Église. L'oraison est une prière, une parole adressée à Dieu ou devant lui, dialogue intérieur, colloque intime. En liturgie, elle est une expression publique, commune de l'assemblée en prière[166].

La structure de l'oraison est différente de celle de la prière personnelle ; elle contient souvent l'anamnèse comme élément central. La collecte présidentielle a la structure suivante : a) invitation à la prière ; b) temps de silence pour recommander les intentions à Dieu ; c) invocation de Dieu ; d) anamnèse ou action de grâce ; e) la supplicatoire ; f) la médiation du Christ[167]. Je les ramène à trois éléments : 1) la nomination de Dieu ou confession de foi des qualités de celui à qui la demande est adressée, c'est la politesse de la délicatesse ; 2) la demande, objet même de la prière, c'est incorrect de commencer et de finir par la demande ; elle est comme enchâssée ; 3) la doxologie trinitaire, sommet vers lequel tend toute l'oraison[168]. Sauf exception la prière est faite au Père par le Fils dans l'Esprit. C'est calqué sur la prière antique de cour impériale avec trois parties : l'adresse précisant les titres des interlocuteurs en présence, des vœux visant la personne à qui l'on parle et la requête de celui qui implore[169]. Toutes les oraisons, doivent évoquer « les initiatives divines en rapport avec l'objet de la célébration ou de la prière[170]». La collecte est une disposition de louange, de gloire, d'adoration ; une anamnèse supplicatoire coulée dans la doxologie longue. Les oraisons romaines

---

[166] Dom Robert LE GALL, *Dictionnaire de liturgie*, p. 185.
[167] Cf. Lucien DEISS, *La messe, Sa célébration expliquée*, p. 37.
[168] Centre National de Pastorale Liturgique (CNPL), « Du bon usage de la liturgie », in *Guides Célébrer*, p. 40.
[169] Cf. Evode BEAUCAMP, *Israël en prière, Des psaumes au Notre Père*, Paris, Cerf, Collection Lire la Bible, 1985, p. 133.
[170] Marcel METZGER, « Introduction », in *Les Constitutions apostoliques,* tome II, Livres III et IV, Sources Chrétiennes n. 329, p. 70.

dont la collecte, ont ces traits glorieux : gravité, sobriété, dignité, brièveté et concision, clarté et austérité[171].

Que fait le fidèle dans l'assemblée au moment où le président invite à prier la collecte ? Beaucoup sont évasifs et inattentifs ; rarement il y a union des intentions, communion de prière avec la raison qui rassemble. Que doit faire le fidèle à ce moment ? Au moment précis de l'invitation à prier, il s'accorde aux intentions énoncées et s'unit de pensée au contenu de l'oraison comme s'il en était lui-même le porteur et le suppliant de la requête. Il s'unit à l'assemblée et au président pour faire monter vers le ciel une seule et unique expression qui résume toutes les intentions de la communauté. L'oraison a sa vitesse propre qui n'est pas celle d'un mot d'accueil, ni d'une monition. Le juste tempo de l'oraison est celui du chant même si on ne la chante pas[172]. On le sait et on le sent : « une oraison dite calmement, lentement n'a plus besoin d'expliquer qu'elle est prière [173] ». C'est un plus grand bonheur de savoir la cantiller.

Maintenant asseyons-nous pour laisser le Dieu-Verbe nous parler car nous avons terminé le cérémonial du rite d'ouverture de la célébration eucharistique. Je sollicite votre attention particulière *Amis lecteurs*. C'est le lieu de votre participation maximale.

DIEU CELEBRÉ COMME PAROLE

La liturgie de la Parole a reçu plusieurs noms dans la tradition de l'Église : célébration de la Parole, messe des catéchumènes, avant-messe. Elle vécut un retrait presque honteux avant Vatican II pour deux raisons : les textes bibliques étaient lus en latin, l'assemblée n'y

---

[171] Joseph-André JUNGMANN, *La liturgie des premiers siècles jusqu'à l'époque de Grégoire le Grand*, p. 198.
[172] Centre National de Pastorale Liturgique (CNPL), « Du bon usage de la liturgie », in *Guides Célébrer*, p. 40. 18.
[173] Centre National de Pastorale Liturgique (CNPL), « Du bon usage de la liturgie », in *Guides Célébrer*, p. 18.

entendait goutte ; ensuite la prédication n'y portait pas toujours ou même en était coupée. La réforme a produit la liturgie de la Parole et lui a donné dignité, efficacité[174]. Et depuis *Verbum Domini* du pape Benoît XVI, *la célébration liturgique dans son entièreté devient une proclamation continue, pleine et efficace de la Parole de Dieu*[175]. La différence commode entre célébrer et écouter la Parole, exhiba l'Église dans l'acte et l'art d'inventer la célébration de la Parole. Par l'Esprit Saint, le texte de l'Écriture proclamé dans l'Assemblée convoquée par le Christ, devient Parole de Dieu. Comment cela s'effectue-t-elle ?

Le modèle de toute célébration de la Parole est dans l'Alliance au Sinaï (Ex 24, 1-11). Selon ce plan on proclame la Parole, on fait le sacrifice de l'Alliance et on mange le repas de communion. Là le peuple créé avec l'Exode, devient peuple de Dieu par Yahvé qui le convoque pour écouter *sa* Parole et conclure l'Alliance. Or il n'y a pas de liturgie de la Parole dans le rituel lévitique, mais des lectures de la Loi, des exhortations dans les réunions de réveil où le roi s'affirma vassal de Yahvé. Ainsi à la Pâque solennelle qu'il convoqua, le roi Josias lut la Loi au temple et s'engagea avec le peuple à suivre ses prescrits (2 R 23, 1-4) [176]. La Parole oubliée et réécoutée, refit l'unité et réengagea dans la fidélité de l'Alliance. D'autre part les données anciennes sur le lévitisme ne sont pas favorables à l'existence d'une prédication lévitique ; Dt 33, 8-11 est une révélation non un enseignement. Le genre oratoire en Juda ne vient pas des milieux lévitiques mais des milieux de sagesse, il ne concerne que la politique et l'administration[177]. Donc pas d'indices probants d'une liturgie de la

---

[174] Cf. Bernard BOTTE, « Introduction », in *La Parole dans la liturgie*, p. 7.
[175] Pape Benoît XVI, *Verbum Domini*, n. 52. Le pape cite le numéro 4 de la *Présentation générale du lectionnaire romain*.
[176] Henri CAZELLES, « Y eut-il une liturgie de la Parole au temple ? », in *La Parole dans la liturgie*, p. 20.
[177] Henri CAZELLES, « Y eut-il une liturgie de la Parole au temple ? », in *La Parole dans la liturgie*, p. 17-19.

Parole au temple de Jérusalem ; la synagogue l'a eue[178]. La liturgie du temple était sacrificielle. Il y a des psaumes témoins de *tôdah*, de psalmodie dans ses parvis (Ps 100, 4), mais aucune lecture sacrée.

La lecture publique de la *Torah* fut introduite par Esdras après le premier retour d'Israël d'exil. Une véritable liturgie retracée en Ne 8. Quand tout le peuple se rassembla comme un seul homme sur la place, devant la *porte des Eaux*, « Esdras ouvrit le livre au regard de tout le peuple - il dominait tout le peuple - et, quand il l'ouvrit, tout le peuple se mit debout. Alors Esdras bénit Yahvé, le grand Dieu ; tout le peuple, mains levées, répondit : "Amen ! Amen !", puis ils s'inclinèrent et se prosternèrent devant Yahvé, le visage contre terre » (Ne 8, 5-6). Cette lecture ne se fit pas sur le vaste parvis du temple, mais dans un territoire non sacré. Comme en Ex 24 pour la lecture de la Loi de l'Alliance[179].

Depuis cette lecture inaugurale d'Esdras, la lecture de la Torah en communauté devint une obligation sans déprécier la lecture de chacun. Le Christ Jésus s'instituait dans la même tradition. Après avoir lu le rouleau d'Isaïe « Il replia le livre, le rendit au servant et s'assit. Tous dans la synagogue tenaient les yeux fixés sur lui. Alors il se mit à leur dire : *Aujourd'hui s'accomplit à vos oreilles ce passage de l'Écriture*. Et tous lui rendaient témoignage et étaient en admiration devant les paroles pleines de grâce qui sortaient de sa bouche » (Lc 4, 16-22). La prédication de Jésus fut une relecture du Livre, plantant l'actualité de Dieu dans le destin des humains. Mieux, le texte biblique proclamé continue son œuvre d'actualisation dans et par l'Église sans cesser d'être un passé mis en récit. Mais « cela est proportionnel à

---

[178] Henri CAZELLES, « Y eut-il une liturgie de la Parole au temple ? », in *La Parole dans la liturgie*, p. 9.
[179] Cf. Ibid., p. 12.

notre attitude de foi, de conversion, d'amour pour le message salvifique[180] ».

Donc l'Église n'a pas inventé la liturgie de la Parole, elle l'a reçue de la synagogue[181]. Le terme *synagôgè*, désignation normale de l'assemblée juive, figure une seule fois dans le NT (Jc 2, 2) et s'applique à la réunion des chrétiens ; l'Église sans assemblée est une contradiction[182]. L'office de la synagogue alignait la lecture de la Loi et des prophètes, puis l'homélie ; les lectures s'étalaient sur un cycle triennal[183]. On lisait Moïse, les prophètes le sabbat ; du temps de Jésus on n'avait pas de lectionnaire officiel[184]. La lecture des prophètes était comme un commentaire de la Torah et s'appelait *Ashlemata* ou accomplissement. Le *meturgeman*, traducteur du texte hébreu en araméen, improvisait sa traduction qui était plus souvent une interprétation du texte[185]. Quand cette traduction était vraiment une interprétation, elle reçut le nom de *Targum*.

Quand les chrétiens eurent des lieux propres pour célébrer le culte, ils ont aussi compris comment l'organiser en espace sur le plan pratique. Cela dut donner par la suite la division bipartite : nef et sanctuaire. Celui-ci a trois meubles importants : l'autel, le siège de présidence et l'ambon. Saint Hilaire de Poitiers au 4ᵉ siècle distinguait deux tables, l'une pour la nourriture du pain de vie, l'autre pour la Parole, pour être

---

[180] Benedetto CALATI, Article « Parole de Dieu », in Stefano de FLORES et Tullo GOFFI, (dir.) *Dictionnaire de la vie spirituelle*, Adaptation française par François VIAL, Paris, Cerf, 1983, p. 795.
[181] Cf. Willy RORDORF, article « Dimanche », in *Dictionnaire encyclopédique du catholicisme ancien*, volume I, p. 691.
[182] Cf. Pierre GRELOT, « Du sabbat juif au dimanche chrétien » (2ᵉ partie), *La Maison-Dieu*, n. 124, (1975), p. 17.
[183] Cf. Lucien DEISS, *La messe, Sa célébration expliquée*, p. 42.
[184] Cf. Michel GOURGUES, « Les psaumes et Jésus ; Jésus et les psaumes », *Cahiers Évangile*, n. 25 (1978), p. 9.
[185] Michel GOURGUES, « Les psaumes et Jésus ; Jésus et les psaumes », *Cahiers Évangile*, n. 25 (1978), p. 9.

nourri de la doctrine du Seigneur[186]. Aux lectures de la Parole, l'auditoire doit l'écoute, 1er commandement de Yahvé à son peuple au désert : « maintenant Israël, **écoute** les lois et les coutumes que je vous enseigne aujourd'hui pour que vous les mettiez en pratique » (Dt 4, 1). Moïse porta très haut l'ordre d'écouter la Parole tous ensemble comme un seul homme (Dt 31, 12-13).

Dieu, par l'Église, m'adresse une parole non choisie par moi et qu'il choisit de me dire[187]. « C'est avant tout la manière même de lire des lecteurs, quand ils proclament les textes à voix haute, claire et intelligible, qui conduit à bien communiquer à l'assemblée la parole de Dieu [188] ». Cette parole peut me frapper jusqu'à me retourner de l'intérieur pour me changer en ce que je n'étais pas. Elle est d'abord parole communautaire du peuple de Dieu assemblé par et pour l'eucharistie. Parole toujours neuve, écoutée d'une voix amie qui apaise, réconforte, introduit dans l'amour et l'espérance. Pour que la Parole soit événement dans ma vie, je dois m'approcher de l'Esprit qui introduit dans la vérité toute entière ; il vient re-susciter en moi la Parole afin que j'en sois témoin. Alors je deviens capable de me tenir auprès des eaux vives pour me désaltérer et aider les autres de même. Qui a étanché sa soif loin des flaques mortes est capable d'une louange nouvelle, il entre dans l'adoration du culte véritable. Depuis l'aube de la création, la parole a trouvé son complément dans les gestes, leur herméneute attitré. L'heureuse inspiration du pape François d'instituer un *dimanche de la Parole de Dieu* s'inscrit dans cette lignée et tradition. Parole et geste sont les deux faces d'une même médaille.

---

[186] Centre National de Pastorale Liturgique (CNPL), « Du bon usage de la liturgie », in Guides Célébrer, p. 88.
[187] Jean LEBON, « 59 questions sur l'eucharistie », Repères pour les pratiques eucharistiques, in *Guides Célébrer*, p. 45.
[188] *Présentation Générale du Lectionnaire Romain*, n. 14, version 1970.

DIMANCHE DE LA PAROLE

Par le motu proprio *Aperuit Illis*» (Lc 24, 45), le bien-aimé pape François institua le *Dimanche de la Parole de Dieu*, célébré le 3ᵉ dimanche du Temps Ordinaire chaque année. La publication du MP fut le 30 septembre 2019, mémoire de saint Jérôme qui étudia et traduisit la Bible en latin, traduction connue et reçue aujourd'hui sous le nom glorieux de la *Vulgate*.

À la fin du Jubilé extraordinaire de la Miséricorde (2016), François exprimait vivement le désir « que la Parole de Dieu soit toujours davantage célébrée, connue et diffusée, pour qu'à travers elle, le mystère d'amour qui jaillit de cette source de miséricorde soit toujours mieux compris ». Il ajoute dans la même veine « il serait bon qu'un dimanche de l'année liturgique chaque communauté puisse renouveler son engagement à diffuser, faire connaître et approfondir l'Écriture Sainte : un dimanche entièrement consacré à la Parole de Dieu, pour comprendre l'inépuisable richesse qui provient de ce dialogue constant de Dieu avec son peuple » (*Misericordia et misera*, n. 7). L'objectif est d'encourager les croyants à une plus grande familiarité aux textes sacrés, clé d'une plus profonde et fructueuse relation avec Dieu et le prochain ; de s'imprégner davantage de la doctrine de *Dei Verbum* de Vatican II et de *Verbum Domini* de Benoît XVI. Par ailleurs François institua ce *dimanche de la Parole* par sollicitude pour le peuple de Dieu (n. 3 du MP) ; il désire qu'on vive « ce dimanche comme un jour solennel ». Nous devons « tous les efforts nécessaires pour former certains fidèles à être de véritables annonciateurs de la Parole avec une préparation adéquate, comme cela se produit de manière désormais habituelle pour les acolytes ou les ministres extraordinaires de la communion ». Le Pape propose que les prêtres remettent la Bible « à toute l'assemblée, afin de faire ressortir l'importance d'en continuer la lecture dans sa vie quotidienne, de l'approfondir et de prier avec la Sainte Écriture, se référant de manière particulière à la *Lectio Divina*[189] ».

Le *dimanche de la Parole de Dieu* s'insère dans la semaine de prière pour l'unité des chrétiens et du renforcement des liens avec les Juifs. La solennisation de la Parole, chemin vers une unité solide et authentique, permettra de faire revivre à l'Église le geste du Ressuscité qui ouvre à l'intelligence des Écritures sur la route d'Emmaüs. Par les trésors de sa Parole, le Seigneur nous engage à l'annoncer et à en vivre. Depuis Emmaüs la bible est le patrimoine de l'humanité sans cesser d'être le livre du peuple du Dieu qui appelle à construire l'unité en tuant la division. La Parole peut faire des croyants et des non croyants un seul peuple pour Dieu. Cependant il ne faut jamais s'en accoutumer, il faut s'en nourrir « pour découvrir et vivre en profondeur notre relation avec Dieu et avec nos frères[190] ».

L'Écriture demeure toujours nouvelle, sa fonction prophétique ne concerne pas l'avenir, mais le présent des humains et du monde. Son caractère performatif s'exprime par des actes, comme l'a montré Jésus. « La Parole de Dieu est en mesure d'ouvrir nos yeux pour nous permettre de sortir de l'individualisme qui conduit à l'asphyxie et à la stérilité tout en ouvrant grand la voie du partage et de la solidarité[191] ». C'est un grand défi de savoir écouter Dieu par le vécu de la miséricorde, d'ouvrir les portes de la sainteté pour accueillir son inédit comme Marie dont la béatitude, condition nécessaire pour toute autre béatitude, précède toutes celles prononcées par Jésus pour les pauvres, les affligés, les humbles, les doux, les persécutés, les pacificateurs et ceux qui sont persécutés[192]. Espérons que l'Église locale d'Haïti aura assez d'audace, d'obéissance éclairée pour mettre

---

[189] Pape François, Motu proprio *Aperuit illis*, 30 septembre 2019, n. 3.
[190] Ibid., n. 12.
[191] Pape François, Motu proprio *Aperuit illis*, 30 septembre 2019, n. 13.
[192] Cf. Ibid., n. 15.

en pratique intégralement le Motu proprio du pape sur le *Dimanche de la Parole de Dieu*.

COMMENT LE FAIRE ?

« La communauté de foi est un critère normatif de la Parole de Dieu parce qu'elle est l'exemple vital de la mise en œuvre de la Parole dans l'histoire[193] ». Le maitre et père de la communauté devient, selon Grégoire le Grand, disciple de ses fidèles les plus éclairés par l'Esprit Saint[194]. Avec luxe de détails les *Constitutions apostoliques* (mieux informées que saint Justin), décrivent au 4e siècle une célébration type de la Parole. Le lecteur proclame les lectures de l'AT deux par deux, un autre psalmodie les psaumes pendant que le peuple répond ou reprend les refrains. Viennent les lectures du NT ; un presbytre ou un diacre lit l'Évangile ; toute l'assemblée se tient debout pour écouter avec respect. L'homélie ou l'exhortation est faite par plusieurs presbytres l'un après l'autre et en dernier l'évêque, le capitaine du navire (l'Église)[195]. Regardons la pratique actuelle.

Aujourd'hui pour célébrer la Parole à la messe il faut le livre et la table. Ce livre c'est le lectionnaire[196], la table porte le vénérable nom d'ambon, connu depuis le 4e siècle dans l'Église d'Orient. S'agit-il de la Parole de Dieu quand on utilise n'importe quelle feuille volante au lieu du beau livre liturgique où la Parole de Dieu a une demeure ? Les livres doivent être « vraiment dignes, harmonieux et beaux, puisqu'ils sont, dans l'action liturgique, signes et symboles des réalités d'En Haut [197]».

---

[193] Benedetto CALATI, Article « Parole de Dieu », in *Dictionnaire de la vie spirituelle*, p. 795.
[194] Rappelé in Ibid., p. 795.
[195] *Les Constitutions apostoliques,* tome I, Livres II, 57, 5-9, Sources Chrétiennes n. 329, p. 313-315.
[196] Ce livre n'est jamais la bible mais il peut être évangéliaire et graduel. En principe un lectionnaire les contient tous.
[197] *Présentation générale du Lectionnaire Romain*, n. 35, version 1970.

Mais encore « en raison de la dignité de la Parole de Dieu, on ne remplacera pas les lectionnaires utilisés dans les célébrations par d'autres "instruments" de pastorale, par exemple des feuillets à l'usage des fidèles destinés à préparer les lectures ou à favoriser la méditation personnelle[198] ». Je n'entre pas dans les traditions à l'origine de la Bible d'où sort le lectionnaire. Je me borne à rappeler que « parmi les invariants de l'action de l'Esprit dans la tradition du Verbe incarné, il en est trois qui apparaissent constamment : des événements, une communauté qui les vit, et des interprètes qui en révèlent le sens. C'est le jeu de ces trois constantes qui préside à l'élaboration progressive des livres saints[199] ». Ainsi ces textes devenus le livre de la Parole de Dieu, ont leur monde et comme tout texte ils sont toujours en attente d'interprétation par une épreuve de lecture et du mystère de la rencontre sémantique du monde du texte et du monde du lecteur. On serait incapable d'interpréter si on était sans monde. C'est cela la référence. Or ces jeux d'interférence ne cessent pas avec la fin du processus d'achèvement des livres canoniques ; ce qui nourrit la liturgie de la Parole de traditions vivantes capables de révéler la coïncidence de l'événement du Christ et de nos événements actuels[200]. Sur l'ambon je dois être plus prolixe.

La Parole disponible dans le livre est proclamée à l'ambon. Le mot est la transcription d'un terme architectural grec qui signifie : saillie, avancée d'un balcon. Ambon sort de *anabaïnein* = monter[201]. Il est toujours surélevé par rapport aux fidèles dans la nef, le lecteur doit être vu et entendu. « La dignité de la parole de Dieu requiert qu'il y ait dans l'église un lieu approprié d'où elle est annoncée et vers lequel se tourne spontanément l'attention des fidèles durant la liturgie de la

---

[198] *Présentation générale du Lectionnaire Romain*, n. 37, version 1970.
[199] Jean CORBON, « L'économie du Verbe et la liturgie de la Parole », in *La Parole dans la liturgie*, p. 160.
[200] Ibid., p. 161.
[201] Centre National de Pastorale Liturgique (CNPL), « Du bon usage de la liturgie », in *Guides Célébrer*, p. 87.

Parole ». Ce lieu est « un ambon stable et non un pupitre mobile »[202]. Le pupitre est un meuble en forme de plan incliné sur lequel on pose à hauteur de vue, un livre liturgique au cours d'une célébration. Il est destiné à recevoir le missel[203]. Donc « dans la célébration de la messe avec peuple, les lectures sont toujours proclamées de l'ambon[204] ».

De formes diverses, l'ambon est aménagé selon les données architecturales de chaque église, pour qu'on voie et entende les ministres ordonnés et les lecteurs[205]. Il peut être isolé dans la nef principale de l'édifice ou bien faire partie d'un chancel situé devant l'abside, espace pour la gloire de Dieu ; dans ce cas on a deux ambons, l'un côté de l'évangile, l'autre côté de l'épître[206]. On y accède par quelques marches. L'église Sainte Sabine à Rome conserve deux ambons dans son chancel. L'ambon était en pierre ou en marbre enrichis de sculptures, de mosaïques, d'orfèvrerie. La chaire, placée dès le Moyen Âge, dans la nef, en dérive. Elle était de bois ou de pierre, isolée dans le vaisseau central, ou accrochée à un pilier, à une paroi murale. « Pour que l'ambon serve aux célébrations d'une manière bien appropriée, il est bon qu'il soit assez large, car plusieurs ministres doivent parfois y prendre place en même temps. Il faut veiller de plus à ce qu'à l'ambon les lecteurs jouissent d'un éclairage suffisant pour lire le texte et, au besoin, puissent se servir des moyens techniques actuels pour être facilement entendus des fidèles[207] ».

Comme l'autel, l'ambon doit révéler par sa consistance et sa beauté l'importance et la noblesse de ce qui s'y fait et s'y dit[208]. Dans la liturgie orientale, une grande partie de l'office se déroule à l'ambon ;

---

[202] *Présentation générale du Missel Romain* (PGMR), n. 309, version 2002 ; et aussi S. Cong. Des Rites, Instruction *Inter oecumenici*, du 26 septembre 1964, n.96.
[203] Dom Robert LE GALL, *Dictionnaire de liturgie*, p. 214.
[204] *Présentation générale du Missel Romain* (PGMR), n. 58, version 2002.
[205] Ibid., n. 309.
[206] Cf. Joseph-André JUNGMANN, *Missarum Sollemnia*, tome I, p. 144.
[207] *Présentation générale du Lectionnaire Romain*, n. 34, version 1970.
[208] Centre National de Pastorale Liturgique (CNPL), « Du bon usage de la liturgie », in *Guides Célébrer*, p. 89.

en Occident il est utilisé pour les lectures, l'homélie, la prière universelle, l'*Exultet* de la vigile pascale. Il faut respecter ce canon d'utilisation ; le commentateur, le chantre, le chef de la chorale n'y montent pas, sauf pour le psaume responsorial. Les annonces doivent être faites au lutrin ou au pupitre. « Dans les lectures, la table de la parole de Dieu est dressée pour les fidèles, et les trésors bibliques leur sont ouverts »[209].

Comme nous le savons la célébration de la Parole débute avec la première lecture et prend fin avec la prière universelle dans ses expressions variées de lectures, psaumes, hymnologie, profession de foi, intercession ou louange, bénédiction[210]. Pour célébrer la Parole on a des ministres comme pour l'eucharistie. Les ministres de la Parole sont lecteurs ou ministres sacrés. Dieu emprunte la voix d'un acteur pour parler à l'assemblée. Proclamer les lectures est une fonction non présidentielle. Les lectures sont faites par un lecteur et l'Evangile proclamé par un diacre, un prêtre ou celui qui préside. Après chaque lecture, le lecteur pour honorer la parole de Dieu dit une acclamation à laquelle répond le peuple. Les fidèles par leurs acclamations professent que le Christ y est présent et leur parle[211]. La proclamation de l'Evangile, sommet de la liturgie de la Parole requiert la plus grande vénération.

Pour accomplir leur ministère les prêtres et les diacres reçoivent une formation sur plusieurs années et une institution publique dans l'Église par le sacrement de l'Ordre et une obéissance ou nomination à tel lieu pour professer. Et les lecteurs ? Les prêtres et les diacres sont rattachés à une paroisse ou à un ministère reçu du plus haut qu'eux. Il existe dans l'Église depuis le 3ᵉ siècle le ministère du lectorat ; il ne

---

[209] *Présentation générale du Missel Romain* (PGMR), n. 57, version 2002. Le document cite à cet endroit *Sacrosanctum Concilium* n. 51. Et aussi Jean-Paul II, Lettre Apostolique *Vicesimus quintus annus*, 4 déc. 1988, n. 13.

[210] Cf. Jean CORBON, « L'économie du Verbe et la liturgie de la Parole », in *La Parole dans la liturgie*, p. 172.

[211] Cf *Présentation générale du Missel Romain* (PGMR), n. 59-60, version 2002.

fait pas partie des ordres majeurs ; cet ordre mineur prenait place dans un ensemble de quatre : l'acolytat, le lectorat, l'exorcistat et le portier, tous destinés aux hommes. L'exorcistat et le portier ont disparu avec la réforme de Paul VI. Grâce au pape François la communauté paroissiale par le clergé, peut préparer des hommes *et des femmes* à recevoir le lectorat. En effet le 10 janvier 2021, il signa un motu proprio *Spiritus Domini*, modifiant le canon 230 § 1 du Code de droit canonique ; ce qui donne accès au sexe féminin au ministère du lectorat et de l'acolytat, de manière stable. Voici le texte modifié du canon 230 § 1 : « Les laïcs qui ont l'âge et les qualités requises établies par décret de la conférence des évêques, peuvent être admis d'une manière stable par le rite liturgique prescrit aux ministères du lectorat et de l'acolytat ». Est-ce à dire que si dans une paroisse il y a trente personnes qui font partie de l'équipe des lecteurs, tous doivent recevoir ce ministère ? A cela aucun empêchement technique. L'évêque diocésain peut même choisir un jour pour instituer ensemble au cours d'une célébration tous les candidats de toutes les paroisses. Le *dimanche de la Parole de Dieu* est tout indiqué pour cela.

Pour proclamer la Parole j'ai projeté de la clarté sur le livre, le lieu, le ministère, je parle maintenant du lecteur comme porte-parole de Dieu au sein de la communauté ; qui va parler non seulement au nom de Dieu mais à sa place, de sorte que par son ministère on entende et écoute Dieu qui convoque son peuple en assemblée pour lui parler. Laquelle Assemblée répond par sa présence et son écoute. En elle Dieu choisit ces ministres qui sont ou deviennent ses porte-paroles. Or être porte-parole c'est s'acquitter d'une performance technique. J'en dis un mot.

Le lecteur est le premier auditeur/écoutant de la Parole de Dieu[212]. Il parle parce que le Seigneur lui a ouvert les lèvres. Il lui donne mission de parler aux humains, se sert de sa personne pour parler à l'Assemblée convoquée. C'est que l'Église a la mission de

---

[212] Cf. Claude DUCHESNEAU, « Proclamer la Parole », in *Guides Célébrer*, p. 9.

l'actualisation constante du don des langues auprès des humains[213]. Dieu peut parler sans médiation humaine. Par sa seule Parole Il appela la création à l'existence (Gn 1). Or Il lui a plu de parler à nos Pères par les prophètes pour nous préparer à l'accueillir lui-même comme Parole dans le Fils (He 1, 1-2). Par convenance Il inaugure une collaboration nouvelle avec nous qu'Il sauve malgré tout. Ainsi le lecteur devient héraut député par Dieu pour que la Parole écriture devienne Parole entendue et écoutée. Le lecteur est là pour faire que ce qui est lu *parle* à ceux qui écoutent[214]. Mieux, pour faire que la Parole écoutée soit Parole pour n'importe quel aujourd'hui et construise n'importe quelle histoire. Et chacun doit espérer être la voix qui porte un tel événement de transmission.

Dieu parle-t-il vraiment si l'actant n'est pas préparé, récite ou apprend à lire ? Il faut se rappeler que l'Église est « la demeure de la Parole » (*Verbum Domini* n. 52). Comment s'acquitter de manière efficace du ministère de lecteur ? En ayant une bonne préparation sur les plans spirituel et technique ; la préparation spirituelle suppose une formation biblique et liturgique. La préparation technique doit rendre les lecteurs plus compétents de jour en jour dans l'art de lire devant le peuple[215]. « C'est avant tout la manière même de lire des lecteurs, quand ils proclament les textes à voix haute, claire et intelligible, qui conduit à bien communiquer à l'assemblée la parole de Dieu à travers les lectures[216] ». Un séminaire de lecture (ou un *Atelier de la parole*) pour les ministres lecteurs de la communauté, peut les aider à mieux s'acquitter de leur ministère ; et cela peut être un beau cadeau à offrir à une communauté de foi.

La première responsabilité du lecteur c'est de faire entendre pour comprendre et entrer dans le sens premier ; l'homélie se charge du

---

[213] Jean CORBON, « L'économie du Verbe et la liturgie de la Parole », in *La Parole dans la liturgie*, p. 163.
[214] Cf. Claude DUCHESNEAU, art. cit., p. 11.
[215] Cf. *Présentation générale du Lectionnaire Romain*, n. 55, version 1970.
[216] *Présentation générale du Lectionnaire Romain*, n. 55, version 1970, n. 14.

reste. Un texte est une forêt où l'on rencontre la prose élevée, les genres littéraires, l'exhortation, le lyrisme, la poésie, une abondante géographie, des histoires aux pans culturels non relevés, des sons inconnus, des langues qui ne font pas partie de notre proximité, des personnages bigarrés, des légendes. Bref c'est beaucoup de mondes et de richesses. Le lecteur doit être conscient de ce que l'auteur sacré voulut dire pour le restituer.

Lire est une opération technique ; il y a plusieurs sortes et niveaux de lectures. On peut lire de manière enthousiaste, lente, entrainante, exhortative, doctrinale, doctorale etc. toute lecture demande de l'exercice, une prononciation non défectueuse, une bonne articulation, la bonne posture face à l'ambon, la position du corps dans l'espace, un rythme pour savoir unir les mots producteurs de sens, faire les coupures où cela est nécessaire, suspendre l'énoncé[217], accentuer les syllabes fortes. Sans oublier que le son va plus vite que le sens[218]. Lire est une opération mentale ardue qui mobilise les ressources de l'intelligence. Une bonne lecture ne nécessite pas de faire le va-et-vient entre le texte et l'auditoire par les yeux ; le *tic à la poule* est dépassé. Il faut savoir se tenir décemment comme devant un cercle connu et ami, maitriser ce faux ami qu'est le micro pour faire bien entendre dans tous les coins de l'Église. Pour négocier la bonne distance avec le micro, il faut considérer le type d'assemblée et la communication à faire. Communiquer pour une zone d'intimité, la distance par rapport au micro est de 5 à 10 cm ; pour une zone de conversation, elle est de 15 à 20 cm ; et elle est de 25 à 35 cm pour une zone de proclamation[219].

Il faut lire avec une parfaite diction portée par une voix intense et soutenue. Cela demande une respiration maitrisée qui sort ou part du

---

[217] La suspension dans la lecture n'est ni une pause, ni une coupe ; c'est une sorte d'allongement d'une qui laisse désirer la suite. Elle met en relief le mot suivant. Cf. Claude DUCHESNEAU, « Proclamer la Parole », in *Guides Célébrer*, p. 29.
[218] Cf. ibid., p. 28-29.
[219] Cf. Claude DUCHESNEAU, « Proclamer la Parole », in *Guides Célébrer*, p. 42.

ventre, un ton ajusté au genre littéraire du texte et au message qu'il déploie tout en évitant la réverbération du son qui fait catapulter les mots sans pouvoir livrer de sens ; la vitesse du débit est d'une grande importance pour savoir garder le recto-tono sans avoir l'air enfantin, professoral ou théâtral. Qu'on sache que dans l'enceinte trône l'auguste personne du Christ qui requiert l'usage d'un protocole, de grandeur, de sublimité, de majesté et de grâce. La table de la Parole doit produire le respect et manifester l'éclat et l'aura de cette divine présence. Si cette table ne fournit pas l'aliment solide de la doctrine sacrée, le dessert des rites ne mènera pas loin.

Pour récapituler une précision de taille : la première partie de la célébration, celle de la Parole n'est pas célébration du livre[220]. Il y avait quatre livres pour la messe : l'évangéliaire, l'épistolier, le sacramentaire et l'antiphonaire. On les a réunis en un seul pour permettre au célébrant de dire la messe basse en l'absence de chantre et de lecteur. En lisant en qualité de ministre ou de lecteur dans l'assemblée liturgique, on laisse parler quelqu'un plus qu'on ne parle pour lui ; Dieu choisit d'avoir besoin de votre voix (celle de l'Église) pour parler au monde, le nôtre. Soyez en amitié avec le texte, sans entrer en dispute et en collision avec ; c'est un paysage qui a besoin d'être préservé et conservé dans son unité. Ne criez pas mais articulez, n'épelez pas mais parlez ; restez naturel et simple et la Parole de Dieu parlera en vous pour parler aux autres et pour eux. Ainsi l'assemblée pourra habiter le lieu sacré et les participants pourront apprendre à devenir aussi sacrés pour connaître la joie glorieuse d'être les hôtes de Dieu.

ENCHAÎNEMENT OU ENCHEVÊTREMENT ?

---

[220] Centre National de Pastorale Liturgique (CNPL), « Du bon usage de la liturgie », in *Guides Célébrer*, p. 102.

Après avoir énoncé deux conditions pour célébrer la Parole dans l'espace sacré, analysé le sens et la portée de l'institution d'un *Dimanche de la Parole de Dieu*, je vous entraine, *Amis lecteurs*, dans l'intimité constitutive de cette célébration de la Parole pour y admirer les nervures de relations, l'articulation interne des lectures et la subtilité d'un souffle élégant. Ce qui nous met en présence de « l'action du Verbe incarné et de son peuple dans les derniers temps de l'économie[221] ». En revisitant les liturgies de l'Orient on constate que la célébration de la Parole était plus solennelle et plus ample, des prières intercalaires entrelaçaient les lectures, l'Évangile avant et après. Certaines étaient secrètes, pour le célébrant lui-même, d'autres concernaient l'assemblée. L'objet de ces prières était de se rendre digne d'écouter la Parole et d'y conformer sa conduite. Cela pouvait prendre le ton d'une confession de foi[222]. Le défilement des textes sacrés n'était pas arbitraire mais fut l'objet d'une acribie pointue et précise pour la révélation du sens qui reste toujours un travail inachevé. Selon le panorama d'aujourd'hui s'agit-il de textes enchevêtrés entre eux ou enchainés ? Reconsidérons le tissu pour savoir.

Il faut observer la disposition des lectures bibliques, « l'unité de l'un et l'autre Testaments et de l'histoire du salut, et il n'est pas permis de remplacer les lectures et le psaume responsorial, qui contiennent la parole de Dieu, par d'autres textes hors de la Bible »[223]. A la messe dominicale, pour une fête, une solennité, la liturgie de la Parole est formée de quatre textes, deux de chaque Testament ; deux portent le nom de *lecture*, un de *psaume responsorial* et le dernier, *évangile*. Le

---

[221] Jean CORBON, « L'économie du Verbe et la liturgie de la Parole », in *La Parole dans la liturgie*, p. 171.
[222] Sur cette matière, cf. Irénée-Henri DALMAIS, « Rites et prières accompagnant les lectures dans la liturgie eucharistique », in *La Parole dans la liturgie*, p. 114-121.
[223] *Présentation générale du Missel Romain* (PGMR), n. 57, version 2002. Le document cite à cet endroit *Sacrosanctum Concilium* n. 51. Et aussi Jean-Paul II, Lettre Apostolique *Vicesimus quintus annus*, 4 déc. 1988, n. 13.

psaume est psalmodié, l'évangile est proclamé. Cependant les quatre textes, malgré les possibilités de diction différente, sont *lus*. Techniquement les textes sont proclamés. Sur semaine il y a trois textes.

Le choix de la première lecture remonte à la tradition juive de lire la Loi et les prophètes chaque sabbat ; Ac 13, 15, 27 l'atteste. La deuxième lecture vient de la mémoire des Apôtres (du NT) ; l'Évangile ferme la cadence. Au temps pascal pour manifester que l'Église est le nouveau peuple de l'Alliance, le livre des *Actes des Apôtres* remplace l'AT pour la première lecture[224]. Le psaume responsorial n'est pas lu mais psalmodié, s'il ne devient un chant. Tout s'oriente vers l'Évangile en fonction duquel on choisit les lectures. La règle fut établie de proclamer dans l'assemblée les livres canoniques de la Bible. Le concile régional de Laodicée de 364 le stipula. On eut de rares exceptions pour des ouvrages respectables dont les lettres de Clément, successeur de Pierre[225]. Dès le 4e siècle était marqué dans le livre où il fallait faire la lecture du jour. Saint Augustin insista pour ne pas briser ou interrompre l'ordre de lecture sauf aux jours de fêtes qui avaient les leurs propres[226]. Le lieu de la lecture est le *lectrin*, *letrain*, *lutrin*, du verbe *legere* = lire. On s'assoit pendant la lecture ; car pour Juifs et chrétiens ces lectures sont comme des conférences que les assistants peuvent interpréter[227].

PREMIÈRE LECTURE

Le lecteur est un proclamateur de la Parole. Pourquoi le terme *lecture* et non pas enseignement, leçon, doctrine ? Si le terme est pris au sens premier, il n'est pas difficile aux fidèles de lire en même temps

---

[224] Jean LEBON, « 59 questions sur l'eucharistie », Repères pour les pratiques eucharistiques, in *Guides Célébrer*, p. 50.
[225] Pierre LE BRUN, *Explication de la messe*, p. 187.
[226] Rappelé in Ibid., p. 186.
[227] Pierre LE BRUN, *Explication de la messe*, p. 187.

que le lecteur. En ce sens le créole semble plus heureux en parlant de premier, deuxième *moso* (morceau) de la Parole de Dieu. En fait, il faut plus d'écoute que de lecture, car un seul lit pour l'assemblée qui écoute. Or il est difficile d'accepter le fait brut ou brutal que quelqu'un lise (souvent mal, très mal) puis de croire que Dieu parle, et *parle ainsi*. La relation émetteur/ récepteur peut foirer, détériorer le mécanisme global. Une lecture bien faite, sonnant juste, est un régal pour l'oreille et l'entendement scrutant la *Parole de Dieu*. Un bouquet n'avoue pas qu'il est louange[228]. Pourquoi tant de morceaux de Parole de Dieu, un seul ne suffirait-il pas ? En les multipliant, n'est-on pas en train de noyer la Parole elle-même ?

Autrefois pour pallier le défaut *d'entendre* le sous-diacre chanter l'épitre, les évêques et les prêtres lisaient les lectures de la messe à voix basse[229], étant assez éloignés de l'endroit de la lecture, selon la dimension de l'église qui pouvait avoir son chœur séparé de la nef par le jubé. La chaire, lieu de proclamation de la Parole, était un pupitre disposé sur le côté droit du chœur pour la lecture de l'épître et sur le côté gauche pour celle de l'Évangile. Par la suite, on la place au milieu de la nef pour la commodité de ceux qui écoutent Dieu. Car la politesse du lecteur envers Dieu et l'assemblée, c'est de lire assez bien pour qu'il parle vraiment et la politesse de l'auditeur envers Dieu et le lecteur c'est d'écouter ce que Dieu dit quand le lecteur parle. Ainsi le peuple se construit à l'écoute d'un Dieu qui lui parle[230]. Quand on veut écouter Racine dans son incomparable Iphigénie, on va au théâtre ; quand on veut le lire, on prend le livre de sa tragédie et on reste chez soi. Pour les fidèles laïcs les livres liturgiques ne sont utiles qu'à la maison et au cours de la préparation de l'équipe liturgique. Point final. Parce que ce point final a été un commencement, le livre, en tant que

---

[228] Centre National de Pastorale Liturgique (CNPL), « Du bon usage de la liturgie », in *Guides Célébrer*, p. 18.
[229] Cf. Pierre LE BRUN, *Explication de la messe*, p. 184.
[230] Centre National de Pastorale Liturgique (CNPL), « Du bon usage de la liturgie », in *Guides Célébrer*, p. 102.

le rituel fut le premier témoin de la transmission du rite ; c'est le livre qui nous déclame l'éloquence sobre du Verbe.

La parole liturgique est performative, autant parole qu'action. J'ai noté que l'Église reçut la liturgie de la Parole de la synagogue[231]. Saint Justin atteste qu'on lit les *mémoires des Apôtres* et les écrits des prophètes comme le temps le permet[232]. La lecture cursive ou *lectio continua* était faite par un lecteur attitré. Nous avons hérité cet office de la Parole du modèle synagogal ; il va s'ajuster à la célébration de l'eucharistie[233]. Dans la liturgie de la Parole, le psaume responsorial a une fonction ministérielle : réponse à la délicatesse et aux bienfaits du Seigneur par un chant, hymne célébratoire, la parole ayant l'inouïe faculté de faire mémoire des antiques merveilles tout en les actualisant. Dieu parle (première lecture), le peuple répond (psaume responsorial) ; Dieu parle (deuxième lecture), le peuple répond (chant d'acclamation) Dieu parle (Évangile), le peuple répond (Prière Universelle). Dialogue incessant, Dieu et la communauté en prière se parlent[234]. La liturgie de la Parole est un événement plus qu'un enseignement ; fructification du Verbe débordant la semence ; elle est réponse de foi, communion d'amour. L'Esprit Saint de Dieu fait écouter et comprendre la Parole tout en la réalisant en nous faisant former le corps du Christ[235]. N'est-il pas dans l'Écriture hagiographe et potier du Nouvel Adam en Marie ? Il faut aller jusqu'à dire qu'étant iconographe du Christ ressuscité, l'Esprit fait tendre l'image de Dieu en nous vers la ressemblance[236]. Autant de fruits épandus des lectures

---

[231] Cf. Willy RORDORF, article « dimanche », in *Dictionnaire encyclopédique du catholicisme ancien*, volume I, p. 691.

[232] JUSTIN martyr, « Grande Apologie », III, 67 in *Œuvres complètes*, Paris, Migne, Collection Bibliothèque, Diffusion Brepols, 1994, p. 90.

[233] Cf. Joseph-André JUNGMANN, *La liturgie des premiers siècles jusqu'à l'époque de Grégoire le Grand*, p. 72.

[234] Cf. Lucien DEISS, *La messe, Sa célébration expliquée*, p. 46.

[235] Cf. Jean CORBON, « L'économie du Verbe et la liturgie de la Parole », in *La Parole dans la liturgie*, p. 172.

[236] Cf. Ibid., p. 173.

de la célébration de la Parole, préparatoire à l'avènement du Dieu Fils à la prière consécratoire.

LE PSAUME RESPONSORIAL

Le psaume réponse à la parole de Dieu, ne se trouve pas dans les recueils de poésie. Il vient du psautier, du livre des psaumes. Je convoque quelques informations pratiques qui peuvent aider à mieux utiliser/prier le psaume ou à le psalmodier.

Le psautier est le livre de louange par excellence, c'est un recueil de psaumes, souvent jumelé à un calendrier liturgique. Ses traces remontent à la monarchie en Israël ; au 8e siècle av. J.C. c'était déjà canonisé en chant liturgique qui donne sens au culte et qui l'emportait sur l'holocauste (cf. Os 14)[237]. Il fait partie de la prière officielle de l'Église depuis le 4e siècle, porté par une mélodie qui rend plus aimable la doctrine de la foi[238]. Athanase affirmait que « le livre des psaumes concentre tous les trésors des autres livres, tel un jardin, et y joint un charme supplémentaire qui lui est propre, à savoir le chant[239] ». Le psautier est de toutes les fêtes, de tous les deuils, dans les géographies, les langues pour exprimer les plus altiers refus ou les plus fécondes audaces[240]. Le P. Mailhiot qui fut mon professeur d'hébreu constitua une riche galerie de citations à propos du psautier. Pour Thomas d'Aquin toute l'Écriture est contenue dans le psautier sous forme de louange et de prière. Martin Luther en fait une petite bible, « veux-tu voir la sainte Église chrétienne peintes avec des couleurs et

---

[237] Cf. Henri CAZELLES, « Y eut-il une liturgie de la Parole au temple ? », in *La Parole dans la liturgie*, p. 20.
[238] Cf. François-Xavier LEDOUX, « Le chant : un acte de louange », *La Maison-Dieu*, n. 270, (2012), p. 80.
[239] Cité in Ibid., p. 80.
[240] Cf. Paul BEAUCHAMP, *Psaumes nuit et jour*, Paris, Seuil, 1980, p. 30-32.

des formes vivantes en un tableau de petites dimensions ? Prends le psautier. Tu y verras un miroir clair, pur et net, qui te montrera ce qu'est la chrétienté. Tu t'y verras toi-même[241]». La fille de Staline disait que les psaumes c'est une poésie brûlante qui purifie, fortifie dans les moments les plus difficiles ; le P. Congar les résume en deux mots : *Amen, Alléluia* ; Chouraqui est élogieux et dithyrambique : Ratzinger fait du psautier un pont reliant les deux Testaments[242].

Comment le livre des psaumes est-il devenu **le livre** de la prière de l'Église ? Simplement en étant le plus humain des livres de la bible et la plus humaine des prières. Nous savons qu'avant « de répondre au cri du malheur, Dieu l'a fait sien. Jésus a scellé alors l'unité de toutes les souffrances dans la sienne. Il a signé la prière des psaumes comme prière virtuelle pour tous les hommes et il nous donne droit, sans fiction, de dire *Je* à la place des humiliés, d'apprendre d'eux ce que lui-même a porté [243]». Une réponse autre à la question : la fascination de la musique et de la pensée grecque faisait délaisser la foi : pour l'éviter, l'Église du 2e siècle interdit les innovations musicales, imposa le psautier. Le canon 59 du synode de Laodicée en 364 le confirme[244]. « Au cœur de l'expérience du courant des jours, l'homme comprend que la vie de Dieu peut être vie qui comble sans rassasier [245]». Le psalmiste nous enseigne l'audace d'interroger Yahvé : pourquoi le Dieu du salut en qui je mets ma confiance laisse le malheur et la

---

[241] Cité par Gilles-Dominique MAILHIOT, *Les Psaumes, Prier Dieu avec les paroles de Dieu*, p. 30.
[242] Cardinal Joseph RATZINGER, *Un chant nouveau pour le Seigneur*, la foi dans le Christ et la liturgie aujourd'hui, traduit de l'allemand par Joseph Feistauer, Paris, Desclée-Mame, 1995, p. 133.
[243] Paul BEAUCHAMP, *Psaumes nuit et jour*, p. 25.
[244] Cf. Cardinal Joseph RATZINGER, *Un chant nouveau pour le Seigneur*, la foi dans le Christ et la liturgie aujourd'hui, traduit de l'allemand par Joseph Feistauer, Paris, Desclée-Mame, 1995, p. 142.
[245] Paul BEAUCHAMP, *Psaumes nuit et jour*, Paris, Seuil, 1980, p. 138.

souffrance m'envahir[246] ? N'a-t-il aucun souci de sa gloire ? Et si les païens me demandent : où est-il ton Dieu (Ps 42, 4) ?

Le psautier s'ouvre par une béatitude : *heureux l'homme qui marche...* (Ps 1, 1) et finit par la louange universelle : *que tout ce qui respire loue le Seigneur* (Ps 150, 6). Le psaume 1 fait de la prière une marche, un compagnonnage avec un Dieu auteur de notre bonheur. Le chant de louange et d'émerveillement est le but de l'existence. Mais les psaumes chantés sont ceux qui sont admis dans la *Liturgie des Heures* ; les psaumes imprécatoires, les versets qui ont de tels accents sont mis de côté. Trois psaumes sont sortis du Bréviaire : Ps 57 ; 82 ; 108 ; y sont retranchés aussi 121 versets sur 2527 soit 5% du psautier[247]. Les versets expurgés ne sont-ils pas inspirés comme le reste de la Bible ? Irait-on un jour à supprimer des paroles de Jésus ? Cette suppression peut paraître malhonnête aux non avertis. Mais l'Église a le devoir d'être sage au long des jours et de la durée. Derrière ou au cœur de chacune de ses décisions, il faut chercher la sagesse qui y est tapie et le bien spirituel recherché.

Le psautier met souvent en scène le *je* alors que nos prières publiques sont au *nous* collectif. Il s'adresse à quelqu'un dans un tutoiement sublime et familier. Qui est ce *je* des psaumes ? Le peuple de l'AT correspondant à nos Pères dans la foi ? Jésus de Nazareth et l'intimité de sa prière ? La communion des fidèles de toute l'Église ? Soi-même ? Pour l'ensemble de ces questions c'est tout à la fois oui et non selon l'angle, le prisme. Le psaume qui suit la première lecture, s'il est chanté, est le plus important chant de la liturgie de la Parole[248]. « Le psalmiste ou chantre du psaume, dit les versets du psaume à l'ambon ou à un autre endroit approprié, tandis que toute l'assemblée est

---

[246] Cf. Gilles-Dominique MAILHIOT, *Les Psaumes, Prier Dieu avec les paroles de Dieu*, p. 105.
[247] Cf. Ibid., p. 136-139.
[248] Georges BEYRON, « Les chants de la messe ; Acclamation – Paumes – Hymnes » in Joseph GELINEAU (dir.), *Dans vos assemblées*, Manuel de pastorale liturgique, Desclée 1989, p. 415.

assise et écoute ; habituellement celle-ci participe par un refrain, à moins que le psaume ne soit dit de manière suivie, c'est-à-dire sans reprise d'un refrain. Cependant, pour que le peuple puisse plus facilement donner une réponse en forme de psalmodie, on a choisi quelques textes de refrains et de psaumes pour les différents temps de l'année ou pour les différentes catégories de saints, que l'on peut employer, au lieu du texte correspondant à la lecture, chaque fois que le psaume est chanté. Si le psaume n'est pas chanté, on le récitera de la manière la plus apte à favoriser la méditation de la parole de Dieu[249] ». Le psaume a une fonction ministérielle. On ne remplace pas l'Évangile par aucun autre texte si beau soit-il, de même non plus le psaume-réponse. Ce serait frauder, trafiquer le service de Dieu (2 Co 2, 17)[250]. Fraude-t-on quand on célèbre ?

Le chant des psaumes avec antienne fut introduit au 4e siècle à Rome et à Milan par les Orientaux[251]. « A l'époque de saint Augustin puis de saint Léon, on suivait la pratique selon laquelle le lecteur lisait le psaume après l'épître ; puis le peuple chantait un refrain emprunté au psaume même[252] ». Plus tard l'antienne fut aussi récitée au cours de la psalmodie. Car le psaume suivant la première lecture était considéré comme une lecture avant de devenir du chant responsorial. C'était ainsi à l'époque de saint Augustin et de saint Athanase. Au 5e siècle existait des recueils d'antiennes avec leurs répons, tirés des psaumes[253]. A Rome on avait des recueils d'antienne pour la messe (antiphona ad introitum, ad offertorium, ad communionem)[254]. Saint Benoît dans sa règle enseigne à ses moines à prier les psaumes et à se dévouer au service de la prière en *vivant à Dieu seul* afin d'édifier

---

[249] *Présentation générale du Missel Romain* (PGMR), n. 61, version 2002.
[250] Lucien DEISS, *La messe, Sa célébration expliquée*, p. 47.
[251] Anscar CHUPUNGCO, article « Chant Antienne », in *Dictionnaire encyclopédique du catholicisme ancien*, volume I, p. 461.
[252] Ibid., p. 461.
[253] Anscar CHUPUNGCO, article « Chant Antienne », in Dictionnaire encyclopédique du catholicisme ancien, volume I, p. 461.
[254] Ibid., p. 461.

l'Église comme communion par la célébration de la liturgie[255]. Car « chanteur et pèlerin des sources par vocation, le moine peut devenir leur fossoyeur[256] ». À l'époque d'Augustin se manifesta déjà chez les choristes la tendance à orner le chant d'une plus riche mélodie[257]. Il faut la quête de la profondeur.

Le psautier a comme porté la liturgie chrétienne sur les fonts baptismaux, ayant toujours été une source où s'abreuve la prière personnelle et/ou collective. Les psaumes habitent la liturgie officielle de l'Église[258]. Ils ne vieillissent pas après 2000 ans d'utilisation liturgique ; le secret de leur longévité est dans leur universalité[259]. C'est peu sage de croire que le psaume est trop éloigné de notre culture pour être notre réponse authentique à la Parole de Dieu[260]. Qui n'a jamais senti dans un psaume l'écho de son propre émoi, ses propres cris de révoltes, sa propre façon de parler de Dieu ou à Dieu, son désir de se venger de l'ennemi, de demander à Dieu des comptes ? A-t-on vu une telle audace chez les auteurs modernes, chrétiens ou pas[261]? Non, jamais Parole de Dieu n'a été si parole humaine que dans les psaumes.

En fait, l'inconfort est surtout technique : la mise en œuvre des psaumes est très exigeante. Pour bien remplir la fonction de psalmiste

---

[255] Bernard-Nicolas AUBERTIN, « L'apport du monachisme à la vie liturgique de l'Église », in Commission Francophone Cistercienne, *Liturgie et vie spirituelle, l'apport du monachisme à la vie liturgique de l'Église*, Saint-Léger Éditions, (2014), p. 174. Saint Benoît a consacré dans sa règle 18 chapitres sur 73 à la célébration de l'officie divin.

[256] François CASSINGENA-TRÉVEDY, « La liturgie monastique ou le chant des sources. L'apport du monachisme à la vie liturgique de l'Église », in, *Liturgie et vie spirituelle, l'apport du monachisme à la vie liturgique de l'Église*, p. 50.

[257] Joseph-André JUNGMANN, *Missarum Sollemnia*, tome II, p. 194.

[258] François-Xavier LEDOUX, « Le chant : un acte de louange », *La Maison-Dieu*, n. 270, (2012), p. 80.

[259] Jean LEBON, « 59 questions sur l'eucharistie », Repères pour les pratiques eucharistiques, in *Guides Célébrer*, p. 49.

[260] Centre National de Pastorale Liturgique (CNPL), « Du bon usage de la liturgie », in *Guides Célébrer*, p. 43.

[261] Ibid., p. 43.

auprès de l'assemblée, il devient indispensable d'avoir dans la communauté de foi « des laïcs doués dans l'art de la psalmodie, dans la bonne proclamation des textes[262] ». Le chant récitatif constitutif du psaume, doit être musicalisé. La lecture-récitation du psaume doit être encore davantage préparée. C'est un texte poétique, non de la prose[263]. On ne laisse pas le psaume responsorial au lecteur incompétent. « Il faut constamment enseigner aux fidèles la manière de recevoir la parole de Dieu dans les psaumes, et d'en faire la prière de l'Église[264] ». Ensuite il faut choisir comment exécuter la psalmodie ; deux manières de faire : « la forme responsoriale et la forme directe. Dans la forme responsoriale, préférable dans la mesure du possible, le psalmiste, ou chantre du psaume, proclame les versets, et l'assemblée tout entière participe par un refrain. Dans la forme directe, il n'y a pas de répons de l'assemblée intercalé dans le psaume ; celui-ci est chanté, soit par le psalmiste seul, tandis que l'assemblée se contente d'écouter, soit par tous ensemble[265] ». Augustin « parle du psaume que nous avons entendu chanter et auquel nous avons répondu[266] ». Jean Chrysostome et Léon le Grand, laissent des attestations similaires[267]. Les psaumes ont été la prière de Jésus, cela suffit pour nous les attacher.

Le psaume responsorial est une pièce du rituel et de la messe de l'Église. Il est le plus souvent à l'intérieur du graduel, mais celui-ci n'est pas le psaume responsorial. Je vais tenter de vous aider, *Amis lecteurs*, à saisir les contours et les différences à travers la section suivante. J'apprécie votre assiduité à suivre pas à pas.

---

[262] *Présentation générale du Lectionnaire Romain*, n. 56, version 1970.
[263] Cf. Centre National de Pastorale Liturgique (CNPL), « Du bon usage de la liturgie », in *Guides Célébrer*, p. 44.
[264] *Présentation Générale du Lectionnaire Romain*, n. 19, version 1970.
[265] *Présentation Générale du Lectionnaire Romain*, n. 20, version 1970.
[266] Cité in Joseph-André JUNGMANN, *Missarum Sollemnia*, tome II, p. 190.
[267] oseph-André JUNGMANN, *Missarum Sollemnia*, tome II, p. 190.

LE GRADUEL

« Les antiques mélismes de la cantillation des premiers temps sont maintenant intégrés dans ces nouvelles constructions, associés à des nouvelles formules mélodiques en une véritable mosaïque sonore. C'est la naissance de ce qu'on appelle le Graduel composé selon le principe de la centorisation, c'est-à-dire à partir des formules caractéristiques[268] ». Le psaume joint la prière à la louange ; au 4e siècle il est chanté par un ou plusieurs chantres en Orient[269]. Le court refrain est repris par le peuple qui dialogue ainsi avec le soliste qui chante les versets. Dans la liturgie franco-romaine, le chantre ne pouvait pas se rendre au sommet de l'ambon, mais devait comme le lecteur de l'épître, rester sur un degré plus bas, le *gradus*. D'où le nom de graduel donné à ce chant[270]. Le chant du graduel devait être exécuté non au haut de l'ambon réservé à l'Evangile, mais sur ses marches (gradus), au niveau de l'épître[271]. Au Moyen-âge on prêtait au Graduel un caractère de pénitence, le sens allégorique d'un écho à la repentance prêchée par Jean Baptiste, transition de l'Ancien au Nouveau Testament[272]. Le psaume pouvait être exécuté sans interruption, c'est-à-dire en trait, *tractim*, tout de suite ; sinon il était chanté en antienne, en verset ou en répons[273]. Au 9e siècle on est venu à croire que *chanter en trait* voulait dire chanter en trainant, d'un ton lent et lugubre ; le chantre donnait cet air à son chant en raison de la

---

[268] Sylvain DIEUDONNÉ, « Le chant grégorien dans la liturgie : histoire et actualité », *La Maison-Dieu*, n. 251, (2007), p. 17.
[269] Cf. Michel-Yves PERRIN, « Le nouveau style missionnaire : la conquête de l'espace et du temps », in J.-M. MAYEUR, Ch. PIETRI, A. VAUCHEZ, M. VENARD, *Histoire du christianisme*, tome II, Naissance d'une chrétienté (250-430), Desclée, 1995, p. 612.
[270] Joseph-André JUNGMANN, *Missarum Sollemnia*, tome II, p. 201.
[271] Joseph-André JUNGMANN, *Missarum Sollemnia*, tome I, p. 109.
[272] Joseph-André JUNGMANN, *Missarum Sollemnia*, tome II, p. 204.
[273] Pierre LE BRUN, *Explication de la messe*, p. 188.

Passion du Christ. L'Alléluia, expression, transport de joie, ajouté au répons au temps pascal ou le dimanche, devait faire la différence[274].

Pour chaque Messe, le propre qu'il faut chanter est déterminé par des règles liturgiques précises. Et les rubriques (PGMR n. 61) permettent de choisir un autre refrain que celui du lectionnaire afin d'aider le peuple à mieux participer à la réponse adressée à son Dieu en tant qu'assemblée. Mais le graduel n'est pas un psaume responsorial simplement exécuté sur le *gradus*, mais un livre liturgique qui donne les chants ordinaires de la messe, ceux qui ne sont attachés à aucun jour liturgique et dont leurs textes sont fixés et inchangés depuis plus de quinze siècles. Ces pièces de chant sont au nombre de cinq ; je les énumère pour mémoire :

1. Kyrie : Chant de pénitence et de supplication placé après la préparation pénitentielle, avant l'oraison de collecte ou le Gloria s'il y en a un. Il est chanté immédiatement après l'Introït aux messes célébrées dans la forme extraordinaire[275].

2. Gloria : Hymne qui suit immédiatement le Kyrie, chanté les dimanches et jours de fête liturgique, omis en Avent et Carême.

3. Credo : symbole de foi chanté après l'homélie, les dimanches et solennités. Sa mélodie originale est basée sur le mode IV. Le Graduel prévoit jusqu'à six manières d'exécuter cette pièce.

4. Sanctus : Chant d'acclamation, chanté dans le prolongement de la préface.

5. Agnus Dei : Chant de prière demandant la purification avant la communion.

---

[274] Pierre LE BRUN, *Explication de la messe*, p. 189.
[275] Cette possibilité se rapetisse depuis la publication du Motu proprio *Traditionis Custodes* (juillet 2021) du pape François réformant les privilèges accordés au missel de Jean XXIII par le pape Benoît XVI par son motu proprio *Summorum pontificum* en 2007. Ce dernier motu proprio accordait sur une base ordinaire la faculté à tout prêtre de célébrer la messe du missel de Jean XXIII pour des communautés ou des groupes.

6. *Ite missa est*, (Ite) : renvoi de l'assemblée, exécuté sur le même thème musical que le Kyrie. Ce n'est pas un chant en soi.

« Depuis le 3ᵉ siècle, en même temps que baisse l'estime pour les hymnes d'origine chrétienne, on voit l'usage des psaumes de la Bible prendre un essor puissant ; en même temps que la concurrence avec ces hymnes amenait à insister davantage sur le caractère de chant des psaumes[276] ». L'adaptation n'a jamais été mise en quarantaine et rien ne peut déprécier la Parole de Dieu. « Le graduel n'a presque rien conservé de son caractère responsorial primitif que les anciens documents maintenaient encore avec le nom de *responsorium* ou de *responsorium graduale*[277] ». Pourtant en tout temps, en tout lieu (*semper et ubique*), le peuple peut dire avec fierté que le Dieu saint habite ses louanges (Ps 21, 4). Pas seulement celles d'Israël. Autant le savoir *Amis lecteurs* ! Une précision bienfaisante allège. Les ailes d'anges nous poussent à déclamer pour acclamer ce qui attend d'être proclamé avec le Verbe céleste.

PROCLAMER QUE DIEU EST VERBUM

Avec *abba*, *amen*, *hosanna* et *maranatha*, Alléluia est un des cinq mots hébreu/araméen qui n'ont été traduits dans la liturgie en aucune langue ; précieux vestiges des premiers chrétiens. Le mot hébreu *Hallelujah* signifie littéralement *louez Yah* ; il provient du verbe *hillel* qui veut dire louer et du suffixe *Yah*, abréviation du tétragramme sacré YHWH qui transcrit le nom de Dieu dans l'AT. Alléluia = louer, adorer le Seigneur, le célébrer, le confesser. On trouve cette invitation à la louange au début et à la fin des psaumes 146-150 ; dans l'Apocalypse, seul livre du NT où l'on retrouve *Alléluia*, il est le chant des anges dans la liturgie du ciel[278]. Au chapitre 19, les élus célèbrent

---

[276] Joseph-André JUNGMANN, *Missarum Sollemnia*, tome II, p. 189.
[277] Ibid., p. 195.
[278] Cf. Lucien DEISS, *La messe, Sa célébration expliquée*, p. 47.

Dieu et la venue de son règne par l'acclamation *Alléluia* (Ap 19,1-6). Les chrétiens pouvaient avoir tiré l'usage de l'Alléluia de la tradition juive de réciter tous les ans un psaume avec *Alléluia* pour renouveler le mémorial de la manducation de l'agneau pascal immolé au temple de Jérusalem[279]. Dans la liturgie juive et chrétienne, *Alléluia* exprime l'allégresse, on l'utilise lors de prières, à la fin de certains psaumes, surtout aux fêtes pascales. Il est le chant de route des chrétiens, assurés en Christ de la victoire sur le mal[280].

L'Alléluia est un chant du propre de la messe. Dans le vocabulaire liturgique, il est une pièce de musique sacrée, un chant de forme responsoriale, un refrain répété en alternance avec des versets bibliques. Il est le titre de cette composition musicale liturgique commençant par ce mot. L'accent se porte sur *l'Alléluia* dont la voyelle finale fut chargée de jubilations interminables appelées *sequentiae*[281]. On leur donne aussi le nom de prose. On obtenait des couples de strophes[282]. *L'alléluia* est aussi l'acclamation primaire de l'Evangile ; il porte et transporte la joie de la bonne nouvelle de la résurrection du Seigneur.

L'Alléluia est un *jubilus* qui signifie en liturgie *son de joie sans paroles*. Ces deux termes sont interchangeables. La louange de *l'Alléluia* n'est pas humaine, mais céleste ; c'est la joie éternelle et divine. Le *jubilus* exprime l'état bienheureux du ciel où on n'a point besoin de paroles pour s'exprimer, la pensée suffit à faire connaitre ce qu'on a dans l'esprit[283]. Joie inexprimable libérée de l'imperfection des mots, le

---

[279] Pierre LE BRUN, *Explication de la messe*, p. 190.
[280] Pierre JOURNEL, « L'année », in Aimé George MARTIMORT (en collaboration), *L'Église en prière, Introduction à la liturgie*, tome IV « La liturgie et le temps », Paris, Desclée, 1983, p. 55.
[281] Cf. Joseph-André JUNGMANN, *Missarum Sollemnia*, tome II, p. 204. La Séquence est née des textes liturgiques syllabés par les notes musicales.
[282] Cf. Ibid., p. 205 ; Michel VEUTHEY, « Célébrer avec chant et musique » in Joseph GELINEAU (dir.), *Dans vos assemblées*, Manuel de pastorale liturgique, Desclée 1989, p. 157.
[283] Pierre LE BRUN, *Explication de la messe*, p. 192.

jubilus est représentée par un long mélisme sans paroles. Sommet des sommets du chant liturgique, il est le meilleur bijou du grégorien ; il est d'une beauté et d'une qualité musicale rares. Pour Augustin celui qui jubile n'a pas besoin de mots ; c'est pourquoi déjà en son temps *l'Alléluia* était banni au temps de la Passion du Seigneur[284]. Dans son diocèse d'Hippone et peut-être dans les provinces occidentales d'Afrique influencées par Rome, on ne chantait *l'Alléluia* que durant la période pascale. La règle de saint Benoit est explicite aussi sur la matière : « depuis le saint jour de Pâques jusqu'à la Pentecôte, on dira tous les jours alléluia, tant aux psaumes qu'aux répons, depuis la Pentecôte jusqu'au commencement du Carême, on le dira toutes les nuits aux six derniers Psaumes seulement ; et tous les dimanches en dehors du Carême, on dira avec alléluia les cantiques, les matines, prime, tierce, sexte et none. Pour Vêpres, elles se diront toujours avec Antiennes ; et jamais on ne dira Alléluia aux Répons, si ce n'est depuis Pâques jusqu'à la Pentecôte[285] ». *L'Alléluia* est si intimement relié à la joie que, dans de nombreux diocèses d'Europe occidentale au Moyen Âge, apparurent des traditions d'adieu à *l'Alléluia*, allant de chants liturgiques composés sur ce thème jusqu'à des cérémonies où l'on enterre un mannequin appelé *Alléluia*. Ce fut certes un abus.

Donc dès l'origine *l'Alléluia* fut un chant de louange, de joie et de triomphe, propre à la cinquantaine pascale. Saint Grégoire 1ᵉʳ le fit chanter les dimanches et aux fêtes, carême excepté. En temps de pénitence quand l'Alléluia est omis, il est remplacé par un *Trait* ou par ceci *Ta Parole, Seigneur, est Vérité et ta loi délivrance* ou encore *Gloire à Toi Seigneur, Gloire à Toi*, avant et après le verset d'introduction à

---

[284] Saint Augustin nous donne la signification profonde du *jubilus* : « Jubiler, ce n'est point parler, c'est exhaler sans paroles un cri de joie : c'est la voix d'une âme dont la joie est au comble, qui exhale autant que possible ce qu'elle ressent, mais ne comprenant point ce qu'elle dit dans les transports de son allégresse, l'homme après des paroles indicibles et inintelligibles exhale sa joie en cris inarticulés ». Cf. https://fr.wikipedia.org/wiki/Jubilus

[285] *La Règle de saint Benoît*, chapitre 15, En quel temps on doit dire Alléluia, traduction de dom Claude De Vert (1689), Paris 1824².

l'Évangile. Mais les orientaux n'ont jamais compris ou accepté qu'on fit de *l'Alléluia* un chant pascal[286].

On peut acclamer, proclamer la Parole de Dieu ; non déclamer, postclamer. Les acclamations sont de brèves formules dites par l'assemblée en réponse aux lectures, monitions, ou prières[287]. Ce sont des interventions brèves et unanimes de l'assemblée « pour marquer vocalement son adhésion enthousiaste aux fonctions qui s'accomplissent[288] ». L'acclamation a eu de nombreux usages dans les liturgies primitives. Elle fut surtout associée aux psaumes alléluiatiques et au temps de Pâques pendant lequel elle était ajoutée à la fin de chaque antienne, un Alléluia pascal remplaçait même le graduel après la première lecture. L'Alléluia est l'une des plus importantes acclamations ; Ap 19, 1-6 en fait un chant céleste. Proclamer c'est porter la Parole en triomphe, la célébrer avec les plus fastueuses pompes afin qu'on puisse y reconnaitre et honorer la performativité toujours active de Dieu qui fait ce qu'il dit. Pour proclamer et donc annoncer avec emphase, il faut la compétence du lecteur mariée à celle du conteur et de l'acteur. Proclamer suppose qu'on sache lire. Or lire n'est pas dire, prier n'est pas raconter[289]. Si la liturgie n'est pas du théâtre, elle n'en réclame pas moins un minimum de mise en scène pour être célébrée avec art[290]. Mais il est interdit de théâtraliser dans des mimes insolites la Parole toujours transcendante.

Pour honorer l'Évangile, en plus du *jubilus* de *l'Alléluia*, on a des cérémonies dont la procession, l'encensement, les cierges signes de la joie, pour réaffirmer que Jésus-Christ est la vraie lumière qui nous

---

[286] Cf. Anscar CHUPUNGCO, article « Acclamations », in *Dictionnaire encyclopédique du catholicisme ancien*, volume I, p. 17.
[287] Ibid., p. 17.
[288] Dom Robert LE GALL, *Dictionnaire de liturgie*, p. 18.
[289] Centre National de Pastorale Liturgique (CNPL), « Du bon usage de la liturgie », in *Guides Célébrer*, p. 20.
[290] Centre National de Pastorale Liturgique (CNPL), « Du bon usage de la liturgie », in *Guides Célébrer*, p. 20.

éclaire par sa Parole[291]. Et pour inviter l'assemblée à acclamer la Parole debout et pompeusement, le célébrant disait cette invitatoire : *voilà la Sagesse ; soyons debout et écoutons le saint Évangile*[292]. De même que dans la procession du clergé, le plus digne marche le dernier, ainsi en est-il de l'Evangile dans l'ordre des lectures[293]. Son importance est telle que sa lecture est confiée au diacre. Saint Jérôme rapporte que le diacre est le lecteur ordinaire de l'Evangile. Les dimanches à Jérusalem c'était l'évêque lui-même qui le lisait[294]. Depuis le 4e siècle le diacre est proclamateur de l'Évangile qu'il reçut le jour de son ordination. Le ministre de la Parole en est le premier auditeur[295]. L'Evangile était soumis à la discipline de l'arcane, les catéchumènes en étaient privés. Au 5e siècle les conciles d'Orange et de Valence ordonnent de lire l'Évangile après l'épître pour que pénitents et catéchumènes entendissent les instructions du Seigneur et l'explication de l'évêque[296].

Dans les liturgies des saints Jacques, Basile et Jean Chrysostome l'évangéliaire était porté en procession solennellement et déposé sur l'autel où le diacre le prit pour aller à l'ambon. Le tout accompagné du chant du Trisagion. Cyrille d'Alexandrie atteste de l'intronisation du livre des Évangiles dans un lieu éminent, au concile d'Éphèse de 431 pour instituer le Christ membre et tête du concile[297]. De là vient la tradition de déposer l'Évangéliaire sur l'autel au début de la messe.

---

[291] Pierre LE BRUN, *Explication de la messe*, p. 205.
[292] Ibid., p. 20.
[293] Cf. Joseph-André JUNGMANN, *Missarum Sollemnia*, tome II, p. 212. L'auteur a suivi la pensée de Rémi d'Auxerre.
[294] Ibid., p. 213. Une tradition du Moyen Âge voulait que le roi ou l'empereur lise l'évangile en costume d'apparat. Peut-être à cause de son couronnement qui lui accordait les honneurs religieux du chanoine ; note 9 de la p. 213. Jusqu'à aujourd'hui le président français est chanoine à Rome premier et unique chanoine honoraire de l'archi-basilique de Saint-Jean-du-Latran.
[295] Univers Laus, « Document II, De la musique dans les liturgies chrétiennes », Mai 2002, in *La Maison-Dieu*, n. 239 (2004), § 1.10, p. 79
[296] Pierre LE BRUN, *Explication de la messe*, p. 196.
[297] Cité par Lucien DEISS, *La messe, Sa célébration expliquée*, Paris, p. 49.

L'ostension de l'Évangéliaire quand le ministre sacré le prend de l'autel pour se rendre à l'ambon est celle du Sauveur manifestant sa présence au sein de son peuple. Ce rite symbolise le Christ en son incarnation[298]. C'est pourquoi on encense et couvre de baisers le livre du Verbe de Dieu.

Dès le 5e siècle la vénération chrétienne entourait d'honneur le livre de l'Évangile, nommé plus tard évangéliaire. Certains étaient même chrysographiés i.e. écrits sur des parchemins d'or et ornés de pierres précieuses dont le saphir, le rubis, l'émeraude, les perles[299]. Un texte du 6e siècle relate la procession triomphale et majestueuse de l'évangéliaire qui s'avance telle la puissance du Christ au milieu des chants et des sept chandeliers. Au 7e siècle à Rome, le diacre en cortège flamboyant au son du Trisagion et de sept flambeaux, avançait en procession avec l'évangéliaire, avec deux acolytes, des luminaires, deux sous-diacres dont l'un porte l'encensoir fumant[300]. L'encens était décoratif ; l'encensement du livre avant la lecture (et après) devint un rite au 11e siècle[301]. Le prêtre imposait l'encens en disant : *que le Seigneur remplisse nos cœurs de l'odeur de ses inspirations célestes pour les mettre en état d'entendre et d'accomplir les préceptes de l'Évangile*[302]. Cet encensement est un arc de triomphe à la gloire du Dieu *Verbum* s'incarnant à chaque proclamation. Le diacre marchant à l'ambon pour lire l'Évangile est l'ancêtre de la procession de l'Évangile. Quand il le proclame, l'assemblée et les clercs acclament : *Gloire à toi Seigneur*. Après cela le clergé chante le *Sanctus*[303].

« L'acclamation à l'Évangile, constitue, lui aussi, *un rite ou un acte ayant valeur en lui-même* ; par-là, l'assemblée des fidèles accueille et

---

[298] Irénée-Henri DALMAIS, « Rites et prières accompagnant les lectures dans la liturgie eucharistique », in *La Parole dans la liturgie*, p. 111.
[299] Lucien DEISS, *La messe, Sa célébration expliquée*, Paris, p. 48.
[300] Joseph-André JUNGMANN, *Missarum Sollemnia*, tome II, p. 215.
[301] Ibid., p. 222.
[302] Cf. Pierre LE BRUN, *Explication de la messe*, p. 205.
[303] Rapporté in Lucien DEISS, *La messe, Sa célébration expliquée*, p. 51.

salue son Seigneur qui va lui parler, et proclame sa foi en chantant[304] ». L'Église greffe un surgeon plein de sève sur l'arbre millénaire de la procession à l'Évangile pour acclamer le Seigneur des hauteurs qui descend vers son peuple. Le missel de Paul VI gardant la *sobrietas romana* ne négocie pas l'essentiel (l'encens, la lumière) dans la procession à l'Évangile. Ailleurs cette procession est relevée de danse (chez nous on l'appelle par euphémisme mime), de fleurs comme pour dire que l'homme vit aussi de beauté et d'épanchement de joie.

Le diacre proclamateur de l'Évangile se mettait à genoux pour réciter la prière du *munda cor meum* et ensuite demander la bénédiction avec le *jube Domne benedicere* (Seigneur daignez bénir) ; en marque de respect et d'humilité[305]. Selon *l'Ordo romanus* I, il devait baiser les pieds du pape qui le bénit ainsi : *Dominus sit in cordo tuo et in labiis tuis ut nunties competenter evangelium pacis*[306]. Il pouvait prier le ps 50, 17 : *Domine labia mea aperies et os meum annunciabit laudem tuam*[307]. Au Moyen Âge on employait le diminutif *Domne* pour D*ominus* réservé à Dieu. Ce titre était donné à des personnes vivantes objet de considération. Après le titre de Père qu'on donnait aux évêques, il n'y a pas de plus honorable que celui de Dom[308]. De là vient l'expression *benedic Pater* (bénis-moi père).

Avant la proclamation et l'encensement quand le prêtre ou le diacre disait *initium* ou *sequentia sancti Evangelii*, il faisait avec son pouce (plus facile d'utiliser ce doigt) un signe de croix sur le commencement de l'évangile ensuite sur son front, sa bouche et son cœur. Dès le 9ᵉ siècle les fidèles commencent par se signer d'un signe de croix juste après le salut du diacre. A partir du 11ᵉ siècle le signe se généralise sur

---

[304] *Présentation Générale du Lectionnaire Romain*, n. 23, version 1970.
[305] Pierre LE BRUN, *Explication de la messe*, p. 200-202
[306] Joseph-André JUNGMANN, *Missarum Sollemnia*, tome II, p. 214. 225. La formule latine se rend en français par : *que le Seigneur soit dans ton cœur et sur tes lèvres pour que tu proclames avec assurance l'évangile de paix*.
[307] Ce qui se traduit : *Seigneur ouvre mes lèvres pour que ma bouche proclame ta louange*.
[308] Pierre LE BRUN, *Explication de la messe*, p. 202-203.

le front, la bouche, la poitrine et sur le livre[309]. De la croix sur le front est sorti le triple signe de croix et la croix sur le livre : nous voulons le front haut, nous porter garant de la parole venue du Christ et consignée dans ce livre, la confesser de la bouche et surtout la conserver fidèlement dans le cœur[310]. Sur le front traduit qu'on ne rougit pas de la Parole de Dieu, sur la bouche témoigne qu'on est prêt à la confesser et sur le cœur pour l'imprimer intimement en soi[311].

Après la lecture de l'Evangile, le baisement du texte sacré revient au prêtre ou à un prélat ; selon une coutume ancienne, le diacre qui l'a proclamé prononce ces paroles : *per Evangelica dicta deleantur nostra delicta*[312]. Après la lecture de l'Évangile par le diacre, le sous-diacre portait l'évangéliaire au célébrant à baiser et à tout le clergé avec ces paroles *heac sunt verba sancta* (voici les paroles saintes) et tous ceux qui baisaient le livre étaient encensés après avoir dit *credo et confiteor* (je le crois et je le confesse)[313]. Ces genres de formules accompagnent le geste depuis la fin du 10ᵉ siècle[314]. Selon saint Augustin on mettait l'Évangile sur la tête pour être guéri d'une infirmité corporelle, dans le cœur pour le guérir de ses informités spirituelles[315].

La proclamation du texte dans *l'ekklèsia* célébrante lui donne vie, le fait se relever de sa position couchée de texte mort. Cette *ekklèsia* devient lieu attestataire et mi-lieu sacramentel de l'*a-lètheia* étant toujours menacée par l'oubli (*lèthè*)[316]. Pourquoi après la proclamation on nous demande d'acclamer la Parole ? Dans notre

---

[309] Joseph-André JUNGMANN, *Missarum Sollemnia*, tome II, p. 223.
[310] Ibid., p. 224.
[311] Cf. Pierre LE BRUN, *Explication de la messe*, p. 215-216.
[312] C'est-à-dire : *par cet évangile proclamé que nos péchés soient enlevés*. Notre traduction.
[313] Pierre LE BRUN, *Explication de la messe*, p. 211.
[314] Joseph-André JUNGMANN, *Missarum Sollemnia*, tome II, p. 221.
[315] Cité par Pierre LE BRUN, *Explication de la messe*, p. 219.
[316] Louis-Marie CHAUVET, *Symbole et sacrement, une relecture sacramentelle de l'existence chrétienne*, Paris, Cerf, Collection Cogitatio fidei, n. 144, 1990, p. 218.

Église locale beaucoup ont l'habitude de reprendre le chant d'acclamation. Il faudrait regarder cela de plus près.

J'ai dit que la séquence était chantée avant la proclamation de l'Evangile. Je dis un mot rapide sur cette pièce devenue un décor archéologique dans la liturgie du temps pascal de nos jours. Ainsi une plus ample connaissance aura permis de saisir ce qu'a été la séquence au temps où le chant grégorien était d'un usage plus universel dans l'Église.

LES SÉQUENCES

La séquence (du latin sequentia), est un poème chanté issu du développement de *l'Alléluia*. Nommée d'après le verset de *l'Alléluia* correspondant, elle naquit des textes syllabés par les notes musicales afin de faire chanter des paroles à la place. Ces syllabes allaient prendre le nom de neumes (du grec pneuma = souffle, respiration). Ceux-ci étaient des notes de plain-chant, des notes redoublées sur la dernière *a* de *l'Alléluia*[317]. Ce chant pédagogique pour mémoriser le *jubilus*, est un long mélisme sur la voyelle *a* mise plus tard pour Yahvé. Ce fut tout naturel que ces poèmes prissent le nom de *sequentia* ou suite de *l'Alléluia*. La séquence se nomme aussi prose, quoique rimés et de style libre, parce qu'elle vient après *l'Alléluia* pour exprimer le caractère particulier du mystère qu'on célèbre[318]. Donc elle provient de tropes ajoutant des textes syllabiques sur la mélodie des *jubili*. En Occident se confondent l'origine de la séquence et du trope, du latin *tropus = manière, tourner sur soi-même*. Un tropaire est un recueil de tropes notés. Les tropaires du Moyen Âge accueillaient des éléments du missel ou de l'antiphonaire. La séquence avec ses strophes doubles

---

[317] Pierre LE BRUN, *Explication de la messe*, p. 192.
[318] Pierre LE BRUN, *Explication de la messe*, p. 193.

comme *Victimae Paschali*, fut l'un des points de départ du théâtre religieux[319].

Le moine Notker de Saint-Gal vers 880, est considéré comme le premier auteur des séquences. Après l'an 1000 un nouveau genre de séquence se développa ; d'un rythme plus régulier, elle est composée de strophes et de vers égaux rimés, de couples de strophes[320]. On obtint des chants syllabiques, de courtes hymnes dont on a recueilli plus de 5000 dans les manuscrits[321]. Le plus célèbre représentant de l'âge d'or des séquences est Adam de Saint Victor (+1192). De l'exubérante moisson de séquences, l'Église de Rome (missel de Pie V) en a conservé quatre : pour Pâques, Pentecôte, Saint-Sacrement et messe des défunts[322].

La séquence est si rare dans la liturgie aujourd'hui que même à Pâques on a tendance à l'oublier. Sa splendeur provenant d'un âge perdu ou lointain, n'émeut plus ; elle fait figure d'une fleur défraichie qu'on oublie sur le lieu de la décoration après la fête. Elle est comme des parenthèse vides ; on pense qu'aucune grâce, aucune faveur ne manque à notre célébration le jour de Pâques si on omet cette pièce de musée. Nos assemblées ne savent plus mettre en fonction la séquence, on lit le texte presque mort du lectionnaire avant l'Évangile sans enthousiasme. Pour ressusciter les séquences il faudrait en expliquer le sens, la portée à l'assemblée et les confier à des chantres chevronnés, rompus dans l'art de la psalmodie et de la cantillation.

Cette mise au point faite sur la séquence, je poursuis l'aventure avec l'homélie. Vous êtes d'accord avec moi chers *Amis lecteurs* que cette prise de parole mérite grande attention.

---

[319] Cf. Joseph-André JUNGMANN, *Missarum Sollemnia*, tome II, p. 209.
[320] Cf. Ibid., p. 205 ; Michel VEUTHEY, « Célébrer avec chant et musique » in Joseph GELINEAU (dir.), *Dans vos assemblées*, Manuel de pastorale liturgique, Desclée 1989, p. 157.
[321] Joseph-André JUNGMANN, *Missarum Sollemnia*, tome II, p. 205.
[322] Pierre LE BRUN, *Explication de la messe*, p. 193-194.

L'HOMÉLIE

« Pouvons-nous tenir pour désaltérant ce qui ne fait pas de nous des fontaines ?[323] » Cette question peut être celle de tous les fidèles avant et après une homélie. Et ce n'est pas hardiesse que de l'adresser aux pasteurs d'âme du fait même que l'Église n'est pas un conservatoire ou un musée mais un corps vivant. Si nous sommes secs spirituellement, n'avons-nous pas besoin d'une source ? Une fois l'Evangile du jour proclamé, que ce soit sur semaine ou le dimanche, suit une prédication qui peut avoir plusieurs tonalités. L'exhortation après la lecture de la Parole de Dieu est préchrétienne, une pratique courante d'actualisation de la Parole de Dieu à la synagogue. Le mot grec *homelia* signifie réunion, compagnie, entretien familier entre connaissance. Jésus fit une dans la synagogue de Nazareth (Lc 4, 14-21) ; de même Paul et Barnabé (Ac 13, 15) ; deux exemples forts dans le NT.

L'homélie est un élément indispensable dans nos célébrations. Saint Justin est le premier témoin de l'homélie dans le rituel du mémorial du Seigneur. Selon Égérie au 4e siècle, il était d'usage en Orient que, si plusieurs prêtres étaient à l'office (le matin), chacun d'eux prît la parole après les lectures ; et l'évêque en dernier[324]. Pour raison doctrinale on pouvait empêcher un prêtre de faire l'homélie. On a des exemples en Afrique du Nord, en Italie ou encore Arius à Alexandrie.

---

[323] François CASSINGENA-TRÉVEDY, « La liturgie monastique ou le chant des sources. L'apport du monachisme à la vie liturgique de l'Église », in Commission Francophone Cistercienne, *Liturgie et vie spirituelle, l'apport du monachisme à la vie liturgique de l'Église*, Saint-Léger Éditions, (2014), p. 52.
[324] Égérie, *Journal de voyage (Itinéraire)*, 25, 1, Introduction, texte critique, traduction, notes, index et cartes par Pierre MARAVAL, Paris, Cerf, collections Sources Chrétiennes n. 296, 1982, p. 247 ; Joseph-André JUNGMANN, *Missarum Sollemnia*, tome II, p. 227.

Dans certaines communautés on abandonnait la prédication. L'une des causes était le manque de science et d'instruction des prêtres[325].
Qui de l'homélie ? « L'homélie était la parole vivante de l'Église incorporée dans la liturgie comme un témoignage rendu au monde supérieur où elle vit et qui s'ouvre à elle dans la célébration de l'eucharistie [326]». Elle a charge de rendre présente la Parole de Dieu, de la faire passer de *in illo tempore* à *hic et nunc*. C'est la Parole mise à niveau et mise au niveau d'une communauté célébrante en tant qu'interlocutrice de Dieu. L'Esprit seul en revanche transforme une parole branchée sur la Parole de Dieu en *Verbum Dei*. L'Esprit c'est Dieu insaisissable, toujours surprenant, toujours échappant ; Dieu ingérable, débordant sans cesse nos rives et nos institutions. C'est Dieu in-désignable selon nos catégories et sans place assignable parmi les œuvres humaines[327]. L'histoire regorge d'homélistes massifs qui surent toucher les cœurs jusqu'aux larmes. Jean Chrysostome et Augustin au 4e siècle furent de ceux-là. L'homéliste doit utiliser la *cathedra veritatis* pour parler la Parole de Dieu (1 P 4, 11). Il y a un seuil où meurt le bruit des paroles humaines, où le silence fait murmurer comme Samuel : *Parle Seigneur ton serviteur écoute* (1 S 3, 11). L'homélie doit aménager cet intermonde ayant pour corollaire l'adoration. La Parole rend le pasteur orateur.

L'homélie est une explication de la Parole de Dieu de la liturgie du jour pour approfondir le mystère du salut. Elle choisit l'angle d'intervention sans chercher à tout englober du mystère, de la doctrine ; elle cherche à répondre aux besoins des fidèles et se préoccupe de lire et de lier les événements avec la Parole de Dieu ; elle n'est pas un cours d'exégèse mais un point exégétique peut être indispensable pour l'intelligence du propos. L'homélie, fruit de la

---

[325] Joseph-André JUNGMANN, *Missarum Sollemnia*, tome II, p. 228.
[326] Ibid., p. 230.
[327] Louis-Marie CHAUVET, *Symbole et sacrement, une relecture sacramentelle de l'existence chrétienne*, op. cit., p. 524.

méditation, requiert une préparation soignée ; elle ne doit être ni trop longue ni trop courte tout en prêtant attention à tous ceux qui sont présents, dont les enfants et les personnes sans instruction[328]. Est-elle enseignement ou rafraichissement de connaissance ? Sans doute, mais là n'est pas l'essentiel. Toute homélie devait avoir quelque chose à voir avec la façon dont Jésus s'appropria le texte lu dans la synagogue de Nazareth et qu'il conclut ainsi : aujourd'hui s'accomplit cette parole que vous venez d'entendre (Lc 4, 16-21). Il affirma une fois pour toute qu'il est le sens de l'Écriture et de l'économie.

Qui doit faire l'homélie ? La PGMR répond : « l'homélie sera faite habituellement par le prêtre célébrant lui-même ou par un prêtre concélébrant à qui il l'aura demandé, ou parfois, si on le juge bon, aussi par un diacre, mais jamais par un laïc. Dans des cas particuliers et pour une juste cause, l'homélie peut être faite aussi par l'Evêque ou un prêtre participant à la célébration sans pouvoir concélébrer »[329]. D'où vient que l'homélie est associée à la hiérarchie de l'Église ? A cause de l'eucharistie ou de l'autorité que doit avoir celui qui parle ? En faisant l'homélie « le président exerce sa charge propre et son ministère de la parole de Dieu. Par elle, en effet, il introduit ses frères dans l'intelligence savoureuse de la Sainte Écriture ; il ouvre l'esprit des fidèles à l'action de grâce pour les merveilles de Dieu ; il nourrit leur foi en cette Parole qui, dans la célébration, par l'action de l'Esprit Saint, devient sacrement ; il les prépare enfin à une communion fructueuse et les invite à faire leurs les principes de la vie chrétienne[330] ». Une bonne homélie doit ouvrir les cœurs à goûter ce qui sort de la bouche de Dieu pour alimenter la foi au cœur de l'Église sacrement de communion et de salut *in Christo*. L'audace prophétique des réformateurs du 16ᵉ siècle nous a aidés à oser proclamer que la

---

[328] Cf. *Présentation Générale du Lectionnaire Romain*, n. 24, version 1970.
[329] *Présentation générale du Missel Romain* (PGMR), n. 66, version 2002.
[330] *Présentation générale du Lectionnaire Romain*, n. 41, version 1970.

Parole de Dieu exprimée dans l'Écriture sainte, est le fondement et le but de l'Église[331].

Où dans l'église fait-on l'homélie ? Il y a plusieurs réponses : à la *cathedra veritatis*, à l'ambon, au siège de présidence. L'évêque peut la prononcer depuis son siège. Au Moyen Âge, l'homélie était délivrée du haut de la chaire, petit balcon surélevé auquel on accède par un petit escalier. Pour éviter que le son se perde dans l'enceinte sacrée, on avait un abat-voix au-dessus de la chaire pour une bonne distribution de la voix. La chaire était un pupitre disposé sur le côté droit du chœur pour la lecture de l'épître et sur le côté gauche pour celle de l'Évangile. À partir du 12e siècle, on en fit un pupitre surélevé, estrade mobile pour la prédication. On l'utilisait pour se faire entendre de l'assemblée et pour combattre l'hérésie. Placée au milieu de la nef, au cœur de l'assemblée, elle permit au prédicateur d'être mieux entendu. La chaire a disparu dans presque toutes les églises du monde ou n'est plus utilisée car aujourd'hui on a résolu les problèmes de sons et d'acoustiques du vaisseau. Avec le micro, plus besoin d'avoir une voix qui crève les voûtes de la nef pour faire transir d'émotion l'auditoire et provoquer le repentir.

Comment préparer son homélie ? En régime dictatorial, contexte de restrictions des libertés publiques, on pensait qu'il fallait avoir la bible, le missel, les journaux pour faire son homélie et bien actualiser la Parole de Dieu. Ce temps et ce contexte ne sont pas révolus ; on pourrait y ajouter Internet et les Pères de l'Église. De nos jours beaucoup ne préparent point leur prédication. On saura parler. Mais c'est vain de « compter paresseusement sur le Saint-Esprit ou sur un autre esprit, pour inspirer, au moment même où il faut parler[332] ». Quel que soit l'angle de percussion, l'homélie doit prendre sur trois

---

[331] Gaston WESTPHAL, « La prédication, présence du Seigneur », in *La Parole dans la liturgie*, p. 147.
[332] Gaston WESTPHAL, « La prédication, présence du Seigneur », in *La Parole dans la liturgie*, p. 151.

registres : le liturgique, le biblique et le vital. Elle a la charge de faire que l'économie devienne liturgie laquelle est gonflée de la densité des temps eschatologiques[333]. Cette économie se déroule dans l'Écriture en quatre temps : temps des figures ou de la lettre (2 Co 3 ; Col 2, 17) ; la plénitude des temps (Ga 4, 4 ; Col 2, 9) ; les derniers temps (He 1, 2 ; 1 Co 10, 11) et la consommation des temps (Mt 28, 20)[334]. La liturgie met l'Église dans son existence fondamentale, en tension entre la plénitude et sa consommation. Dans cette ontologie du temps, comme dans une anfractuosité, s'inscrit la liturgie de la Parole où nous faisons l'expérience du sens de l'Écriture voulu par Dieu, déplié et déployé selon quatre temps de réalisation[335]. L'homélie ne doit pas passer à côté de la doctrine.

Depuis juin 2014 le guide homilétique *Directoire sur l'homélie* est disponible. Benoît XVI en avait expressément demandé son élaboration par le dicastère compétent[336]. Ce *Directoire* a deux parties. La première décrit le contexte liturgique, la nature et la fonction de l'homélie : qui la prononce, qui en sont les principaux destinataires, la place de la Parole de Dieu. La seconde dévoile les méthodes de préparation de l'homélie et sa prédication. Le pape François a porté un accent particulier sur l'homélie. Il affirme : « dans l'homélie, la vérité accompagne la beauté et le bien[337] ». Ou encore : « l'homélie est la pierre de touche pour évaluer la proximité et la capacité de rencontre d'un pasteur avec son peuple. De fait, nous savons que les fidèles lui donnent beaucoup d'importance [...] L'homélie peut être vraiment une intense et heureuse expérience de

---

[333] Cf. Jean CORBON, « L'économie du Verbe et la liturgie de la Parole », in *La Parole dans la liturgie*, p. 168.
[334] Cf. Ibid., p. 168-169.
[335] Cf. Ibidem, p. 169.
[336] Benoît XVI, Exhortation post-synodale *Verbum Domini*, n. 60.
[337] Pape François, Exhortation apostolique *Evangelii gaudium*, n. 142.

l'Esprit, une rencontre réconfortante avec la Parole, une source constante de renouveau et de croissance[338] ».

En lieu et place de l'homélie, il est permis pour la prédication d'avoir un sermon qui peut avoir n'importe quel thème religieux ; un prêche, dont on veut faire passer la définition de discours, sermon moralisateur ennuyeux ; une exhortation ou discours d'encouragement spirituel ; un discours circonstanciel comme ceux des papes dans leurs voyages ; une allocution, harangue qu'autrefois l'empereur ou le général adressait aux soldats. La durée de cette intervention est toujours en fonction du type de célébration et de l'homéliste. Paul rassemblant *l'Ekklesia* pour rompre le pain, prolongeait l'entretien jusque vers minuit (Ac 20, 7). Mgr Romero touchait deux heures d'horloge. Aujourd'hui dans nos messes dominicales, l'homélie ne dépasse pas 25 mn, elle est de 10 mn en Amérique du Nord et en Europe. Pour Karl Barth la prédication est la Parole de Dieu prononcée par lui-même[339]. L'évêque du haut de sa chaire rehausse cette vision en tenant le livre des évangiles entre ses mains au cours de la prédication[340].

LE SYMBOLE DU CREDO

Dans la prière quotidienne du chrétien le Credo et le Pater commençaient la prière du matin et finissaient celle du soir. Saint Augustin recommandait de ne jamais se lasser de les répéter. Serait-ce de là que viendrait la pratique de commencer par le credo la récitation du rosaire ? Le credo est devenu un symbole mais il y a loin qu'un symbole devienne credo. Les deux processus ne sortent pas du même terreau et ne vont pas dans la même direction. Le credo

---

[338] Pape François, Exhortation apostolique *Evangelii gaudium*, n. 135.
[339] Affirmation rappelée par Gaston WESTPHAL, « La prédication, présence du Seigneur », in *La Parole dans la liturgie*, p. 149.
[340] Cf. Joseph-André JUNGMANN, *Missarum Sollemnia*, tome II, p. 231.

commence par la profession de foi et le symbole par l'existence et l'identité d'un signe. Celui-ci appelle toujours de loin l'absent à demeurer dans le présent. Le credo et le symbole séjournent dans l'entendu qui abrite l'inter-dit.

Pas de communication sans signes ; signe en rapport à la distance à franchir pour rejoindre l'autre. Il y a des signes naturels et des signes conventionnels. Les signes ont en commun 1°) un élément sensible physiquement. 2°) Ils indiquent l'existence d'une chose non visible 3°) en pointant vers une réalité hors de l'expérience sensible. L'homme invente le feu mais pas que la fumée en soit le signe. Le signe se retrouve dans le banal comme dans le tragique pour transporter des significations à interpréter. Comme index il montre toujours une direction. C'est un orientateur puissant qui fait soupçonner les parages de l'être. Un signe n'aurait aucun sens s'il n'était que monstrateur et autodirecteur. Mais il est une Matrinouchka, un mot-valise, bref un oignon. Impossible d'établir la différence entre le contenu et le contenant. Quand on donne aux signes en liturgie de devenir gestes ou vice versa, qu'on se rappelle que tout geste doive s'abstraire du cachet théâtral pour épouser le contour hiératique qui convient à l'action sacrée. Se peut-il que nos symboles (professions de foi) soient dépourvus de signes ? Existe-t-il des symboles vides ? J'ai dit que le symbole appelle le signe, voyons si l'inverse est vrai aussi.

Le grec *symballein* = mettre ensemble, rassembler, réunir, a trois degrés de signification. Le *sens courant* lui attribue la proximité à l'analogie emblématique. La colombe est le symbole de la paix, la fleur symbole de la beauté, la croix symbole du christianisme. Index de concrétisation. Le *sens étymologique* définit un symbole comme objet partagé en deux et possédé par deux individus différents leur permettant de se rejoindre et de se reconnaître. Une pièce en terre cuite par exemple dont deux cités gardaient une moitié après l'avoir cassé. En réunissant les deux moitiés on reconnaît la partie qui eut l'autre moitié[341]. Cette réconciliation joue le rôle d'un *mot de passe*. Le sens *logico-mathématique* comprend tout signe graphique indiquant une grandeur donnée, ou bien prescrivant une opération précise sur ces grandeurs. En embrassant d'un seul regard ces définitions, on constate la *dispersion sémique du terme*[342].

Plus riche que le signe, mais moins précis que lui, le symbole a le rôle fondamental de joindre, en les révélant, plusieurs niveaux du réel ; il œuvre à la connivence des êtres[343]. En ce sens il est une réalité qui appelle, évoque ou emporte une autre avec elle. A l'instar du signe, il est indispensable à la relation et au rapport de l'homme avec Dieu ; une célébration eucharistique par exemple est un tissu de signes et de symboles encodés dans un rituel.

Pourquoi le credo de la profession de foi est-il appelé symbole ou en est devenu un ? Parce que celui-ci réunit, montre, prescrit et devient impératif d'une certaine manière[344]. Symbole de la foi d'une assemblée, le credo est le moyen par lequel dans toutes leurs diversités, les fidèles expriment une foi commune, celle de toutes les autres Églises pour s'unir à Dieu[345]. Comme facteur de consensus, il réunit les différentes moitiés de l'Église-communion pour permettre à chacun de se reconnaitre membre du seul Corps du Christ. Le lieu le plus qualifié pour cette reconnaissance est l'eucharistie. Par le credo le fidèle rassemble sa foi à la foi des autres fidèles qui font

---

[341] Centre National de Pastorale Liturgique (CNPL), « Du bon usage de la liturgie », in *Guides Célébrer*, p. 47.
[342] Dominique JAMEUX, « **SYMBOLE** », *Encyclopædia Universalis* [en ligne], consulté le 6 septembre 2021.
URL : https://www.universalis.fr/encyclopedie/symbole/
[343] Dom Robert LE GALL, *Dictionnaire de liturgie*, p. 241.
[344] Cf. Dominique JAMEUX, « SYMBOLE », *Encyclopædia Universalis* [en ligne], consulté le 6 septembre 2021.
URL : https://www.universalis.fr/encyclopedie/symbole/
[345] Centre National de Pastorale Liturgique (CNPL), « Du bon usage de la liturgie », in *Guides Célébrer*, p. 48.

communauté avec lui[346]. Notre foi est plus grande que nous et ne vit pas qu'en nous. Aucun fidèle ne peut dire que sa foi est celle de toute l'Église. Tout fidèle est d'Église, de l'Église sans être toute l'Église.

Dans l'antiquité chrétienne certaines communautés élaboraient leurs professions de foi ; il y avait nécessité à proclamer en public sa foi devant *l'Ekklèsia* et devant les païens. Au plus fort de la persécution, l'Église des catacombes ordonnait les confessions christologiques. Dans la milice chrétienne, réciter le credo fit distinguer les chrétiens d'avec ceux qui ne l'étaient pas. On le récitait plusieurs fois par jour pendant les trois premiers siècles ; on ne l'écrivait pas, on l'apprenait par cœur pour ne pas le faire connaitre des gentils[347]. La pratique de la *traditio* et de la *redditio symboli* prit pied dans l'Église à partir du 3e siècle. Vers 200 les rudiments d'une confession trinitaire entrèrent dans la confection du Credo comme symbole. Ce symbole des Apôtres a son germe, son écho en 1 Co 15, 3ss. L'Église de Rome l'a conservé dans sa formule développée vers 330 ; il était en grec. Il devient la base de divers symboles des Églises d'Occident ; il a servi pour les catéchèses et célébrations baptismales[348]. On a des exemples de symboles de catéchèses baptismales chez Hippolyte, Clément d'Alexandrie, Origène, Cyprien[349]. Ce symbole romain est dit aussi *des Apôtres* parce que divisé en douze articles, un pour chaque apôtre selon la légende[350]. On l'utilisait pour le baptême, pour la prière du matin et du soir[351]. C'est ce credo qu'on apprend à l'enfant.

---

[346] Centre National de Pastorale Liturgique (CNPL), « Du bon usage de la liturgie », in *Guides Célébrer*, p. 47.
[347] Pierre LE BRUN, *Explication de la messe*, p. 220.
[348] Richard HANSON, article « Confessions et Symboles de foi », in *Dictionnaire encyclopédique du catholicisme ancien*, volume I, p. 533.
[349] Cf. Ibid., p. 532.
[350] Cf. Joseph-André JUNGMANN, *La liturgie des premiers siècles jusqu'à l'époque de Grégoire le Grand*, p. 138-139. Cette division en douze articles se trouve déjà chez Rufin (+ 410). Saint Thomas d'Aquin le divise en quatorze articles, sept pour la Trinité, sept pour l'humanité du Christ. Ibid. p. 149.
[351] Pierre LORET, *La messe du Christ à Jean Paul II*, op. cit., p. 106.

L'origine du symbole de Nicée-Constantinople, est fascinante. Arius prêtre à Alexandrie sema la pagaille dans la chrétienté fraichement issue des persécutions, en affirmant que Jésus Christ n'est pas Dieu. Il tenta en fin dialecticien et prédicateur populaire d'expliquer par la philosophie le mystère de l'Incarnation ; ce qui le conduit au subordinatianisme[352]. Des conciles régionaux l'ont condamné ainsi que celui de Nicée en 325. Le symbole connu sous le nom des *318 Pères* affirme la consubstantialité du Père et du Fils contre Arius, avec la mention *Et in Spiritum Sanctum*. Travaillant sur une formule originaire de Syrie ou de Phénicie, le concile y ajouta des tonalités pour juguler les interprétations douteuses tout en anathématisant les positions d'Arius[353]. Ceci n'empêcha pas la naissance de l'arianisme dont l'influence va perdurer longtemps dans certaines régions[354]. Cette doctrine devient même dans la chrétienté le prototype de la déviation et de l'hérésie. Et Nicée s'imposa en modèle de rédaction de crédos qui vont fleurdeliser pendant tout le 4e siècle. Son symbole est l'ancêtre de nombre de professions de foi. Ainsi quand peu de temps après ce concile, l'évêque de Constantinople Macédonius attaqua la divinité de l'Esprit Saint[355], le concile qui accoucha la foi des 150 Pères à Constantinople en 381, remania simplement le symbole des 318

---

[352] Le subordinatianisme est une vision théologique de l'antiquité chrétienne érigeant en principe que Dieu le Père est Un et a un Fils, Jésus qui lui est subordonné. Le Père est inengendré au contraire du Fils. Cette théologie devait lutter contre le polythéisme mal couvert des quatre premiers siècles du christianisme.

[353] Cf. Richard HANSON, article « Confessions et Symboles de foi », in *Dictionnaire encyclopédique du catholicisme ancien*, volume I, p. 534.

[354] A côté de l'arianisme, le courant anti-nicéen a réuni trois tendances : a) Les *homoiousiens* qui affirment que le Fils a une nature semblable à celle du Père ; en grec *homoiousios* ; b) Les homéens parlent de préférence de la ressemblance du Fils au Père ; en grec *hómoios* ; c) Les anoméens (ou an-homéens) proclament eux la dissemblance du Père et du Fils ; en grec : *anomois*. Les nicéens sont appelés *homoousiens*, c'est-à-dire partisans de la consubstantialité du Père et du Fils en grec : *homoousios*.

[355] L'hérésie de Macédonius est le macédonianisme, les adeptes sons connus sous le nom de pneumatomaques (ceux qui combattent l'Esprit).

Pères de Nicée[356]. Il y ajouta la coéternité de l'Esprit Saint avec le Père et le Fils ainsi que les quatre notes de l'Église. D'où le nom composé donné après : symbole de Nicée-Constantinople. Ce produit conjugué de deux conciles contre la crise arienne, mit fin pour un temps aux controverses issues des formulations de Nicée et servi de critère d'orthodoxie.

Le credo ne fut pas conçu pour la messe mais pour le baptême ; c'est une profession de foi, un acte personnel d'engagement. C'était le passeport prouvant à une communauté chrétienne qui accueille, l'identité du chrétien de passage ; c'était gardé secret dans les tablettes du cœur des catéchumènes[357]. Il était professé par ceux-ci sous deux formes : l'interrogative dans le baptême et la déclaratoire ou l'affirmative à la première personne. Quand les communautés devinrent matures ou ne furent plus sous le coup des persécutions, la profession de foi publique du catéchumène n'était plus obligatoire. Alors l'Église trouva par son génie comment réutiliser le credo. L'Église latine avait trois symboles officiels : celui des Apôtres, le Nicée-Constantinople et celui d'Athanase ; mais depuis 1955 ce dernier est rangé au musée des vétustés liturgiques[358]. Nous continuons à utiliser les deux autres à la messe. Vatican II n'a pas élaboré un nouveau symbole, beaucoup ont regretté cela[359].

Donc durant les cinq premiers siècles de l'Église on ne récitait pas de credo à la messe même si dès le 5ᵉ siècle chez les Grecs il y avait une

---

[356] Pierre LE BRUN, *Explication de la messe*, p. 221.
[357] Joseph-André JUNGMANN, *La liturgie des premiers siècles jusqu'à l'époque de Grégoire le Grand*, p. 150.
[358] Ce symbole plus développé que celui de Nicée-Constantinople et d'auteur inconnu, fut élaboré grâce à une autre hérésie sur l'humanité de Jésus Christ au 7ᵉ siècle. On le trouva si beau qu'on l'attribua à Athanase le Grand d'Alexandrie, fervent défenseur de la foi.
[359] Centre National de Pastorale Liturgique (CNPL), « Du bon usage de la liturgie », in *Guides Célébrer*, p. 48.

profession de foi dans l'eucharistie[360]. L'évêque faisait la catéchèse aux candidats au baptême, on disait le symbole à l'office. Le credo n'était d'aucune autre utilité car il était livré aux catéchumènes que peu de jours avant leur baptême et au sein d'une assemblée de chrétiens qui n'avaient besoin entre eux d'aucun signe de reconnaissance. Vers l'année 500 on introduisit dans l'Église orientale la pratique de réciter le symbole Nicée-Constantinople pendant la messe, cet usage se répandit dans tout l'Orient et avec lenteur en Occident. Le patriarche Timothée de Constantinople en 510 aurait prescrit de le réciter à la messe après la prière des fidèles avant de commencer le saint sacrifice, et pas seulement le Vendredi Saint, la discipline de l'arcane à laquelle était soumis le symbole étant devenue moins rigide[361]. Les églises voisines suivirent son exemple[362].

En Occident le 3ᵉ concile de Tolède en 589 ordonnait de chanter le symbole Nicée-Constantinople à la messe dans les églises d'Espagne avec l'ajout du *filioque* pour combattre l'arianisme et le modalisme[363]. Charlemagne dans sa chapelle personnelle, le faisait proclamer après l'Evangile, le faisait chanter avec l'adjonction du *filioque* à Aix-la-Chapelle en 794, et le prescrivit aux Églises de France et d'Allemagne pour lutter contre l'hérésie de Félix d'Urgel faisant du Christ le Fils adoptif de Dieu[364]. Bien que le *filioque* suscitât des cabales, le pape Léon III qui confessait cette doctrine sans l'introduire dans la liturgie[365], accepta que le credo Nicée-Constantinople soit proclamé avec l'ajout partout à la messe du dimanche et des jours de fête[366]. Il intervint pour calmer les rivalités causées par le *filioque* à Jérusalem après que des moines du Monts-des-Oliviers eussent introduit le

---

[360] La Rédaction, article « Filioque », Jean-Yves LACOSTE, (dir.), *Dictionnaire critique de théologie*, Quadrige/PUF, 1998, p. 468.
[361] Joseph-André JUNGMANN, *Missarum Sollemnia*, tome II, p. 240-241.
[362] Pierre LE BRUN, *Explication de la messe*, p. 222-223.
[363] La Rédaction, article « Filioque », in *Dictionnaire critique de théologie*, p. 468.
[364] Pierre LE BRUN, *Explication de la messe*, p. 223.
[365] La Rédaction, article « Filioque », *Dictionnaire critique de théologie*, p. 468.
[366] Pierre LORET, *La messe du Christ à Jean Paul II*, p. 107.

credo en 807 avec l'ajout. L'Église de Rome adopta le credo *filioque* en 1014 sous Benoît VIII[367]. Le pape n'est pas à l'origine de l'ajout au credo de ce *filioque* qui va attiser une querelle théologique jusqu'au schisme. Mais d'où vient ce *filioque* ?

Depuis le 4e siècle, l'Église latine affirmait que l'Esprit procède du Père et du Fils. Les premières ébauches se trouvent chez Hilaire et Ambroise ; Augustin rendit cette vision le bien commun de la théologie[368]. Voici l'expression latine *ex Patre Filioque procedit* (qui procède du Père et du Fils) ; Jean Damascène préfère la formule 'du Père par le Fils' tout en insistant sur le fait que le Père seul cause[369]. La doctrine du filioque fut ratifiée par Latran IV en 1215[370] ainsi que par les conciles subséquents. Thomas d'Aquin a défendu cette doctrine avec esprit : « du fait que le Saint-Esprit procède parfaitement du Père, non seulement il n'est pas superflu d'ajouter qu'il procède du Fils, c'est absolument nécessaire : car le Père et le Fils n'ont qu'une même et unique vertu ; et tout ce qui procède du Père procède nécessairement du Fils, à moins que cela contredise sa propriété de Fils. Il est clair que le Fils ne procède pas de lui-même, bien qu'il procède du Père[371] ». Les Grecs s'en tiennent au NT : l'Esprit procède du Père et est reçu du Fils (Jn 15, 26). Professant ce monopatrisme, ils estimaient que l'Église latine viola un principe conciliaire avec l'ajout du *filioque* cat le concile d'Éphèse déclara intangible la foi de Nicée-Constantinople, confirmé par

---

[367] Richard HANSON, article « Confessions et Symboles de foi », in *Dictionnaire encyclopédique du catholicisme ancien*, volume I, p. 536.
[368] La Rédaction, article « Filioque », *Dictionnaire critique de théologie*, p. 467.
[369] Ibid., p. 468.
[370] « Le Père ne vient de personne, le Fils vient du seul Père et le Saint-Esprit également de l'un et de l'autre ». Cf. Heinrich DENZINGER, *Symboles et définitions de la foi catholique,* édité par Peter Hünermann pour l'édition originale et par Joseph Hoffmann pour l'édition française, Paris, Cerf, 1997, n. 800, p. 291.
[371] Thomas d'Aquin, *Somme Théologique*, Ia, q. 36, a 2, s6.

Chalcédoine[372]. Mais ce n'est pas la fin de l'histoire du symbole Nicée-Constantinople.

Le Symbole est proclamé après l'homélie, mais ce n'était pas toujours sa place ; les Églises grecques le chantaient avant la préface, celles d'Espagne avant le *Pater* comme préparation à la communion en signe de purification par la foi[373]. Les Églises de France suivies par l'Angleterre et l'Allemagne, le plaçaient après l'Évangile[374]. Il a conquis et conservé sa place actuelle avec l'abolition de la discipline de l'arcane[375]. Deux raisons ont milité pour le credo à la messe : le concours de peuple et le rapport du symbole à la fête célébrée. Innocent III stipula de ne pas le dire aux messes votives de la Vierge mais aux plus solennelles fêtes[376]. Dans les liturgies égyptiennes et byzantines on le récitait sans le chanter, sauf exception ; le diacre l'annonçait. On pouvait dire *nous* à la place du *je* (nous croyons, nous professons).

L'empereur Henri II vint à Rome en 1014 et fut surpris de voir une messe sans credo ; on lui répondit qu'il n'était pas nécessaire de proclamer la foi si souvent car Rome n'a jamais été atteinte par l'hérésie ; peu à peu le credo devint un élément de solennité dans l'eucharistie ; il tenait même lieu de sermon. Au 11e siècle entra en usage la génuflexion à *et homo factus est*. Un missel de Ratisbonne vers 1500 le prescrit formellement[377]. Quand la polyphonie s'empara du credo il devint le morceau d'apparat des chants de l'ordinaire[378]. Dans l'exécution musicale on le coupa à *et homo factus est*, ce contre

---

[372] Cf. La Rédaction, article « Filioque », Jean-Yves LACOSTE, (dir.), *Dictionnaire critique de théologie*, Quadrige/PUF, 1998, p. 467.
[373] Joseph-André JUNGMANN, *Missarum Sollemnia*, tome II, p. 241.
[374] Pierre LE BRUN, *Explication de la messe,* p. 225.
[375] Joseph-André JUNGMANN, *Missarum Sollemnia*, tome II, p. 248.
[376] Pierre LE BRUN, *Explication de la messe*, p. 224.
[377] Cf. Joseph-André JUNGMANN, *Missarum Sollemnia*, tome III, 3, note n. 23 de la p. 389.
[378] Joseph-André JUNGMANN, *Missarum Sollemnia*, tome II, p. 246.

quoi la Congrégation des Rites s'était élevée[379]. La musique servit mal le credo.

Le signe appelle-t-il le symbole ? Il est clair que non, mais il l'habitera toujours pour dire que nous humains, sommes de chair et de sang, un état où signes et symboles sont indispensables pour communiquer et vivre. En facture de symbole le credo était par essence une proclamation propre à une communauté, même si certains symboles, par le mystère de la communication, vont connaître une vraie fortune de diffusion comme celui dit des Apôtres. A la messe dominicale deux proclamations se suivent : celle de l'Évangile et celle de la profession de foi. Ces deux textes sont figés, intangibles. On cantille l'Évangile, on chante le Credo. On peut faire des broderies sur le donné consacré par l'Église depuis plus d'un millénaire. C'est le plus permis.

Devrait-on chanter sa foi ? Tous répondraient oui. Mais le Dieu d'Abraham, de Jésus-Christ, des Pères, ce Dieu chante-t-il ? Il y a des nuances à établir. Autant un *Gloria* est fait pour être chanté, autant un Credo pour être proclamé. On comprendrait mal qu'on demande à quelqu'un de décliner son identité et qu'il se mette à la chanter en réponse. S'il est impossible de restituer la tonalité fulgurante des symboles solennels comme celui de Nicée-Constantinople, mieux vaudrait utiliser la forme dialoguée aux célébrations pour rendre au peuple de Dieu sa responsabilité de témoigner avec force sa conviction profonde au Dieu Un et Unique auteur de son destin. Sur ce point la tradition de la Prière Universelle est un rare bonheur.

LA PRIÈRE UNIVERSELLE

La liturgie de la Parole est conclue par la Prière Universelle (PU) que beaucoup confondent avec des intentions personnelles portées devant la communauté. La multiplication du nombre des intentions ne

---

[379] Cf. Joseph-André JUNGMANN, Missarum Sollemnia, tome II, p. 247.

rend pas la PU plus universelle. « Le prêtre dirige, de son siège, la prière universelle, tandis que les intentions sont proférées de l'ambon. Debout, l'assemblée participe à la prière en disant ou en chantant une invocation commune à la suite des intentions, ou bien par une prière silencieuse[380] ». Le premier axe qui y apparait c'est le peuple sacerdotal de Dieu en fonction. L'Église, mystère de salut et de grâce, donne à la prière le caractère d'universalité. Voici les pôles de cette universalité : l'Église, le monde, les souffrances du monde, les gouvernants, la communauté locale assemblée. Cependant on peut accueillir les intentions particulières, nous en avons un bel éventail dans les *Constitutions apostoliques* ; à l'origine la PU fut litanique[381].

La première vraie attestation de la PU dans l'eucharistie vient de saint Justin : « la lecture finie, celui qui préside prend la parole pour avertir et exhorter à imiter ces beaux enseignements. Ensuite nous nous levons tous et nous prions ensemble à haute voix[382] ». Pour qui ces prières sont-elles faites ? Justin répond : « nous faisons avec ferveur des prières communes pour nous, pour l'illuminé, pour tous les autres, en quelque lieu qu'ils soient, afin d'obtenir, avec la connaissance de la vérité, la grâce de pratiquer la vertu et de garder les commandements, et de mériter ainsi le salut éternel[383] ». Dans les premiers temps cette prière était dialoguée entre le célébrant et l'assemblée avant que le diacre n'y occupe une place importante. L'évêque invitait à la prière et la formulait lui-même et l'assemblée répondait[384]. Le répond le plus courant fut *Kyrie eleison*. Les intentions étaient pour soi, pour les néophytes et pour tout le monde.

---

[380] *Présentation générale du Lectionnaire Romain*, n. 31, version 1970.
[381] *Les Constitutions apostoliques,* tome III, Livres VIII, 10, 1-22, Sources Chrétiennes n. 320, p. 167-173.
[382] JUSTIN martyr, « Grande Apologie », III, 67 in *Œuvres complètes*, P, p. 90.
[383] JUSTIN martyr, « Grande Apologie », III, 65 in *Œuvres complètes*, p. 87.
[384] Joseph-André JUNGMANN, *Missarum Sollemnia*, tome II, p. 255.

Sur le plan formel le kyrie et la PU auraient une origine commune dans la prière litanique[385]. La dernière partie de la litanie des saints a conservé cette vision. Elle provient d'une belle et longue tradition de la vie spirituelle et de la dévotion du peuple de Dieu. Elle est prière pour que le règne de Dieu grandisse là il est déjà planté et là où il n'est pas encore. Elle a mission de convertir les réalités les plus concrètes du monde en prière, par des mots, des annonces, des explications[386]. Ainsi « cet acte liturgique devient parfois le lieu de prise de parole des différents groupes composant l'assemblée. Non seulement le caractère de la prière risque d'être perdu au profit de l'expression de préoccupations spécifiques, mais le sens même de la liturgie en est fragilisé. Dans la liturgie en effet, la représentation n'est pas de l'ordre de la *mimesis* mais de *l'anamnesis*[387] ». La PU n'est pas l'examen de conscience d'une communauté ou l'analyse des problèmes sociaux et mondiaux. A Rome la PU disparut de la messe vers le 6e siècle, la même époque où apparut le Kyrie à la messe.

Dans l'antiquité chrétienne, les prières personnelles privées ou de dévotion avaient une grande importance dans la vie du chrétien qui priait trois fois par jour : 3e, 6e et 9e heure, ancêtre de la prière publique et commune de tierce, sexte et none[388]. A partir du 4e siècle grâce à l'apport inestimable du monachisme, ces prières privées sont perfectionnées pour devenir les heures canoniales de l'Église[389]. Le *matutinum* (Matines) devient laudes et les lucernaires vêpres. Tertullien fit mention aussi d'une prière à minuit, recommanda la

---

[385] Cf. Lucien DEISS, *La messe*, Sa célébration expliquée, p. 61.
[386] Centre National de Pastorale Liturgique (CNPL), « Du bon usage de la liturgie », in *Guides Célébrer*, p. 50.
[387] Patrick PRÉTOT, « Liturgie et ecclésiologie à une époque d'individuation », *La Maison-Dieu*, n. 260, (2009), p. 205.
[388] Joseph-André JUNGMANN, *La liturgie des premiers siècles jusqu'à l'époque de Grégoire le Grand*, p. 155.
[389] Ibid., p. 166.

prière avant les repas et avant le bain[390]. La *Tradition apostolique* et les *Constitutions apostoliques* parlent d'une prière au chant du coq. Ces heures de prière furent en lien directe avec la passion du Seigneur ; la pensée centrée sur l'œuvre de rédemption devait faire le tour de l'horloge[391].

Nous devons à la réforme issue du dernier concile la structure vraiment dialogale de l'eucharistie et surtout le fait que la PU soit l'aboutissement de la célébration de la Parole. Dans cette prière, le peuple *sacerdotal* supplie pour tous les humains[392]. Mieux, il offre et rend grâce pour les besoins de toute l'Église et pour le salut de toute l'humanité qu'il porte[393]. Paul VI restitua à la PU sa place, elle était absente de la liturgie romaine pendant 'quatorze siècles de nonchalance liturgique'[394]. On avait seulement la grande prière universelle du vendredi saint, les invocations introduites dans le canon, et la litanie du kyrie[395]. L'élément rituel présenté par la PGMR est précis : dans la PU le peuple de Dieu exerce sa fonction sacerdotale et d'orant pour tous les humains ; ainsi les intentions sont pour a) pour les besoins de l'Église, b) pour les dirigeants des affaires publiques et le salut du monde entier, c) pour ceux qui sont accablés par toute sorte de difficultés, d) pour la communauté locale[396]. Le diacre faisait les intentions pour toute l'Église, pour tout l'univers, pour les produits de la terre, pour les prêtres et les magistrats, pour le pontife, le roi et la paix universelle[397]. Certaines paroisses en Haïti, font face à une

---

[390] Joseph-André JUNGMANN, *La liturgie des premiers siècles jusqu'à l'époque de Grégoire le Grand,* p. 157-158.
[391] Ibid., p. 164.
[392] Cf. Centre National de Pastorale Liturgique (CNPL), « Du bon usage de la liturgie », in *Guides Célébrer,* p. 49.
[393] *Présentation générale du Missel Romain* (PGMR), n. 55, version 2002.
[394] Lucien DEISS, *La messe, Sa célébration expliquée,* p. 61
[395] Joseph-André JUNGMANN, *Missarum Sollemnia,* tome II, p. 259.
[396] *Présentation générale du Missel Romain* (PGMR), n. 69-70, version 2002.
[397] *Les Constitutions apostoliques,* tome I, Livres II, 57, 18, Sources Chrétiennes n. 320, p. 319.

inflation désolante de la PU (des intentions pléthoriques). La PU de la communauté célébrante doit prendre en charge non les déboires de ses membres mais les besoins des humains. Elle est par essence eucharistique, don offert pour tous[398]. Quelle que soit sa taille, la communauté est *coram Deo* (devant Dieu) intercédant pour le monde, flamme d'amour gourmandant la tendresse de Dieu. La règle de la PU est celle-ci : « un pauvre crie, le Seigneur entend » (Ps 34, 7). Par elle la communauté présente à Dieu son visage façonné par la Parole et le supplie : « ouvre les yeux et regarde » (2 R19, 16)[399]. On se présente devant son go'el, son seul appui.

La prière générale devenue aujourd'hui la PU de l'Église, prit place avec d'autres textes après l'homélie à côté des annonces, de la confession publique[400]. Déjà les *Constitutions apostoliques* montraient cet ordre. Les intentions de PU intervenaient après le renvoi des catéchumènes, avant ou après le baiser de paix, avant l'offertoire. Elle n'est plus la prière de renvoi des catéchumènes ni celle dite *post evangelium* dans la liturgie romaine. Dans l'Antiquité, la discipline de l'arcane exigeait avant la PU, le renvoi de quatre catégories de gens : les catéchumènes, les possédés, les illuminants et les pénitents. L'évêque devait prononcer une prière sur ces gens devenus auditeurs ou incroyants[401]. Ceux-ci devaient attendre le baptême ou la réintégration avant de pouvoir participer au banquet eucharistique.

Le refrain pour la prière universelle est faux plus qu'il est vrai sans être en soi mauvais. La prière n'est pas un chant, mais il peut y avoir des raisons pour lesquelles on chante ou cantille sa prière en l'exprimant

---

[398] Lucien DEISS, *La messe, Sa célébration expliquée*, p. 63
[399] Ibid., p. 64.
[400] Au milieu du 11ᵉ siècle l'habitude de beaucoup de prédicateurs fut de faire laver la main aux fidèles, de leur faire confesser leurs fautes et de prononcer sur eux une formule d'absolution sacramentelle comme une variante de l'indulgentiam aujourd'hui. Cf. Joseph-André JUNGMANN, *Missarum Sollemnia*, tome II, p. 269.
[401] Cf. *Les Constitutions apostoliques,* tome III, Livres VIII, 6, 1-9, 10, Sources Chrétiennes n. 320, p. 151-167.

comme on le fait en Haïti. La liturgie est une action du peuple de Dieu ; cet ordo réglé produit un rituel précis pour la prière de l'Église. Quand un célébrant demande au peuple de dire à Dieu dans son cœur ses intentions personnelles, il rend mal une bonne intuition. Certes la PU accueille des intentions particulières non prédéfinies dans des formules qui ne pouvaient être exprimées. Mais les intentions particulières sont différentes des intentions personnelles et la prière publique doit demeurer dans sa définition. Le fidèle est avec son Seigneur sans cesse ; il peut lui parler cœur à cœur quand il veut sans témoins. Quand tu veux prier ton Dieu, reste dans le secret de ta chambre (Mt 6, 6). La prière publique et communautaire est autre chose, une autre démarche. La PU a fonction de faire sortir d'elle-même une communauté rassemblée pour la tourner vers ce qu'elle n'est pas : l'Église universelle, les dirigeants publics, les blessés de la vie. C'est un véritable engagement communautaire.

En pratique, la PU doit être écrite, les intentions sont courtes, ne jamais oublier la part indispensable du silence qu'elle comporte. La PU ne porte pas sur les idées mais sur les personnes : on ne prie pas pour la liberté mais pour les personnes enchaînées ou en prison[402]. La vraie prière de l'assemblée pour elle-même et sur elle-même est la prière eucharistique où il est dit : « sur nous tous enfin nous implorons ta bonté [403] ».

Du 3ᵉ au 6ᵉ siècle la PU était conclue par le baiser de paix ; cela avait du sens selon la prescription du Seigneur de n'offrir à Dieu aucun sacrifice avant de se réconcilier avec son ennemi ou son entourage. Cette réconciliation avant l'offrande vient du judaïsme : le jour du kippour, le pardon ne s'obtient pas sans repentir ; le kippour procurait le pardon après la réconciliation[404]. Dans les *Constitutions*

---

[402] Cf. Centre National de Pastorale Liturgique (CNPL), « Du bon usage de la liturgie », in *Guides Célébrer*, p. 50.
[403] Ibid., p. 50.
[404] Cf. Jean MASSONNET, « Le sacrifice dans le judaïsme », in *Cahiers Évangile*, n. 118 (2002), p. 10.

apostoliques, après l'oraison conclusive de la PU, l'évêque salue l'assemblée et demande qu'elle partage le baiser de paix[405]. Vers le 13ᵉ siècle la PU entrait sans malaise dans un ensemble qui embrassait les dix commandements, les sept sacrements, l'Ave Maria[406].

La PU est conclue par une prière présidentielle, la deuxième de la célébration ; elle a une valeur symphonique puisqu'elle conclut aussi la liturgie de la Parole, ferme une table pour se hâter vers l'autre table qui va s'apprêter. Le missel donne des suggestions d'invitatoires et des prières de conclusion de la PU, mais elles ne sont pas exclusives. On peut en avoir d'autres approuvées par l'autorité compétente, selon le niveau considéré.

La liturgie de la Parole a le sens de la vigilance de la foi et de l'espérance[407], mais elle ne livre pas l'héritage qui est l'œuvre de la liturgie eucharistique. La moitié du chemin ne conduit jamais au but, il faut achever l'itinéraire pour connaitre la joie du repos. La PU conclut la première partie de la célébration et les offrandes ouvrent la seconde.

Chers *Amis lecteurs* que je guide à travers les sinuosités du paysage liturgique pour y découvrir les trésors et les merveilles de la messe, nous sommes heureux d'avoir bouclé ensemble le deuxième segment du parcours. Concluons-le avec ce splendide mot d'Hugues de Saint-Victor rappelé par Benoît XVI in *Verbum Domini* n. 39 : « Toute l'Écriture divine constitue un Livre unique et ce Livre unique, c'est le Christ, il parle du Christ et trouve dans le Christ son accomplissement ». Attaquons le dernier pan ensemble maintenant qui nous ouvrira la table du repas où tous nous serons commensaux. Ayons soin cependant d'éviter les indispositions et les écueils pour ne rien gâter à la fête.

---

[405] Les *Constitutions apostoliques*, tome III, Livres VIII, 11, 7-10, Sources Chrétiennes n. 320, p. 175.
[406] Joseph-André JUNGMANN, *Missarum Sollemnia*, tome II, p. 267.
[407] Jean CORBON, « L'économie du Verbe et la liturgie de la Parole », in *La Parole dans la liturgie*, p. 176.

C. LA CÉLÉBRATION DU MYSTÈRE DIEU NOURRITURE

Après la fraction du pain de la Parole, 'le Verbe de vie est rompu, partagé, distribué pour nourrir chacun selon sa faim et son goût de Dieu'[1]. J'ai déjà rappelé que l'Alliance au Sinaï d'Ex 24, 1-11 est le modèle de nos célébrations des sacrements avec le rythme ternaire : proclamation de la Parole ; sacrifice de l'Alliance et repas de communion. C'est l'aïeule de notre eucharistie qui « est la portion du temps et de l'espace où l'Eglise s'actualise comme communauté, en communiant à la même source de vie : elle y devient un seul corps, parce que nourrie d'un seul Pain[2] ». Quand une communauté de foi célèbre vraiment l'eucharistie, elle ne peut plus tricher sur la profondeur et l'originalité de son être-ensemble[3]. Ce sacrement « est une confession de foi qui éprouve le besoin d'être explicite[4] » ; les autres formes de présence du Christ sont en dépendance d'elle. « La vie divine n'augmente donc pas 'automatiquement' dans l'Eglise par la célébration d'une messe, mais seulement dans la mesure où par elle des chrétiens entrent davantage dans le mystère eucharistique, et de la sorte peuvent vraiment intercéder *pro vivis et defunctis* en s'insérant dans l'intercession éternelle du Christ[5] ».

Si le mot grec *eukaristia* n'a pas toute la richesse sémantique souhaitée pour dire ce mystère, l'incomparable hébreu *tôdah* recèle un inépuisable fond de plénitude difficile à faire passer dans d'autres langues. Dans son sens plénier la *tôdah* porte en elle joie, lumière,

---

[1] Jean CORBON, « L'économie du Verbe et la liturgie de la Parole », in En Collaboration, *La Parole dans la liturgie*, Paris, Cerf, Collection Lex Orandi, n. 48, 1970, p. 174.
[2] Paul TIHON, « De la concélébration eucharistique », *Nouvelle Revue Théologique*, n. 86/6, (1964), p. 592.
[3] Pierre André LIÉGÉ, « L'Eucharistie dans l'Église », *La Maison-Dieu*, n. 137, (1979), p. 31.
[4] Ibid., p. 31.
[5] Paul TIHON, art. cit., p. 602.

vérité, action de grâces, béatitude. Ce n'est pas un nom mais une action qui se chante, l'une des plus admirables et unifiantes révélations de Dieu. Elle fait pénétrer l'eucharistie dans son essence. Or jour après jour l'eucharistie nous apprend que le seul sacrifice qui plait à Dieu est anti-sacrifice, parce que renonçant à tout intermédiaire religieux[6]. Le Christ Jésus mettait son dernier repas avec les siens dans un cadre sacré et festif avec un aspect commémoratif pour la com-pagnie. Les commensaux durent être pénétrés du caractère unique de cette cène vraiment la dernière avec le rabbi. En fidèle servante et gardienne de cette tradition, l'Église fait de l'eucharistie un repas commémoratif institué par le Seigneur en souvenir de lui[7]. En Dieu, se souvenir c'est faire miséricorde. « Quand le psalmiste s'écrie : 'je chante la tôdah, il s'émerveille à en perdre le souffle de la grandeur unique de son Dieu[8] ». L'eucharistie/tôdah « est l'expression majeure de la dépendance radicale de l'homme vis-à-vis de la création et de l'histoire [9] ». Je viens d'écrire la préface de ce mystère, nourriture des faibles et des forts ; place maintenant à son déploiement.

L'OFFERTOIRE

Avec l'offertoire nous entrons dans la liturgie eucharistique ayant le *yotser* juif pour ancêtre. *Yotser* (heb.) signifie potier, créateur, du verbe yatsar = créer, façonner, pétrir. *Yotser* est une prière juive de bénédiction ; louange au Seigneur qui crée chaque jour le monde. Les

---

[6] Louis-Marie CHAUVET, « La dimension sacrificielle de l'eucharistie », *La Maison-Dieu*, n. 123, (1975), p. 74.
[7] Joseph-André JUNGMANN, *Missarum Sollemnia, Explication génétique de la messe romaine*, tome I, Paris Aubier, Collection Théologie, 1950, p. 224.
[8] Gilles-Dominique MAILHIOT, *Les Psaumes, Prier Dieu avec les paroles de Dieu*, Montréal, Mediaspaul, 2003, p. 161-162.
[9] Louis-Marie CHAUVET, « La dimension sacrificielle de l'eucharistie », *La Maison-Dieu*, n. 123, (1975), p. 78.

anges, les séraphins exaltent son nom, acclamant : « Saint, saint, saint est l'Eternel, Dieu des Légions, toute la terre est emplie de Sa majesté[10] ». Sous l'influence du yotser, le *Sanctus* fut introduit dans la Prière eucharistique[11]. L'Église sait que lui appartient ce qu'il y a de divin dans la liturgie et la tradition juives, quitte à le retravailler dans le moule trinitaire.

L'offrande vient de la plus ancienne tradition de l'Église ; Justin raconte : « dans toutes nos offrandes nous bénissons le créateur de l'univers par son Fils Jésus-Christ et par l'Esprit-Saint[12] ». Il y a un lien direct entre le partage et l'offertoire tel qu'énoncé dans les sommaires des *Actes* (Ac 2, 44-45 ; 4, 32-35). Justin fait la connexion : « ceux qui ont du bien viennent en aide à tous ceux qui ont besoin et nous nous prêtons mutuellement assistance[13] ». Dans l'abondance, ceux qui veulent donner « donnent librement chacun ce qu'il veut. Ce qui est recueilli est remis entre les mains du président, et il assiste les orphelins, les veuves, les malades, les indigents, les prisonniers, les hôtes étrangers, en un mot ils secourent tous ceux qui sont dans le besoin[14] ». Selon Tertullien les fidèles apportent des dons pour offrir à Dieu. Chez Cyprien c'est une règle générale pour les fidèles. Les dons pour les besoins de l'Église et des pauvres sont toujours en relation avec l'eucharistie[15]. Donner à l'Église et aux pauvres, c'est à Dieu.

Que signifie offertoire que le missel de Paul VI a remplacé par la préparation des dons ? *Offerre* = offrir, du latin *Offertorium* ; c'est le moment dans la messe où le prêtre reçoit et dispose sur l'autel le pain et le vin destinés à être consacrés tout en les offrant comme fruit de la terre et travail des humains. Les dons de la communauté apportés

---

[10] Cf. https://ph.yhb.org.il/fr/02-16-04/ Consultation le 22/12/2021.
[11] Lucien DEISS, *La messe, Sa célébration expliquée*, Paris, Desclée de Brouwer, Collection Petite Encyclopédie Moderne du Christianisme, 1989, p. 101.
[12] JUSTIN martyr, « Grande Apologie », III, 65 in *Œuvres complètes*, Paris, Migne, Collection Bibliothèque, Diffusion Brepols, 1994, p. 89.
[13] Ibid., p. 89.
[14] ibidem, p. 90.
[15] Cf. Joseph-André JUNGMANN, *Missarum Sollemnia*, tome II, p. 272-273.

en procession, deviennent oblats par la double offrande, celle du prêtre, celle de l'assemblée. La pratique d'apporter les offrandes à l'église commença fin 2e siècle[16]. « Les offrandes pouvaient être déposées par les fidèles, avant le début de la messe, dans une dépendance de l'église désignée à cet effet. De là, ce qui était nécessaire pour l'eucharistie était porté sur l'autel au début de la messe des fidèles[17] ». L'acte d'offrande se faisait en silence mais au 4e siècle, un chant style psalmodie l'accompagne, l'antienne était répétée à chaque verset. L'usage de chanter une hymne tirée des psaumes pendant l'offrande et la communion du peuple était normal, courant au temps d'Augustin à Carthage[18]. Mais l'action solennelle, le chant *offertorium*, vient au 5e siècle pour bonder de sens ce lourd symbolisme[19]. A la fin du 9e siècle, l'offertoire devient le verset que le prêtre récite avant l'oblation et que le chœur chante dès qu'il dit *Dominus vobiscum* au moment où le peuple faisait son offrande.

Le rite de l'offertoire met au premier plan l'autel et la crédence où sont déposés les vases sacrés et autres nécessaires à la messe. Ce rite prend tout son sens si l'autel est vide du début jusque-là, sauf une décoration discrète avec les cierges indispensables et l'évangéliaire déposé sur l'autel après la procession d'entrée. La crédence est un meuble pratique pour accueillir et recueillir les objets qui vont servir à l'autel. L'italien *credenza* = confiance, signifie petite table où on déposait les plats que les domestiques goûtaient avant de les porter au maître qui pouvait les manger sans crainte, en toute confiance[20]. Une fois le sacrifice de l'autel terminé, on rapporte à la crédence ce

---

[16] Joseph-André JUNGMANN, *La liturgie des premiers siècles jusqu'à l'époque de Grégoire le Grand*, Paris, Cerf, Collection Lex Orandi n. 33, 1962, p. 182.
[17] Joseph-André JUNGMANN, *Missarum Sollemnia*, tome II, p. 275.
[18] Pierre LE BRUN, *Explication littérale, historique et dogmatique des prières et cérémonies de la messe*, Paris, Cerf, Collection Lex Orandi n. 9, 1949, p. 258
[19] Cf. Joseph-André JUNGMANN, *La liturgie des premiers siècles jusqu'à l'époque de Grégoire le Grand*, p. 183.
[20] Centre National de Pastorale Liturgique (CNPL), « Du bon usage de la liturgie », in *Guides Célébrer*, Paris, Cerf/CNPL, 1999, p. 91.

qu'on y avait pris et c'est là aussi, autant que possible, qu'on purifie les vases sacrés. La crédence nous rappelle le goût. Alors comme dit le psaume 33, 9 ne faut-il pas vraiment goûter combien le Seigneur est bon ?

C'est bon qu'on entende le prêtre prononcer les paroles de l'offertoire : Tu es béni Dieu … sur le pain et le vin ; que les fidèles commencent déjà par entrer dans l'admirable échange : nous apportons du pain et du vin qui vont devenir corps et sang de notre Sauveur[21]. Au temps de l'offertoire les fidèles présentaient du pain à bénir. Étant un même corps, un même pain, ils avaient l'habitude de le signifier au 4e siècle par l'envoi mutuel du pain appelé eulogie à cause d'une prière de bénédiction ; Grégoire de Nazianze parlait du pain blanc marqué d'une croix qu'il bénissait et qui avait par miracle donné de la santé à sa mère par la seule pensée qu'elle allait en manger[22]. Au 9e siècle l'usage du pain béni fut recommandé par le pape Léon IV. Cela maintenait l'union entre les chrétiens, surtout si tous ne pouvaient pas communier au même pain dans la célébration[23]. Les évêques français dans *Pain rompu pour un monde nouveau* affirment avec emphase et majesté : « au don, que répondent le merci et la louange des hommes au nom desquels l'Église exprime une grande action de grâce[24] ». L'eucharistie comme action de grâce est en tout temps, en tout lieu le grand merci de la terre, de la création au Créateur pour ses ineffables dons et prodigalités. L'israélite ne parait pas devant Yahvé les mains vides (Ex 23, 15b ; 34, 20b ; Dt 16, 16-17) ; il apporte les prémices des premiers fruits du sol (Ex 23, 19 ; 34, 26a) avec des offrandes volontaires, quand il devient sédentaire

---

[21] Centre National de Pastorale Liturgique (CNPL), « Du bon usage de la liturgie », in *Guides Célébrer*, p. 52.
[22] Pierre LE BRUN, *Explication de la messe*, p. 266.
[23] Ibid., p. 267.
[24] Cité in Jean LEBON, « 59 questions sur l'eucharistie », Repères pour les pratiques eucharistiques, in Commission épiscopale de liturgie et de pastorale sacramentelle, *Guides Célébrer*, Paris, Cerf/CNPL, 1999², p. 57.

en Palestine[25]. Nous chrétiens, nous nous présentons devant Dieu avec une offrande irréfutable : Son Fils. Cette offrande ouvre toutes les portes, explique, donne sens à tout ce que nous apportons en prémices pour entrer dans l'eucharistie. L'offrande est obligatoire à toutes les célébrations de l'Église ; or beaucoup ont cru qu'elle n'est requise qu'aux messes dominicales et de préceptes. Toute messe requiert l'offrande et l'offertoire. Les pasteurs doivent en être conscients. Qu'on ait des problèmes financiers ou non.

L'offertoire est un rite et non d'abord un chant, mais on peut l'enguirlander ; une joie indicible éprouvée à donner, à offrir et à s'offrir peut devenir un sublime chant de louange et de jubilation orné de danse. La vraie procession d'offrande aurait été décrite pour la première fois par le Pseudo-Denys. « Précédés de porte-flambeaux et enveloppés d'encens, diacre et prêtre rapportent de la prothèse au sanctuaire, en traversant la nef, l'hostie respectueusement voilée et le calice. Procession qui déjà salue et honore de ses chants le Roi de l'univers »[26]. La procession perdit de son sens au 11e siècle, mais le chant par l'antienne, subsista tandis que l'offertoire devint l'acte personnel du prêtre aplati sous le poids de son indignité pour célébrer un si grand mystère ; on passait sous silence la grande offrande du Christ s'offrant au Père pour nous. Jusqu'à Vatican II le canon était dit en secret, exceptés la Préface et le *Per omnia*. La réforme a réhabilité le canon et l'offertoire est devenu par bonheur préparation des dons et non doublet de la prière eucharistique[27].

A l'offertoire que devons-nous apporter à l'autel vide ? Le peuple apportait et offrait le nécessaire à la messe : hier il offrait le pain et le vin ; le clergé offrait le pain ; on coulait le vin pour enlever les ordures qu'il pourrait contenir, les fidèles donnaient la farine du pain qui sera

---

[25] J. TRINQUET, Article « Pentecôte », *Catholicisme Hier, Aujourd'hui, Demain*, tome 48, Paris, Letouzey et Ané, 1985, col. 1205.
[26] Cité dans Joseph-André JUNGMANN, *Missarum Sollemnia*, tome II, p. 275.
[27] Centre National de Pastorale Liturgique (CNPL), « Du bon usage de la liturgie », in *Guides Célébrer*, p. 51.

consacré à l'autel[28]. Ils apportaient un pain spécial fait maison, et tous les fruits de la terre et de leur travail : de l'huile, du vin, des volailles[29]. Le 2ᵉ concile de Mâcon en 585 ordonna de faire ainsi le dimanche, sous peine d'anathème[30]. Les laïcs pouvaient porter à l'autel en procession le pain et le vin en certaines rares occasions dont le sacre d'un roi, la bénédiction des vierges, plus rarement pour les offices des morts. Les clercs, les moines vont devenir peu à peu les porteurs du pain et du vin à l'autel[31]. Mais les hommes puis les femmes offraient sur des nappes blanches le pain et le vin en oblation pour expier leurs péchés et mériter la récompense des justes comme Abel.

Je m'arrête un peu sur la matière de l'offrande : le mot grec *artos* du récit de l'Institution, peut tout aussi bien indiquer le pain azyme prescrit par la Pâque juive que le pain levé du quotidien[32]. Dans tous les cas c'est à la fois le symbole et la réalité du pain quotidien, grâce et non dette de Dieu à notre égard. Le rite des azymes était propre aux agriculteurs sédentaires ; au printemps on faisait avec l'orge nouveau des pains sans levain pour signifier la nouveauté de l'année[33]. Jésus utilisa-t-il le pain azyme à sa dernière cène ? Aucune certitude. Cette dernière cène fut-elle un repas pascal ? Lc 22, 14-20 répond oui ; Jn 19, 14 nous laisse incertains. Si Jésus mangea l'agneau pascal avec ses disciples, il dut aussi manger et consommer du pain sans levain. Paul affirme que le Christ est notre Pâque (1 Co 5,7) et le prêtre présente le pain consacré avec ces paroles : voici l'Agneau de Dieu[34].

---

[28] Pierre LE BRUN, *Explication de la messe*, p. 262.
[29] Jean LEBON, « 59 questions sur l'eucharistie », Repères pour les pratiques eucharistiques, in, *Guides Célébrer*, p. 61-62.
[30] Pierre LE BRUN, *Explication de la messe*, p. 261.
[31] Joseph-André JUNGMANN, *Missarum Sollemnia*, tome II, p. 282.
[32] Ibid., p. 305.
[33] Cf. Augustino BERGAMINI, article « Culte », in Domenico SARTORE et Achille M. TRIACCA (dir.), *Dictionnaire encyclopédique de la liturgie*, tome I, adaptation française sous la direction d'Henri Delhougne, Brepols, 1992, p. 248.
[34] Centre National de Pastorale Liturgique (CNPL), « Du bon usage de la liturgie », in *Guides Célébrer*, p. 53.

Saint Ambroise nous instruit que les fidèles apportaient en offrande le même pain consommé à la maison. Alcuin écrit vers 790 que le pain doit être fait d'eau et de farine sans levain[35]. Dans l'Église latine au 11e siècle le pain azyme se généralisa avec la raréfaction de la communion[36]. Mais communier est-ce participer à un vrai repas comme Jésus le fit avec les siens ? S'il dit de faire ce repas en mémorial, avons-nous le droit de le réduire à un symbole qui cache même le sacrement ?

On eucharistie toujours avec du vin coupé d'eau ; d'où vient cette pratique ? Dans les cultures palestiniennes et grecques, il était normal de couper le vin capiteux. Le vin coupé d'eau remonte à la dernière cène et signifie que le peuple (l'eau) est uni au Christ (vin), d'où de son côté ouvert sortirent du sang et de l'eau (Jn 19, 34)[37]. Vers 150 Justin explique qu'à l'offertoire on apporte au célébrant du pain, une coupe d'eau et du vin mélangé. Mais le premier à en témoigner comme rite est Cyprien de Carthage[38]. Augustin fixa la théologie de l'admirable échange moulée dans une oraison romaine de la fête de Noël[39]. Le geste de la goutte d'eau dans le vin a pris au fil du temps une valeur symbolique[40]. Au Moyen Âge on tiquait pour savoir qui devait bénir l'eau et combien de gouttes dans le vin en proportion[41]. Le mystère n'est pas dans ces scrupules mais dans la croix qui devient fontaine faisant jaillir l'eau de la vie éternelle.

En présentant le pain et le vin le célébrant prie et bénit le Dieu de l'univers pour ces dons, fruits du travail de sa création, afin qu'ils deviennent dons de vie éternelle. Ces bénédictions sur les dons

---

[35] Pierre LE BRUN, *Explication de la messe*, p. 270.
[36] Centre National de Pastorale Liturgique (CNPL), « Du bon usage de la liturgie », in *Guides Célébrer*, p. 54.
[37] Cf. Pierre LE BRUN, *Explication de la messe*, p. 282.
[38] Lucien DEISS, *La messe, Sa célébration expliquée*, p. 75.
[39] Cf. Centre National de Pastorale Liturgique (CNPL), « Du bon usage de la liturgie », in *Guides Célébrer*, p. 55-56.
[40] Jean LEBON, « 59 questions sur l'eucharistie », in, *Guides Célébrer*, p. 62.
[41] Cf. Pierre LE BRUN, *Explication de la messe*, p. 284.

viennent des *berakot* juives que Jésus utilisa à la dernière cène. Le pain azyme et le vin rouge découpé qu'il employa pour son repas, restent dans la tradition et la dévotion de l'Église. Dès le 3ᵉ siècle on avait des pains exprès pour l'eucharistie que le pape Zéphyrin nomma couronne et Grégoire le Grand à sa suite[42]. Au 9ᵉ siècle on introduit des hosties[43] ou petites galettes rondes ; au 16ᵉ siècle le vin blanc qui tâche moins, entra dans l'eucharistie ; on a inventé le purificatoire à la même époque[44].

Avant que le président ne fasse le lavabo, geste de purification transsignifié, il encense les oblats sur l'autel. Le rituel prévoyait trois croix tracées avec l'encensoir fumant et trois cercles ; deux partant de la gauche et la dernière partant de la droite avec les paroles prescrites par le missel pour chaque branche de croix et tour. Aujourd'hui le prêtre peut se contenter de donner trois coups d'encensoir sur les offrandes. L'encensement des oblats est ancien dans l'Église. Les liturgies de saint Jean Chrysostome et de saint Basile en parlent. De la prothèse (petit autel) le diacre encensait les oblats avant de les porter en procession à l'autel où le président les encense à son tour[45]. L'encensement des oblats en Occident date du début du 11ᵉ siècle au plus tard[46].

Mais le rite prévoit aussi qu'on encense le célébrant, le clergé et l'assemblée. On encense le célébrant qui représente Jésus-Christ. Ce fut pourquoi dans certains rituels le diacre encensant le prêtre se mit à genoux pour honorer Jésus-Christ en lui. On encense le peuple de Dieu qui mérite les plus grands honneurs, tous nous sommes la bonne odeur de Jésus-Christ (2 Cor 2, 15). On encense les personnes pour

---

[42] Pierre LE BRUN, *Explication de la messe*, p. 270-271.
[43] Le verbe *hostire* en latin signifie frapper et *hostia* veut dire victime, agneau. La victime à offrir en sacrifice devait être frappée, immolée avant d'être présentée à Dieu. Par extension *hostia* signifie victime eucharistique. Cf. Dom Robert LE GALL, *Dictionnaire de liturgie*, p. 132.
[44] Lucien DEISS, *La messe, Sa célébration expliquée*, p. 73.
[45] Pierre LE BRUN, *Explication de la messe*, p. 302.
[46] Cf. Ibid., p. 302-303.

élever leurs cœurs au ciel comme la fumée de l'encens[47]. Le thuriféraire encense l'assemblée en commençant par le côté gauche, celui des hommes et le côté droit en entrant à l'église. On encense pour représenter l'effet de la grâce[48].

Le geste rituel du *lavabo* du prêtre vient d'un verset du psaume 2 qu'il récite à voix basse au moment de se laver les mains : *lavabo manus meas*. Il est remplacé par un verset du Ps 50 dit toujours à voix basse[49]. Mais la coutume du lavabo qui devient un rite est lié aux mains salies par les dons en nature reçus. On eut la coutume du lavabo avec la prière de minuit car il fallait se laver les mains avant d'amorcer une action sacrée. A cet usage on avait à l'église une piscine ou lavoir, une pierre creusée, propre à recevoir de l'eau[50]. « Cyrille de Jérusalem nous montre le diacre lavant les mains du pontife et des prêtres qui entourent l'autel. Pourquoi, sinon parce qu'ils offrent aussi le sacrifice. Le Pseudo-Denys qui signale le même rite, le dit explicitement : 'il faut que ceux qui vont procéder à l'action sacrée très pure soient purifiés'[51] ». Selon *l'Ordo Romanus 6*, deux acolytes s'agenouillaient devant l'évêque et étendaient sur lui une serviette (pour ne pas le mouiller) un troisième versait de l'eau sur ses mains[52]. On pouvait aussi souffler dans ses mains et faire le signe de la croix ensuite, pour purifier son cœur et son corps avec l'haleine humide de vie. Laver nos mains était purifier nos œuvres[53]. Aujourd'hui on lave les mains, autrefois on lavait les doigts. Depuis le 9e siècle en France et en Allemagne le *lavabo* est placé après la réception des offrandes

---

[47] Pierre LE BRUN, *Explication de la messe*, p. 311.
[48] Ibid., p. 312.
[49] Jean LEBON, « 59 questions sur l'eucharistie », in *Guides Célébrer*, p. 63.
[50] Pierre LE BRUN, *Explication de la messe*, p. 314.
[51] Bernard BOTTE, « Note historique sur la concélébration dans l'Église ancienne », *La Maison-Dieu*, n. 35, (1953), p. 16.
[52] Pierre LE BRUN, *Explication de la messe*, p. 314.
[53] Ibid., p. 315.

et après l'encensement[54]. Est-ce nécessaire qu'on le fasse sur un pan de l'autel ? Je réponds non avec Deiss[55].

« Dans beaucoup d'églises des *pretiosa ecclesiae utensilia* destinés à l'église sont déposés sur l'autel à l'offertoire les jours de grandes fêtes[56] ». Ce n'est pas tout, à l'offertoire on reçut aussi le don de biens immobiliers comme lorsqu'on remit la charte[57] sur l'autel. En Espagne dès le 7e siècle, l'argent s'introduit dans la procession d'offrande ou à l'offertoire ; la pratique se généralisa au 11e siècle de permettre aux fidèles de donner de l'argent en offrande. On offrait l'or comme les mages et l'argent comme la veuve. On apportait tout cela en procession d'offrandes.

A quel moment faisait-on la procession d'offrande ? Il y eut de nombreuses pratiques selon les lieux et le genre de célébration. En Allemagne on eut une procession avant l'Évangile ; une avec le *Kyrie Eleison* dans les messes de mariage. En Espagne, une offrande d'argent dès l'antiquité au moment de la communion[58]. L'offrande pouvait s'accompagner d'une prière de bénédiction ; le plus souvent le célébrant donnait à baiser le manipule ou le bas de son étole, ou sa main[59]. Au 15e siècle le prêtre prononçait cette bénédiction sur l'assemblée : *centuplum accipiatis et vitam aeternum possideatis, in nomine Patris et Filii et Spiritus sancti*[60]. Très tôt on posait des balises pour éviter la simonie ou les pièges de la banalisation du rite d'offertoire. Au 3e siècle étaient exclus du droit d'être offrants les

---

[54] Pierre LE BRUN, *Explication de la messe*, p. 316.
[55] Lucien DEISS, *La messe, Sa célébration expliquée*, p. 77.
[56] Joseph-André JUNGMANN, *Missarum Sollemnia*, tome II, p. 282.
[57] Cela pouvait être l'acte de donation ou ce qui équivaut aujourd'hui au titre de propriété.
[58] Cf. Joseph-André JUNGMANN, *Missarum Sollemnia*, tome II, p. 287.
[59] Le manipule, autrefois destiné à essuyer la sueur, rappelle qu'ici-bas on sème dans les larmes pour récolter dans la joie. Il est une bande d'étoffe de la même matière et de même couleur que l'étole et la chasuble. Il était déposé sur le bras gauche du ministre (de l'évêque au sous-diacre). Attesté à partir du 9e siècle, il a disparu avec les réformes liturgiques de Vatican II.
[60] Cf. Joseph-André JUNGMANN, *Missarum Sollemnia*, tome II, p. 289-290.

impudiques, les voleurs, les usuriers, les fonctionnaires romains sanguinaires ; les pénitents non réconciliés et les dissidents[61]. Saint Jérôme fustigeait la vanité de ceux qui faisaient des dons à l'Église pour le plaisir d'entendre leur nom cité par le diacre et de recevoir des applaudissements[62]. Quand les liens entre la participation aux fruits du sacrifice et l'oblation se diluèrent, s'imposa l'oblation au prêtre sous forme de *denarius secretalis*. Ainsi les *recommandationes missae* apparurent au 12ᵉ siècle et l'obligation pour le prêtre de nommer l'intéressé au memento[63]. L'origine des honoraires de messe n'est pas loin mais elle est ailleurs.

L'offrande présentée d'avance obligea le prêtre à célébrer à l'intention exclusive du donateur. Cela occasionna au Moyen Âge la multiplication des messes (pour les défunts), et le prodigieux développement du clergé dont une partie tirait ses ressources des bénéfices et des honoraires de messe uniquement. A la fin du Moyen âge il y avait des altaristes qui avaient pour métier de dire des messes privées et de réciter l'office[64]. Pour endiguer ces maux et conjurer le danger, on recourrait aux solutions radicales : diminuer le nombre d'autels, d'églises, de prêtres. Mais la messe était déjà corrompue, des peuples entiers y voyaient un culte d'idoles. Les accusations des réformateurs pouvaient porter avec justesse sur les messes votives surestimées, le trafic d'argent ; ils révoquaient la théologie du sacrement pour croire que la messe ne saurait devenir une œuvre méritoire à offrir à Dieu pour le salut des vivants et des morts[65]. Cette confusion alimentée par la médiocrité et l'esprit de superstition, appelait une réforme au sein de l'Église ; en même temps des voix

---

[61] Joseph-André JUNGMANN, *Missarum Sollemnia*, tome II, p. 291-292.
[62] Pierre LE BRUN, *Explication de la messe*, p. 382.
[63] Joseph-André JUNGMANN, *Missarum Sollemnia*, tome II, p. 296.
[64] Joseph-André JUNGMANN, *Missarum Sollemnia*, tome I, p. 170.
[65] Cf. Ibid., p. 171-172.

s'élevaient en Italie, en Espagne, au Portugal pour réclamer un missel unifié[66].

La diversité des rites qui se célébraient dans la même église y mettait le comble aussi ; en Autriche des prêtres allèrent jusqu'à supprimer le canon. Les fidèles étaient scandalisés[67]. Le concile de Trente dut répondre à l'ensemble de ces défaillances. Il mit en place une commission spéciale qui rassemble les *abusus missae* : préfaces de messes de saints au contenu légendaire, chants variés après la consécration, nouveaux textes de messes d'origine douteuse, abus des messes votives, le dimanche qui perdait son cachet. Ainsi le 17 septembre 1562, au cours de sa 22e session fut adopté le *De observandis et evitandis in celebratione missae*, un décret dans lequel furent condamnées les plus graves erreurs. En outre l'évêque devait veiller aux honoraires des messes, s'assurer qu'on célèbre l'eucharistie dans des lieux sacrés, qu'on n'y utilise pas de la musique légère, qu'on évite le calcul superstitieux d'un nombre de messes fixes. Il était interdit aux prêtres d'inventer prières et rites[68]. Dans la crainte de la superstition, le missel de Pie V éliminait la procession d'offrande, les messes votives le dimanche et rédigeait les prières présidentielles des messes des saints[69]. L'élimination de la procession d'offrande ternissait l'offertoire, disparu sous des tonnes de dévotions douteuses. Il y a toujours du bon grain qui s'en va avec l'ivraie.

La réforme liturgique nous a restitué l'offertoire que le *super oblata* ferme ; la petite goutte d'eau découpant le vin a résisté. Aucun récit de la dernière cène n'en fit mention mais cette non-attestation n'est pas une preuve de non-existence. Par nos voix Dieu fait être et naître

---

[66] Joseph-André JUNGMANN, *Missarum Sollemnia*, tome I, p. 173.
[67] Joseph-André JUNGMANN, *Missarum Sollemnia*, tome I, p. 173-174; note n. 38 de la p. 174.
[68] Ibid., p. 175.
[69] ibidem, p. 176.

sa Parole, par nos pains et nos vins, il nous donne son Fils[70] qui libère définitivement de la mort.

Nous sommes heureux *Amis lecteurs* d'avoir parcouru ensemble la belle aventure de l'offertoire. Entrons ensemble aussi plus en avant dans le mystère de l'eucharistie avec le canon.

LA PRIÈRE EUCHARISTIQUE

La meilleure introduction à la Prière Eucharistique (PE) vient de la PGMR. Je cite in extenso :

« C'est maintenant que commence ce qui est le centre et le sommet de toute la célébration : la prière eucharistique, prière d'action de grâce et de sanctification. Le prêtre invite le peuple à élever les cœurs vers le Seigneur dans la prière et l'action de grâce, et il se l'associe dans la prière qu'il adresse à Dieu le Père par Jésus Christ dans l'Esprit Saint, au nom de toute la communauté. Le sens de cette prière est que toute l'assemblée des fidèles s'unisse au Christ dans la confession des hauts faits de Dieu et dans l'offrande du sacrifice.

On peut distinguer comme suit les principaux éléments qui forment la prière eucharistique :

a. L'action de grâce (qui s'exprime surtout dans la préface): le prêtre, au nom de tout le peuple saint, glorifie Dieu le Père et lui rend grâce pour toute l'œuvre de salut ou pour un de ses aspects particuliers, selon la diversité des jours des fêtes ou des temps.

b. L'acclamation : toute l'assemblée, s'unissant aux puissances d'en haut, chante le *Sanctus*.

Cette acclamation, qui fait partie de la prière eucharistique, est prononcée par tout le peuple avec le prêtre.

c. L'épiclèse : par des invocations particulières, l'Église implore la puissance de l'Esprit Saint, pour que les dons offerts par les hommes

---

[70] Cf. Centre National de Pastorale Liturgique (CNPL), « Du bon usage de la liturgie », in Guides Célébrer, p. 92.

soient consacrés, c'est-à-dire deviennent le Corps et le Sang du Christ, et pour que la victime sans tache, qui sera reçue dans la communion, profite au salut de ceux qui vont y participer.

d. Le récit de l'Institution et la consécration : par les paroles et les actions du Christ s'accomplit le sacrifice que le Christ lui-même institua à la dernière Cène lorsqu'il offrit son Corps et son Sang sous les espèces du pain et du vin, les donna à manger et à boire aux Apôtres et leur laissa l'ordre de perpétuer ce mystère.

e. L'anamnèse : l'Église, accomplissant l'ordre reçu du Christ Seigneur par l'intermédiaire des Apôtres, fait mémoire du Christ lui-même, se souvenant principalement de sa passion bienheureuse, de sa glorieuse résurrection, et de son ascension dans le ciel.

f. L'offrande : au cœur de cette mémoire, l'Église, surtout celle qui est actuellement rassemblée, offre au Père, dans le Saint-Esprit, la victime sans tache. L'Église veut que les fidèles non seulement offrent cette victime sans tache, mais encore qu'ils apprennent à s'offrir eux-mêmes[71] et soient consommés, de jour en jour, par la médiation du Christ, dans l'unité avec Dieu et entre eux, pour qu'à la fin, Dieu soit tout en tous[72].

g. Les intercessions : on y exprime que l'Eucharistie est célébrée en union avec toute l'Église, celle du ciel comme celle de la terre, et que l'offrande est faite pour elle et pour tous ses membres vivants et morts, qui sont appelés à participer à la rédemption et au salut obtenu par le Corps et le Sang du Christ.

h. La doxologie finale : elle exprime la glorification de Dieu ; elle est ratifiée et conclue par l'acclamation du peuple : *Amen* [73] ».

Ces huit points de la PE montrent que celle-ci est avant tout une action de grâce et non un texte. Une action de l'assemblée qui rend grâce,

---

[71] Le texte cite *Sacrosanctum Concilium*, n. 48 ; l'Instruction *Eucharisticum mysterium*, du 25 mai 1967, n. 12.
[72] Le texte cite ici *Presbyterorum ordinis*, n. 5.
[73] Présentation générale du Missel Romain (PGMR), n. 78-79, version 2002.

qui offre par son président au nom de tous[74]. Mais le vrai président c'est le Christ lui-même que le prêtre représente. En son nom le dialogue est engagé dès la préface et se conclut avec *l'Amen* final sans oublier le cri majestueux du *Sanctus*, summum de cette action de grâce. Quand le célébrant *entrait* dans le canon comme le grand Prêtre dans le *saint des saints*, en disant *Orate fratres*, il *revoyait* les fidèles à la fin du canon et à la distribution de la communion[75].

La PE était appelée la prière canonique par le pape Vigile ou simplement la Prière par Cyprien, Innocent 1er et Augustin. Mais il est aussi *canon actionis* i.e. l'eucharistie réglée par un canon modèle ; mystère sacré, mystère de la très sainte action[76]. D'ailleurs certains catalogues n'hésitaient pas à mettre au rang des livres du NT le sacramentaire qui contient le rituel de la messe[77]. Pour entrer dans le canon le prêtre devait baisser les yeux, se tenir incliné, prendre la posture du suppliant. L'idée d'un ordonnancement pour la cène du Seigneur devenant fraction du pain puis eucharistie est de saint Augustin[78].

Cette prière dite eucharistique est une invention chrétienne sans lien semble-t-il avec la liturgie juive. Une allusion est toujours possible avec la bénédiction *yotser* accompagnant la récitation journalière du *Shema* Israël dont la structure est : bénédiction au Dieu créateur débouchant sur un Sanctus et se terminant par des prières d'intercessions[79]. Nous en avons déjà parlé supra. Mais le modèle de la PE est dans la Didakè (ch. 9-10). La voici : *confessio* ou proclamation

---

[74] Centre National de Pastorale Liturgique (CNPL), « Du bon usage de la liturgie », in *Guides Célébrer*, p. 57.
[75] Cf. Pierre LE BRUN, Explication de la messe, p. 340.
[76] Ibid., p. 366-367. Cet auteur pense que le Canon commence avec *Te Igitur* et non avec la préface.
[77] Ibidem, p. 367.
[78] Anscar CHUPUNGCO, article « Canon Romain », in *Dictionnaire encyclopédique du catholicisme ancien*, volume I, adaptation française sous la direction de François VIAL, Cerf, 1990, p. 403.
[79] Lucien DEISS, *La messe, Sa célébration expliquée*, p. 85.

de foi dans les mystères divins dans l'histoire du salut ; *l'offrande* fait dans un climat d'action de grâce ; la *pétition* (épiclèse) toujours double pour la sanctification de l'Église et l'unité des participants[80]. Et il y a quatre types de PE : le type de discours unifié, celui responsorial, celui de prières juxtaposées et le type mixte où le président et l'assemblée interagissent dans une dimension fortement ecclésiale de *l'actio*. La PE est non un texte mais un acte[81]. Le récit d'institution « ne débouche pas sur un chant d'adoration, mais sur une acclamation d'anamnèse[82] ». Comme un *laus Dei, ipse cantator* ; le peuple de Dieu devient chantre de ses louanges et bienfaits. Le *Christ-en-sacrement* est comme la cristallisation de ces *mirabilia* de l'histoire du salut sous mode sacramentel au présent et en présent de grâce.

Dès le 3e siècle nous avons des embryons de canons ; la *Tradition apostolique* demeure le premier témoin. La PE de ce document devient le modèle de toutes les anaphores de l'Église en Orient ; elle contient aussi des éléments essentiels de l'ancien canon romain[83]. Notre PE II d'aujourd'hui en est comme un décalque. Il a une série de prières pour différents groupes de la communauté avec une insistance sur l'universalité de l'Église. Dès le 4e siècle dans les intercessions il y en a une commune pour l'évêque local ou le pontife célébrant. Au 6e siècle nommer le pape dans la messe à la prière d'intercession devient une règle en Occident[84]. Elan de fidélité à la Tradition de la *lex celebrantis*.

L'un des éléments ayant conduit à fixer les prières eucharistiques c'est la multiplication des hérésies, la crainte de voir altérée la tradition par

---

[80] Jean EVENOU (dir.), « Les Ateliers », *La Maison-Dieu*, n. 137, (197), p. 128.
[81] Ibid., p. 129-130.
[82] Cf. Louis-Marie CHAUVET, « L'eucharistie, sacrement de la louange », *La Maison-Dieu*, n. 270, (2012), p. 113.
[83] Cf. Burkhard NEUNHEUSER, article « Mémorial », in *Dictionnaire encyclopédique de la liturgie*, tome II, p. 23.
[84] Joseph-André JUNGMANN, *Missarum Sollemnia*, tome III, p. 66-67.

les élaborations nouvelles et les évolutions[85]. Nos prières eucharistiques sont formées à partir de traditions qui ont donné trois courants de textes de récit d'Institution : la symétrie de forme des paroles sur le pain et le vin ; l'abandon de symétrie pour se rapprocher des récits néotestamentaires, enfin le souci d'une formulation ornée. Les Constitutions Apostoliques (CA) que je vais analyser sont un modèle achevé. On y retrouve l'essentiel de la *Tradition apostolique*. Les CA ont une préface plus longue que la plus longue de nos PE d'aujourd'hui ; le salut débutant le dialogue de la préface vient de 2 Co 13, 13. L'hymne du trisagion (sanctus) est développée en majesté à coups de citations de l'AT et du NT[86]. L'Épiclèse y joue un rôle central ; le récit de l'Institution est précédé d'une amplification qui est une anamnèse christologique sous la forme du symbole de Nicée-Constantinople[87]. Les commémoraisons des saints, des défunts et des vivants succèdent. Dans ce monument du 4ᵉ siècle la prière pour l'Église cite seulement tout l'épiscopat ; l'évêque qui préside fait une invocation sur lui-même et sur son presbyterium, le clergé[88]. L'intercession générale pour l'Église cite aussi les patriarches, les prophètes, les justes, les martyrs, les apôtres, les saints, les confesseurs, les évêques, les presbytres, les diacres, les sous-diacres, les lecteurs, les chantres, les vierges, les veuves, les laïcs. Sans oublier les époux, les habitants de la ville épiscopale, les malades, les esclaves, les voyageurs, les égarés, les persécuteurs, les catéchumènes, les absents, les pénitents ; puis l'intercession pour l'abondance des récoltes[89]. Il y a aussi une invocation pour le roi, les détenteurs du pouvoir et l'armée (afin qu'ils soient des instruments de paix)[90]. Cette

---

[85] Daniele GELSI, article « Anaphore », in *Dictionnaire encyclopédique du catholicisme ancien*, volume I, p. 108.
[86] *Les Constitutions apostoliques,* tome III, Livres VIII, 12, 27, op. cit., p. 193.
[87] Cf. Ibid., tome III, Livres VIII, 12, 28-34, p. 193-197.
[88] Ibidem, tome III, Livres VIII, 12, 41, p. 201.
[89] Ibidem, tome III, Livres VIII, 12, 43-49, p. 203-205.
[90] Les Constitutions apostoliques, tome III, Livres VIII, 12, 42, op. cit., p. 201.

PE a une anamnèse éblouissante de l'histoire du salut soulignant les étapes de préfigurations de l'AT[91]. Suivent la prière du Seigneur (Pater) et la communion. Pour celle-ci il y a une mise en garde tacite, l'évêque proclame : les choses saintes aux saints (*sancta sanctis*) et le peuple répond : un seul est saint, le Seigneur ; avec une reprise du sanctus[92]. La communion se fait selon la hiérarchie sous les deux espèces. On présente le corps, le sang du Christ, le communiant répond *Amen*[93]. C'est la rencontre avec le Dieu de *l'amen* (Is 65, 16) sur qui s'appuyer en toute sécurité, car il est fidèle[94]. Comme la racine hébraïque du mot l'exprime. Après la prière d'action de grâce, le peuple reçoit la bénédiction avant de partir avec le renvoi du diacre : allez en paix[95].

Dans cette PE des CA Dieu est salué comme le souverain sans besoin et le chorège de tout bien qui fait tout sortir du néant par son Fils monogène. Ainsi il a tout mis dans la nature par ce fils au service des humains selon le plan des deux récits de création de la Genèse[96]. A travers ces tirades nous distinguons aisément les moments structurant de la PE d'aujourd'hui : préface, sanctus, épiclèse, récit de l'institution, anamnèse, intercessions et grande doxologie. On y trouve aussi une seconde prière universelle, juste avant la communion, à l'exacte place du Pater[97].

La Réforme liturgique issue du dernier concile a donné d'autres prières eucharistiques ; il était difficile de remanier le canon romain. Rome a approuvé trois nouvelles prières eucharistiques. Pour élaborer la PE II on recourut au *prétendu modèle de la Prière eucharistique*

---

[91] Les *Constitutions apostoliques*, tome III, Livres VIII, 12, 18-26, p op. cit., 187-191.
[92] *Les Constitutions apostoliques*, tome III, Livres VIII, 13, 11-13, p. 209.
[93] Ibidem, tome III, Livres VIII, 13, 14-15, p. 209-211.
[94] Cf. Lucien DEISS, *La messe, Sa célébration expliquée*, p. 39.
[95] *Les Constitutions apostoliques*, tome III, Livres VIII, 15, 6-10, p. 213-215.
[96] Ibid., tome III, Livres VIII, 12, 6-17, p. 181-187.
[97] Ibidem, tome III, Livres VIII, 13, 1-10, p. 205-209.

d'Hippolyte de Rome[98]. On a construit la III comme alternative au canon romain. Rédigée en 1967, elle reprend des éléments des traditions gallicanes et hispaniques ; elle est la PE la plus élaborée sur le plan théologique. En voici la structure : a) dialogue d'introduction et Préface ; b) Sanctus et Post-Sanctus ; c) Épiclèse ; d) Récit de l'Institution et anamnèse ; e) Épiclèse ; f) Intercessions ; g) Doxologie finale[99]. La IV s'inspire directement des anaphores orientales dont celle de saint Basile. Elle est comme une mélodie jubilante qui relie en un unique chant d'amour l'éternité de Dieu au salut de l'homme[100]. Dans son élan de sublime universalité, elle nous fait au mémento nous souvenir de tous ceux qui cherchent le Seigneur avec droiture. C'est un rappel cohérent de la doctrine de Vatican II énoncé dans *Lumen gentium* (n. 16). Dans ces trois nouvelles PE l'action de grâce est plus évidente, l'histoire du salut clairement exposée[101]. L'assemblée a une plus importante participation en exerçant son sacerdoce baptismal ; en étant l'indispensable offrant, il permet au prêtre d'avoir une plus grande conscience de consécrateur des dons reçus. Mais il aurait été plus englobant et dynamisant que le fidèle trouve dans la PE de la messe, source et sommet (SC n. 10) un écho plus retentissant de sa vie concrète d'être engagé dans les rets d'une histoire toujours bourbeuse et fragile. Ainsi leur « seule nouveauté consiste à faire ressortir, avec un plus grand relief, ces éléments anciens et non vieillis qui assurent à la Prière eucharistique de l'Église son éternelle

---

[98] Cf. Matthieu SMYTH, « L'anaphore de la prétendue 'tradition apostolique' et la prière eucharistique romaine », *Revue des sciences religieuses*, n. 81/1 (2007), p. 95-118. Consultation en ligne le 3 février 2020, https://journals.openedition.org/rsr/2128
[99] Cf. Lucien DEISS, *La messe, Sa célébration expliquée*, p. 94.
[100] Ibid., p. 95.
[101] Cf. André AUBRY, « Lignes de force des nouvelles prières eucharistiques », in En Collaboration, *Des chrétiens découvrent les nouvelles prières eucharistiques*, Paris, Centurion, 1968, p. 29.

jeunesse[102] ». En revanche l'élan trinitaire devient le chant d'apothéose de la PE.

En outre, l'Église a élaboré deux PE pour la réconciliation, trois PE pour des assemblées d'enfants, quatre PE pour circonstances particulières et une PE pour les messes de mariage. Quatorze PE sont donc disponibles dans l'Église latine. Vu la facture de ces prières, il est facile de repérer les nuances et les sensibilités distinctement perceptibles dans les *récits de l'Institution*[103].

La PE représente une poussée de créativité et de sainteté de l'acte d'orant. En témoignent le respect et la vénération dont on entoure le canon romain, la PE de l'Église de Rome supplantant les autres en Occident. Son histoire, sa structure sont différentes des autres. Je vais tenter de sonder l'arcane secrète de cet ordo pour en surprendre quelques trésors déjà disponibles pour la santé de l'âme du peuple de Dieu dans l'orbe catholique.

La prière canonique de l'Église de Rome est « dans un splendide isolement euchologique, que seule vient rompre sa parenté avec la famille des eucharisties alexandrines, représentées par l'Anaphore de saint Marc et celle de l'Euchologe de Sérapion[104] ». Le canon romain serait de la période de Damase 1er, évêque de Rome de 366 à 384 ; on y décèle un rythme et un langage propre au discours du 4e siècle. Les plus anciennes traces sont dans une citation partielle de saint Ambroise[105]. La première étape de son édification fut sa traduction du grec en latin à la fin de ce siècle. Cette traduction s'accompagna

---

[102] André AUBRY, « Lignes de force des nouvelles prières eucharistiques », in En Collaboration, *Des chrétiens découvrent les nouvelles prières eucharistiques*, Paris, Centurion, 1968, p. 27.

[103] Joseph-André JUNGMANN, *Missarum Sollemnia*, tome III, p. 111-112.

[104] Matthieu SMYTH, « L'anaphore de la prétendue 'tradition apostolique' et la prière eucharistique romaine », *Revue des sciences religieuses*, n. 81/1 (2007), p. 95-118. Consultation en ligne le 3 février 2020, https://journals.openedition.org/rsr/2128

[105] Anscar CHUPUNGCO, article « Canon Romain », in *Dictionnaire encyclopédique du catholicisme ancien*, volume I, p. 404.

d'ajouts et de modifications qui ont abouti à un texte proche de celui préservé dans le *Missale gothicum* gallican du 8e siècle[106]. Ce tout littéraire typique des anaphores orientales, est pourvu d'éléments variables dont des doxologies intermédiaires, une action de grâce ou *préface* (mot ignoré du Gélasien ancien) à l'époque carolingienne[107]. Son évolution s'acheva au 10e siècle à l'époque ottonienne en pays rhénan. Elle devint la *canonica prex*, le canon de la messe. Cette version rhénane fut retenue par la Curie romaine sous Nicolas III en 1277, puis, à la suite du Concile de Trente, pour le missel de Pie V. Donc depuis l'adoption de la Curie, cette PE n'a pas varié. Elle avait trente signes de la croix qu'on faisait correspondre aux 30 miracles de l'œuvre du salut[108]. A quoi il fallait ajouter les deux baisers à l'autel et le signe de la croix du célébrant sur lui-même au *Supplices*. Ces signes de la croix ont paru si importants que vers l'an 740 saint Boniface de Mayence consultait le pape Zacharie sur la matière[109].

Pendant ces longs siècles on interdisait de la traduire en d'autres langues. Fut-ce à cause de sa beauté littéraire, de sa noblesse, l'inviolabilité de son antiquité hiératique ou l'aura du mystère qui l'entourait ? Pour beaucoup le canon romain était si parfait qu'on ne devait même pas rêver d'y toucher. C'était le saint des saints d'un temple inviolable et sanctuaire dans lequel le prêtre entra seul[110]. Ainsi fut-ce un vrai petit séisme quand le 13 novembre 1963 le pape Jean XXIII, par dévotion personnelle, introduisit dans le

---

[106] Cf. Matthieu SMYTH, « L'anaphore de la prétendue 'tradition apostolique' et la prière eucharistique romaine », *Revue des sciences religieuses*, n. 81/1 (2007), p. 95-118. Consultation en ligne le 3 février 2020, https://journals.openedition.org/rsr/2128

[107] Matthieu SMYTH, « Heurs et malheurs de l'antique prière eucharistique romaine », *Revue des sciences religieuses*, 90/3 | 2016 ; consultation en ligne le 30 décembre 2021. https://journals.openedition.org/rsr/3318

[108] Cf. Joseph-André JUNGMANN, *Missarum Sollemnia*, tome III, note n. 32 des p. 53-54.

[109] Pierre LE BRUN, *Explication de la messe*, p. 369.

[110] Lucien DEISS, *La messe, Sa célébration expliquée*, p. 92.

Communicantes Joseph à la liste de martyrs de la ville de Rome. Cela ouvrit la voie au *Novus ordo missae* de 1969 du Missel de Paul VI pour d'autres changements. Ce canon est purgé d'un grand nombre d'*Amen* intermédiaires, les listes de martyrs deviennent facultatives ; c'est devenu notre *Prière eucharistique I* sans préface propre[111]. Sur cette lancée, le dicastère pour le *Culte Divin et la Discipline des Sacrements*, en vertu des facultés à lui concédées par le pape François, décrète le 1er mai 2013 que le nom de *Saint Joseph, Epoux de la Vierge Marie*, soit désormais ajouté aux autres Prières eucharistiques du Missel Romain, après le nom de la Bienheureuse Marie toujours Vierge.

Pour terminer ce synopsis, rappelons avec Dom Le Gall les points essentiels de bifurcation du canon I avec les autres et dont le récit de l'institution et l'anamnèse sont au centre, mais garnis de prières d'intercession. Il faut retenir trois caractéristiques :

1) D'abord un double parallélisme qui fait correspondre le Memento des vivants, situé avant la consécration, au Memento des morts, placé après la consécration, l'un et l'autre suivis d'une prière qui nomme des saints (le *Communicantes* et le *Nobis quoque*) ;

2) Ensuite contrairement aux formules fixes de l'Orient, le Canon romain comporte plusieurs prières variables : la Préface, le Communicantes, le *Hanc igitur* s'adaptant aux temps liturgiques ;

3) Enfin ce canon n'a pas de formule explicite d'épiclèse, ni avant ni après la consécration : le *Quam oblationem* qui précède le récit de l'institution ne mentionne pas l'Esprit Saint, mais peut être considéré tout de même comme une épiclèse, car il est un appel à la transformation des dons ; on peut voir dans le *Supplices te rogamus* l'épiclèse post-consécratoire[112].

---

[111] Cf. Matthieu Smyth, « Heurs et malheurs de l'antique prière eucharistique romaine », *Revue des sciences religieuses*, 90/3 | 2016, consultation en ligne le 30 décembre 2021. https://journals.openedition.org/rsr/3318
[112] Dom Robert LE GALL, *Dictionnaire de liturgie*, p. 206-207.

La PE au début était comme une homélie où le célébrant devait trouver ses mots[113]. Celui-ci devait créer une liturgie ritualisable pour la communauté ; les rites devaient avoir des rubriques, i.e. une forme stable, répétable, compréhensible, doctrine sûre. Le pasteur eut pu composer la prière eucharistique, des préfaces et y faire participer l'ensemble du peuple de Dieu commis à son pastorat. Conscient de sa responsabilité, il façonna la liturgie de sa communauté pour que celle-ci fût, dans sa particularité la plus irréductible, de l'unique *Ekklesia*. Alors cette liturgie put être à la fois universelle, particulière, personnelle et identitaire. Le pasteur dut rendre la prière possible ; que sa communauté, toute la création et lui pussent louer et glorifier le Père de l'univers par le nom du Fils et du Saint Esprit. Par définition l'eucharistie est le magnificat pour tous les biens reçus du Père[114].

Mais la fidélité aux rubriques ne garantit pas la foi. Comme un tragédien qui fait une mauvaise dramaturgie d'une pièce, la liturgie a pu être pour beaucoup un scénario souvent comique ; car « le contenu de foi devient compréhensible s'il indique la voie vers le mystère qui arrivera à l'homme justement comme homme achevé et parfait[115] ». La PE n'est pas née parfaite mais produit de l'Église et du génie de ses docteurs ; elle ne tombe pas du ciel. La formule consécratoire pour la transsubstantiation ne provient pas de la Bible in extenso, c'est une adaptation par l'Église basée sur le récit de l'institution chez Matthieu en correspondance avec la passion et la

---

[113] Cf. Joseph-André JUNGMANN, *La liturgie des premiers siècles jusqu'à l'époque de Grégoire le Grand*, p. 106.

[114] Cf. JUSTIN martyr, « Grande Apologie », III, 65 in *Œuvres complètes*, p. 87-88. On a pu écrire « La théologie de la canonica prex est binitaire : elle repose sur une relation Père-Fils (unique médiateur) où le Saint Esprit fait figure d'intrus. Nombre de ses préoccupations relèvent de la théologie judéo-chrétienne la plus antique ». cf. Matthieu SMYTH, « L'anaphore de la prétendue 'tradition apostolique' et la prière eucharistique romaine », *Revue des sciences religieuses*, n. 81/1 (2007), p. 95-118. Consulté en ligne 3 février 2020, https://journals.openedition.org/rsr/2128

[115] Edward SCHILLEBEECKX, *L'économie sacramentelle du salut*, traduit du néerlandais par Yvon van der HAVE, Fribourg, Academic Press Fribourg, Collection Studia Friburgensia, 2004, p. 549.

Pâque du Seigneur. Justin, premier témoin de la doctrine de la transsubstantiation de l'eucharistie soutint que cet aliment eucharistié qui doit nourrir par assimilation notre sang et notre chair, est la chair et le sang de Jésus incarné[116].

Cette première approche de la PE débroussaille le sentier pour en explorer la profondeur. Je suis le plan en huit éléments tracés par la PGMR en omettant l'offrande pour éviter la confusion avec l'offertoire que j'ai déjà abordé. *Amis lecteurs*, allons-y ensemble.

DE LA PRÉFACE

La PE est action de grâce, elle a trois éléments dans son noyau : la préface, le sanctus et la doxologie finale, ce sont les moments les plus expressifs du mémorial et de la cène[117]. On entre dans le canon avec la préface qui en est prélude et introduction. Il faut commencer par *élever les cœurs* vers Dieu comme fit Jésus qui se mit à rendre grâce au Père avant de multiplier les pains, de faire sortir Lazare du tombeau, ou à la dernière cène. Les Apôtres ont dû transmettre à l'Église cette élévation du cœur[118]. La Didakè possède des embryons de formules de l'offertoire et les premiers jets de préface de la prière eucharistique[119].

Qu'est-ce que la préface ? Quel est son rôle dans la PE ? S'il faut beaucoup de créativité et de patience pour faire naître un chef-d'œuvre, il en faut peut-être davantage pour macérer dans les nervures du temps des volutes d'encens devenues paroles dignes d'une cantillation d'aèdes. La préface a besoin d'un théopoète et d'un

---

[116] JUSTIN martyr, « Grande Apologie », III, 67 in *Œuvres complètes*, p. 90.
[117] Cf. Françoise GUILLAUMIN, « Qu'est-ce que la prière eucharistique ? », in En Collaboration, *Des chrétiens découvrent les nouvelles prières eucharistiques*, Paris, Centurion, 1968, p. 23.
[118] Pierre LE BRUN, *Explication de la messe*, p. 346-347.
[119] La Didakè ch. 9, in *Les écrits des Pères apostoliques*, Paris, Cerf, Collection Foi Vivante, 1991, p. 54-57.

mystagogue pour déchiffrer dans les sinuosités alambiquées du verbe les trésors de générosité de Dieu sur le créé. *Praefatio*, décomposable en *prae* = avant et *fari* = dire, signifie préambule, exorde. C'est la porte d'entrée de la PE qui aboutit au Sanctus, une pénétration solennelle dans l'action de grâce de l'Église.

La Préface a une structure stable dans sa forme et son contenu ; la forme permet de déceler une introduction, ensuite la raison de la louange, une invite à s'unir à la cour céleste pour glorifier Dieu. Elle manifeste le devoir de glorifier le Père par le *Christ Notre Seigneur* (introduction stable) ; puis les raisons de le faire dans la célébration du jour ; par ces motifs le ciel et la terre proclament la sainteté de Dieu par la louange du *Sanctus*. En proclamant la préface le célébrant se fait le porte-parole de l'assemblée avec qui il dialogue au nom du Fils. Son point central déploie une théologie condensée et majestueuse pour décrire le mystère en célébration. Sa conclusion débute presque toujours par *c'est pourquoi* (*et ideo*) qui introduit au *Sanctus* en mettant à l'unisson tout ce qui est au ciel et sur la terre.

La préface ayant toujours été une action de grâce variable selon les circonstances et les temps liturgiques, on en avait pour toute occasion. Chaque messe avait la sienne, le sacramentaire léonien en avait 269, le Gélasien ancien comptait une cinquantaine, l'Hadrianum une douzaine. Mais les Grecs ont une seule préface ; du 6e au 11e siècle les Latins en ont eu pour toutes les fêtes et occasion ; vers l'an 1100 ils les ont réduites à dix dont une pour Pâques, Noël, Pentecôte, Sainte Trinité[120]. Aujourd'hui le missel romain compte quatre-vingts préfaces, une série pour chaque temps fort, pour le sanctoral et pour le temps ordinaire. Ce qui n'empêche point que chacune des 46 messes de la Vierge Marie a sa propre préface[121]. C'est un riche compendium des doctrines du salut et des mystères de l'Alliance que l'Église célèbre.

---

[120] Pierre LE BRUN, *Explication de la messe*, p. 348.
[121] Cf. Lucien DEISS, *La messe, Sa célébration expliquée*, p. 97.

La préface n'était pas toujours vue intégrée dans la PE. Albert le Grand, Alexandre de Halès et son école en firent la conclusion de l'offertoire ; pour eux le canon débutait avec le *Te igitur*[122]. Il n'était pas évident de présenter les dons sur l'autel et d'entrer dans le canon par la préface. Dans les liturgies des saints Jacques, Basile, Jean Chrysostome, pour marquer que la préface introduit dans le saint et le sublime, on fermait les portes du sanctuaire et tirait les rideaux avant de la débuter[123]. Le prêtre devait dire les paroles de la préface de manière convenable et intelligible. Aux messes solennelles il devait la chanter[124].

La *praefatio* du canon est une action de grâce proclamée devant la communauté comme un poème, un cri de jubilation qui dilate les cœurs. Étant une pièce de l'ordinaire de la messe, elle est comme un chant alterné entre le célébrant et l'assemblée. Sur fond de gratitude, ce jaillissement de l'espérance clonerait les pages sublimes des plus nobles discours de Jésus dans l'Évangile. Une vraie préface fait découvrir combien est difficile la propriété des termes pour dire afin de ne pas sombrer 'dans le marécage de la piété sentimentale'[125]. On sut éviter d'avoir des préfaces évasives meublant sans finesse le silence de l'assemblée de façon ennuyeuse, délirante. Pour éviter des formules mal saupoudrées d'érudition théologique, il faut revenir auprès des choses pour converser avec l'extase de la réalité ou devant les babillements d'un enfant se cachant après avoir fait une pure bêtise. C'est dit.

---

[122] Joseph-André JUNGMANN, *Missarum Sollemnia*, tome I, p. 152.
[123] Pierre LE BRUN, *Explication de la messe*, p. 349.
[124] Ibid., p. 350.
[125] Formule rappelée par Lucien DEISS, *La messe, Sa célébration expliquée*, p. 96.

LE SANCTUS

On trouve les deux premiers vers du *Sanctus* dans le *Te Deum*. Le mot *Saint* est répété trois fois pour magnifier la louange à Dieu et Lui rendre gloire. C'est le cantique de la liturgie céleste selon Ap 4, 8. La première partie du chant vient d'Is 6, 3. Cette solennelle hymne se trouve dans le judaïsme à la troisième bénédiction de la *Amida* : « Saint, Saint, Saint, le Seigneur des multitudes, la terre entière est remplie de sa gloire[126] ». La 2e partie appelée le *Benedictus* est une acclamation de joie qui se fait debout[127]. Le *Sanctus* est une alliance riche de deux versets bibliques, Ancien et Nouveau Testament. Isaïe 6, 3 donne la main au psaume 118, 25 et à Matthieu 21, 9 pour descendre l'hymne sur la terre. Il invite à l'audace depuis le 1er signe de Jésus à Cana où il montra sa gloire (Jn 2, 11). Alors a) la lumière fut manifestée ; b) et on l'a vue ; c) des témoins y ont cru[128]. Il fait oser eucharistier, depuis l'incarnation nous pauvres humains, sommes revêtus de la même gloire que le Fils tient du Père (Jn 17, 22).

Le *Sanctus* est parfois nommé *Epinikios hymnos* (hymne de victoire). Il se trouve dans toutes les liturgies orientales et latines. Depuis son introduction à la messe, sa forme n'a pas changé. Clément de Rome en relevait déjà l'importance pour la louange humaine associée à celle des anges[129]. Le *Sanctus* est d'abord un chant des anges que les humains ont l'audace de leur emprunter avec libéralité. Les séraphins contemplaient la gloire de Yahvé qui emplit la terre, celle-ci la fait alors remonter jusqu'au ciel.

---

[126] Voici le texte hébreu : Kadosh Kadosh Kadosh Adonai Tz'vaoth M'lo Khol Ha'aretz K'vodo.
[127] Pierre LE BRUN, *Explication de la messe*, p. 363.
[128] Cf. Ceslas SPICQ, *Lexique théologique du Nouveau Testament*, Cerf/Éditions Universitaire Fribourg, 1991, p. 385.
[129] CLÉMENT de Rome, « Lettre aux Corinthiens », ch. 34, 5, in *Les écrits des Pères apostoliques*, Introduction de Dominique Bertrand, Paris, Cerf, Collection Foi Vivante, 1991, p. 95.

Il y a deux changements dans le verset d'Isaïe : le vocable *armée* disparait sauf dans les versions latines et le ciel est ajouté à la terre. Comme un immense élargissement des perspectives, une dilatation du temple de Jérusalem aux confins de l'univers[130]. D'ailleurs aucune traduction récente de la Bible (Chouraqui, TOB, BJ, Bayard) ne reprend le terme *armée*. Le latin a gardé *sabaoth* que la traduction officielle française rend par *Dieu de l'univers*. En relation avec la gloire de Dieu qui remplit la terre[131]. *Sabaoth*, pluriel de Saba aide à approcher Yahvé comme Seigneur et prince des millions d'anges qui forment la milice céleste[132]. Chouraqui ne traduit pas *Sabaoth*, d'autres le rendent par *Maître de tout, Dieu tout-puissant, Dieu de l'univers*. Théologiens et scientifiques innocentent Dieu de cette toute-puissance dont il est accablé. Être Créateur n'en demande pas tant ; il ne faut point estomper l'inouïe surprise du Dieu qui vient faire renaitre l'espérance. *Hosanna* provient du Ps 118, 25 ; c'est une francisation de l'hébreu *Hosiah-na*. Comme *Amen* et *Alléluia*, il est resté non traduit et signifie *donne le salut, maintenant sauvez je vous prie*[133]. Cet *Hosanna* était chanté à la fête des Tentes avec des palmes à la main[134]. Le 7e jour de cette fête se nommait le Grand *Hosanna*[135]. Lorsque Jésus entra en triomphe à Jérusalem, Il eut une mini fête des Tabernacles ; on reconnaissait en lui le Messie, le Fils de David[136]. La Jérusalem céleste devient la patrie de cette louange vers laquelle tend tout l'univers en pèlerinage[137] ; la création devient aède pour chanter : *j'ai demandé une chose au Seigneur, la seule que je cherche, habiter sa maison tous*

---

[130] Cf. Joseph-André JUNGMANN, *Missarum Sollemnia*, tome III, p. 44.
[131] Cf. Joseph-André JUNGMANN, *Missarum Sollemnia*, tome III, p. 43.
[132] Pierre LE BRUN, *Explication de la messe*, p. 362.
[133] Ibid., p. 364.
[134] Ibidem, p. 364.
[135] Cf. Lucien DEISS, *La messe, Sa célébration expliquée*, p. 100.
[136] Pierre LE BRUN, *Explication de la messe*, p. 364.
[137] Les psaumes de louanges pour Jérusalem (83 ; 26 ; 41) refont le lustre éclatant d'une ville où Dieu a choisi d'établir sa demeure tout en demeurant spirituel et invisible.

les jours de ma vie (Ps 26, 4). Avec les séraphins tout le peuple de Dieu que l'Église rassemble aujourd'hui chante *Hosanna*.

Le *Sanctus* put devenir un chant dans la liturgie sous influence de la synagogue juive[138]. Le pape Sixte I (42-128) ordonna que tout le peuple le chante avec le prêtre[139]. Attesté dans les liturgies les plus anciennes mais absent de la *Tradition apostolique*, le sanctus est inséré à la messe depuis le 3e siècle[140]. La trisagion est développée avec majesté à force de citations bibliques de l'AT et du NT dans les *Constitutions Apostoliques*[141]. De nuit comme de jour, ce cantique ne cause d'ennui, selon le concile de Vaison de 529[142]. Chant du peuple et du prêtre, le *Sanctus* conserve sa mélodie primitive très simple, proche de la récitation[143].

L'adjonction du *benedictus* serait d'origine gauloise et daterait du 6e siècle ; l'Orient dut attendre le 8e siècle pour l'attester[144]. Au 11e siècle, le célébrant se signe au *benedictus* en se redressant[145]. Cet usage a disparu avec les réformes successives des rubriques de la messe. Mais c'est un texte qui a peu varié depuis 20 siècles, sauf l'acclamation de *gloria tua*, pour accentuer le ton de la prière. On avait l'habitude de faire sonner la clochette de l'élévation au sanctus pour avertir que le prêtre entrait dans le canon[146]. Le *Sanctus* est notre cantique de la liturgie céleste (Ap 4,8) en écho à Is 6,3. Que nous ayons l'heur d'entendre les séraphins chanter la trisagion comme le prophète Isaïe !

---

[138] Joseph-André JUNGMANN, *Missarum Sollemnia*, tome III, p. 42.
[139] Pierre LE BRUN, *Explication de la messe*, p. 359.
[140] Cf. Joseph-André JUNGMANN, *La liturgie des premiers siècles jusqu'à l'époque de Grégoire le Grand*, p. 115.
[141] *Les Constitutions apostoliques,* tome III, Livres VIII, 12, 27, Sources Chrétiennes n. 336, p. 193.
[142] Cf. Pierre LE BRUN, *Explication de la messe,* p. 359-360.
[143] Joseph-André JUNGMANN, *Missarum Sollemnia*, tome III, p. 39.
[144] Ibid., p. 45.
[145] Cf. Joseph-André JUNGMANN, *Missarum Sollemnia*, tome III, p. 47.
[146] Pierre LE BRUN, *Explication de la messe*, p. 361.

L'ÉPICLÈSE EUCHARISTIQUE

L'office liturgique est la grande épiclèse de l'Église par laquelle le Royaume advient dans le monde[147]. Toutes les nouvelles prières eucharistiques ont une épiclèse, cette invocation de l'Esprit pour la sanctification des dons. Cela modifie la théologie eucharistique occidentale en profondeur[148]. Dans la PE la pétition épiclétique est recensée et attestée depuis le 3ᵉ siècle. Sa forme ordinaire fait adresser la demande à l'Esprit Saint. Elle change de place selon les groupes liturgiques[149]. Avant, l'épiclèse était dirigée vers le *Logos* ou autre objet de la puissance divine[150]. Mais les conciles christologiques du 4ᵉ siècle ayant assis la théologie de la divinité de l'Esprit Saint, l'épiclèse est adressée à Celui-ci. Les prières eucharistiques d'Orient ont deux épiclèses avant et après consécration. L'épiclèse post consécratoire est même devenue une marque propre de l'Église d'Orient, séparées de Rome[151].

QUID DE L'ÉPICLÈSE ?

Le grec *Epiklêsis* (*epi* = sur ; *kaleo* = appeler), signifie invoquer quelqu'un sur quelque chose. C'est invoquer l'Esprit Saint pour que sa puissance créatrice vienne transformer les dons des fidèles sur l'autel sacré. Le pain et le vin qui sont sur l'autel sont appelés dons (*dona*)

---

[147] Cf. Patrick PRÉTOT, « L'apport du monachisme à la vie liturgique de l'Église : quelques réflexions pour le temps présent », in Commission Francophone Cistercienne, *Liturgie et vie spirituelle, l'apport du monachisme à la vie liturgique de l'Église*, Saint-Léger Éditions, (2014), p. 97.

[148] Paul DE CLERCK, « La liturgie a-t-elle besoin d'une réforme permanente ? », *La Maison-Dieu*, n. 260, (2009), p. 222.

[149] Adalbert HAMMAN, article « Eucharistie », in *Dictionnaire encyclopédique du catholicisme ancien*, volume I, p. 896.

[150] Cf. Joseph-André JUNGMANN, *Missarum Sollemnia*, tome III, p. 107-108.

[151] Cf. Ibid., p. 109.

par rapport à Dieu de qui nous viennent tous les biens ; ils sont nommés présents par rapport aux hommes qui les présentent à Dieu[152]. L'épiclèse est l'intercession par laquelle le prêtre supplie le Père d'envoyer l'Esprit sanctificateur pour que les offrandes deviennent le corps et le sang du Christ et qu'en les recevant, les fidèles deviennent eux-mêmes une vivante offrande à Dieu. La première l'épiclèse est dans la *Tradition apostolique*, sur les offrandes et sur le peuple. L'Esprit Saint intercède pour nous (Rm 8, 26-27) et fait de la célébration liturgique une œuvre vraiment théandrique. Toutes les prières eucharistiques d'après Vatican II contiennent une épiclèse.

La PE porte une double épiclèse : celle de consécration dite avant la consécration des offrandes invoque l'Esprit Saint sur les oblats pour les transformer en corps et sang du Christ. La seconde de communion, après la consécration et l'anamnèse, demande à l'Esprit invoqué sur le peuple de Dieu de le rassembler en un seul corps, grâce à leur communion au Christ[153]. L'Esprit nous donne le Christ en nous donnant à lui[154]. Dans le canon romain, pas de mention explicite de l'Esprit, mais depuis Vatican II l'épiclèse est évidente dans toutes les nouvelles PE élaborées pour signifier l'action des trois personnes de la Trinité.

Dans le rite de Jérusalem attribué à Jacques le frère du Seigneur, en plus de l'épiclèse sur les offrandes et sur le peuple, il y en a une sur le prêtre. En Orient La PE a l'épiclèse couramment après le récit de l'institution. Pour les orthodoxes et le *Catéchisme de l'Église Catholique,* la consécration des saints dons s'accomplit par l'épiclèse : « au cœur de la célébration de l'Eucharistie il y a le pain et le vin qui,

---

[152] Pierre LE BRUN, *Explication de la messe*, p. 372.
[153] Cf. Lucien DEISS, *La messe, Sa célébration expliquée*, p. 104 ; Louis-Marie CHAUVET, « La dimension sacrificielle de l'eucharistie », *La Maison-Dieu*, n. 123, (1975), p. 69.
[154] Louis-Marie CHAUVET, « La dimension sacrificielle de l'eucharistie », *La Maison-Dieu*, n. 123, (1975), p. 69.

par les paroles du Christ et par l'invocation de l'Esprit Saint, deviennent le Corps et le Sang du Christ »[155].

Qu'attendre de l'épiclèse ? Est-elle *ex opere operato* ou nous requiert-elle une coopération ? L'Esprit Saint agit-il avec nous ou sans nous ? L'épiclèse fait demander une merveille que seul Dieu peut obtenir : que l'hostie sur l'autel devienne une digne victime humaine produisant notre réconciliation avec Dieu[156]. L'épiclèse devient ainsi la plus grande providence de l'Église dans l'ordre des biens spirituels ; elle lui procure sagesse et simplicité dans la condition humble de créature débitrice mais confiante dans la performativité et l'efficacité de l'action épiclétique de la même manière qu'elle comprit l'effectivité de la *fiat lux* originaire.

Contrairement aux sacrifices de l'AT, Jésus ne s'est pas sacrifié en échange pour obtenir une faveur de Dieu, pour acheter une attitude bienveillante. Il le fit par pur amour désintéressé, amour de son Père, amour pour les humains[157]. La figure du Dieu de la Promesse émerge dans la splendeur de sa fécondité comme un nouveau type d'engendrement. Cette intervention divine devint une marque, une étape de civilisation. L'épiclèse est la générosité de Dieu au service de l'intelligence du don. L'Esprit sanctificateur est dans l'épiclèse la providence des dons ineffables de la Trinité en vue de la re-création du monde et de l'humanité.

DU RÉCIT DE L'INSTITUTION

J'ai déjà souligné ce fait surprenant : aucun livre du NT ne livre le texte complet du récit de l'Institution ou *paroles consécratoires* de la messe, cœur du culte catholique ; celles rapportées ne sont point en araméen

---

[155] *Catéchisme de l'Église catholique*, n. 1333, version 1997.
[156] Cf. Pierre LE BRUN, *Explication de la messe*, p. 414.
[157] Jean LEBON, « 59 questions sur l'eucharistie », Repères pour les pratiques eucharistiques, *Guides Célébrer*, p. 58.

maternel de Jésus qui les a prononcées, mais en grec. Gardant le *Ceci est mon corps* sur l'hostie ; *Ceci est mon sang* sur le calice comme socle, l'Église coula la formule du récit de l'Institution à partir des trois synoptiques et de Paul. Ce récit n'avait pas encore une forme canonique au 3e siècle. La patience de l'Église maitresse de vie, a vaincu ces résistances. L'Église est autant universelle que particulière, orientale qu'occidentale ; elle aime la richesse de sa diversité dans la force de sa stabilité. Le récit de l'institution est intouchable et stable depuis seize siècles. Saint Jean Chrysostome comprit que les paroles du Christ à la cène prononcées *une fois pour toutes*, réalisent nos eucharisties de manière aussi performative que l'ordre de Dieu « Soyez féconds, multipliez, emplissez la terre et soumettez-la » (Gn 1, 28) permettant à un homme et à une femme d'engendrer une descendance[158]. Pour la Bouche d'Or c'est le Christ qui consacre par la bouche et les prières du prêtre[159]. Mais « n'est-il pas terrifiant qu'un homme (prêtre) soit autorisé à parler avec le moi de Dieu[160] » avec les paroles consécratoires ?

Que signifie ce récit de consécration dans la théologie catholique ? D'abord ceci : la production de la présence réelle (sacrement) n'est point l'œuvre des humains et de l'Église mais celle de l'Esprit du Christ par qui tout fut fait (*quo facta sunt omnia*). Ensuite cette efficacité de production de résultat est attachée non aux personnes mais à l'Église. Enfin l'Église est assurée de ce don de grâce jusqu'à ce qu'elle soit introduite dans le Royaume. La parole du Christ produit le sacrement (*sermo Christi hoc conficit sacramentum*) quand le prêtre la prononce. Saint Jean Chrysostome s'émerveilla : « Ô miracle ! ô bonté ! celui qui

---

[158] Jean Chrysostome est cité par Pierre-Marie GY, « L'eucharistie dans la tradition de la prière et de la doctrine », *La Maison-Dieu*, n. 137, (1979), note n. 15 de la p. 89.
[159] Cf. Pierre LE BRUN, *Explication de la messe*, p. 411. 439.
[160] Cardinal Joseph RATZINGER, *Un chant nouveau pour le Seigneur*, la foi dans le Christ et la liturgie aujourd'hui, traduit de l'allemand par Joseph Feistauer, Paris, Desclée-Mame, 1995, p. 80.

est assis à la droite du Père se trouve dans un instant entre nos mains, et va se donner à ceux qui veulent le recevoir[161] ».

Or l'Église commença par célébrer le mémorial du Seigneur avant les écrits du NT, eux-mêmes objet de traditions orales. Paul dit avoir transmis ce qu'il a reçu, une tradition orale ; car rien n'était fixé, figé, fixe. Les paroles consécratoires du NT furent la 2e et non la 1e tradition de l'Église pour la messe. Des deux traditions quelle est la plus fidèle et la plus pure ? La loi de l'Église c'est la fidélité à la volonté du Christ. Cela passe par des changements et des sauts ; le récit de l'Institution dans la prière consécratoire en est la plus solide preuve.

L'eucharistie, actualisation du mémorial de la cène, se fait dans et par quatre actions du Seigneur : prendre le pain, rendre grâce, rompre le pain et le donner à partager. L'offertoire est la première des quatre actions du Seigneur. L'Église en refaisant cela et en l'actualisant, obéit au commandement du Maître[162]. Le récit de l'Institution est suivi d'une prière d'offrande ou post anamnétique, de l'épiclèse et des prières d'intercessions[163]. Ce premier carrefour bifurque le repas du Seigneur de l'eucharistie-sacrement, anamnèse de toute l'histoire, de la création à la réalisation du salut[164]. L'Anaphore de la *Tradition apostolique* est historiquement le premier texte complet de prière consécratoire. Elle fut reconstituée et rendue accessible grâce à B. Botte dont les études sont une première référence pour ce

---

[161] Cité par Pierre LE BRUN, *Explication de la messe*, p. 411.
[162] Cf. Centre National de Pastorale Liturgique (CNPL), « Du bon usage de la liturgie », in *Guides Célébrer*, p. 52.
[163] *Les Constitutions apostoliques*, tome III, Livres VIII, 12, 35-50, Sources Chrétiennes n. 329, p. 197-205.
[164] Adalbert HAMMAN, article « Eucharistie », in *Dictionnaire encyclopédique du catholicisme ancien*, volume I, p. 895.

document[165]. Sa non-paternité à Hippolyte, est presque établie aujourd'hui[166].

Les paroles consécratoires doivent être dites avec gravité, révérence et lenteur solennelle sur le pain et sur le vin. Autrefois les rubriques demandaient au prêtre d'appuyer les coudes sur l'autel pour les prononcer[167] ; comme si le Christ le soutenait. Les paroles consécratoires étaient si sacrées et saintes que l'Église a résisté à les traduire en d'autres langues. Elles étaient revêtues du respect dû aux *ipssissima verba Christi*[168]. Elles furent dans la messe le dernier verrou à tomber quand les réformes conciliaires ont contraint l'Église à célébrer les mystères de la foi dans toutes les langues du monde pour honorer le Seigneur qui en a donné l'exemple le jour de la Pentecôte. Y a-t-il des langues sacrées ? On le pensait dans le passé. Le grec et le latin furent pendant un bon temps les véhicules du sacré et de la sainteté dans l'Église.

Peu d'éléments ont changé dans l'architecture de la PE. A cause des hérésies sur l'eucharistie, en accord avec le désir des fidèles de voir l'hostie consacrée, le prêtre prend le pain aux mots *accepit panem*, l'élevait, le montrait aux fidèles. L'usage de la monstration débuta vers l'an 1100 en attestation de la présence réelle par suite de l'hérésie de Béranger de Tours[169]. L'évêque de Paris en 1210 prescrit aux prêtres

---

[165] Bernard BOTTE, « Introduction » in Hippolyte de Rome, *La Tradition apostolique d'après les anciennes versions*, introduction, traduction et notes par Bernard Botte, Paris, Cerf, Collection Sources Chrétiennes n. 11 bis, 1968², p. 18-24.

[166] A la fin du 20ᵉ siècle est établi que ce document n'est pas d'Hippolyte. Cf. Matthieu SMYTH, « L'anaphore de la prétendue 'tradition apostolique' et la prière eucharistique romaine », *Revue des sciences religieuses*, n. 81/1 (2007), p. 95-118 ; https://journals.openedition.org/rsr/2128. Consultation 3 février 2020.

[167] Cf. Pierre LE BRUN, *Explication de la messe*, p. 417.

[168] L'expression signifie *les paroles mêmes du Christ*, celles dont les exégètes sont sûres que le Seigneur a dites lui-même.

[169] Cf. Pierre LE BRUN, *Explication de la messe*, Paris, p. 428. Depuis Bérenger on se débat entre les défenseurs de la présence réelle et les tenants de la présence symbolique bien enfourchée par les protestants. Cf. Claude GEFFRÉ, « L'Eucharistie,

d'élever l'hostie assez haut après les paroles de consécration, et cela fut imité partout[170]. La clochette du sanctus roulait trois coups en relation avec le trisagion. On l'inventa au 12ᵉ siècle pour annoncer l'élévation des saintes espèces à la consécration. Après la consécration il y a monstration de l'hostie devenue corps du Seigneur et du calice où le vin devient sang. Mais ce fut tardivement et par symétrie qu'on élevait la coupe qui pouvait déverser[171]. La monstration du calice vient deux siècles après celle de l'hostie ; les fidèles ne pouvaient voir et adorer le Christ présent que dans l'hostie. On dut tirer les rideaux cachant le sanctuaire aux fidèles pendant le canon[172]. Le prêtre s'abritait sous le dais du ciborium. Un brin de superstition se mêlaient à ces débordements de dévotion. Dans les Églises grecques on crut qu'après la consécration les anges se tenaient autour de l'autel pour adorer le Christ[173]. La monstration est liée au moment de la transsubstantiation des espèces.

La consécration est faite pour chaque espèce transsubstantiée après les paroles correspondantes. On réprouvait l'élévation des espèces avant consécration de peur qu'une créature soit adorée au lieu du Créateur. Au 13ᵉ on encense les espèces élevées en veillant que les nuages de la fumée n'obscurcissent les dons transsubstantiés. On permit aux fidèles de faire leurs prières quotidiennes durant la messe jusqu'à la consécration. La règle s'accorde avec l'exposition du Saint-Sacrement à la messe[174].

---

lieu de la gracieuseté de Dieu et de l'homme », *La Maison-Dieu*, n. 137, (1979), p. 151.
[170] Joseph-André JUNGMANN, *Missarum Sollemnia*, tome I, p. 158.
[171] Joseph-André JUNGMANN, *Missarum Sollemnia*, tome III, p. 123-125. Avant l'invention de la pale on recouvrait le calice avec la partie arrière du corporal, rabattue sur le calice. L'invention de la pale va permettre l'élévation de la coupe couverte.
[172] Pierre LE BRUN, *Explication de la messe*, p. 426.
[173] Ibid., p. 424. 429.
[174] Joseph-André JUNGMANN, *Missarum Sollemnia*, tome I, p. 193.

La consécration se fait sur l'autel revêtu de nappes sur lesquelles on étendait le corporal et les vases sacrés, patène et calice. La patène vient du latin *patella* et *patina*, le latin ecclésiastique donne *patena*, du verbe *patere*, être grand et ouvert ; autrefois la platène ou platine était grande et on s'en servait pour distribuer la communion, avant l'usage du ciboire[175]. Le pain mis sur la patène est hostie (victime) appelée à devenir le corps du Christ, la victime du sacrifice. Cette hostie devient dans le langage de Cyrille de Jérusalem et des sacramentaires, hostie salutaire de propitiation pour l'expiation de nos péchés[176]. La patène servait d'instrument à rompre le pain consacré (avec le bord) ; ou pour distribuer la communion. Comme elle était fort grande et plate, on en débarrassait l'autel quand on n'en avait plus besoin. Il y en avait qui pesaient jusqu'à trente livres. Un acolyte l'apportait sans la toucher au début du canon, à l'aide d'une écharpe au cou ; le sous-diacre la prenait, la remettait au diacre. Aux messes des morts qui devaient être plus sobres et où l'on communiait peu, on n'en avait pas besoin[177]. En Orient l'assemblée intervient dans le canon et le récit de l'Institution par des acclamations. Car elle est célébrante et consacrante[178]. Mais à côté du récit de l'Institution, le canon de la messe contient d'autres éléments aussi importants que dignes d'intérêt.

L'ANAMNÈSE

Dans la messe l'anamnèse est une réalité qui embrasse toutes les autres. Elle est cime et faîte du sacrement source et sommet de toute grâce. Tout acte liturgique qui actualise dans le présent l'Alliance précédente et anticipe l'Alliance plus parfaite qui doit suivre, est un

---

[175] Pierre LE BRUN, *Explication de la messe*, p. 274-275.
[176] Eléments Rappelés Ibid., p. 280.
[177] Cf. Pierre LE BRUN, *Explication de la messe*, p. 292-295.
[178] Lucien DEISS, *La messe, Sa célébration expliquée*, p. 109-110.

mémorial ; *memoriale* en latin, *zikkaron* en hébreu et *anamnesis* en grec[179]. Le mémorial central pour le chrétien est la nouvelle Alliance dans le corps et le sang du Christ au cours de la dernière cène. Or l'*anamnesis* était déjà gonflé de sève avant que Jésus ne l'ait établi en commandement. Le *zikkaron* hébreu apparait pour la première fois dans la Bible à propos du nom de Yahvé qui doit être un mémorial pour toujours (Ex 3, 15), puis dans l'institution de la Pâque juive (Ex 12, 14). Les formes du radical zkr reviennent près de 230 fois dans la bible hébraïque ; c'est un des lieux où Dieu se révèle. Cette mémoire divine n'est pas un simple souvenir mais un *comportement* le conduisant *en personne* à intervenir dans la réalité historique à nouveau[180].

Dieu quand il se souvient, entre en action, il est salut et grâce[181]. Il permet à l'homme de mémorialiser ses actions en témoin[182]. Vu sous cet angle, le mémorial signifie empêcher que les actions salvatrices de Dieu ne tombent dans l'oubli ; on les actualise, les rappelant d'âge en âge. Le mémorial est double ; et le peuple (Israël) et Yahvé se souviennent. Le mémorial est à la fois objectif et subjectif. Le mémorial subjectif est dans la mémoire mais le mémorial objectif consiste dans une parole-annonce et une action-annonce[183]. La Pâque juive ou mémoire rituelle de l'épopée de l'Exode[184] porte à penser à une institution destinée à être en soi un mémorial. A travers ce

---

[179] Dom Robert LE GALL, *Dictionnaire de liturgie*, p. 168.
[180] Burkhard NEUNHEUSER, article « Mémorial », in *Dictionnaire encyclopédique de la liturgie*, tome II, p. 19.
[181] Ibid., p. 20.
[182] Cf. Enzo BIANCHI, « Une liturgie pour la vie », in *Liturgie et vie spirituelle, l'apport du monachisme à la vie liturgique de l'Église*, p. 188.
[183] Burkhard NEUNHEUSER, article « Mémorial », in *Dictionnaire encyclopédique de la liturgie*, tome II, p. 21.
[184] Cf. Élisée RUFFINI, Article « Eucharistie », in Stefano de FLORES et Tullo GOFFI, (dir.) *Dictionnaire de la vie spirituelle*, Adaptation française par François VIAL, Paris, Cerf, 1983, p. 339.

mémorial objectif Dieu et son salut deviennent présents *hic et nunc*[185]. Ce n'est pas *simple commémoration (nuda commemoratio) du sacrifice accompli sur la croix* selon la 22ᵉ session du concile de Trente[186]. La chose répétée n'est pas retirée de son être historiquement passé, arrivé *ephapax*, elle fait sentir son effet présentement, elle est vraiment présente[187]. Et loin d'être un souvenir nostalgique le mémorial est l'effective représentation de l'événement du salut engageant ceux qui font mémoire ; expérience de rencontre de l'humain avec son Dieu[188].

Le renouvellement de la théologie chrétienne sur le mémorial eut son départ avec Odon Casel (1886-1948) qui prépara Vatican II[189]. Il a aidé à comprendre toute la messe comme une célébration mémoriale[190]. C'est-à-dire une re-présentation de l'événement du salut dans le culte. Le mémorial s'étend à toute l'histoire divine du salut, depuis la création jusqu'à l'incarnation et la rédemption[191]. Selon Karl Barth, on peut affirmer avec certitude que Dieu créa le ciel et la terre à partir de Jésus Christ[192]. Mais le premier à avoir compris le lien qui unit l'action eucharistique comme mémorial à l'action salvifique du Seigneur est

---

[185] Cf. Burkhard NEUNHEUSER, article « Mémorial », in *Dictionnaire encyclopédique de la liturgie*, tome II, p. 20-21.

[186] Heinrich DENZINGER, *Symboles et définitions de la foi catholique,* n. 1753, édité par Peter Hünermann pour l'édition originale et par Joseph Hoffmann pour l'édition française, Paris, Cerf, 1997, p. 470.

[187] Cf. Burkhard NEUNHEUSER, article « Mémorial », in *Dictionnaire encyclopédique de la liturgie*, tome II, p. 24.

[188] Cf. Élisée RUFFINI, Article « Eucharistie », in *Dictionnaire de la vie spirituelle*, p. 338.

[189] Cf. Patrick PRÉTOT, « L'apport du monachisme à la vie liturgique de l'Église : quelques réflexions pour le temps présent », in *Liturgie et vie spirituelle, l'apport du monachisme à la vie liturgique de l'Église*, p. 96.

[190] Voir une présentation sommaire de sa pensée sur la matière in Burkhard NEUNHEUSER, article « Mémorial », in *Dictionnaire encyclopédique de la liturgie*, tome II, p. 19-20.

[191] Cf. Ibid., p. 24. L'auteur résume ici la pensée de Johannes Betz.

[192] Cité par Jean-Louis SOULETIE, « Destin du mystère pascal dans la christologie », *La Maison-Dieu*, n. 240, (2004), p. 77.

saint Cyprien. Dans son épitre 63 il affirme que le Christ est grand-Prêtre de Dieu le Père à qui il s'est offert en sacrifice ; il nous a ordonné de faire cela en mémoire de lui[193]. Le mémorial n'est pas un moment de *l'actio*, c'est le rite eucharistique tout entier, c'est l'anaphore ; avec toute la richesse de sens que comportent dans la tradition biblique *azkarah* et *zikkaron*[194]. Faire mémoire est un acte cultuel qui prend appui sur un événement passé pour en célébrer l'actualité et l'actualisation[195]. Ce n'est pas l'événement du passé qui se rend présent mais l'assemblée qui, par le don de l'Esprit-Saint, en devient contemporaine[196]. Une actualisation du passé dans le présent de ceux qui sont là au moment même où ce passé est en célébration, cela peuple leur futur d'espérance en l'avenir. Donc il ne faut pas restreindre le sens et la portée de l'anamnèse : c'est Dieu même hier aujourd'hui et demain (He 13,8), prodigue en ses actions passées, merveilleux de surprises dans les présentes ; c'est la geste divine. « Si l'assemblée chrétienne est toujours anamnèse, il fait partie de son signe qu'il ait des dates et des jours mémorieux[197] ».

L'anamnèse dans la liturgie chrétienne a le sens technique de rappel des grands événements de la Pâques salvifique du Christ. Dans le NT le mot grec *anamnesis* revient seulement dans des contextes liturgiques cultuels (1 Co 11, 24-25 ; Lc 22, 19, He 10, 3) sans oublier le rapport direct à *zikaron*, représentation ou ritualisation du passé qui ne demeure jamais simplement passé, mais devient efficacement

---

[193] Cité par Burkhard NEUNHEUSER, article « Mémorial », in *Dictionnaire encyclopédique de la liturgie*, tome II, p. 22.

[194] Irénée-Henri DALMAIS, article « Anamnèse », in *Dictionnaire encyclopédique du catholicisme ancien*, volume I, p. 106.

[195] Centre National de Pastorale Liturgique (CNPL), « Du bon usage de la liturgie », in *Guides Célébrer*, Paris, Cerf/CNPL, 1999, p. 59.

[196] Patrick PRÉTOT, « L'apport du monachisme à la vie liturgique de l'Église : quelques réflexions pour le temps présent », in *Liturgie et vie spirituelle, l'apport du monachisme à la vie liturgique* de l'Église, p. 97.

197 Joseph GELINEAU, « Église – Assemblées – Dimanche Réflexions et perspectives pastorales Différents », La Maison-Dieu, n. 124, (1975), p. 99.

présent[198]. C'est cela le mémorial[199]. A cause de sa mort et de sa résurrection, le mémorial de la cène ordonné par le Seigneur devient un cycle complet du parcours vital humain toujours déjà branché sur l'éternité par le retour en gloire du rédempteur. Demain fut toujours dans le tégument d'hier que le présent aimante grâce à une seule mort, une seule vie, un seul sacrifice, un seul don pour tout le monde. Ambroise soulignait déjà la connexion étroite entre la descente aux enfers du Christ et sa glorieuse ascension. La cène fut une prédication achevée, efficace au centre de laquelle trône le Golgotha.

Le contenu de l'anamnèse, ce qui devient présent par la vertu de l'Esprit Saint, c'est l'action salvifique du Christ célébrée dans l'eucharistie. L'anamnèse nous rappelle que nous sommes des humains et non des anges ; la mémoire fait le mémorial, elle prend sens au lieu de l'oubli. Cet acte liturgique retourne en mémorial devant le Père le sacrifice du Fils. La mémoire du Fils est dans le Père et dans l'Église. L'anamnèse met Dieu à la portée de la création, elle est d'un développement prodigieux chez les syriens ; l'anaphore des Apôtres *Addaï* et *Mari* livre une fleurie : 'ce grand, redoutable, saint, vivant et divin mystère de la passion, de la mort, de l'ensevelissement et de la résurrection de notre seigneur et Sauveur Jésus-Christ'[200]. La palme d'enjolivure revient à l'anamnèse de la PE des *Constitutions Apostoliques* : « nous souvenant de sa passion, de sa mort, de sa résurrection d'entre les morts, de son retour au ciel et de son second avènement futur où il viendra avec gloire et puissance juger les vivants et les morts, et rendre à chacun selon ses œuvres[201] ». A Paris vers 1200, le rite de *l'élévation*, après la consécration, est relaté pour la

---

[198] Burkhard NEUNHEUSER, article « Mémorial », in *Dictionnaire encyclopédique de la liturgie*, tome II, p. 19.
[199] Irénée-Henri DALMAIS, article « Anamnèse », in *Dictionnaire encyclopédique du catholicisme ancien*, volume I, p. 105.
[200] Cité Irénée-Henri DALMAIS, article « Anamnèse », in *Dictionnaire encyclopédique du catholicisme ancien*, volume I, p. 106.
[201] Cité in Ibidem, p. 106.

première fois en mémoire de lui (*eis tèn emèn anamnesis*) qui revient en gloire des enfers avec les captifs libérés.

En bref l'anamnèse c'est toute l'eucharistie ou même toute l'histoire du salut en abrégé et en condensé. Car « sous les signes du pain et du vin nous reconnaissons le Christ présent et agissant pour nous faire revivre sa mort et sa résurrection dans l'attente de son avènement glorieux[202] ».

Mais il y a une surprise, comme un paralogisme atténué dans l'anamnèse eucharistique placée après la consécration où par transsubstantiation nous avons la présence réelle. Si le Seigneur est vraiment là sous les espèces du pain et du vin, pourquoi lui demander de venir ?[203] C'est que dans l'eucharistie *Sa* présence nous est donnée sous mode voilé : nous attendons la plénitude de sa révélation ; son retour en gloire rendra vain tout sacrement et pulvérisera tout signe et symbole de sa présence et de ses représentations. En ce sens notre vie dans la foi est une marche vers l'atteinte de cette plénitude. En attendant, l'anamnèse dans l'eucharistie le célèbre et l'annonce[204]. Nous le chantons avec une joie envieuse.

LES INTERCESSIONS

Le Canon romain a les intercessions avant et après le récit de l'Institution. La *Commemoratio pro vivis* et les *communicantes* sont avant la consécration. La *Commemoratio pro defunctis* et *Nobis quoque peccatóribus* sont après. Les autres PE déploient leurs quatre

---

[202] Françoise GUILLAUMIN, « Qu'est-ce que la prière eucharistique ? », in En Collaboration, *Des chrétiens découvrent les nouvelles prières eucharistiques*, Paris, Centurion, 1968, p. 23.
[203] Centre National de Pastorale Liturgique (CNPL), « Du bon usage de la liturgie », in *Guides Célébrer*, p. 60.
[204] Ibid., p. 60.

intercessions après la consécration[205]. Sous ce jour le Canon romain est une exception. Pourquoi les *communicantes* (demander la coopération des saints) y sont variables selon les temps liturgiques ? Pour marquer l'importance du mystère en célébration ce jour-là. Les circonstances de temps et de lieux sont des véhicules de grâce. Dans la tradition catholique, l'intercession est une pétition sans frontière en faveur d'un autre.

Je fais la précision sur la *Commemoratio pro vivis* par le détour des diptyques. Le grec díptykos, décomposable en dis = deux fois et ptussein = plier, était à l'origine des tablettes où étaient gravés les décrets impériaux et qu'on pliait en deux-volets. Le diptyque était le rappel courant des événements que l'on voulait célébrer. L'Église va l'utiliser dans sa liturgie. Le diacre lisait à haute voix pendant l'office les noms des bienfaiteurs de l'Église inscrits sur un diptyque pour qu'on prie pour eux. On faisait des diptyques avec la liste des évêques d'un siège épiscopal et celle des baptisés d'un lieu. La liste était lue à haute voix pendant la messe pour inciter les fidèles à prier pour ces personnages. Nous devons prier pour nos pasteurs (He 13, 7). Une Église pouvait recevoir d'une autre un diptyque en cadeau d'étrenne selon la coutume romaine, avec une phrase élogieuse gravée à l'intérieur. On pouvait aussi dans une Église rayer *des diptyques* des noms en signe de disgrâce. Ainsi au 5ᵉ siècle Dioscore d'Alexandrie osa ôter des diptyques le pape Léon[206]. Depuis le schisme de Photius on ne cite plus le nom du pape à la messe à Constantinople. Mais les Grecs pendant les épisodes de réunion nomment le nom du pape avant les patriarches. Le 2ᵉ concile de Vaison obligeait à nommer le pape à la messe et saint Pélage affirmait que ne pas le faire c'était se séparer de l'Église universelle[207].

---

[205] Parmi ces quatre intercessions trois sont mêmes avec le canon romain, celle pour les nouveaux baptisés est appropriée à la période pascale.
[206] Pierre LE BRUN, *Explication de la messe*, p. 375.
[207] Ibid., p. 376.

Un mot des *communicantes*. Ce participe présent de *communico, communicare* qui signifie recevoir en commun, réunir, joindre, partager, est traduit dans la PE I par « dans la communion de toute l'Église » c'est-à-dire *en communion avec tous les fidèles* sans exclure les saints[208]. Il met en rapport le ciel et la terre par l'Église pont des deux cités ; en faisant mémoire des saints des basiliques stationnales romaines, on mentionnait d'autres saints avec celui du jour. Bref, le *communicantes* est un appel à l'aide des saints ; la très sainte Vierge Marie est nommée suivie des Apôtres et des premiers successeurs de Pierre à la cathèdre de Rome[209]. L'Église de la terre s'unit à celle du ciel par communion des saints (*communio sanctorum*), au moment glorieux du saint sacrifice. Les grandes solennités de l'Église, ont par exemple leurs *communicantes* propres : Pâques, Noël, Pentecôte, Ascension, Épiphanie. Dans les autres prières eucharistiques cet appel à intercéder est placé après l'anamnèse et est suivi du memento des morts et de la prière « sur nous tous enfin ».

Pour les défunts. La miséricorde est le lot de ceux et celles qui meurent dans la piété. Depuis les Apôtres l'Église a toujours prié pour les morts[210]. L'intercession pour les défunts est tributaire d'éléments de l'ancienne liturgie juive mais orientés en un sens nouveau. La première occurrence et la plus grande attestation de la prière pour les morts selon la lex orandi, est du livre des martyrs d'Israël (2 M 12, 40-46) ; il s'agit surtout d'intercession pour le pardon des péchés des défunts dans l'au-delà. Les PE d'Orient et d'Occident

---

[208] Pierre LE BRUN, *Explication de la messe*, p. 393. Entre les saints et les fidèles de la terre il y a inégalité de statut mais la communion entre les fidèles se fait dans l'égalité en toute chose : même patrie, même chemin, même sacrements, mêmes besoins, même secours pendant le pèlerinage jusqu'à atteindre le but. P. 394.

[209] J'ai déjà rappelé quand et comment saint Joseph *chaste époux de la Vierge* est entré au canon.

[210] Cf. Pierre LE BRUN, *Explication de la messe*, p. 475. L'auteur s'autorise de saint Augustin et de saint Jean Chrysostome.

ont toutes une prière pour les fidèles défunts[211]. Le 3ᵉ jour de la mort d'un chrétien, on célèbre avec des chants et des prières, une liturgie ; le 9ᵉ jour, on fait une mémoire en souvenir des vivants ; une autre liturgie le 30ᵉ jour ainsi qu'au premier anniversaire de la mort. Ce jour-là on distribue ses biens aux pauvres en souvenir[212]. Neuvaine, trentain, messe du premier anniversaire, visite au cimetière viennent de ces pratiques vivaces. On avait chez les Grecs et les Romains la coutume d'un deuil de neuf jours, avec une cérémonie spéciale le neuvième jour.

Mais c'est dans la célébration de la pénitence que la prière de l'Église pour les défunts trouva son plus ferme point d'appui. Au 2ᵉ siècle nait la pénitence publique dans l'Église. Devant la communauté et l'évêque, le pénitent fait l'aveu de sa faute, est soumis à la pénitence et exclus de la communion. Après l'expiation par l'aumône, le jeûne, la prière, il est réadmis à la sainte Table. Mais s'il meurt sans avoir tout expié, la pénitence continue dans l'au-delà. Les Églises d'Orient parlent de postes de douane où le pénitent se décharge de ses fautes avant la vision de Dieu. Cyprien parlait d'expiation et de satisfaction avant l'accès à la vision béatifique[213]. Pour Ambroise les âmes recevront leur juste salaire à la fin des temps[214]. Augustin s'appuyant sur 1 Co 3, 13 est le premier à faire référence à un feu purgatoire (*ignis purgatorius*) dans l'au-delà[215].

La messe pour les morts fut très tôt dans l'Église une institution. Dès le 2ᵉ siècle en Asie Mineure l'eucharistie est célébrée en mémoire des défunts le 3ᵉ jour comme pour Polycarpe. C'était fait le plus souvent

---

[211] Pierre GERVAIS, « Le purgatoire. La loi de la prière », *Nouvelle Revue Théologique*, tome 140/n. 3 (2018), p. 406.
[212] *Les Constitutions apostoliques,* tome III, Livres VIII, 42, 1-4, Sources Chrétiennes n. 329, p. 259-261.
[213] Cf. Pierre GERVAIS, « Le purgatoire. La loi de la prière », *Nouvelle Revue Théologique*, tome 140/n. 3 (2018), p. 408.
[214] Cité ibid., p. 408.
[215] Cf. Ibidem, p. 406.

sur la tombe du défunt. Il en allait de même pour le 7e et le 30e jour. Le premier anniversaire du martyr donnait lieu à un service cultuel accompagné du *refrigerium*, un repas pris en souvenir et en l'honneur du mort sur sa tombe à l'anniversaire du décès[216]. Cette commémoration aurait une origine préchrétienne. En Afrique Augustin transforma la coutume des *refrigeria* ; il admit des offrandes sur les tombes en quantité modérée, les dons pour le banquet sont donnés aux pauvres en suffrages pour les morts[217]. La messe des défunts s'établit dans les monastères à la même période ; les formulaires sont très développés dans le gélasien ancien. Ici se souvenir c'est secourir. Le détour par le culte des martyrs et des confesseurs de la foi, en fournit une preuve.

Le culte des martyrs. Ce fut une question pratique à l'origine : que faire des dépouilles de ceux qui ont vécu et souffert pour le Christ jusqu'à la configuration ? Comment éviter que les persécutions, les exécutions, les autodafés pour impiété aux dieux païens, les barbaries romaines commises sur les chrétiens, ne deviennent des repoussoirs pour les communautés chrétiennes dans l'empire ? Le parti à prendre était de conséquence car honorer les martyrs était en devenir un en puissance et exposer la communauté. Dès la fin du 2e siècle, on institua les mémoires des Martyrs au jour de leur mort devenue leur véritable « *dies Natalis* ». On inscrivait leurs noms sur des diptyques et écrivait les légendes de leur martyre. On faisait d'eux des intercesseurs auprès de Dieu ; à Rome on les priait dès le 3e siècle[218]. On célébrait sur leur tombe le mémorial du Seigneur et le repas en

---

[216] Le *refrigerium* était attesté au 3e s. sur le tombeau des Apôtres Pierre et Paul. A cause des abus, l'Église l'a remplacé progressivement par une messe d'intercession aux tombeaux des Apôtres et des martyrs. Cf. Joseph-André JUNGMANN, *Missarum Sollemnia*, tome I, p. 268-269.

[217] Cf. Id., *La liturgie des premiers siècles jusqu'à l'époque de Grégoire le Grand*, op. cit., p. 219.

[218] Pierre JOURNEL, « L'année liturgique », in Aimé George MARTIMORT (en collaboration), *L'Église en prière*, Introduction à la liturgie, tome IV « La liturgie et le temps », Paris, Desclée, 1983, p. 126.

commun[219]. On constituait une liste de martyrs dans chaque église locale où cela fut possible[220]. Le rappel du lieu et de la date du martyre permit le retour de la célébration annuelle de ces confesseurs qui donnèrent leur vie pour le Christ dans la joie et l'allégresse (Ps 117, 23)[221]. Le cas d'espèce et d'illustration est le martyre de Polycarpe.

Le récit du Martyre de Polycarpe trace dès le 2e siècle l'importance de la configuration au Christ. Ce récit d'édification remplit d'un baume de parfum rare l'antiquité chrétienne. On y écrit : « attentif à la grâce de Dieu, ils (les généreux martyrs) méprisaient les tortures de ce monde, et en une heure ils achetaient la vie éternelle[222] ». Ils furent livrés à l'irénarque[223] pour être froment, ils furent les jouets des confectors[224] mais furent impassibles devant le reniement ; dès les temps les plus reculés ils ont été honorés et faits docteurs et Pères[225]. Le récit du martyr de Polycarpe fut un véritable hymne d'apothéose pour les chrétiens. Les smyrniotes témoignent : « quant aux martyrs nous les aimons comme disciples et imitateurs du Seigneur, et c'est juste, à cause de leur dévotion incomparable envers leur roi et maître ; puissions-nous, nous aussi, être leurs compagnons et leurs

---

[219] Cf. Pierre JOURNEL, « L'année liturgique », in Aimé George MARTIMORT (en collaboration), *L'Église en prière*, op. cit., p. 126.

[220] Cf. Ibid., p. 127.

[221] Cf. Lettre de l'Église de Smyrne, « Le martyr de Polycarpe » ch. XVIII, 3, in *Les pères Apostoliques*, Introduction par Dominique Bertrand, Paris, Cerf, Collection Foi Vivante, 1990, p. 256.

[222] Lettre de l'Église de Smyrne, « Le martyr de Polycarpe » ch. XVIII, 3, in *Les pères Apostoliques*, p. 245.

[223] En Orient surtout, officier de guerre ou préfet de ville dont la fonction était de maintenir la paix et la tranquillité dans les provinces. Ainsi il était chargé d'arrêter les chrétiens comme criminels, de les interroger et de les livrer pour être châtiés. Cf. Ibidem, note n. 11, p. 247.

[224] Sorte de gladiateur chez les anciens Romains, qu'on payait pour se battre dans l'amphithéâtre contre les bêtes féroces. Par extension il achevait les bêtes ou les blessés qui survivaient au combat.

[225] Lettre de l'Église de Smyrne, « Le martyr de Polycarpe » ch. XII, 2, in *Les pères Apostoliques*, p. 251.

condisciples[226] ». En fait les chrétiens ne recherchaient pas la mort mais l'accueillaient comme une bénédiction, une délivrance. Le culte des martyrs devenait la préface à l'année liturgique, du moins eut cette allure.

L'Église de Rome était très pudique sur ces dévotions éclatantes remarquables en Afrique et ailleurs parce que la persécution y était plus sauvage et féroce. Mais elle pouvait adjoindre les noms de martyrs au canon de la messe[227]. Au Moyen Âge encore on ajoutait de nouveaux noms au *communicantes*, Grégoire III (731-741) autorisa de joindre les saints du jour et les saints locaux au jour anniversaire. Cela allait provoquer des réactions fortes en cascade contre ces surcharges trop faciles[228]. C'est l'origine de la tradition de citer les noms au cours d'une messe. Il n'est pas nécessaire d'en retracer toute l'histoire. *Intelligenti pauca*[229].

Au 7e siècle naissent des confraternités de prières qui s'en furent d'église en église, de monastère en monastère, faire des suffrages en faveur des morts. Au Moyen Âge on pouvait dire jusqu'à 45 messes pour les défunts[230]. Des évêques et abbés s'engagèrent à célébrer cent messes pour des membres qui viendraient à mourir. Les messes pour les défunts chaque mois, trentains et neuvaines de messes naitraient de ces pratiques. A la commémoration de tous les défunts au 14 novembre au 8e siècle, le prêtre pouvait célébrer jusqu'à trois messes pour les morts.

Le memento des morts n'était pas toujours à sa place actuelle dans le canon romain ; depuis le 5e siècle il y avait une mémoire générale des trépassés à la litanie du Kyrie. On pouvait avoir une célébration spéciale pour défunts en semaine mais pas le dimanche où au bas

---

[226] Lettre de l'Église de Smyrne, « Le martyr de Polycarpe » ch. XII, 2, in *Les pères Apostoliques*, p. 255.
[227] Cf. Joseph-André JUNGMANN, *Missarum Sollemnia*, tome III, p. 89.
[228] Cf. Ibid., p. 90-91.
[229] Locution latine traduisant : les intelligents comprennent avec peu de mots.
[230] Cf. Joseph-André JUNGMANN, *Missarum Sollemnia*, tome I, p. 169.

Moyen Âge le memento des morts n'était pas dit à la messe[231]. On ne célébrait pas les funérailles le dimanche ; quand c'était inévitable, le célébrant devait jeûner jusqu'à none avant de célébrer. Selon une croyance médiévale, une trêve était accordée aux âmes du purgatoire le dimanche, ce n'était pas nécessaire de prier pour elles en ce jour. La messe *pro defuntis* enfin s'imposa aussi avec et par l'idée que les défunts ne sont pas séparés de la communion de l'Église et du Christ car ils aspirent aux sacrements[232].

Pour les vivants. Dans le memento des vivants après avoir prié pour l'évêque, on pouvait aussi prier pour le roi en tant que ministre de Dieu de qui la paix de l'Église peut dépendre[233]. Depuis Constantin on nomme les empereurs à la messe et leurs noms figuraient sur les diptyques comme ceux des papes et des évêques[234]. Nous prions pour ceux qui gouvernent les peuples pour qu'ils nous donnent de mener une vie paisible et tranquille enrobée de piété et dignité selon 1 Tim 2, 2. Sur l'utilisation des intercessions pour les vivants et pour les morts, nous avons des pratiques à corriger dans l'Église locale d'Haïti. Voici un relevé non exhaustif des éléments à réexaminer : La liste des noms pour qui la messe est appliquée qui peut prendre 15 mn à les citer[235], la non différence à établir entre une messe recommandée et une intention de messe ; l'obligation de dire séparément chaque messe recommandée à côté d'une messe collective pour défunts, la question du binage résolue depuis Paul VI mais non mise en application dans les diocèses ; le partage des ressources par le don des intentions de messes et de prières. Autant de problèmes à considérer

---

[231] Cf. Joseph-André JUNGMANN, *Missarum Sollemnia*, tome III, p. 158-169 avec tout l'apparat critique disponible.
[232] Joseph-André JUNGMANN, *Missarum Sollemnia*, tome III, p. 160.
[233] Pierre LE BRUN, *Explication de la messe*, p. 377.
[234] Ibid., p. 379.
[235] Or une rubrique dans le missel de Pie V prescrivait : si le prêtre veut prier pour plusieurs personnes, il peut penser à chacune en particulier avant la messe, de peur d'ennuyer les assistants ; à l'autel il peut les recommander tous en général. Cf. Pierre LE BRUN, *Explication de la messe*, p. 380.

en relation avec la valeur infinie de chaque messe. Un ajustement est nécessaire. La genèse et l'histoire de l'ensemble de ces questions ont part liée au culte des martyrs et aux diptyques que j'ai diagnostiqué comme éléments de la quête de l'originaire.

L'honneur que l'Église accordait aux martyrs et confesseurs de la foi, aux saints et aux bienfaiteurs des peuples, le soin particulier mis à travailler au salut des vivants et des morts, ont donné un relief de grande conséquence aux intercessions dans la messe. Le souvenir de ceux qui nous sont chers, l'espérance d'être à jamais avec eux dans la gloire du Père, a tissé les liens de communion entre l'Église du ciel et celle de la terre. C'est pourquoi après la consécration, les fidèles ont toujours mis un zèle particulier à prier et à faire prier pour leurs proches aux intercessions. Ainsi entourée et supportée par les suffrages de l'Église et des cohortes de saints, l'Assemblée peut d'une voix unanime se préparer à glorifier de manière grandiose la sainte Trinité pour clore l'action de grâce. C'est la grande doxologie.

DE LA GRANDE DOXOLOGIE

Une doxologie est une formule de louanges qui conclut certaines prières. Elle consiste à confesser la gloire, la sainteté de Dieu ; un acte de louange, de reconnaissance de sa gloire. Le terme est un composé : *doxa* = opinion, gloire et *logos* = parole. Les premières doxologies sont dans les psaumes. Le dernier verset du dernier psaume est un parfait exemple : *Que tout ce qui respire loue Yahvé ! Alleluia !* (Ps 150, 6). Dans la liturgie chrétienne Ambroise de Milan serait à l'origine de la doxologie. Il composa des hymnes et des chants terminés par des formules trinitaires pour contrer la montée de l'hérésie arienne. Tout texte liturgique dont le style et la portée visent la gloire de Dieu est une doxologie. Il en existe de grandes et de petites. Le *Gloria in excelsis*, le *Te Deum* sont de grandes doxologies tandis que le *Gloria Patri*, le *Per ipsum* (Par lui...) sont de petites. Une pompeuse doxologie est l'embolisme en Mt 6, 13 et qui conclut le *Pater* à la messe ; il commence par *car c'est à toi qu'appartiennent…..* Les petites doxologies sont souvent trinitaires, courtes, précises comme un couperet.

Dans l'eucharistie la doxologie est une prière de louange et geste d'offrande honorant et adorant sur l'autel le corps et le sang du Christ comme l'offrande agréable du seul sacrifice digne du Père. Le célébrant, au nom du peuple assemblé dans l'Esprit Saint, offre le Christ Jésus en sacrifice à son Père dans une parole de gloire, courte, conclusive, sommet de la prière eucharistique. La doxologie est un rappel, un abrégé du pouvoir de salut du Christ nous redisant : sans moi vous ne pouvez rien faire (Jn 15, 5).

La prière eucharistique « part du Père, passe aux œuvres du Fils et s'achève dans l'œuvre ecclésiale de l'Esprit pour se terminer par une doxologie finale[236] ». La doxologie dans sa forme trinitaire qui conclut nos prières, était déjà apparente au 3ᵉ siècle. En tout cas la *Tradition apostolique* la prescrit pour toute bénédiction. La voici « gloire à toi, Père et Fils avec le Saint-Esprit dans la sainte Église, maintenant et toujours dans les siècles des siècles[237] ». Le Christ Jésus est le pont sur l'abîme séparant Dieu de l'homme ; toute prière n'est possible qu'en lui, par lui et avec lui[238]. Cet élan trinitaire de la PE est dans l'improvisation de saint Justin au 2ᵉ siècle avec le Christ comme médiateur. Le *Par Lui* signifie qu'il n'y a qu'un seul médiateur, le *Avec Lui* réaffirme l'unité et l'égalité du Père et du Fils, le *En lui* affirme, déclare la consubstantialité du Père et du Fils[239] ; coéternels et co-glorifiés.

---

[236] Adalbert HAMMAN, article « Eucharistie », in *Dictionnaire encyclopédique du catholicisme ancien*, volume I, p. 896.
[237] Hippolyte de Rome, *La Tradition apostolique*, op. cit., ch. 6, p. 55.
[238] Cf. Joseph-André JUNGMANN, *La liturgie des premiers siècles jusqu'à l'époque de Grégoire le Grand*, p. 82.
[239] Cf. Pierre LE BRUN, *Explication de la messe*, p. 483-484.

Quand la PE est terminée, l'Église fait résonner *l'Amen* du peuple assemblé comme une lente solennité qui monte de la terre vers le ciel. L'Amen final qui conclut La PE est une profession de foi qui résonne *comme un tonnerre*[240] dans les églises. Cet *Amen* après le *Par lui, avec lui et en lui*, est en soi un déploiement de la *participatio actuosa* que Vatican II a rappelé avec bonheur[241]. La prière de la tête devient ainsi celle de tout le corps.

A la doxologie concluant le canon, tout le monde était incliné sauf l'archidiacre qui devait aider le pontife à soulever le calice et l'hostie[242]. Le calice était grand et fort pesant à cause à cause de la matière de fabrication et de la quantité de vin qu'on devait consacrer pour la communion du clergé et du peuple[243] ; il avait deux anses pour mieux aider à le soulever lors de l'élévation. Aujourd'hui encore le diacre à l'autel fait la grande élévation du calice sans anses à côté du prêtre élevant la patène alors qu'il dit ou cantille la doxologie finale de la PE.

SE PRÉPARER À PASSER À TABLE

« Pour bénéficier des possibilités nouvelles apportées par la mise en commun, la communion, il faut être capable de réaliser avec les autres un être collectif, de les regarder comme des sources et non comme des dangers ou même des adversaires[244] ». C'est la communion qui bannit la compétition délétère et la concurrence sauvage ; ces aspects sociaux rendent indispensable au monde la liturgie ; celle-ci active la

---

[240] L'expression est de saint Jérôme, cité in Pierre LE BRUN, *Explication de la messe*, p. 345.
[241] Cf. Sacrosanctum Concilium, n. 48-56 in Vatican II, *Les seize documents conciliaires*, Montréal/Paris, Fides, 1967. p. 143-145.
[242] Bernard CAPELLE, « Fraction et commixtion ; Aménagements souhaitables des rites actuels », *La Maison-Dieu*, n. 35, (1953), p. 84.
[243] Pierre LE BRUN, *Explication de la messe*, p. 288.
[244] Albert JACQUARD, *Dieu ?* Stock/Bayard, 2003, p. 118-119.

communion des saints. Cet avant-goût de vie éternelle qu'est la communion ne fait pas bon ménage avec la science qui veut montrer que la vie sans fin est infiniment improbable. En effet il est dans la nature de la vie d'un être vivant de mourir d'une manière ou d'une autre. A la résurrection quel corps recouvrerons-nous ? Le meilleur de nous-mêmes sera propulsé dans la plénitude sans fin de la perfection de Dieu. Mais les outils de notre monde sont inopérationnels à nous figurer l'éternité. Le temps et l'éternité n'appartiennent pas aux mêmes dimensions. Nous savons comment nous porter devant l'avenir et le regarder en face en interlocuteur. Mais la résurrection n'est pas un cadeau à obtenir à la fin des temps ; les temps n'ont pas à finir pour que l'éternité commence. Quel pensum que tous les morts en Christ doivent attendre une fin des temps pour recevoir la couronne impérissable de gloire ! D'avoir vécu avant d'autres doit-il être une malchance ? La gloire et le salut de Dieu sont manifestes dès maintenant. Mais il y a une fin à la création parce que tout simplement elle est création c'est-à-dire soumise à la corruption, la décomposition. Dieu sauve toujours *hic et nunc*, dans l'aujourd'hui ; nous sommes devant lui dans un aujourd'hui éternel maintenant, voilà pourquoi le salut ne souffre pas de retard. Les fruits de la résurrection ne sont pas pour demain, ils poignent déjà dans notre quotidien comme commencement de vie bonne avant de devenir plénitude de vie avec Dieu dans la vision béatifique sans fin. Voilà la finalité de la communion réelle ou avec le sacrement de l'eucharistie.

Quelle est donc cette pratique de manger son Dieu ? N'est-ce pas le faire disparaitre à jamais ? Et après l'avoir mangé que faire si on n'est pas rassasié ? Ces questions n'ont rien avoir avec le fait que la communion ne fut pas plus que quatre fois l'an de la paix de l'Église jusqu'à Pie X[245]. N'avait-on pas souvent faim de Dieu ? Autant que la nourriture est indispensable à l'humain autant l'eucharistie est

---

[245] Pierre-Marie GY, « L'eucharistie dans la tradition de la prière et de la doctrine », *La Maison-Dieu*, n. 137, (1979), p. 82.

nécessaire nourriture du corps et de l'âme. Dès le 8ᵉ siècle on résolvait le problème dans l'Église romaine par la communion hebdomadaire[246]. Or en 1215 Latran IV prescrivait la communion pascale dans son article 21 ; donc une fois l'an. La majorité des chrétiens ne s'en offusqua point. On fit sa Pâque pour être en règle. Or manger est une loi de la nature et non une commodité. C'est qu'il fallait toujours se confesser avant de communier ; saint Louis communiait six fois l'an et assistait à la messe chaque jour[247]. Il faut remercier saint Pie X d'avoir dégagé l'opinion théologique de son étau pour établir que l'état de grâce et l'intention droite suffisent pour communier[248]. Notre parcours ne nous dépose pas encore sur ce chemin ; il y a des bornes à parcourir et un certain nombre de postes de contrôle à passer ; le premier est le Pater. Il faut entrer dans cette forteresse.

LE PATER

A la messe la préparation à la communion commence avec le Pater qui définit notre identité : « notre situation de fils et de frères est une situation d'héritiers[249] ». Dans la Bible deux versions du Pater : Matthieu et Luc. La liturgie choisit la version de Matthieu. *Le Pater* nommé aussi oraison dominicale est inspiré de la liturgie juive du Qaddish. Il reprend « le plan classique de l'histoire du salut : sortie d'Égypte, épreuve du désert, passage du Jourdain, entrée en Terre promise. On ne demande ainsi dans l'oraison dominicale, rien d'autre que de bénéficier, chacun pour son propre compte, du geste du Dieu

---

[246] Pierre-Marie GY, « L'eucharistie dans la tradition de la prière et de la doctrine », *La Maison-Dieu*, n. 137, (1979), p. 82.
[247] Pierre-Marie GY, « L'eucharistie dans la tradition de la prière et de la doctrine », *La Maison-Dieu*, n. 137, (1979), p. 83.
[248] Cf. ibid., p. 83.
[249] Evode BEAUCAMP, *Israël en prière, Des psaumes au Notre Père*, Paris, Cerf, Collection Lire la Bible, 1985, p. 50.

de l'Alliance[250] ». Sa place dans la messe fait d'elle un trait d'union entre la prière eucharistique et la communion dont elle en est la véritable préface. Elle est le pendant renversé du confiteor ; alors que JE me reconnais pécheur, dans le *Pater* le *Nous* l'emporte net ; comme si la confession des péchés crée la communion. Le *Pater* atteint une intensité d'expression de la foi d'une saisissante beauté, récité par tous [251]. Il n'y a pas de chant pour ce rite ; une cantillation commune est souhaitée. Il y a une différence entre chanter et cantiller, l'ignorance de cela explique que l'Église catholique en Haïti se donne le loisir de créer ses propres rites du soir au matin. Il faut savoir prendre la mesure des choses. Les rites reflètent ou même inventent l'aventure de l'histoire[252].

« La prière doit transformer le désir du cœur mais le désir du cœur doit nourrir la prière[253] ». Le *Pater* sorti du cru de Jésus l'Enseignant est déployé en sept demandes ; les trois premières dans le symbolisme de la Trinité ont pour objet Dieu ; les quatre dernières, signe de la perfection de la création, viennent du cœur de l'homme courbé sous le poids de ses besoins, visent sa vie matérielle et spirituelle. Selon saint Augustin ces sept demandes renferment tout ce qu'on peut demander[254]. Cette prière met les choses à leurs places de créatures face au créateur si bon qu'il est Père et adoré. S'adresser à son père ne requiert pas des formules mais un épanchement de tendresse et de délicatesse ajustée. Deiss pensait que la communauté primitive ne s'était point formalisée sur des formules de mot-à-mot[255] ; il suffit d'être des enfants sachant comment cajoler leur Père. Sur ce creux

---

[250] Evode BEAUCAMP, *Israël en prière, Des psaumes au Notre Père*, Paris, Cerf, Collection Lire la Bible, 1985, p. 139.
[251] Centre National de Pastorale Liturgique (CNPL), « Du bon usage de la liturgie », in *Guides Célébrer*, p. 62.
[252] Felice RAINOLDI, « Chant et musique », in *Dictionnaire encyclopédique de la liturgie*, tome I, p. 170.
[253] Paul BEAUCHAMP, *Psaumes nuit et jour*, Paris, Seuil, 1980, p. 150.
[254] Rappelé par Pierre LE BRUN, *Explication de la messe*, p. 491.
[255] Lucien DEISS, *La messe, Sa célébration expliquée*, p. 122.

Jésus affirma de ne donner à personne sur terre le nom de Père sauf à Dieu (Mt 23, 9). « L'oraison dominicale canalise vers les sommets le cri de tous les hommes en quête de salut[256] ». Et si le Seigneur ne nous avait donné le précepte de prier Dieu en le nommant Père, nous n'aurions oser le faire. L'introduction au *Pater* affirme *nous osons dire*, qu'on utilisait déjà au temps de saint Cyprien[257].

Le *Pater* a vraiment sa place au cœur de l'eucharistie car s'il y a un lieu où le nom de Dieu doit être sanctifié, célébré, loué et glorifié c'est bien là. Dieu étant incomparable, on lui doit la vénération la plus profonde ; *soli Deo honor et gloria* (1Tim 1, 17). Sa volonté se réalise en nous secourant dans le combat continuel de la chair contre l'esprit pour que son règne vienne dans tout l'univers. Mais la chair a besoin du secours du pain quotidien qui a trait autant aux besoins naturels que spirituels ; double subsistance : corps et âme. La vie de l'âme consiste dans l'union avec Dieu pour toujours, ce pour quoi elle est faite[258]. Car la vie de l'Esprit c'est savoir se tenir éloigné d'un tombeau vide dans lequel il n'y a plus rien à chercher[259]. Quel serait le devoir du Père créateur envers ses créatures, fils adoptés dans le Fils ? Il nous pardonne, ne sous soumet pas à la tentation car Dieu n'a pas besoin de nous éprouver pour nous connaitre ; tout est à découvert devant lui. Tout est *coram Deo* ; ainsi Il nous délivre du mal. Si avec cela subsiste en nous ce qui n'est pas de Lui et Lui, Il nous donne la grâce actuelle et la grâce d'état pour endurer l'existence, lutter contre le démon, la chair et le monde. Par sa grâce il ne nous abandonne pas à nous-mêmes ; sa grâce nous est une ressource pour faire le bien[260] ; nous préserve de nous.

---

[256] Evode BEAUCAMP, *Israël en prière, Des psaumes au Notre Père*, Paris, Cerf, Collection Lire la Bible, 1985, p. 140.
[257] Pierre LE BRUN, *Explication de la messe*, p. 491.
[258] Pierre LE BRUN, *Explication de la messe*, p. 500.
[259] Cf. Jean-Louis SOULETIE, « La liturgie, célébration du mystère du Christ, source et sommet de la vie spirituelle », in *Liturgie et vie spirituelle, l'apport du monachisme à la vie liturgique de l'Église*, p. 21.
[260] Pierre LE BRUN, *Explication de la messe*, p. 508.

Le *Pater* fut la dernière instruction donnée aux catéchumènes pour les préparer au baptême et à l'eucharistie[261] ; il a toujours été dans la préparation immédiate de la réception de la sainte communion. Ainsi après le canon l'évêque imposait les mains à ceux qui avaient besoin d'être réconciliés et se tournant vers l'autel, il disait avec l'assemblée l'oraison dominicale[262]. Nous avons une attestation de l'utilisation du *Pater* dans la messe grâce à saint Ambroise (+ 397). Cette insertion aurait été motivée par la demande du pain quotidien, ascenseur vers le pain spirituel[263]. Depuis la réforme de Grégoire le Grand le *Pater* fait suite à la conclusion du canon, et l'invitation au baiser de paix après le *Libera nos*, est comprise dans la résonnance du *sicut et nos dimittimus*[264]. Ce pape a introduit le *Pater* à la messe en l'empruntant peut-être à l'Église de Constantinople[265]. Il en fit une prière présidentielle alors qu'en Orient toute la communauté la priait[266]. En Espagne le prêtre chantait seul la prière scandée par l'Amen après chaque demande[267]. La PGMR en fait une prière commune du président et de l'assemblée. « Le prêtre prononce l'invitation à la prière, tous les fidèles disent celle-ci avec le prêtre, et le prêtre seul ajoute l'embolisme que le peuple conclut par la doxologie[268] ».

« À Toi appartiennent le règne, la puissance et la gloire, pour les siècles des siècles », utilisé comme conclusion du Pater, est absente des manuscrits du NT et est intégrée dans l'évangile de Matthieu au 3e siècle probablement à Antioche. Elle vient de la *Didakè* qui en faisait usage dans la prière et fut ajoutée au *Pater* dès les premiers temps de l'Église. Cette merveille de doxologie fut réintroduite à la messe de

---

[261] Pierre LE BRUN, *Explication de la messe*, p. 489.
[262] Ibidem, p. 489. L'auteur cite le témoignage de D'Optat de Milève.
[263] Cf. Lucien DEISS, *La messe, Sa célébration expliquée*, p. 123.
[264] Joseph-André JUNGMANN, *Missarum Sollemnia*, tome III, p. 250.
[265] Jean-Baptiste THIBAUT, « Origine de la messe des présanctifiés », *Revue des études byzantines*, n. 117 (1920), p. 42.
[266] Lucien DEISS, *La messe, Sa célébration expliquée*, p. 123.
[267] Ibid., p. 124.
[268] *Présentation générale du Missel Romain* (PGMR), n. 81, version 2002.

Paul VI. Elle resta séparée du *Pater* par l'embolisme « *Libera nos, quaesumus...* » (Délivre-nous de tout mal...), récité par le prêtre seul, qui prolonge la dernière demande du Pater. Cet embolisme du grec em-ballein = mettre dans, placer dans, désigne le mois lunaire intercalaire venant à intervalles assez réguliers pour combler le décalage[269]. C'est par extension pièce rattachée à un vêtement, développement littéraire à partir d'un texte ; en poésie il correspond au sorite. L'embolisme est une prière intercalée entre deux autres ; celui du Pater est du 6ᵉ siècle, le missel de Pie V l'avait plus amplifié que dans le missel actuel de Paul VI[270].

Deiss s'est demandé quelle est l'utilité de ce prolongement style achèvement de la prière du Seigneur par l'embolisme, comme s'il manquait quelque chose à l'oraison dominicale[271]. Pourtant il semble que la doxologie conclusive du Pater est bien à sa place ; on la dit même en dehors de la messe et cela s'ajuste bien. Elle est en relation avec celle qui conclut la Prière eucharistique (par lui, avec lui...). Et Deiss serti de bon sens, s'interroge : quelle curiosité rubricale permet au peuple de dire *car c'est à toi...* et lui interdit le *Par lui, Avec Lui....* réservé au président de l'assemblée alors qu'il s'agit de deux doxologies[272] ? Faut-il tant pour chanter la *gloria Dei* ? Nous savons l'importance extrême que l'Église accorde au canon dont la doxologie est la glorieuse conclusion. Permettre aux fidèles laïcs de la dire c'est les introduire au sein du canon. C'est une impossibilité absolue dans

---

[269] Cf. Dom Robert LE GALL, *Dictionnaire de liturgie*, p. 152.
[270] En voici la version dans le missel de 1570 : « Délivrez-nous Seigneur de tous les maux passés, présent et à venir, nous vous en supplions Seigneur ; et par l'intersession de la bienheureuse et glorieuse Marie mère de Dieu toujours vierge, de vos bienheureux apôtres Pierre et Paul et André et tous les saints, donnez-nous par un effet de votre bonté, la paix dans nos jours, afin qu'étant soutenus par le secours de votre miséricorde, nous soyons toujours délivrés de tout péché, et exempts de toute sorte de trouble ; par le même Jésus-Christ notre Seigneur qui étant Dieu vit et règne avec vous dans l'unité du Saint Esprit. Par tous les siècles des siècles. Amen ». Pierre LE BRUN, *Explication de la messe*, p. 513-514.
[271] Lucien DEISS, *La messe, Sa célébration expliquée*, p. 124.
[272] Ibid., p. 125-126.

la logique actuelle des prières présidentielles de la messe et dans la vision de garder le peuple hors de la Prière eucharistique. Et le *sanctus* que toute l'assemblée chante, est-ce en dehors du canon ?

L'oraison qui commence par *Seigneur Jésus Christ, tu as dit à tes apôtres…* est probablement d'origine allemande et daterait du 11e siècle. De là il fit son parcours jusque vers les missels italiens où celui de Pie V l'a repêchée. Elle devient la première véritable oraison adressée au Christ dans l'ordinaire de la messe[273]. Nous ne nous étendons pas sur cette prière qui est comme la mère du baiser de paix sur lequel nous allons être très prolixe.

LE BAISER DE PAIX

Le baiser de paix est comme né avec la fraction du pain. « Quand les prières (prière universelle) sont terminées nous nous donnons le baiser de paix[274] ». C'est un rite. « L'Église implore la paix et l'unité pour elle-même et toute la famille des hommes et les fidèles expriment leur communion dans l'Eglise ainsi que leur amour mutuel avant de communier au sacrement[275] ». Selon l'assemblée en présence, le président peut dire « frères, donnez-vous la paix. Le prêtre peut donner la paix aux ministres, en restant cependant dans le sanctuaire, pour ne pas troubler la célébration. Il fera de même s'il veut, pour une juste cause, donner la paix à quelques fidèles. Tous se manifestent la paix, la communion et la charité mutuelle selon la manière établie par la Conférence des évêques[276] ». En outre le mode de transmission de ce signe « sera décidé par les Conférences des évêques, selon la mentalité, les us et coutumes des différents peuples.

---

[273] Joseph-André JUNGMANN, *Missarum Sollemnia*, tome III, p. 258-259.
[274] JUSTIN martyr, « Grande Apologie », III, 65 in *Œuvres complètes*, p. 87.
[275] *Présentation générale du Missel Romain* (PGMR), n. 82, version 2002.
[276] Ibid., n. 154, version 2002. Pour la messe avec diacre, ce dernier peut être invité à demander aux fidèles de partager la paix, n. 181.

Il convient cependant que chacun souhaite la paix de manière sobre et seulement à ceux qui l'entourent[277] ».

Le baiser de paix est un rite venant directement du Seigneur. L'Église a raison de chercher à le rendre dans sa vérité originelle. Il faut trouver comment l'ancrer dans la vérité du monde. Ce n'est pas « un bonjour factice ou une offre de paix superficielle ou utopique [278]». Même s'il est placé avant la Communion, ce rite « n'a pas une connotation de réconciliation, ni de rémission des péchés, il manifeste plutôt la paix, la communion et la charité, avant de recevoir la très sainte Eucharistie[279] ».

Qu'est-ce que la paix ? Pourquoi en faut-il un signe, un geste, un baiser de paix dans la messe ? La paix que le Seigneur laisse est celle que les humains peuvent avoir par grâce au cours de cette vie, la paix qu'il donne c'est la paix stable, parfaite et éternelle destinée aux fidèles pour la jouissance dans le ciel. Cette paix-là exclut tout trouble[280]. Il faut préciser ce terme.

Dans l'AT paix revient environ 280 fois. La racine *shlm* peut évoquer l'intégrité, la plénitude, le caractère intact d'une chose. C'est l'état d'un être auquel rien ne manque, c'est l'euphorie avec la sécurité[281]. *Shalom* offre une gamme de sens très large ; il représente le bonheur, la sécurité, la prospérité, la santé (cf. Gn 28, 20 ; Dt 23, 7; 2S 17.3; 20, 19). Mais aussi sacrifice de paix, *sacrifice de communion*, destiné à rétablir, maintenir l'ordre harmonieux entre Dieu et les humains. On ne peut rien désirer de meilleur ; on souhaite la paix même aux morts. *Shalom* est en Israël la plus courante salutation (Gn 37.4n) ; il sert à demander à quelqu'un en mode interrogatif : *si tout va bien, comment*

---

[277] *Présentation générale du Missel Romain* (PGMR), n. 82, version 2002.
[278] Centre National de Pastorale Liturgique (CNPL), « Du bon usage de la liturgie », in *Guides Célébrer*, p. 63.
[279] Congrégation pour le culte divin et la discipline des sacrements, Instruction *Redemptionis sacramentum*, n. 71, (2004).
[280] Pierre LE BRUN, *Explication de la messe*, p. 540.
[281] Ceslas SPICQ, *Lexique théologique du Nouveau Testament*, p. 441.

il va ; à l'optatif il fait souhaiter *que tout aille bien* pour quelqu'un. Il est une formule de bienvenue en 1S 16,4 ou d'adieu *va en paix* (Jg 18, 6; 1S 1, 17). Cette arrière-plan est utilisée pour la salutation chrétienne *grâce et paix* (Rm 1, 7 ; 1Co 1, 3), des bénédictions analogues qui les concluent (Rm 15, 33 ; 2Co 13, 11; Ep 6, 23). La grande innovation de l'AT c'est de faire du *shalom* un don de Dieu, une notion religieuse[282]. Dans le grec profane *eirènè* qui traduit presque toujours l'hébreu *shalom*, désigne un phénomène politique et social. Elle s'oppose à *polemos* (guerre, combat) et charrie l'harmonisation. La paix organise l'avenir, assure la tranquillité ; la cité a des gardiens de la paix pour veiller que rien ne trouble la marche des services publics[283]. La paix est une possibilité de tous les bonheurs et de la prospérité[284]. Elle est don de Dieu, bien ultime, espérance du peuple (Jr 33.6; Ez 37.26) enracinée en Dieu. Elle est associée à la figure du messie, *prince de paix* qui l'apporte comme don de Dieu aux humains[285]. C'est le bien ultime, réalisé en Jésus-Christ pour le monde (Lc 1,79 ; Jn 14.27; Ep 2, 14). Le salut chrétien consiste dans la paix, la réconciliation avec Dieu. C'est le premier don fait en entrant dans une maison (Mt 10, 12-13). Alors pourquoi en Mt 10, 34 Jésus-Christ affirme qu'il n'est pas venu apporter la paix mais la guerre et l'épée ? C'est qu'il donne la paix mais non à la manière du monde (Jn 14, 27). Sa paix consiste en la possession de sa grâce et de ses autres dons ; elle remplit le cœur d'une joie solide qui se conserve même dans les plus grandes afflictions[286]. Selon Paul le premier résultat de la justification c'est l'obtention de la paix, relations nouvelles en Dieu et avec Dieu comme gage du bonheur futur[287] ; don fait aux disciples après la résurrection.

---

[282] Ceslas SPICQ, *Lexique théologique du Nouveau Testament.*, p. 442.
[283] Cf. Ibidem, p. 440.
[284] Ceslas SPICQ, *Lexique théologique du Nouveau Testament*, p. 439.
[285] Cf. Ceslas SPICQ, *Lexique théologique du Nouveau Testament*, p. 444.
[286] Pierre LE BRUN, *Explication de la messe*, p. 405.
[287] Ceslas SPICQ, *Lexique théologique du Nouveau Testament*, p. 447.

La paix est « l'union et la bonne intelligence que nous devons avoir avec Dieu, avec nous-mêmes et avec le prochain[288] ».

D'où vient le baiser de paix dans la liturgie latine ? De l'Afrique, de Rome ou du Seigneur lors du dernier repas ? Selon les *Constitutions Apostoliques*, le baiser de paix est une conclusion et une harmonie de réconciliation entre les fidèles, témoins de la paix entre les Églises du Christ répandues dans *l'oikoumenè*. Avant que l'évêque débute la prière (universelle, eucharistique), le diacre debout près de lui dit à haute voix « que personne n'en veuille à personne, que personne ne soit hypocrite ! » pour inciter à la réconciliation[289]. Dans ce document le baiser de paix vient avant le canon[290]. Ce baiser était donné entre pareils : les clercs entre eux, les femmes entre elles, les hommes entre eux. La *Tradition apostolique* le proscrivait aux catéchumènes ; leur baiser n'était pas encore saint[291]. Par la suite on l'échangeait sans distinction de sexe entre fidèles en exceptant les catéchumènes, les relaps, les pénitents[292]. Le baiser de paix, signe de la vraie amitié entre personnes égales, était partagé entre les chrétiens parce qu'ils se regardaient comme des frères[293].

Dans certains monastères au Moyen Âge, le baiser était-il regardé comme trop sensuel comme signe de paix ? Les moines qui se regardant comme morts au monde ne se donnaient point la paix, mais d'autres le faisaient aux solennités (ceux de Cluny, du Mont-Cassin)[294]. En faisant entrer dans la liturgie un geste familier et d'intimité, on restait dans l'*innocent*. Quand cette garantie expire, l'accolade remplace le baiser pour le clergé. Dans les paroisses les hommes ne

---

[288] Pierre LE BRUN, *Explication de la messe*, p. 165.

[289] *Les Constitutions apostoliques,* tome I, Livres II, 54, 1 ; 57, 16, Sources Chrétiennes n. 329, p. 305. 317.

[290] Ibid., tome I, Livres II, 57, 17-18, p. 319.

[291] Hippolyte de Rome, *La Tradition apostolique*, op. cit., p. 77.

[292] Angelo Di BERARDINO, article « Baiser de paix », in *Dictionnaire encyclopédique du catholicisme ancien*, volume I, p. 330.

[293] Pierre LE BRUN, *Explication de la messe*, p. 545.

[294] Cf. Ibid., p. 547.

donnaient pas le baiser de paix aux femmes pour éviter des pensées impures[295]. Au 13ᵉ siècle l'Angleterre inventa *l'osculatorium* ou instrument de paix (*pacis instrumentum*), la table de la paix, le symbole de la paix[296]. Du latin *osculum*, l'*osculatoire* est un petit plateau ou patène en matériau noble et de forme variable, muni d'une poignée au dos pour le tenir. Son recto peut avoir une image ou un motif religieux sur le sens et l'origine du rite de la paix à transmettre. Depuis, le missel de Pie V et le *cérémonial des évêques* de 1600 prévoient ces *pacificalia*[297]. On peut donner la paix sans exclure les femmes. L'*instrumentum pacis* part de l'autel comme un message, un présent émané de l'autel pour être transmis dans la nef. Le célébrant baise l'instrument de paix et l'envoie étendre la paix du Christ au reste de l'assemblée. Ailleurs cet instrument tendait à devenir le suppléant de la communion.

Comment est donné le baiser de paix ? Dans les Églises d'Orient il y a maintes façons. En Syrie orientale on prend les mains de son voisin et on les baise ; chez les Maronites, on fait de même ; les coptes touchent la main du voisin et les Arméniens se contentent d'une inclination[298]. En Occident, « dès l'an 1100 environ, un pontifical de basse Italie, veut que le célébrant baise l'autel, puis le missel, enfin la sainte hostie avant de présenter la paix au diacre[299] ». Presque hier encore le prêtre pour donner la paix la recevait d'abord du Seigneur en baisant l'autel, ensuite il baisait l'instrument de paix qui lui est présenté par le ministre à genoux. On pouvait aussi baiser le calice, le corporal ou même la pale[300]. La paix était donnée au Moyen Âge au prochain et à l'Église.

---

[295] Cf. Pierre LE BRUN, *Explication de la messe*, p. 546.
[296] Ibid., p. 548-549.
[297] Cf. Joseph-André JUNGMANN, *Missarum Sollemnia*, tome III, p. 256-257.
[298] Joseph-André JUNGMANN, *Missarum Sollemnia*, tome III, p. 256.
[299] Cf. Ibid., p. 254.
[300] Pierre LE BRUN, *Explication de la messe*, p. 542-543.

De nos jours entre proches on s'embrasse au baiser de paix et on donne la main à l'autre (homme ou femme). L'habitude de se promener dans la nef pour saluer amis et inconnus (des prêtres le font ici), est à abolir. En règle stricte on donne le baiser de paix à quatre personnes, devant, derrière, à sa gauche et à sa droite. Le célébrant après avoir baisé l'autel, doit se limiter à ses voisins s'il y a concélébration, à ses acolytes qu'il peut charger de porter la paix du Christ à l'assemblée en utilisant un osculatorium. Il n'y a pas de chant de baiser de paix ; ce rite peut être accompagné d'un court refrain quand et si le célébrant utilise *l'osculatoire*. Ce dernier était déjà peu utilisé dans la liturgie, mais la Covid19 force désormais à partager le baiser de paix par un geste plus discret encore : signe de la tête, sourire. Situation et protection sanitaires obligent. Le sourire n'est pas visible sous un masque.

A quel moment partageait-on ce baiser de paix ? Dans la liturgie romaine le baiser de paix suivait *l'Agnus Dei* alors que dans les liturgies orientales c'était au début de la messe des fidèles. C'est pourquoi la mentalité chrétienne antique en faisait le sceau final à la prière universelle[301]. A côté du *pax tecum* le prêtre pouvait dire : « ayez le lien de la paix et de la charité pour être en état d'approcher des très saint mystères[302] ». Ce *signaculum orationis* était apposé à la prière de la communauté, une seule famille[303]. Depuis Grégoire le Grand le baiser de paix est une indispensable préparation à la communion à Rome, même en dehors de la messe[304]. Aujourd'hui il s'insère à l'intérieur du rite global de la communion comme trait distinctif à l'Afrique et à Rome[305].

---

[301] Joseph-André JUNGMANN, *Missarum Sollemnia*, tome III, p. 249.
[302] Cité par Pierre LE BRUN, *Explication de la messe*, p. 549.
[303] Cf. Joseph-André JUNGMANN, *La liturgie des premiers siècles jusqu'à l'époque de Grégoire le Grand*, p. 69-70.
[304] Cf. Id., *Missarum Sollemnia*, tome III, p. 250-251.
[305] Cf. Ibid., p. 249.

« Qui n'a pas la paix en lui n'est pas qualifié pour la donner à autrui. C'est pourquoi on doit avant tout être en paix avec soi-même ; car celui qui ne se révolte pas contre lui-même ne se querellera pas non plus avec autrui[306] ». C'est que « de la bonne volonté partent tous les saints désirs qui ne tendent qu'à l'union des hommes avec Dieu en quoi consiste la paix [307]». Ce monde hostile peut devenir creuset où se concocte le salut, lequel est *shalom*, vie, totalité de bien-être, béatitude[308]. Donc l'Église ne peut pas faire l'économie de la paix du Christ qui doit se propager de l'autel jusqu'au dernier fidèle de l'assemblée et de celui-ci vers le reste du monde. La paix de Dieu n'est pas optionnelle, c'est un cadeau de sa Providence, une mise en fonction de son plan sur le monde en vue de l'extension du Royaume. Elle est un signe de son advenue dans la gloire pour tout juger et réconcilier.

Dans la liturgie romaine, deux rites connexes étaient reliés directement au *pax Domini* : le *fermentum* et la commixtion. Celle-ci serait tributaire de celui-là qui est déjà attesté par Irénée. Le *fermentum* aurait donné lieu à la *commixtio*. Les prêtres qui recevaient le *fermentum* le mettaient dans le calice de leur propre eucharistie au moment de la *pax Domini*.

L'AGNUS DEI

L'agneau de Dieu (*ho amnos tou theou*) est le premier titre donné à Jésus[309]. Il provient du 4ᵉ chant du serviteur de Yahvé d'Isaïe ; ce serviteur justifie le peuple en se chargeant de son péché (Is 53, 6-11).

---

[306] *Les Constitutions apostoliques,* tome I, Livres II, 54, 3-4, Sources Chrétiennes n. 329, p. 305.
[307] Pierre LE BRUN, *Explication de la messe*, p. 166.
[308] Letty M. RUSSELL, *Théologie féministe de la libération*, traduit de l'américain par Marcelle Jossua, Paris, Cerf, Collection Essais, 1976, p. 68.
[309] Yves-Marie BLANCHARD, « Le sacrifice dans l'évangile et les épitres de Jean », in *Cahiers Évangile*, n. 118 (2002), p. 42.

C'est d'abord un *hapax* trouvé en Jn 1, 29. Le rite de l'agneau était propre aux pasteurs nomades et semi-nomades du désert. Il était réalisé au printemps avant de devenir un symbole fort dans la Pâque juive. Moïse commanda aux juifs de mettre le sang de l'agneau sur les deux montants et le linteau de leurs portes (Ex 12,7). Le sang du Christ porte et ôte les péchés du monde selon le sens du terme grec et latin[310]. Le sang de l'agneau dont « on aspergeait les poteaux et les chambranles des portes, avait une valeur aprotropaïque, c'est-à-dire d'exorcisme, de conjuration et de propitiation[311] ». Dans l'Apocalypse le terme Agneau revient 28 fois. Il est à la fois vainqueur et immolé (Ap 5, 9-13 ; 7, 9-14 ; 12, 11 ; 13, 8) ; digne de recevoir puissance, force, richesse, sagesse, honneur, gloire et louange (Ap 5, 12). Dans ce livre les « fonctions sotériologiques (délivrer, racheter, purifier) du sang de l'Agneau, ainsi que sa fonction militante, ouvrent sur une triple dimension sacerdotale, royale (1, 6 ; 5, 9) et liturgique (7, 14 ; 14, 4)[312] ». L'Ap met en concurrence le sceau du Dieu vivant et celle de la Bête (7, 2)[313]. Celle-ci n'est pas pour le salut du monde mais pour son autocélébration[314]. « La superposition des images du serviteur et de l'Agneau était d'autant plus facile qu'en araméen le mot *talya*, agneau peut signifier en même temps serviteur, fils[315] ».

L'origine du titre *Agnus Dei* étant déclinée, entrons dans le rite. L'*Agnus Dei* est une réplique du Kyrie. Une triple acclamation sous forme litanique chantée au Christ et qui aurait été reprise du Gloria[316].

---

[310] Pierre LE BRUN, *Explication de la messe*, p. 535.

[311] Augustino BERGAMINI, article « Culte », in Domenico SARTORE et Achille M. TRIACCA (dir.), *Dictionnaire encyclopédique de la liturgie*, tome I, p. 248.

[312] Élian CUVILLIER, « L'immolation du Christ, de la bête et des croyants dans l'apocalypse : sacrifice ou séduction trompeuse », in *Cahiers Évangile*, n. 118 (2002), p. 51. À ne pas confondre avec la Bête mise à mort et qui a repris vie dans Ap 13 et 17 ; il y a l'immolation de l'Agneau et celle de la bête.

[313] Dans le monde antique existait un usage qui faisait marquer les fidèles d'un culte d'un sceau ; ou même du sceau impérial. Cf. Ibid., p. 53.

[314] Cf. Ibidem, p. 52.

[315] Lucien DEISS, *La messe, Sa célébration expliquée*, p. 129.

[316] Cf. Dom Robert LE GALL, *Dictionnaire de liturgie*, p. 21.

Le rite de l'*Agnus Dei* aurait été introduit dans la liturgie romaine par le pontife Serge 1er (687-701). Il est attesté dans l'*Hadrianum* complété en Gaule. Ce rite s'universalisa dans l'Occident chrétien depuis, comme fruits de réformes liturgiques successives des papes. Dans le missel de Pie V, le texte de l'*Agnus Dei* était déjà fixé net. Le rite de la fraction du pain était long dans l'Église primitive mais la communion durait peu ; on peut maintenant prolonger l'*Agnus* autant que dure la *fractio*. Dans la liturgie de saint Jacques l'*Agnus* est dit par le prêtre[317]. Comme le *Kyrie*, l'*Agnus* était la litanie de la participation de l'assemblée dans la liturgie romaine[318]. Avant le 12e siècle l'*Agnus* n'était pas une prière du célébrant ; il était souvent chanté par le chorus ou le clerus. Aujourd'hui il peut être dit par le célébrant aussi[319].

Dans le cadre de la liturgie papale on ne trouve pas de mélodies nouvelles et ornées pour l'Agnus avant le 10e ou le 11e siècle, signe que ce fut vraiment un chant de l'assemblée. Dans la tradition polyphonique ancienne et dans la messes ordinaire ou classique, l'*Agnus* est une pièce chargée d'émotion et d'humilité aimante. C'est un hommage expressif de vénération et même d'adoration[320]. Mais « aux chants placés dans la liturgie de la messe, par exemple l'Agnus Dei, il n'est pas permis de substituer d'autres chants[321] ». Aux funérailles, la dernière invocation de la litanie de l'*Agnus Dei* est une demande de repos éternel pour les défunts alors qu'elle est *dona nobis pacem* dans les célébrations où l'on demande la miséricorde

---

[317] Bernard CAPELLE, « Fraction et commixtion ; Aménagements souhaitables des rites actuels », *La Maison-Dieu*, n. 35, (1953), p. 92.
[318] Joseph-André JUNGMANN, *Missarum Sollemnia*, tome III, p. 263.
[319] Ibid., p. 264-265.
[320] « *Adorare* c'est ajouter à la prière des signes de notre attachement, de notre dépendance, de notre affection, soit en portant la main à la bouche, comme pour baiser ce que nous honorons, soit en donnant d'autres marques de respect et de vénération ». Pierre LE BRUN, *Explication de la messe*, p. 167.
[321] *Présentation générale du Missel Romain* (PGMR), n. 366, version 2002.

pour les vivants. Le Christ, victime victorieuse de la mort, enlève le péché du monde[322].

L'Agnus Dei fut à la fois un carrefour, un point d'arrivée puis un point de transit. Dans la liturgie gallicane alors que la communion n'était plus fréquente il y avait la bénédiction solennelle après le *Pater* car la messe était finie pour ceux qui ne communiaient pas. Et à Rome au 6e siècle le diacre pouvait énoncer la rubrique : *si quis non communicat, det locum*[323]. Les annonces, le prône était placé après le *Pax Domini*, avant la communion du célébrant. Ainsi *l'Agnus* était devenu un véritable chant de communion[324] ; le premier chant qui rompit le silence sacré depuis le début du canon pendant lequel l'orgue se taisait ; tout le monde était à genoux ou prosterné. Mais *l'Agnus* était aussi la conclusion du canon, le prêtre pouvait sortir du saint des saints.

Voici l'Agneau de Dieu... et *Heureux les invités...* succèdent docilement au rite de l'*Agnus Dei*. Cette invitation soigneusement préparée, a son origine dans *heureux les invités aux noces de l'agneau* (Ap 19, 9) et indirectement dans la parabole de Lc 14, 15-24. Bien comprise, cette invitation, évocation dramatique, tragique du fait du sacrifice, s'adresse à l'Église et à l'humanité. En même temps en participant à l'eucharistie, il faut tisser des liens de communion, devenir ceux qui partagent le repas et pas uniquement des invités. Est-ce que Dieu réserverait le festin éternel de son Royaume au seul petit troupeau des pratiquants de l'Église ? Ce n'est à nous de juger qui doit y entrer, nous avons seulement à garder les portes ouvertes ; le reste est à Dieu.

---

[322] La nouvelle traduction du missel proposé par la COMIRO commission pour le missel romain a remplacé le péché par les péchés. Je m'interroge sur l'importance de ce changement en considérant l'unité liturgique du rituel de la messe et la correspondance avec le confiteor. Mais pourquoi aussi sortir de la fidélité au texte de la bible qui emploie le singulier : le péché du monde (Jn 1, 2 29) sans oublier ou négliger 2 Co 5, 21 ?
[323] Traduction : Qu'on vide les lieux (l'espace) si on ne communie pas.
[324] Cf. Joseph-André JUNGMANN, *Missarum Sollemnia*, tome III, p. 269-271.

« Pendant que le prêtre rompt le pain et en met dans le calice un fragment, l'invocation *Agnus Dei* est chantée ou bien elle est dite à haute voix. Cette invocation accompagne la fraction du pain et peut donc être répétée autant de fois qu'il est nécessaire jusqu'à ce que le rite soit achevé. La dernière fois, elle est conclue par les mots : donne-nous la paix[325] ». La qualité de l'assemblée peut amplifier le geste de la *fractio* qui, au 2e siècle, prenait un rôle et une charge corporative si enveloppante qu'elle en était venue à nommer et désigner tout le mystère du mémorial que le Seigneur laissait et demandait à son Église. L'*Agnus Dei* serait pour la Fraction du pain et celle-ci pour la communion.

LA FRACTION DU PAIN

La fraction du pain fut le premier nom de l'eucharistie, ce geste pratique auquel est lié la commixtion et qui prépare à recevoir la communion, remonte au Seigneur lui-même quand il rompit un pain sans couteau[326]. Faut-il regretter que ce premier nom ait été abandonné au profit d'autres ? Dans un pays où le pain, c'est-à-dire manger est un luxe, l'évocation du pain fractionné pourrait rendre présent à l'esprit des chrétiens leur responsabilité face à la faim dans le monde. En ce sens toute l'Église (pas seulement catholique) devait être dans son entièreté une Caritas Mondiale pour contraindre moralement le monde (pays et gens) à ne pas oublier les pauvres, leurs frères et concitoyens. Seule la *caritas*, l'amour va demeurer dans le monde à venir (1 Co 13, 8).

Pour fractionner le pain, un rite minutieux se pratiquait. Par exemple dans l'eucharistie, la sainte hostie était divisée en trois parts, chaque fragment était rapporté à l'un des trois états de l'Église ; ou encore une part pour le célébrant, une pour l'assemblée et une pour les

---

[325] *Présentation générale du Missel Romain* (PGMR), n. 83, version 2002.
[326] Cf. Pierre LE BRUN, *Explication de la messe*, p. 42 1.

malades et les absents[327]. On attribuait à chaque part une signification symbolique.

Mais pratiquer la fraction du pain dans l'Église c'est déjà vouloir être généreux et partager son pain avec l'autre ; le service des membres démunis de la communauté c'est la charge de l'Église locale et non du seul clergé[328]. La tripartition que je viens de relater demeure aujourd'hui grâce à la commixtion. Le corps et le sang consacrés séparément étaient symbole de la mort tandis que réunis par la commixtion, ils symbolisaient la résurrection[329]. Pour bien se préparer à la sainte communion, il faut comprendre cela. La fraction du pain et la *commixtio* du *fermentum* dans la messe romaine se chargent d'un symbolisme unifié grâce à *l'Agnus Dei*[330]. La fraction est liée au *fermentum* qui en était une faite au nom et en vue de l'unité du corps ecclésial. La parcelle d'hostie mise dans le calice du célébrant manifestait l'unité du presbyterium, les prêtres avec leur évêque.

La fraction symbolisait aussi la présence du Seigneur ressuscité à tous, l'union de la communauté autour du même pain[331]. Le Christ partagé sans être divisé, sanctifie les convives. La fraction du pain dans les liturgies orientales du 4ᵉ siècle était considérée comme un symbole de la passion et de la mort du Christ tout comme la *commixtio* la résurrection[332]. A Milan la fraction était accompagnée du chant

---

[327] Pierre LE BRUN, *Explication de la messe*, p. 518.
[328] Jean LEBON, « 59 questions sur l'eucharistie », Repères pour les pratiques eucharistiques, in Commission épiscopale de liturgie et de pastorale sacramentelle, *Guides Célébrer*, p. 81. C'est une grâce pour une communauté de foi d'avoir un service évangélique des malades qui reflète la diversité de la communauté qu'il sert. C'est la théorie du *Corpus Christi* triforme. Cf. Joseph-André JUNGMANN, *Missarum Sollemnia*, tome III, p. 236.
[329] Pierre LE BRUN, *Explication de la messe*, p. 529.
[330] Anscar CHUPUNGCO, article « Agnus Dei », in *Dictionnaire encyclopédique du catholicisme ancien*, volume I, p. 54.
[331] Cf. Joseph-André JUNGMANN, *Missarum Sollemnia*, tome III, p. 223-226.
[332] Anscar CHUPUNGCO, article « Agnus Dei », in Dictionnaire encyclopédique du catholicisme ancien, volume I, p. 54.

confractorium qui variait au cours de l'année[333]. Jusqu'à hier encore la fraction se faisait sur le calice pour que toutes les parcelles puissent y tomber[334].

La *fractio* imitant ce geste de Jésus Christ à la dernière cène, avait le sens d'un acte solennel. Au 8ᵉ siècle, ce geste était empreint d'une si grande solennité qu'à Rome l'évêque le fit assis à sa *cathedra*. Il est attesté une double commixtion au 8ᵉ siècle dont l'une émanait du *fermentum*, l'autre reliée à la communion[335]. Certains sont allés jusqu'à penser qu'il y avait trois commixtions et deux ou trois fractions pour imiter la fraction que fit le Christ avec les deux disciples d'Emmaüs[336]. La *fractio* périclita ou même perdit son aura au 12ᵉ siècle ; les fidèles n'ayant plus l'obligation d'apporter les oblats à offrir. D'ailleurs l'utilisation des hosties, de plus en plus petites, rendait la *fractio* insignifiante, sans oublier le fait majeur de la raréfaction de la communion des fidèles[337].

Dans le credo il fut question de *sanctorum communio*, c'est-à-dire d'une communauté rassemblée autour de choses saintes : la foi, l'espérance, les sacrements dont l'eucharistie[338]. Avec la *fractio* et la *communio* commence la réalisation de ces mystères qui doivent éclater en plénitude dans le Royaume. *Amis lecteurs*, êtes-vous préparés à prendre place à table en qualité d'invités de marque du Christ Jésus au sein de l'Église qui est son corps ?

---

[333] Joseph-André JUNGMANN, *Missarum Sollemnia*, tome III, p. 228.
[334] Pierre LE BRUN, *Explication de la messe*, p. 517-518.
[335] Cf. Joseph-André JUNGMANN, *Missarum Sollemnia*, tome III, p. 240-241.
[336] Cf. Pierre LE BRUN, *Explication de la messe*, p. 517-518 ; Bernard CAPELLE, « Fraction et commixtion ; Aménagements souhaitables des rites actuels », *La Maison-Dieu*, n. 35, (1953), p. 87.
[337] Cf. Bernard CAPELLE, « Fraction et commixtion ; Aménagements souhaitables des rites actuels », *La Maison-Dieu*, n. 35, (1953), p. 88.
[338] Joseph-André JUNGMANN, *La liturgie des premiers siècles jusqu'à l'époque de Grégoire le Grand*, p. 147.

DE LA COMMUNION

Avant de distribuer la communion, le célébrant présente le corps du Christ aux fidèles comme l'Agneau qui enlève le péché du monde (Jn 1, 29). On les dit heureux d'être invités à ce festin (Ap 19, 9). Voici un témoignage fort ancien : « lorsque celui qui préside a fait l'eucharistie et que tout le peuple a répondu, ceux que nous appelons diacres distribuent à tous les assistants le pain, le vin et l'eau consacrés, et ils en portent aux absents[339] ». Plus loin Justin redouble : « puis a lieu la distribution et le partage des aliments consacrés à chacun et l'on envoie leur part aux absents par le ministère des diacres[340] ».

En renouvelant l'Alliance par son sacrifice dans le banquet de la cène, Jésus réinstitua la promesse de voir Dieu. Moïse et les Anciens d'Israël ont mangé et bu avec Dieu sur la montagne sans qu'il portât la main sur eux (Ex 24, 11). L'eucharistie est devenue le banquet eschatologique où se réalise le rêve de voir Dieu face à face. Dans l'antiquité la communion était normale et ordinaire ; à partir du Moyen Âge, le fidèle a évolué dans un contexte religieux et culturel qui accentue et grossit son indignité. Le fidèle catholique doit réaliser deux indispensables conditions pour une communion fructueuse : l'état de grâce et être à jeun. Le jeûne eucharistique commença dans l'Église au 3e siècle et devint norme au 4e siècle. En jeûnant avant la messe le fidèle reconnaît sa dépendance vis-à-vis de Dieu et comment il péricliterait sans la nourriture du corps et de l'âme. Jeûner c'est humilier son âme devant Dieu (Ps 34, 13). Aujourd'hui le jeûne eucharistique est d'une heure d'horloge avant la messe.

La dévotion amplifiait les marques de respect et d'hommage pour la communion. Les chanoines du Latran revêtaient la chape, les religieuses portaient une couronne nuptiale, les femmes un voile sur la tête, les soldats déposaient armes et chaussures ; à Cluny on avait

---

[339] JUSTIN martyr, « Grande Apologie », III, 65 in *Œuvres complètes*, p. 88.
[340] Ibid., 90.

la génuflexion, le baisement du sol ou du pied du célébrant, la prostration. Chaque assemblée selon le lieu pouvait avoir son protocole pour aller à la sainte table. La communion reste différenciée pour célébrant, clergé et fidèles. Mais nous sommes tous admis à un banquet sacré où les dons que nous avons apportés, offerts, sont transformés. Mais l'admission se fait différemment si on est célébrant ou fidèle laïc.

DE LA COMMUNION DU PRÉSIDENT DE LA CÉLÉBRATION

La communion du célébrant et celle des fidèles sont différentes par essence ; pour le célébrant c'est obligatoire mais pas pour les fidèles. Il n'est pas permis à un prêtre de célébrer la messe ou de la concélébrer sans communier sous les deux espèces, à moins de dispense pour raisons graves et dangereuses pour sa santé. Sauf exception célébrants et concélébrants communient à l'autel. Au 6e siècle des représentations iconographiques montrent le Christ distribuant la communion aux Apôtres[341]. La communion du célébrant est liée à la vénération, la gratitude, les formules de dispensation et de réception[342]. Elle obéit à un rituel de prières et de gestes résumés ainsi : génuflexion attestée au Moyen Âge, enlèvement de la pâle sur le calice, communion au pain sacré en faisant une croix sur l'hostie (au Moyen-Âge aussi).

Pour recevoir la communion, cadeau du ciel dont on est indigne, on utilise différentes formules de prière y compris les psaumes de gratitude pour la coupe du salut. Les Ps 115/116 ; 17/18 en sont de bons exemples. L'usage du psautier pour se préparer à la sainte communion est répandu en Europe depuis le 11e siècle ; il faut y joindre l'esprit de pénitence ; il fallait réciter le *miserere* en apportant

---
[341] Joseph-André JUNGMANN, *Missarum Sollemnia*, tome III, p. 308-309.
[342] Sur l'ensemble de ces rites de communion, cf. Joseph-André JUNGMANN, *Missarum Sollemnia*, tome III, p. 282-290.

la communion aux malades[343]. Mais le texte biblique le plus opportun et adapté est Mt 8,8. Dès le 10ᵉ siècle la parole du centurion servit de prière préparatoire à communier. Le *Domine non sum dignus* (Seigneur, je ne suis pas digne) a dominé le cœur de l'Église qui se présente devant son Seigneur avec l'humilité du centurion. Le 2ᵉ membre de la phrase débuté avec *sed* (mais), fut changé pour s'adapter à la réalité personnelle du communiant ; on n'implore pas pour un autre mais pour soi. Ainsi Jr 17, 14 (*salvum me fac et salvus ero* = Guéris-moi Yahvé et je serai guéri) compensait ou même remplaçait Mt 8, 2. Avant le *non sum dignus* et après la génuflexion, le prêtre dit : *je prendrai le pain céleste et j'invoquerai le nom du Seigneur*.

Pour la communion au calice, le Ps 115/116, 12-13 est tout prêt : *comment rendrai-je au Seigneur tout le bien qu'il m'a fait ? J'élèverai la coupe du salut*. En Italie on répétait telle quelle la formule du centurion trois fois[344]. Le fruit de la réception du sacrement c'est la rémission des péchés et la vie éternelle[345]. Dans les monastères francs du Moyen Âge existait un rituel ou *ordo ad accipiendum corpus domini*[346]. On commençait par réciter les psaumes 50, 15, 38 ; puis viennent le Kyrie, le Pater, le Credo et d'autres prières calquées sur le *confiteor* adressées à la sainte Trinité. L'usage de dire le *confiteor* avant la communion s'est introduit dans l'Église autour de l'an 500. C'est valable pour prêtre et fidèles laïcs selon l'idée de confesser et d'expier ses fautes avant d'approcher la sainte Table[347].

Aujourd'hui avant de communier en lieu et place des psaumes, le célébrant fait une préparation commune avec l'assemblée et dit une prière à voix basse pour que cette communion ne lui soit pas une

---

[343] Joseph-André JUNGMANN, *Missarum Sollemnia*, tome III, p. 285.
[344] Cf. ibid, p. 286.
[345] Ibidem, p. 288.
[346] C'est-à-dire un rituel de réception du corps de la sainte communion. Cf. Ibidem, p. 299-300.
[347] Pierre LE BRUN, *Explication de la messe*, p. 579.

condamnation mais le délivre de tout mal ; cette prière date du début du 10ᵉ siècle[348]. Il y a une prière alternative ; au Moyen Âge les deux étaient obligatoires. Ces prières ont la particularité de s'adresser au Christ Jésus alors que le long de la célébration on s'adresse au Père par le Fils dans l'unité de l'Esprit. C'était un prescrit des conciles d'adresser les prières au Père par le Fils ; Optat de Milève, saint Léon, les conciles d'Afrique l'attestent[349]. Après la communion il y avait encore d'autres prières[350]. Ce rituel allait passer aussi dans la communion en dehors de la messe comme pour les malades où la profession de foi était exigée[351].

La communion du clergé demeure hiérarchique. La réforme liturgique modifia l'ordo de la communion des concélébrants ; la nature théologique de la concélébration a été précisée. Les prières de dévotion personnelles ont disparu pour céder la place à l'unité et la cohérence de l'action liturgique. La préparation à la communion devient unique pour toute l'assemblée. A la suite du président, les concélébrants communient au corps et sang du Christ. Les évêques et les prêtres communient d'abord puis les diacres ; ils apportent (si nécessaire) le corps et le sang aux concélébrants selon leur rang et leur dignité. On pouvait recevoir le sang du Seigneur avec un chalumeau (8ᵉ siècle). A Rome où cette pratique se répandit, le clergé avait des chalumeaux en or ou en argent[352]. La communion par intinction est née au 7ᵉ siècle en dehors de Rome comme moyen ordinaire en Europe de communier les malades sous les deux espèces. C'est le procédé ordinaire de la communion des fidèles dans le rite byzantin[353]. Dans certains cas et lieux, c'était exclusif au clergé.

---

[348] Pierre LE BRUN, *Explication de la messe.*, note n. 1 de la p. 553.
[349] Ibid, p. 559-560.
[350] On peut citer le *Verbum caro factum est et habitavit nobis* ou la doxologie *tibi laus, tibi gloria, tibi gratiarum actio in saecula saeculorum, o beata Trinitas.* Cf. Joseph-André JUNGMANN, *Missarum Sollemnia*, tome III, p. 300-301.
[351] Ibid., p. 303.
[352] Joseph-André JUNGMANN, *Missarum Sollemnia*, tome III, p. 316-217.
[353] Cf. Ibidem, p. 317.

Avant la réforme liturgique de Vatican II après la communion de tous, le prêtre célébrant devait faire la purification des doigts en contact avec les espèces sacrées, des vases sacrés et les ablutions de la bouche (*ablutio oris*) et du calice. Il fit l'ablution de la bouche avec du vin et celle des doigts avec de l'eau qu'il jetait dans la piscine qu'on avait à côté de l'autel dans plusieurs églises du Moyen Âge[354]. L'ablution de la bouche évitait que les résidus de l'aliment sacré y restassent. Jean Chrysostome au 4e siècle fut le premier à la pratiquer ; il buvait un peu d'eau, mangeait un morceau de pain après la communion pour éviter qu'une parcelle des saintes espèces ne s'échappât de la bouche avec la salive[355]. A ce moment-là on utilisait le pain ordinaire et non l'azyme pour l'eucharistie. Au 8e siècle le prêtre se lavait les doigts après la célébration de l'eucharistie avec du vin durant la célébration et avec de l'eau à la sacristie. Dans les monastères on pouvait purifier avec du vin et le faire jusqu'à trois fois. Dans la liturgie byzantine l'abstersion (nettoyage) du calice se fait avec une éponge[356]. Une fois l'ablution des mains faite, l'eau ou le vin est versé dans la piscine[357]. Selon l'*Ordo Romanus*, le pape s'assied, se lave les mains aussitôt que tous ont communié[358]. Par la suite, on est venu à boire le produit de l'ablution des mains faite avec du vin ou de l'eau. Cette pratique venant des Dominicains du 13e siècle, se généralisa ainsi que l'usage du linge pour s'essuyer les doigts, l'ancêtre du purificatoire exigée par le missel de Pie V[359].

---

[354] Cf. Pierre LE BRUN, *Explication de la messe*, p. 571-572.
[355] Joseph-André JUNGMANN, *Missarum Sollemnia*, tome III, p. 347.
[356] Cf. Ibid., p. 355.
[357] Cf. Ibidem, p. 352-353.
[358] En Allemagne prend naissance la coutume de la bénédiction des sens avec l'eucharistie se basant sur Jn 9, 11 : « lutum fecit Dominus ex sputo et linivit oculos meos et abii et lavi et vidi et credidi Deo ». Le Seigneur fit de la boue à l'aide de sa salive et m'envoya me laver les yeux ; je fus allé me laver et je vis et je crus en Dieu.
[359] Cf. Joseph-André JUNGMANN, *Missarum Sollemnia*, tome III, p. 354. Ainsi que la note n. 74 de la même page.

Le célébrant (ou bien diacre) fait la purification des vases sacrés à l'autel ou à la crédence. Si les vases sont nombreux, on les dépose sur la crédence ou à la sacristie où ils seront purifiés après la messe. Pendant l'ablution, le célébrant récitait à voix basse certaines prières qui semblent provenir des bénédictins. Elles ont toutes le cachet d'action de grâce pour les bienfaits reçus du sacrement. Ces prières ne sont pas dites au nom de la communauté mais en signe de dévotion personnelle du prêtre. Par la foi du prêtre une porte s'ouvre pour les hommes[360]. Les formules sont souvent au singulier et prennent la forme du *Nunc dimittis*. Certaines de ces prières auraient été composées par saint Thomas d'Aquin. Elles aident à méditer le mystère qui vient de s'accomplir et qu'on reçoit afin qu'il profite à tous (*proficiat nobis* ou *prosit*). Elles rappellent que le Sacrement, par sa seule substance, a le pouvoir d'agir pour la pureté et la sainteté ; sa présence dans l'âme peut éliminer toute souillure de péché[361].

DE LA COMMUNION DES FIDÈLES

Après l'ordo de la communion de la hiérarchie, venons-en à la communion des fidèles dans la nef. A la dernière cène, le Seigneur partagea lui-même le pain et la coupe à chacun. C'était un repas ordinaire. Les Apôtres et la génération suivante ont continué cette tradition. Celle-ci ne put perdurer surtout après le 4ᵉ siècle et les conversions publiques à l'Église. Le nombre des fidèles fit changer la pratique de la réception de la communion. La naissance des paroisses et des lieux de culte accentua le désir de faire ce que le Seigneur commanda. Mais l'éloignement dans le temps de la cène du Seigneur devait aussi créer la pratique de la dévotion envers l'eucharistie connue dès le 4ᵉ siècle. Ainsi depuis le Moyen Âge l'obligation de la

---

[360] Cardinal Joseph RATZINGER, *Un chant nouveau pour le Seigneur*, p. 70.
[361] Cf. Joseph-André JUNGMANN, *Missarum Sollemnia*, tome III, p. 338.

communion a disparu ; il a fallu le concours de la théologie et l'ingéniosité des pasteurs pour faire revenir les fidèles à la sainte table. La communion des fidèles a lieu après celle du célébrant. Voici comment le précisait un texte ancien : « lorsque l'oblation aura été faite, chaque groupe séparément communiera au corps et au précieux sang, avec ordre, respect et piété car ils s'approchent du corps du roi ; les femmes auront la tête voilée[362] ». Cyrille de Jérusalem vers l'an 400, nous tire ce portrait : « fais de ta main gauche un trône pour ta main droite, reçois le corps du Christ, disant amen[363] ». Pour la communion des fidèles après celle du prêtre, le servant sonnait la clochette, récite le *'je confesse'* ; puis le prêtre demandait au Seigneur de pardonner toutes les fautes des communiants avant de les communier[364]. Le *Domine non sum dignus* réservé aux clercs, est prié par les laïcs dès le 11ᵉ siècle. La coutume de recevoir la communion à genoux s'installa en Occident à la même période. Avant la réforme le prêtre ne disait pas un sec *corpus Christi* en donnant le corps mais une formule longue : « corpus Domini nostri Jesu Christi custodiat animam tuam in vitam aeternam[365] ». La communion des fidèles au sang du Christ, n'était pas toujours commode. Quand la communion au calice a disparu au Moyen Âge, on présentait aux fidèles laïcs un vase avec du vin et de l'eau ainsi qu'une serviette pour s'essuyer la bouche. Le vin était pour permettre de bien avaler la sainte hostie afin qu'elle ne collât pas aux dents[366].

La pratique courante pour les fidèles de recevoir la communion est d'aller en procession l'accueillir debout dans la main avec grande

---

[362] *Les Constitutions apostoliques,* tome I, Livres II, 57, 21, Sources Chrétiennes n. 329, p. 321.
[363] Cité par Jean LEBON, « 59 questions sur l'eucharistie », Repères pour les pratiques eucharistiques, in Commission épiscopale de liturgie et de pastorale sacramentelle, *Guides Célébrer*, Paris, Cerf/CNPL, 1999², p. 77.
[364] Cf. Pierre LORET, *La messe du Christ à Jean Paul II*, brève histoire de la liturgie eucharistique, Salvator/Novalis, Mulhouse/Ottawa 1980/1982, p. 118.
[365] Cité in Pierre LE BRUN, *Explication de la messe*, p. 582.
[366] Cf. Pierre LE BRUN, *Explication de la messe*, p. 584-585.

dévotion comme déjà dit. Nul infidèle n'était dans l'église à ce moment-là. Le communiant marchait d'un pas lent et grave vers l'autel les yeux baissés, les mains tendues jointes et en priant. Il gravit les degrés pour monter à l'autel recevoir la communion du célébrant. S'approcher de la sainte table, *mensa Domini*, est toujours au sens premier. Là où existait déjà la clôture ou le cancel, on l'ouvrait et les fidèles pouvaient accéder à l'autel. Celui-ci deviendra par la suite le maître-autel avec le développement de l'architecture chrétienne, l'installation des jubés, des grilles à hauteur de poitrine. La communion est déposée sur les mains ouvertes l'une sur l'autre en forme de croix. Une pratique exigeait le fidèle à se laver les mains avant de recevoir ce grand cadeau du ciel[367]. Avec la covid19 désormais, impossible de ne pas purifier ses mains avant la communion en utilisant les populaires *hands sanitizers* qui ne requièrent ni eau ni serviette. Ce serait dommage que *s'approcher de la sainte table* devienne une métaphore pour les fidèles.

Pourquoi la communion perdit-elle de sa force après le 4e siècle au point que Jean Chrysostome s'en plaignit ? Pourquoi le concile d'Agde en 506 dut-il prescrire la communion obligatoire au moins trois fois l'an : Noël, Pâques et Pentecôte ? A cause de la tiédeur rallumée par les conversions massives après la paix de l'Église ; le désintérêt pouvait venir aussi de la montée en sacrement de l'eucharistie, du *mysterium tremendum*, mystère à approcher avec crainte et tremblement. Les ravages de l'arianisme eurent pour réaction de préciser les aspects de la divinité du Christ ; l'humain était devant sa petitesse et son indignité à recevoir l'eucharistie, un si grand mystère[368]. Ainsi à partir du 10e siècle la tradition sacramentelle estima que le fidèle n'était pas assez pur pour recevoir le Seigneur chez lui sans confession sacramentelle. Certains synodes ont même interdit la table sacrée au gens mariés et aux femmes car après un rapport sexuel conjugal, il fallait rester 30

---

[367] Cf. Joseph-André JUNGMANN, *Missarum Sollemnia*, tome III, p. 309-213.
[368] Cf. Joseph-André JUNGMANN, *Missarum Sollemnia*, tome III, p. 293-294.

jours avant de remettre les pieds à l'église[369]. C'est sans surprise qu'en 1215 le 4e concile du Latran prescrit la communion une fois l'an à Pâques[370]. Pour pallier cela dès le 12e siècle va se développer l'adoration du Saint Sacrement et la communion spirituelle ; le prêtre célébrant va communier en représentant de la communauté, *pro omnibus*[371]. C'est une des sources de la communion reçue pour les autres et les défunts. La communion fréquente regagna son importance à la fin du Moyen Âge et avec le concile de Trente. Mais c'est Pie X qui fit revenir à la table du Seigneur où tous sont les heureux commensaux.

Pour la communion des fidèles nombre de prières devaient les y préparer. Quand Charlemagne adopta la liturgie romaine au 9e siècle, le sacramentaire romain se francisa. Les clercs francs y ont introduit des prières à dire à voix basses pour la communion des fidèles. Dans les monastères elles étaient dites par les clercs et les moines entourant l'autel. Peu à peu toute la communauté les récite par dévotion privée répandue au 11e siècle en l'honneur de l'eucharistie. Au 17e siècle la communion était si inhabituelle que ceux qui communiaient le firent en dehors de la messe[372]. A la place de *Ecce Agnus Dei* on récitait en langue courante un rudiment sur la foi et le *Domine non sum dignus*. Ce préambule à la communion fut attesté au synode d'Aix-en-Provence en 1585 ; il passa dans le rituel romain de 1614 en latin[373].

Depuis les synodes du 4e siècle, c'est sacrilège de recevoir la communion dans la main sans consommation immédiate. Ce fut l'une des raisons de l'institution de la communion dans la bouche ou sur la

---

[369] Joseph-André JUNGMANN, Missarum Sollemnia, tome III, p. 295. Surtout note 23 de la même page.
[370] Heinrich DENZINGER, *Symboles et définitions de la foi catholique*, n. 812, p. 297.
[371] Joseph-André JUNGMANN, *Missarum Sollemnia*, tome III, p. 296.
[372] Jean LEBON, « 59 questions sur l'eucharistie », Repères pour les pratiques eucharistiques, in *Guides Célébrer*, p. 77.
[373] Joseph-André JUNGMANN, *Missarum Sollemnia*, tome III, p. 304-305.

langue au 9ᵉ siècle grâce aux petites hosties. Ce mode de distribution « libérait du souci relatif à la propreté des mains des communiants et de la préoccupation plus grande encore d'éviter qu'aucune miette du pain consacré ne se perdît ; elle épargnait par avance d'avoir à instituer pour les laïcs une purification des doigts comme celle qui allait bientôt s'imposer aux prêtres[374] ». On inventa le plateau de communion dans la foulée[375]. La communion sur la langue avec l'hostie n'abolissait pas celle au calice ; on prit des précautions pour éviter que le précieux sang ne se répande. On utilisa le *calix ministerialis*, un calice spécial pour distribuer le sang du Seigneur qui conduit à la consécration par contact dont je dis seulement qu'elle consistait à verser du vin non consacré dans le *calix ministerialis* contenant du sang du Seigneur ou une parcelle de son corps. On présentait aux fidèles du vin après la communion sous les deux espèces[376].

Greffé sur la communion des fidèles laïcs, il y eut au 12ᵉ siècle le problème de la communion sous la seule espèce du pain, facilitée par l'application du dogme de la présence réelle ; le Christ est tout entier présent dans chacune des espèces, il n'est pas besoin de communier sous les deux espèces pour l'avoir tout entier. Le concile de Trente l'aura réaffirmé. D'ailleurs communier sous une seule espèce (le vin) se pratiquait déjà pour les petits enfants et les moribonds. On continua dans les monastères de donner le sacrement sous les deux espèces jusqu'à ce qu'il y eût, à cause des abus des interdictions conciliaires, concessions et nouvelle interdiction[377]. La communion sous une seule espèce est certes valable, mais cela ne doit pas laisser croire que celle sous les deux espèces est une exception et une faveur aux fidèles. Ceux-ci sont de plein droit les heureux invités au repas

---

[374] Joseph-André JUNGMANN, *Missarum Sollemnia*, tome III, p. 315.
[375] Il semble que ce plateau de communion était déjà en usage à Cluny avant les décrets de la Congrégation des rites au 19ᵉ s. cf. Ibid., note 57 de la p. 315.
[376] Cf. Ibidem, p. 349.
[377] Cf. Joseph-André JUNGMANN, *Missarum Sollemnia*, tome III, p. 318-219.

autant que les membres de la hiérarchie. Le sacrement est dans sa plénitude quand tous partagent le même pain et boivent au même calice. Les difficultés peuvent être grandes pour certaines assemblées, mais les acrobaties pour ne pas donner la communion sous les deux espèces sont des gesticulations plates imbuvables ; Jésus n'a pas dit prenez et sucez ; ni prenez et trempez remarque Deiss[378]. L'ordre du Seigneur ne peut être discriminatoire en aucun cas. La communion vraie est la première vraie adoration du Verbe fait chair, il ne peut y avoir de moment plus adorateur que le silence suivant la réception de la communion[379].

Aujourd'hui les premiers fidèles laïcs à communier sont ceux dans le chœur dont acolyte, ministre extraordinaire de la sainte communion. Celui-ci doit être à l'autel avant *l'Agnus Dei*. Il reçoit la communion avant pour aller servir l'assemblée. On l'envoie distribuer le corps du Christ avec la bénédiction prévue par le rituel. Que le président prononce cette bénédiction à haute voix pour rappeler à l'assemblée le caractère officiel et public de ce ministère qui n'est pas un privilège personnel[380]. Une pratique permettait déjà aux laïcs et aux femmes de la porter en viatique aux proches. L'Église n'est jamais loin de la réalité.

L'usage de chanter un psaume ou quelques versets pendant la communion naquit en Orient au 4e siècle ; le Ps 33 « Goûtez et voyez comme est bon le Seigneur » était recommandé[381]. Donc il n'y avait pas un chant de communion mais un psaume pour la distribution des saintes espèces. Sinon avant la distribution on dit l'antienne. L'idéal serait de reprendre le thème de l'évangile du jour ou un chant approprié pour l'union des cœurs. Ce chant se légitime de la communion des fidèles. A la naissance de l'Église, à la dernière cène il

---

[378] Cf. Lucien DEISS, *La messe, Sa célébration expliquée*, p. 134.
[379] Centre National de Pastorale Liturgique (CNPL), « Du bon usage de la liturgie », in *Guides Célébrer*, p. 68.
[380] Cf. Ibid., p. 66.
[381] Pierre LE BRUN, *Explication de la messe*, p. 590.

n'y avait pas de clergé. La fraction du pain n'était pas encore un paquet de rubriques mais mémorial à actualiser et actualisé dans le partage du pain fractionné dans un repas-mémorial. Vrai repas rassemblant les convives autour de la table familiale. Quand on invite à sa table pour le repas, on est avec ses invités. La communion fit de l'eucharistie un repas. Comment un vrai repas peut-il devenir sacramentel est une vraie question que la définition du sacrement ne résout pas avec satisfaction. Un symbole est moins qu'un sacrement. Un chrétien d'aujourd'hui aurait du mal à imaginer que la communion fut le partage d'un vrai repas. Manger n'est pas un symbole quand on crève de faim ; il y a tellement de pauvres à nourrir !

Au début la communion était plus fréquente que la messe. Jusqu'au 4e siècle l'eucharistie se célébrait surtout le dimanche ; les fidèles communiaient et emportaient avec eux pour la maison en souvenir des *pains d'oblation* (Ex 25, 30). Ils s'en servaient comme un médicament miraculeux. Au cours de la semaine, ils pouvaient se communier en attendant la prochaine messe. On la conservait avec grand soin et on en prenait avant tout autre repas. En Egypte cette pratique était très en honneur chez les moines et les ermites[382]. L'évêque de Rome avait le privilège d'emporter l'eucharistie chez lui ; le fidèle le pouvait lorsqu'il entreprenait un voyage périlleux, le soldat partant en guerre[383]. Les moines avaient l'eucharistie pour accompagner leur solitude ; ils n'avaient pas toujours un prêtre pour la messe[384]. C'était leur façon d'être signes d'unité dans la diversité, séparé de tous pour être uni à tous sans être un *particularisme séparateur* comme Évagre le Pontique le disait si bien du moine[385]. Le

---

[382] Joseph-André JUNGMANN, *Missarum Sollemnia*, tome III, p. 291.
[383] Cf. Ibid., note n. 5 de la p. 292.
[384] Pierre LE BRUN, *Explication de la messe*, p. 578.
[385] Cité par Bernard-Nicolas AUBERTIN, « L'apport du monachisme à la vie liturgique de l'Église », in *Liturgie et vie spirituelle, l'apport du monachisme à la vie liturgique de l'Église*, p. 174.

viatique est le pain des forts et non des mourants et des agonisants. Du latin *viaticum* = provisions de voyage, de *via* = route, voie.

La communion spirituelle existe dans l'Église dès le Moyen âge et fut un prolongement de la communion elle-même. A cet effet le prêtre avait des prières remontant au 8e siècle à dire en secret[386]. Qui légifère dans l'Église locale d'Haïti à propos de cette prière pour ceux qui ne peuvent pas recevoir la communion au cours de la célébration ? On avait le même problème il y a quelques années à propos des changements *présumés* dans le *Pater*. On prit un arbre pour la forêt. Qui a charge de la liturgie dans l'Église locale d'Haïti ? Pourquoi ce qui est si clair sur le plan de l'Église universelle ne l'est pas dans nos diocèses ? C'est plus compliqué qu'on ne le pense. Nous devons résister à la tentation séduisante de liturgies intimistes, de chants individualistes et émotionnels théologiquement douteux où règne la plus détestable confusion entre la foi et les sentiments personnels. *Amis lecteurs*, pensiez-vous que ce fut de tout repos d'être convives ?

LA CONSERVATION DES ESPÈCES

Une fois la communion des fidèles terminée que faire du reste du sacrement ? On n'avait pas encore les objets de conservation : ciboires, tabernacle. On conservait les saintes espèces seulement pour la communion des malades à la charge des diacres ou du prêtre célébrant l'onction des malades avec viatique. N'importe qui peut être ministre de la communion des malades dans la communauté s'il est préparé à servir les membres souffrants du corps du Christ[387]. Car la communion portée aux malades est un acte de l'assemblée comme

---

[386] Cf. Pierre LE BRUN, *Explication de la messe*, p. 573-574.
[387] Centre National de Pastorale Liturgique (CNPL), « Du bon usage de la liturgie », in *Guides Célébrer*, p. 69.

communauté[388]. Le soin spirituel des absents donna naissance au tabernacle, la sainte réserve[389]. Le tabernacle est-il encore lié aux membres souffrants de l'Église aujourd'hui ? Une communauté de foi qui ne prie pas pour ses malades, où qui ne valorise pas le ministère évangélique de la visite des malades, est une communauté avec béquilles qui n'a pas compris combien elle est affectée par ses membres absents. La communauté doit être témoin du comment on prend soin des membres souffrants ; elle doit envoyer en mission auprès de ses membres malades et absents pour les fortifier. La communion des absents doit avoir plus de relief dans la communauté. C'est toujours déjà un aspect de la communion des saints. Et si après le soin des absents et malades, il y avait encore des restes ?

A Antioche depuis le 4e siècle on transportait le reste du corps du Christ à la sacristie. On pouvait le brûler et recueillir la cendre, parce que le feu purifie sans être purifié ; sinon on l'enterrait ; ou les petits enfants, les clercs le consommaient. Conserver pour les malades une petite quantité n'allait pas au-delà d'une semaine car nos ciboires d'une bonne dimension sont récents. Les espèces se conservaient dans une capse devenue custode avant que le ciboire ne devienne un vase sacré courant[390]. Dans les Églises grecques l'eucharistie destinée aux malades était mise en réserve le jeudi saint pour toute l'année ; le pain consacré devenu dur et sec, se ramollissait dans du vin pour les malades[391].

Dans l'antiquité chrétienne l'évêque recevait le jour de son ordination une grande hostie qu'il conservait durant quelques semaines en mettant chaque jour une parcelle dans l'eucharistie qu'il célébrait. De

---

[388] Centre National de Pastorale Liturgique (CNPL), « Du bon usage de la liturgie », in *Guides Célébrer*, p. 69., p. 70.
[389] Cf. Jean LEBON, « 59 questions sur l'eucharistie », Repères pour les pratiques eucharistiques, in Commission épiscopale de liturgie et de pastorale sacramentelle, *Guides Célébrer*, p. 81.
[390] Cf. Joseph-André JUNGMANN, *Missarum Sollemnia*, tome III, p. 342-345.
[391] Pierre LE BRUN, *Explication de la messe*, p. 528.

même l'évêque de Rome donnait à Pâques, à la Pentecôte et à Noël à son clergé une partie de l'hostie consacrée à mettre dans le calice à la messe de la station en disant *Pax Domini*. Sa proximité était signée par ce geste de *communio* ; les évêques signifiaient par l'eucharistie reçue d'un autre Église leur proximité et leur communion. Voilà le *fermentum* (levain) ; c'était le levain de communion et de charité qui unit le pape, les évêques et les prêtres pour être un seul corps, un seul pain[392].

La visite du saint sacrement pour adorer le Seigneur a pris naissance avec le développement de la dévotion eucharistique en dehors de la messe, tout comme l'adoration perpétuelle. La bénédiction avec le saint-sacrement à la fin de la messe devient courante au 14e siècle les jours de fête et le dimanche. La Fête-Dieu va populariser la bénédiction donnée avec l'ostensoir en traçant avec lui un signe de croix[393]. Ce qui donna une impulsion nouvelle à maintes dévotions en l'honneur du Saint-Sacrement. Elles ne remplacent pas la participation personnelle à la messe ; ce n'est pas non plus de l'amour reporté. Il est plus indispensable de visiter les membres souffrants et affligés de l'Église que de demeurer devant le saint sacrement ; c'est la vision du mystique Jean de Ruisbroeck (1293-1381). L'adoration du saint sacrement doit être la continuation de la générosité, de la charité déployées envers le prochain ; sinon elle est aliénante.

---

[392] Pierre LE BRUN, *Explication de la messe*, p. 526.
[393] Cf. Joseph-André JUNGMANN, *Missarum Sollemnia*, tome III, note n. 2 de la p. 390.

L'ACTION DE GRÂCE

La dernière phase de la célébration de la messe c'est l'*actio gratiarum* après la communion, si on adopte le plan en quatre parties, tiré du rapprochement avec 1 Tim 2, 1. Cette action de grâce est structurée en deux parties : prière de remerciement et bénédiction de congédiement du peuple. Les CA ne connaissent pas de chant d'action de grâce mais une prière de l'évêque pour remercier Dieu de permettre à toute l'Église et au peuple de retirer les fruits de la messe[394]. Cette prière après la communion était en faveur de l'Église en rappel de la geste du salut opéré en Jésus Christ, Verbe incarné et serviteur[395].

Le chant de communion pouvait servir de transition et d'introduction à cette action de grâces[396]. Le premier chant pour rendre grâce après la communion c'est la prière post-communion et le silence. Cette prière remercie Dieu du bonheur ineffable d'avoir participé aux mystères divins et lui demande la grâce de conserver ses fruits pour notre sanctification. Elle est nommée aussi *complenda, oratio as complendum*[397]. Elle est la dernière prière présidentielle de la célébration ; la facultative bénédiction *super populo* est une d'autre nature et d'une autre facture. La messe est action de Grâce, un chant d'action de grâce pour un temps d'action de grâce dans une action de grâce pourrait se présenter comme une erreur rubricale, une méprise théologique. Aussi la liturgie n'impose pas de chant d'action de grâce mais un temps privilégié pour compter les bienfaits reçus dans *l'actio*. Le célébrant prenait congé de l'autel avec le chant du benedicite à la bouche, emportant avec lui à la sacristie les vases sacrés du saint sacrifice avec les linges sacrés dans la bourse ; les servants

---

[394] *Les Constitutions apostoliques,* tome III, Livres VIII, 14, 1-15, 5, Sources Chrétiennes n. 336, p. 211-213.
[395] Ibid., tome III, Livres VII, 26, 1-5, p. 55-57.
[396] Cf. Joseph-André JUNGMANN, *Missarum Sollemnia*, tome III, p. 356.
[397] Pierre LE BRUN, *Explication de la messe*, p. 592.

rapportaient les burettes et autres objets. A la messe solennelle les vases restaient à la crédence[398]. Une fois à la sacristie, le célébrant devait s'abîmer dans l'action de grâce pendant une demi-heure pour poursuivre son exercice ascétique selon une tradition fort ancienne. Le désir du ciel, la portée du mystère célébré, firent naitre le besoin personnel d'une *actio gratiarum* après l'eucharistie[399]. La prière publique de l'Église est source de piété et de prière personnelle[400]. Nombre de prières d'action de grâce ornaient l'action de grâce du célébrant à la sacristie. Dont le Ps 150, la prière de thomas d'Aquin ou de Bonaventure.

Le chant ordinairement nommé action de grâce est de création récente. L'Église ordonne ceci : « lorsque la distribution de la communion est achevée, le prêtre et les fidèles, si on le juge bon, prient intérieurement pendant un certain laps de temps. Si on le décide ainsi, toute l'assemblée pourra aussi exécuter un hymne, un psaume, ou un autre chant de louange[401] ». Pourquoi dans notre Église locale on a un chant d'action de grâce mais pas la prière intérieure de l'assemblée ou un psaume ? Or ce chant défie les canons de la PGMR. Peur du silence remis en honneur dans la nouvelle traduction française du Missel Romain (2021) ? L'adoration du Saint Sacrement c'est du bruit, du tintamarre chez nous. Il faut une liturgie qui soit prière et priante, faisant pétiller « l'action de grâce en travail dans le cœur, l'esprit et le corps de chacun en communion avec tous[402] ». On a besoin des assemblées qui construisent la communion intime avec l'Éternel.

---

[398] Cf. Joseph-André JUNGMANN, *Missarum Sollemnia*, tome III, note n. 2 de la p. 399.
[399] Ibid., note n. 2 de la p. 404.
[400] Sacrosanctum Concilium, n. 90, in Vatican II, *Les seize documents conciliaires*, Montréal/Paris, Fides, 1967. p. 153.
[401] *Présentation Générale du Missel Romain* (PGMR), n. 88, Édition de 2002.
[402] Vincent DECLEIRE « Le Document *Univers Laus* II : Un chant nouveau pour célébrer en vérité », *La Maison-Dieu*, n. 239 (2004), p. 17.

RITE DE CONCLUSION

Dans le passé la messe ne se terminait pas avec le *Ite missa est* ; les rites de conclusion de la messe ont beaucoup évolué. Voici le rite de conclusion aujourd'hui « a) De brèves annonces, si nécessaire ; b) La salutation et la bénédiction du prêtre qui, en certains jours et à certaines occasions, est enrichie et développée par la prière sur l'assemblée ou une autre formule solennelle. c) Le renvoi de l'assemblée par le prêtre ou le diacre ; d) Le baiser de l'autel par le prêtre et le diacre, suivi de l'inclination profonde vers l'autel par le prêtre, le diacre et les autres ministres[403] ». Comment prenait-on congé de l'autel sacré avant la Réforme liturgique issue de Vatican II ? Un brin d'histoire.

La bénédiction finale à la messe serait une addition romaine liée à l'évêque présidant l'eucharistie ; les témoignages sont du 13e siècle[404]. Dans le missel de Pie V le célébrant au milieu de l'autel qu'il baisait disait le *Placeat*[405] avant de donner la bénédiction finale qui n'était pas obligatoire car on avait surtout des messes sans assistance. Dans certaines cathédrales de France jusqu'en 1700 on n'avait pas de bénédiction finale à la grand'messe. Dans les monastères bénédictins, cette bénédiction finale était remplacée par celle donnée au lecteur de table de la semaine. La même formule étant utilisée pour les

---

[403] *Présentation Générale du Missel Romain* (PGMR), n. 90, Édition de 2002.
[404] Cf. Joseph-André JUNGMANN, *Missarum Sollemnia*, tome III, p. 379-381.
[405] Le *Placeat* est une prière en latin de dévotion personnelle que le prêtre récitait avant *l'Ite misse est* en signe d'action de grâce personnelle. La voici en français : « Recevez favorablement ô Trinité sainte, l'hommage de ma parfaite dépendance et ayez pour agréable le sacrifice que j'ai offert aux yeux de votre majesté quoique j'en fusse indigne. Faites par votre miséricorde qu'il me soit propitiatoire et à tous ceux pour qui je l'ai offert. Par Jésus Christ Notre Seigneur. Amen ». Cité in Pierre LE BRUN, *Explication de la messe*, p. 603 ; aussi Joseph-André JUNGMANN, *Missarum Sollemnia*, tome III, p. 384.

bénédictions privées, celle donnée à la messe était devenue rare et sans raison.

La bénédiction du prêtre serait-elle devenue épiscopale par l'adjonction du *'Sit nomen Domini benedictum et adjutorium nostrum in nomine Domini'* ? Possible. Dès le 11ᵉ siècle pour différencier à la messe la bénédiction de l'évêque de celle du prêtre, on fait l'évêque bénir avec la main et le prêtre au moyen d'un objet comme une relique, un crucifix, l'ostensoir, la croix, une patène, un corporal[406]. En prononçant les paroles, l'évêque traçait trois ou quatre signes de croix en direction des points cardinaux. Cela permettait aux fidèles d'emporter chez eux une part sensible des bénédictions de l'Église[407]. On bénissait aussi par imposition des mains, avec l'eau bénite. Cette aspersion était la vraie fin de la messe dans les paroisses rurales de l'Allemagne du Sud. Le soin mis à conclure la célébration traduit qu'il n'est 'pas possible d'être chrétien sans célébrer la liturgie, même s'il est possible de célébrer la liturgie sans être chrétien'[408].

La liturgie d'Antioche des Jacobites propose une solennelle et captivante formule de renvoi où l'autel est objet d'une tendre affection : « demeure en paix saint autel du Seigneur. Je ne sais si désormais je reviendrai ou non vers toi. Que le Seigneur m'accorde de te voir dans l'assemblée des premiers-nés qui est dans les cieux ; dans cette alliance je mets ma confiance[409] ».

Avant le renvoi du peuple, on avait au 19ᵉ siècle les prières dites du pape Léon XIII. Ces prières léonines sont des supplications pour les grands besoins de l'Église. Soit trois *Ave Maria*, le *Salve Regina* (né au 11ᵉ siècle au cloître de Reichenau), une oraison. En 1886 le pape

---

[406] Joseph-André JUNGMANN, *Missarum Sollemnia*, tome III, p. 383.
[407] Ibid., p. 390-391.
[408] Phrase que Dom Olivier Rousseau prononça au cours d'une rencontre avec E. BIANCHI en 1968. Cf. Enzo BIANCHI, « Une liturgie pour la vie », in *Liturgie et vie spirituelle, l'apport du monachisme à la vie liturgique de l'Église*, p. 187.
[409] Cité par Joseph-André JUNGMANN, *Missarum Sollemnia*, tome III, p. 374 ; cf. aussi Lucien DEISS, *La messe, Sa célébration expliquée*, 89, p. 141.

ajouta une invocation à l'archange Michel ; par la suite il fit inscrire le *Dieu soit béni* pour couronner la bénédiction du Saint-Sacrement à la fin de la messe[410]. Ces prières à Marie à la fin de la messe privée, donnaient aux offices une note mariale.

Aux temps des épreuves subies par la chrétienté, ces prières ont été élargies au monde entier pour le retrait de la *Kulturkampf*, la restitution de la liberté de l'Église et des États pontificaux. Le peuple associé à ces appels à Dieu dans la détresse, récitait ces prières en ses langues ; malgré le latin triomphant et flamboyant. Après les accords de Latran en 1929, on porta l'intérêt sur la Russie et la persécution religieuse. Léon XIII encouragea les fidèles à prier à haute voix le rosaire au cours du mois d'octobre. L'obligation de réciter les prières léonines après la messe basse fut levée en 1964 avec le Concile Vatican II.

Souvent le président de l'assemblée quitte le sanctuaire sans attendre le chant de renvoi. Il y a deux façons d'envisager le renvoi de l'assemblée : aller à la rencontre des gens à la porte de l'Église ; ou bien si la sacristie est derrière le chœur, attendre l'exécution du chant de sortie pour quitter l'autel. Ne pourrait-on pas comprendre, selon le protocole, que personne ne quitte les lieux avant le président de l'assemblée ? Là n'est pas la matière.

ITE MISSA EST

La messe se concluait par la bénédiction de l'Église qui envoie ses enfants à leurs affaires avec la protection divine[411]. *L'oratio super populum*, optionnelle aujourd'hui, fut le premier vestige de la prière de renvoi qui daterait du 3ᵉ siècle[412]. « L'oraison sur le peuple redevient une simple bénédiction, à laquelle son antiquité conservait

---

[410] Sur l'ensemble de ce paragraphe, cf. Ibid., note n. 2 de la p. 394-398.
[411] Joseph-André JUNGMANN, *Missarum Sollemnia*, tome III, p. 363.
[412] Ibid., p. 364.

sa place dans le saint temps de carême[413] ». Elle a rapport avec le *procedamus cum pace* ; la réponse du peuple fut *in nomine Christi*[414]. Voilà la genèse du renvoi du peuple.

La formule *Ite missa est* vient de Rome. L'utilisation du terme *missa* (grec et latin) était courante dans l'antiquité. Elle faisait partie de la coutume normale au palais impérial et aux tribunaux de déclarer le renvoi après une audience, une session[415]. Le grec *missa* ou *minsa* utilisé dans le cérémonial de la cour de Byzance signifiait *congédiement après audience*. Les chrétiens vont lui donner un sens religieux[416], ecclésiastique dès le 4ᵉ siècle pour renvoyer le peuple après un office. L'expression *Ite missa est* correspondant à la *litation* des Romains, aussi ancienne que la messe latine, était courante dans la vie sociale romaine[417]. Lors d'un sacrifice, les sacrificateurs s'étant lavé les mains, l'un d'eux criait à haute voix « *ire licet ex templo* = vous pouvez sortir du temple ». Cette expression n'est pas passée dans la liturgie ; c'est la grecque *allez en paix* qui fut retenue. Cette formule de congé du peuple, *populis missio*, s'employait déjà vers l'an 500[418].

Durant la persécution avant la paix de Constantin, on faisait le renvoi avec précaution pour éviter le bruit et la foule ; le renvoi solennel débute au 4ᵉ siècles et fut confié au diacre. Les formules *Allons en paix*, *Sortons en paix* se trouvent dans les principaux documents du 4ᵉ siècle. Au Moyen âge le diacre devait recevoir du prêtre l'*ite missa est* à genoux, baisant sa chasuble avant de le chanter, tourné vers le peuple. Il pouvait aussi tenir la crosse de l'évêque pour ce faire[419].

Si *Ite missa est* reste un emprunt solennel du christianisme aux cultures, le *benedicamus Domino* serait une conclusion liturgique

---

[413] Joseph-André JUNGMANN, *Missarum Sollemnia*, tome III, p. 368.
[414] Quand le célébrant dit : allez en paix, le peuple répond : dans le nom du Seigneur. Cf. Ibidem, p. 369.
[415] Id., *La liturgie des premiers siècles jusqu'à l'époque de Grégoire le Grand*, p. 202.
[416] Joseph-André JUNGMANN, *Missarum Sollemnia*, tome III, p. 369.
[417] Cf. Ibid., p. 370.
[418] Pierre LE BRUN, *Explication de la messe*, p. 593.
[419] Ibid., p. 595.

gallicane qui entra dans la liturgie romaine au 12ᵉ siècle. Or les deux expressions ont des fortunes diverses : l'*Ite* va appartenir aux jours du Gloria et le *benedicamus* aux offices ordinaires dès le 9ᵉ siècle. L'*Ite* s'associait à la joie et fut exclu du carême[420]. Le degré de solennité fit la répartition, d'où le retrait de l'*Ite* dans la messe des morts et son remplacement par *requiescant in pace*[421]. Au 10ᵉ siècle l'*Ite* donna lieu à des mélodies ornées, *benedicamus* n'a engendré aucun trope, sauf dans l'office des Heures au 11ᵉ siècle dans les monastères[422].

À partir du 13ᵉ siècle la formule de congédiement ne renvoyait plus les fidèles à causes des additions après l'*Ite* que le Missel romain de 1570 officialisa. Après l'*Ite*, le prêtre dit en silence une prière privée (le Placeat), donne la bénédiction en faisant trois fois le signe de la croix, lit le dernier évangile (Prologue de Jean) et récite le *Cantique des trois Enfants*. Avec les modifications de Clément VIII en 1604, Urbain VIII en 1634, le missel de Pie V devient celui de 1962 de Jean XXIII stipulant : le prêtre bénit avec un seul signe de la croix ; on omet le *Cantique des trois Enfants* (Dn 3). Celui de Paul VI de 1970 garde la bénédiction avant l'*Ite* restituant à celui-ci ses fonctions de conclusion et de renvoi de l'assemblée qui répond *Deo gratias* sur le même ton de l'*Ite*.

Au début de l'Église on donnait le congé formel à toutes les messes célébrées avec concours de peuple, excepté celles où assistaient peu de gens. Comme on cessa pendant le Carême et l'Avent d'utiliser l'*Ite missa est* à cause de son élan de joie, les éditions du Missel tridentin avant 1962 durcirent la coutume de le dire aux messes où le *Gloria* est chanté. Par la suite on pouvait utiliser l'*Ite missa est* dans les jours de Carême et d'Avent en le chantant sur un ton moins festif. Si après la messe, les fidèles devaient assister à une procession, aux laudes, on

---

[420] Cf. Pierre LE BRUN, *Explication de la messe*, p. 596.
[421] Sur l'ensemble de cette discussion, cf. Joseph-André JUNGMANN, *Missarum Sollemnia*, tome III, p. 372-373.
[422] Cf. Ibid., p. 373 ; et note n. 38, p. 373-374.

ne congédiait pas. Ainsi après la messe de minuit de Noël, on chantait *Benedicamus Domino* (Bénissons le Seigneur) pour les inviter à continuer la prière avec les laudes. C'était ainsi depuis le 11ᵉ siècle[423]. Aux messes des défunts on disait *Requiescant in pace*. *Benedicamus Domino* est omis dans les éditions récentes du Missel romain ainsi que le *Placeat* et le dernier évangile.

Pourquoi ne pas dire tout court : Allez, c'est terminé ? Depuis octobre 2008 l'*Ite missa est* a perdu son absoluité. Au synode de 2005 sur l'eucharistie, le pape Benoît XVI approuva une demande de propositions de formules de type missionnaire pour congédier le peuple. Des soixante-douze propositions reçues, le cardinal Francis Arinze, préfet de la *Congrégation pour le culte divin et la discipline des sacrements*, a rédigé neuf formules desquelles le pape choisit trois formules alternatives. Celles-ci sont intégrées à la 3ᵉ édition *typique* du Missel romain, parue en 2008. Voici ces trois formules :

– *Ite ad Evangelium Domini nuntiandum* (Allez annoncer l'Évangile du Seigneur).

– *Ite in pace*, glorificando vita vestra Dominum (Allez en paix en glorifiant le Seigneur par votre vie).

– *Ite in pace* (Allez en paix) auquel on ajouterait *alléluia, alléluia* lors du temps pascal.

Faut-il sortir ? Et pour aller où ? En fait la liturgie ne connaît pas le chant de sortie ; il y a un chant de renvoi du peuple en mission jusqu'à la prochaine eucharistie qui refait l'Assemblée et raconte les *mirabilia Dei*. Quel type de chant pour le renvoi ? Un chant de mission, d'engagement chrétien sur les plans personnel, ecclésial, communautaire et de l'évangélisation. Il doit être un écho de la mission de l'Église actualisant le message évangélique de la liturgie du

---

[423] Cf. Pierre LE BRUN, *Explication de la messe*, p. 590.

jour. C'est toute l'Église qui est envoyée auprès du monde pour interpréter le Christ qui vient[424].

Le *Ite missa est* étant aujourd'hui la dernière parole du célébrant à l'autel, il en prend congé par le baiser final, pendant du baiser initial à l'ouverture de la messe. Mais j'ai souligné que dans le passé après le *Ite*, par piété et dévotion on ajoutait le *placeat*, la dernière bénédiction et le dernier évangile. Je m'arrêterai à celui-ci. Le *placeat* ayant disparu, la bénédiction finale recadrée, le dernier évangile subsiste encore comme exception.

LE DERNIER ÉVANGILE

Avant la réforme liturgique de Vatican II la messe prit fin avec le *prologue* de Jean. Ce prologue (dernier évangile) n'est pas une création de la liturgie romaine. Il proviendrait d'un Ordinaire des Dominicains à la fin de la messe (privée) du 13e siècle. On y adjoignait une oraison. Le dernier évangile connut ses heures de gloire à la fin du Moyen Âge. La première congrégation générale des jésuites l'avait adopté, les chartreux, pas[425]. Aux vigiles du dimanche et des solennités, les bénédictins ont jusqu'à présent un dernier évangile (sur la résurrection). De proche en proche on en vient à faire du *prologue* ou un autre passage, un sacramental dont le vestige devait être la *missa sicca* ou messe sèche.

Dans les temps anciens on considérait le *prologue* de saint Jean comme une bénédiction ; on le portait sur soi ; on aimait à le réciter ou à l'écouter. Cela devenait une dévotion mal appuyée frisant la superstition ou la divination ; le synode de Seligenstadt (août 1022) réuni par Aribon de Mayence, ordonna dans son canon 10 que la lecture du prologue se fasse par respect pour la Trinité et non pour

---

[424] Jean CORBON, « L'économie du Verbe et la liturgie de la Parole », in En Collaboration, *La Parole dans la liturgie*, p. 163.
[425] Joseph-André JUNGMANN, *Missarum Sollemnia*, tome III, p. 386-387.

des motifs de sorcellerie[426]. Mise à part cela, le *prologue* fut utilisé dans la chambre des malades, au dernier sacrement, récité sur l'enfant nouveau baptisé ; on l'insérait dans la *bénédiction du temps* en été après la messe paroissiale du jour.

Serait-il bon de revenir formellement au dernier évangile ? Pour ma part ce serait déplacer les préoccupations qui sont immenses dans notre Église locale. Le dernier évangile n'est pas un carcan sur le chemin de la liturgie éternelle.

VERS LA LITURGIE ÉTERNELLE

Aristote enseigne que le bonheur est le bénéfice de la vertu. Or la plus parfaite des vertus c'est la justice, praticable dans le vivre ensemble. Elle est « la structure de base de la société ou plus exactement, la façon dont les institutions sociales répartissent les droits et les devoirs fondamentaux et déterminent la répartition des avantages tirés de la coopération sociale[427] ». Le bonheur parfait coïncide avec la vie éternelle et commence avec la fidélité à soi. Il appartient à l'Église d'ériger le comportement juste en isonomie pour la cité terrestre et la céleste. Saint-Exupéry dit que l'essentiel est invisible. La foi invisible mais concrète, est l'acte le plus intérieur et le plus englobant de l'esprit humain[428]. C'« est dans l'âme une lumière spirituelle (Ep 1, 18)[429] ». Pour changer le monde et réussir, il faut croire. Sous ce prisme l'eucharistie réussit une communauté qui n'a pas la justice

---

[426] Cf. Mgr Charles Joseph HÉFÉLÉ, *Histoire des conciles d'après les documents originaux*, tome 6, traduit de l'allemand par l'Abbé DELARC, Paris, Editeurs Adrien Le Clere et Co, 1981, p. 252.
[427] John RAWLS *Théorie de la justice*, traduit de l'Anglais par Catherine Audard, Editions du SEUIL, Collection Points Essais, 1987 et 1997, p. 33.
[428] Paul TILLICH, *Dynamique de la foi,* traduit de l'anglais et présenté par Fernand Chapey, Casterman, Collection Cahiers de l'Actualité religieuse n. 26, 1968, p. 22.
[429] Thomas d'Aquin, *Somme Théologique*, I-IIae, q 67, a 5.

comme norme mais qui est norme de la justice[430]. Vertu provisoire, d'avant le soir qui nous advient dans le temps présent ; dans la béatitude future il n'y aura plus de foi, mais mémoire de la foi[431].

L'incipit de ce livre affirmait que la célébration commence à la sacristie ; c'est là qu'elle prend fin aussi. Beaucoup de célébrants n'y prêtent aucune attention. Avant même de quitter le chœur les bavardages glapissent, des salutations distribuées à l'instar des stars qui s'autoglorifient dans des autographes. Je redis : la messe finit à la sacristie où le président de l'assemblée salue la croix, puis les concélébrants et les acolytes en disant *proficiat nobis* ou simplement *prosit*. C'est-à-dire que les mystères que nous venons de célébrer profitent à nous tous. Après on peut se donner à cœur joie aux gentillesses. A nous d'éduquer le peuple de Dieu. D'ailleurs autrefois, parvenu à la sacristie, le prêtre avait la *missa sicca* qui était ceci : après sa messe il lisait sans chasuble le propre d'une autre messe à l'exception du canon. Cette *missa sicca* disparut après le concile de Trente[432]. Selon le missel de Pie V, le prêtre quitta l'autel avec à la bouche le Benedicite. Ainsi il commença le *gratiarum actio post missam*. Parvenu à la sacristie il continua avec des prières faites de psaumes, Ps 150 surtout, du *cantique des trois enfants*, des prières de saint Thomas d'Aquin, de saint Bonaventure, etc[433]. C'est que le canon 810 du CIC de 1917 exhortait le prêtre à se préparer à célébrer le saint sacrifice et à rendre grâce après l'avoir fait[434].

L'eucharistie, sommet de la foi, confère au peuple chrétien une dignité de plénitude incomparable ; elle nous apprend à vivre et à devenir ce

---

[430] Cf. Élisée RUFFINI, Article « Eucharistie », in *Dictionnaire de la vie spirituelle*, p. 340.
[431] Thomas d'Aquin, *Somme Théologique*, I q 93 a 8 s 3.
[432] Joseph-André JUNGMANN, *Missarum Sollemnia*, tome III, p. 388.
[433] Cf. Joseph-André JUNGMANN, *Missarum Sollemnia*, tome III, p. 399-403.
[434] Voici le texte du canon 810 : Le prêtre n'omettra pas de se préparer par de pieuses prières à offrir le sacrifice eucharistique et, celui-ci terminé, à faire son action de grâces pour un tel bienfait.

que nous recevons (Augustin). Il ne suffit plus de faire eucharistie mais de le devenir jour après jour, ce à quoi la liturgie nous exerce et nous entraine au présent. « Si les moines ne sont pas les gardiens de la liturgie, ils sont les témoins (de la grâce et) du Royaume qui vient et dont la liturgie célèbre l'espérance sans cesse renouvelée[435] ». Cela vaut pour tous et chacun des fidèles. Nous avons tous le devoir de redonner la liturgie au peuple de Dieu afin que l'eucharistie puisse planter sa tente au sein de nos sociétés, non en étrangère mais en voisine du quartier. Oser eucharistier est une responsabilité ecclésiale. C'est l'obligation doctrinale de garder pure la Tradition et de la transmettre ainsi à la postérité. Nous sommes condisciples, clergé et fidèles laïcs.

En relexicalisant le terme grec *leitourgia* pour que l'affaire et l'œuvre du peuple soient au service de la cité céleste, l'Église fait de tout citoyen un protagoniste de son histoire écrite ou à écrire pour les deux cités, en en devenant un serviteur digne et diligent par le temps consacré. Elle enfle les deux cités de toutes les promesses qui bordent nos quêtes d'infini afin que nous soyons capables de vivre ensemble sans nous entretuer. Depuis Caïn la violence régresse l'humain à la bestialité, « si aujourd'hui les hommes imitent les animaux qui se dévorent par nature, c'est la preuve qu'ils ne leur commandent pas[436] ». En société on charge le sacrifice de substituer à la violence réciproque, le bouc qui devient émissaire, symbole de la violence de tous contre un et empêche un groupe social de s'autodétruire. Il y a aussi d'autres formes de catharsis tel le théâtre, (la tragédie), la fête et les jeux publics. La passion et la mort de Jésus sont types de ce transfert collectif de la violence sur une victime unique. Le Christ inaugure en sa personne un monde nouveau de la réciprocité parfaite

---

[435] Patrick PRÉTOT, « L'apport du monachisme à la vie liturgique de l'Église : quelques réflexions pour le temps présent », in *Liturgie et vie spirituelle, l'apport du monachisme à la vie liturgique de l'Église*, p. 119.
[436] Paul BEAUCHAMP, *Psaumes nuit et jour*, Paris, Seuil, 1980, p. 160.

en devenant le révélateur d'un Dieu d'amour qui disqualifie tous les dieux de la violence[437]. En abolissant tout culte sacrificiel, il enlève à l'humanité les dernières béquilles rituelles[438]. La croix trône, triomphe de la violence du monde. L'eucharistie inaugure la liturgie éternelle dans le jeu des alliances par un seul jeu d'un je qui mise son je. Bonheur, vertu, justice et foi sont chez eux à la messe. Et la communauté que celle-ci fait être ne peut être au rabais, car elle est déjà dans l'histoire justice de l'homme et gloire de Dieu présente dans le monde[439].

La liturgie éternelle initiée à la fraction du pain étend son envergure catholique sur le monde entier sous les tentes ou sous les voûtes de splendeur des cathédrales millénaires. Grâce aux réseaux sociaux, chaque taudis peut devenir le tabernacle de la bonté de Dieu et de la sagesse ecclésiale. Il suffit d'avoir un smartphone connecté à internet pour suivre la messe au Vatican, en Albanie. Question surtout de profiter de l'occasion de la Covid19 qui force presque à apporter Dieu et les célébrations dans le logis du quidam. La production d'images a quelque peu changé notre foi. Et l'Église a su entrer dans cette nouvelle culture presqu'à ses débuts. « Dans un monde de la suractivité, où la liturgie risque d'être prise au piège de la performance, il faut rappeler sans cesse que la liturgie est avant tout l'exercice d'une disponibilité à la rencontre dont Dieu prend l'initiative[440] ».

La messe à la télévision est née en France. Elle fut initiée par les Dominicains avec l'émission *Le jour du Seigneur*[441]. Mais la pandémie

---

[437] Louis-Marie CHAUVET, « La dimension sacrificielle de l'eucharistie », *La Maison-Dieu*, n. 123, (1975), p. 53.
[438] Ibid., p. 53.
[439] Élisée RUFFINI, Article « Eucharistie », in *Dictionnaire de la vie spirituelle*, p. 340.
[440] Bernard-Nicolas AUBERTIN, « L'apport du monachisme à la vie liturgique de l'Église », in *Liturgie et vie spirituelle, l'apport du monachisme à la vie liturgique de l'Église*, p. 183.
[441] *Le Jour du Seigneur* est une création du père dominicain Raymond Pichard. Sa première retransmission fut la messe de minuit du 24 décembre 1948 à la cathédrale

de la covid19 à la fin de l'année 2019 favorisa la propulsion des célébrations à la télévision et sur les plateformes intelligentes. La Radio Télé *Pitit Manman Mari* a su en tirer parti. Il faut citer aussi la *Radio Télé Altagrâce*, la *Radio Télé Amen* et d'autres paroisses avec leurs propres réseaux de diffusion. Point besoin de lister *Radio Télé Soleil (RTS)* à côté de ces plateformes fonctionnant seulement sur internet. Le réseau RTS conduit actuellement par le P. Claudy Duclervil, a une autre vocation et est irremplaçable dans le paysage médiatique de l'Église locale. Tous ces media contribuent selon leur compétence à l'extension de la liturgie éternelle dans le monde. Nous leur devons cet éloge ou cet hommage.

Eucharistie, splendeur et joie ! En se rappelant que dans la région métropolitaine de Port-au-Prince depuis quelque temps et dans une quinzaine de paroisses au moins, célébrer l'eucharistie fait du prêtre une cible ou un potentiel martyr. Ce n'était pas notre problématique, mais c'est notre problème. Jusques à quand ? La réponse n'est pas théorique, c'est un bien commun concret à construire et sauver ensemble avant la disparition d'Haïti, notre maison commune en tant qu'écologie et État.

Notre-Dame de Paris. Il crée une émission religieuse régulière d'une heure et demie par semaine sur RTF Télévision chaque dimanche matin. Cette émission hebdomadaire catholique débute le dimanche 9 octobre 1949. Elle comprend un magazine suivi de la messe.

CONCLUSION

L'éminent théologien H. de Lubac disait : « le mystère à comprendre s'efface devant le mystère à croire parce que l'idée même de comprendre a changé[442] ». C'est une vérité qui rassure, illumine et lancine. L'être humain ne s'avoue pas souvent vaincu devant l'énigme, il continue la patience de la recherche dans et par la recherche dans la patience. Au nom de l'humanité, certains êtres d'exception ont fait des découvertes merveilleuses. Que les hommes aient le don de l'eucharistie, c'est à peine croyable ; que Dieu ait choisi ce mode de présence pour s'illustrer dans une présence qui absorbe l'idée d'une non-vision, c'est encore plus déroutant ; nous sommes des experts en dichotomie : ceci ou cela. L'eucharistie vient rappeler à la raison qu'il existe plus d'une façon d'entrer dans la raison et de défier la logique. Elle n'est ni logique, ni réglementaire, elle est mystère ; or celui-ci échappe à tout canon, la grâce seule l'étreint, la berce. Le Dieu immense devenu petit peut être profané, et/ou être oublié. L'eucharistie permet d'oublier que Dieu est Dieu pour croire qu'il n'y a rien à voir. Si on avait vu on aurait compris qu'il faut croire. Le premier voir n'était que tégument ; le bon et vrai voir est tapi derrière le croire. Simplement. Comme n'existant pas. C'est pourquoi la liturgie doit être christophanique en tout temps, en tout lieu.

Le christianisme répond aux souffrances et aux besoins de santé du monde par trois modes d'intervention : le charismatique, le sacramentel et le médical. Le charismatique est paraliturgique, le sacramentel est liturgique et le médical est extra liturgique. La tendance actuelle même dans les milieux hiérarchiques est de privilégier le charismatique qui promet les recettes et un Dieu prêt-à-porter qui fait des miracles *en veux-tu en voilà*. Dieu devient un ATM, il suffit d'avoir la carte-guichet et ça roule. Les séances de guérisons

---

[442] Cité par Pierre-Marie GY, « L'eucharistie dans la tradition de la prière et de la doctrine », *La Maison-Dieu*, n. 137, (1979), p. 101.

dans les prières ou réunions des groupes du Renouveau charismatique sont comme les cartes-guichet. La pratique des vertus théologiques est reléguée au second plan ainsi que la vie liturgique paroissiale. Si on recalibre ? Le cap est mis sur les *Jéricho, La mer rouge* etc., et des pratiques de dévotions au détriment du reste. Or dans la Bible, je ne vois pas de miracles à chaque page, ni d'intervention merveilleuse de Dieu à chaque ligne ; j'y vois de la patience, de la persévérance, les vertus théologales et même des échecs. La vie humaine de Jésus s'achève sur le triomphe de la classe sacerdotale et de l'occupant romain ; les premiers Apôtres (Jean Excepté) sont tous morts martyrs ; l'Église a mordu la poussière de la persécution pendant trois siècles. Les opprimés le sont encore par les forts et les pouvoirs publics, des enfants meurent faute de pain, quand Jésus eut faim au désert il ne changea pas les pierres en pain, il termina son *carême*. L'eucharistie débute dans la vie concrète. Cet événement communautaire théologique, requiert la patience de la foi plus que les effusions d'émotion et du merveilleux.

J'ai entrepris cet ouvrage en portant un rêve secret collectif : que notre Église locale, en ces temps décadents qu'elle vit et qu'il serait trop long et inapproprié d'expliquer, parvienne à rendre grâce en rompant le pain dans la liturgie du mémorial éternel au sein d'une communauté capable de célébrer sans cesse et sans fin l'alliance (les noces) de Dieu avec son peuple. Ce rêve fut aussi une responsabilité de fidélité à la Tradition de l'Église devant l'Église dont je suis membre. Ce rêve têtu ne pouvait être entamé par les mauvaises pratiques relevées chez nous ; l'expérience déroutante de la médiocrité n'élime pas la persévérance dans l'assiduité à maitriser la compétence d'eucharistier comme Église. Un nuage, une fumée d'arrogance caresse sans cesse notre fierté d'êtres pensant surtout quand nous avons tort. Après coup nous confessons que nous étions indécis, incertains. Mais rien ne vaut une humilité trempée dans l'acide de la sagesse acquise du dedans des choses. Celles-ci ont appris à nous parler et nous avons compris comment et quand leur répondre. Demain n'est ni un film, ni un roman ; c'est l'inviolable quasi-certitude de l'invasion ou de l'irruption de l'avenir toujours à venir dans notre quotidien. L'avenir n'a même pas à nourrir l'espérance, il va de toute façon la percuter, étant sur le même chemin en sens contraire, sur les mêmes rails. Pas moyen qu'ils se manquent. Ce rêve et cette certitude adressent une folle invitation-convocation du Seigneur : tout temps dédié à eucharistier devient un temps favorable, s'il ne l'était pas. Et cela suffit pour nous rendre fous de joie et d'être prêts à cueillir l'éternité avec précipitation au lieu d'attendre à l'accueillir. Que personne ne gaspille la messe !

L'eucharistie est le lieu où nous célébrons la vie du Christ qui prend les nôtres dans la sienne pour les mener au Père[443]. Ses acteurs et participants sont ordonnés à la bonté, à la générosité et au partage ; l'eucharistie est plus qu'indicateur de communion sociale, elle en est un facteur. Si cela devient invisible, il faut questionner notre levain dans la pâte sociale ; nos eucharisties seraient des séances d'hypocrisie collective savamment agencées pour présenter une façade de gens bien, *comme il faut*. Au lieu de précipiter comme Marie à Cana *l'heure* et le dévoilement de la grâce, beaucoup préfèrent que Dieu fasse leur volonté tout en disant le *Pater* chaque jour. Qui nous contraint d'user de pareils artifices ? Ne sommes-nous pas des adultes, responsables de nos actes ? Le drame de l'existence, « la consommation dans la parousie est déjà anticipée pauvrement mais réellement[444] ».

D'eucharistie en eucharistie, de dimanche en dimanche, par notre vie comme par la messe, le Christ vient, son Royaume s'étend[445]. Il vient

---

[443] Jean LEBON, « 59 questions sur l'eucharistie », Repères pour les pratiques eucharistiques, in *Guides Célébrer*, p. 36.
[444] Jean CORBON, « L'économie du Verbe et la liturgie de la Parole », in *La Parole dans la liturgie*, p. 170.
[445] Jean LEBON, « 59 questions sur l'eucharistie », Repères pour les pratiques eucharistiques, in *Guides Célébrer*, p. 66.

par sa mort anticiper la plénitude de vie que la mort menace à chaque respiration. Un *je* tout enflé du *nous* de la cohorte céleste des saints défie la mort biologique qui dévore tout dans sa rage. Il est vrai que la mort est la disparition totale de toute conscience de soi, l'impossibilité soudaine et définitive de penser 'je'. Dans l'antiquité gréco-romaine, la personne était une totalité de vie qui disparaissait avec sa mort. Aujourd'hui nous savons qu'avec la mort « la capacité d'alimenter en énergie les multiples échanges réalisés entre les substances qui constituent son corps, ne disparait pas ; cette capacité s'est seulement orientée vers d'autres métabolismes, ceux qui permettent à une multitude d'êtres vivants de proliférer. Ce qui disparait est la capacité de l'ensemble à constituer une unité intégrée et surtout sa capacité à s'affirmer être[446] ». La mort n'est pas l'absence totale de vie dans un corps ; elle est pleine d'une autre forme de vie. Le mystère de la vie rayonne jusque dans la mort. Ô Dieu quelle merveille ! Et quelle eucharistie ! « Nous voici appelés à rayonner la grâce de l'eucharistie, en suscitant des espaces de prières, de justice et de miséricorde, qui permettent à tout homme d'entrevoir le mystère du Dieu vivant qui vient recréer l'homme[447] ».

La messe n'est un mime mais un mémorial actuel de l'offrande sacrificielle que le Christ ne cesse de faire de sa vie à son Père[448]. En soi ce geste oblatif est indépassable et n'a pas de prix. Parce que ce sacrifice unique sanglant fut parfait, plus une goutte de sang ne doit couler après, ni d'un homme ni d'un animal[449]. Ce grand mystère à portée de main peine souvent à être sommet si la spiritualité l'accueille encore comme source. La fille de César en privé n'admire

---

[446] Albert JACQUARD, *Dieu?* Stock/Bayard, 2003, p. 101.
[447] CEF, *Pain rompu pour un monde nouveau* cité par Jean LEBON, « 59 questions sur l'eucharistie », Repères pour les pratiques eucharistiques, in *Guides Célébrer*, p. 92.
[448] Centre National de Pastorale Liturgique (CNPL), « Du bon usage de la liturgie », in *Guides Célébrer*, p. 64.
[449] Centre National de Pastorale Liturgique (CNPL), « Du bon usage de la liturgie », in *Guides Célébrer*, p. 64.

pas le maître du monde ; elle se blottit dans la tendresse paternelle. Un père est toujours père dit P. Corneille. En public ou en privé. Ainsi si la messe est un sommet est-il bon d'être toujours en altitude ?[450] Le quotidien de ce sacrement inestimable à plus de 2000 ans de distance trône-t-il sur un sommet ou s'abreuve-t-il à une source ?

La liturgie comme œuvre théandrique donne d'habiter le temps comme temps du salut. Ce n'est plus simplement une durée qui passe mais un signe qui porte déjà la plénitude du temps[451]. La liturgie doit-elle être étrangère à l'engagement des fidèles dans le monde ? La contemplation est-elle tremplin ou cran d'arrêt à l'engagement ? Alors où se trouverait le sacrement du frère qui est la source du sacrement de l'autel ? Saint Jean Chrysostome a raison d'exhorter les fidèles ainsi : *nourris le frère quand il a faim et après utilise les moyens qui te restent pour orner la table du Christ*[452]. Au temps de la mise en chantier du concile Vatican II la liturgie était tiraillée entre l'action de l'homme qui rend un culte à Dieu et la plongée du fidèle dans le mystère célébré[453].

Qui travaille tout le temps, sans cesse gratuitement, qui fait tout bien et qui est au service de tous, qui sait tout faire et qui fait tout ce qu'on lui demande, qui est à la fois le plus jeune et le plus vieux travailleur, qui commence et recommence toujours sans se fâcher si on détruit son travail ? C'est Dieu... toujours à l'œuvre ! Au moment de terminer cet ouvrage pour continuer un autre déjà commencé, je voudrais *Amis lecteurs* que nous ayons assez d'intelligence pour laisser Dieu se reposer sur le labeur que nous avons dégagé ensemble, moi en vous donnant de la matière à méditer, louer et adorer, vous en prolongeant

---

[450] Jean LEBON, « 59 questions sur l'eucharistie », Repères pour les pratiques eucharistiques, in *Guides Célébrer*, p. 86.
[451] Jean CORBON, « L'économie du Verbe et la liturgie de la Parole », in *La Parole dans la liturgie*, p. 170.
[452] Rappelé in Jean-Louis SOULETIE, « La liturgie, célébration du mystère du Christ, source et sommet de la vie spirituelle », in *Liturgie et vie spirituelle, l'apport du monachisme à la vie liturgique de l'Église*, p. 37.
[453] Cf. Ibid., p. 20.

cette mince œuvre par votre exigence de perfection. Ainsi nous ne tarderons pas à devenir vraiment eucharistie d'amour. Et d'eucharistie en eucharistie l'Église s'achemine vers le jour qui terminera tout jour et donc le temps, où Dieu sera tout en tous (1 Co 15, 28) grâce au ministère de son divin fondateur qui ne chôme pas assis à la droite du Père. Ainsi la revendication honnête, grave et sincère du fidèle aura trouvé sa concrétisation : *toute la vie dans toute la messe*[454]. Vatican II aura atteint son objectif énoncé dans les premiers mots de son premier texte : *faire progresser la vie chrétienne de jour en jour chez les fidèles*[455]. Dans la vie tout doit tendre vers la communion ; en elle la liturgie devient un véritable atelier de charité (*officina caritatis*) et un incessant MERCI de la créature au Créateur. Permettez chers *Amis lecteurs* que j'use encore ce mot pour vous chanter mon hymne. Sans oublier aucun de ceux qui vous ont permis d'avoir ce livre. En mains.

---

[454] André AUBRY, « L'avenir des prières eucharistiques », in En Collaboration, *Des chrétiens découvrent les nouvelles prières eucharistiques*, Paris, Centurion, 1968, p. 90.
[455] Sacrosanctum Concilium, n. 1, in Vatican II, *Les seize documents conciliaires*, Montréal/Paris, Fides, 1967. p. 127.